SPORTS
BIOMECHANICS
운동역학

전 정 판

박성순
이필근 류재청 이계산 오문균
백승국 장준원 이경일 우철호
양창수 윤정환 송주호 이석구
허성규 김주형 김지태 이지선
공저

dkb
대경북스

머리말

    저와 학문을 통해 오랫동안 인연을 맺었던 저명하신 박사님들과 뜻을 같이 하여 그동안의 강의와 연구경험을 바탕으로『운동역학』을 세상에 내놓은 지 5년의 세월이 흘렀습니다.

    그 짧은 시간 동안에도 과학기술은 이전의 그 어느 때보다 빠르게 변화했습니다. 특히 디지털 기술의 눈부신 진화는 새로운 세상을 열어놓았습니다. 화상통신이 일상화되고 휴대전화 크기의 모바일 컴퓨터가 보편화되었습니다. 인터넷을 통해 과거에는 생각하지도 못했던 업무의 수행이 가능해졌습니다.

    디지털 기술의 발전은 운동과학 분야에도 큰 변화를 가져왔습니다. 과거 아날로그적 프로세스에 의존했던 운동과학의 프로토콜은 데이터를 입력하면 그대로 분석결과까지 확인할 수 있는 단계로 진화했습니다. 그 결과 전통적인 접근방법에서 벗어나 새로운 패턴의 연구방법과 프로토콜에 적용하여야 할 단계에 와 있습니다.

    이제 과학기술의 발전에 따른 그간의 학문적 성과를 담아『운동역학』의 전정판을 내어놓게 되었습니다.

    이 책에서는 운동의 역학적 원리를 제시하고, 실제 현장에서 그 원리를 활용할 수 있도록 노력하였습니다. 6부로 구성된 이 책은 1부에서 운동역학의 중요성과 목적 구현을 위한 방법을 제시하였고, 2부에서는 해부학적 기초, 3부에서는 운동학, 4부에서는 선운동역학, 5부에서는 각운동역학, 그리고 마지막 6부에서는 유체운동을 설명하였습니다.

또한 본 서에서는 대한해부학회에서 개정한 우리말 용어 위주로 해부학 용어 및 인체 관련 용어를 정비하였으며, 부록으로 국제단위계(SI) 및 각종 단위의 환산표를 수록하여 전공자 및 연구자들의 편의를 도모하였습니다.

우리 공동 저자들로서는 가능하면 독자가 이해하기 쉽도록 기술하고 운동역학의 핵심 연구분야를 빠짐없이 수록하기 위하여 심혈을 기울였습니다.

전작의 부족한 내용을 보충하고 다듬어 전정판을 내어놓게 됨으로써 지속적으로 보완해나가겠다는 약속을 지킬 수 있게 되었습니다. 그간 수업을 통해 내용을 가다듬어 주신 공동 저자님들과 여러 가지로 도와주셨던 모든 분들께 저자를 대표해서 감사를 드립니다.

부족한 저서이나 후학들에게 조금이나마 보탬이 되기를 진심으로 바랍니다.

2010년 2월

저자를 대표하여

차   례

제1부 개론

제1장 운동역학의 정의

제2장 생체역학의 적용

제2부 해부학적 기초

제1장 인체의 골격과 관절

제2장 동작표현의 용어

제3부 운동학

제 1 장 인체운동

제 2 장 운동량 측정

제 3 장 병진운동

제4장 회전운동

제5장 선운동과 각운동의 관계

제6장 인체운동의 기계적 원리

제4부 운동역학

제1장 힘

제2장 뉴턴의 운동법칙

제3장 운동량과 충격량

제4장 에너지와 일

제5장 탄성운동

제6장 임팩트와 리바운드

제5부 각운동역학

제1장 회전효과

제2장 인체의 무게중심과 안정

제3장 등속원운동

제4장 비등속회전운동

제5장 진자운동

제6장 인체의 분절운동

제6부 유체운동

부 록

1 개 론
Introduction

제1장 운동역학의 정의

과학문명의 발달은 인류의 교통수단과 정보통신매체를 획기적으로 발달시키는 데 크게 공헌하였다. 지구상의 구석구석에서 발생하는 사건과 소식이 통신매체를 통하여 시청각정보로 지구상에 있는 어떤 지역이라도 실시간으로 신속하게 전달하게 되었으며, 지구상의 어느 곳이나 하루 사이에 왕래가 가능하게 되었다. 통신과 교통수단의 발달은 국제 스포츠 교류를 빈번하게 이루어지게 하였음은 물론 경기장에서 이루어지는 경기를 안방에서 쉽게 시청할 수 있도록 하였다.

이와 같은 현실에서 국제스포츠경기는 단순히 경기장에서 뛰고 있는 몇몇 선수들만의 승패로만 끝나는 것이 아니라, 국가와 민족의 자긍심의 대결로 연결되는 양상을 나타내고 있다.

현재 우리는 스포츠의 본질적 한계를 넘어서 국력은 곧 체력이라느니, 스포츠경기는 무기 없는 전쟁이라느니 하는 말을 자주 듣는다.

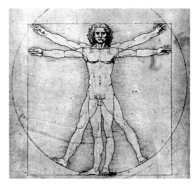

이러한 현실 속에서 선수와 경기지도자는 경기력향상과 승리를 위하여 그 어느 때보다도 최선의 노력을 경주하지 않을 수 없게 되었다. 또한 경기력향상을 극대화시키기 위해서는 과거 오랫동안

지도되어 왔던 경험론적 지도방법을 벗어나 보다 과학적인 방법을 모색하지 않을 수 없게 되었다.

1. 키니시얼러지

인체운동을 과학적인 관점에서 관찰하고 연구하려는 시도는 서양에서 시작되었다. 체육학분야에서 인체의 골격계와 근육계의 구조 및 그 기능에 관련된 일련의 지식을 연구하는 학문으로서 스포츠계에서 받아들인 것이 바로 키니시얼러지(kinesiology)이다 (Hay, 1985). 그 후 키니시얼러지는 스포츠활동에 적용될 수 있는 역학적 법칙을 연구하는 학문으로 인정을 받았으며, 이 용어는 인체행동에 관한 모든 과학적 연구를 포함하는 광범위한 뜻으로 사용되어 왔다(Hay, 1985).

본래 kinesiology란 용어는 그리스어에서 유래된 단어로 kinein과 logy가 합쳐진 합성어로서, kinein은 운동(movement)을, logy는 학문(logos or art)을 의미하는 말이다. 다시 말하여 키니시얼러지는 인체운동의 효율성제고를 목표로 하는 학문으로서 광의의 인체운동과학이라 할 수 있다.

인체운동을 연구하는 키니시얼러지는 인체운동을 어떤 측면에서 보는지, 그 관점에 따라 구현하고자 하는 목적달성을 위한 수단과 방법도 달라지게 되었다. 인체운동을 보는 기본관점은 그림 1-1과 같이 세 가지가 있으며, 인체운동을 보는 관점에 따라 학문도 운동심리학, 운동생리학, 운동역학으로 구분된다.

첫째, 인체운동을 통제하고 있는 신경기전(neuronal mechanisms)과 운동 등을 촉진하는 인지(perception)와 동기(motivation)의 측면에서 인체운동을 보는 관점이 있다. 이와 같은 관점에서 인체운동을 연구하는 키니시얼러지를 심리학적 키니시얼러지 (psychological kinesiology) 또는 운동심리학이라고 한다.

둘째, 인체가 운동을 하고 있을 때나 끝났을 때 인체내에서 일어나는 생화학적 변화 과정(biochemical processes)의 관점에서 인체운동을 볼 수 있는데, 이와 같은 관점에서 인체운동을 연구하는 키니시얼러지를 생리학적 키니시얼러지(physiological kinesiology) 또는 운동생리학이라고 한다.

셋째, 인체가 운동을 지속한 시간(time), 인체가 움직인 거리(distance), 인체가 발휘하는 힘(force)의 세 가지 측면에서 인체운동을 볼 수 있는데, 이와 같은 관점에서 인체운동을 연구하는 키니시얼러지를 역학적 키니시얼러지(mechanical kinesiology) 또는 운동역학이라고 한다(Barham, 1978).

이상에서 보는 바와 같이 역학적 키니시얼러지(mechanical kinesiology)는 키니시얼러지가 세분된 하나의 분야로서 인체운동에 영향을 주는 역학적 요소(mechanical factors)만을 대상으로 연구하는 학문이다. 우리가 인체운동의 본질을 종합적으로 이해하기 위해서는 위와 같은 세 가지 관점에서 접근해야 한다.

이미 오래 전부터 우리나라 대학의 체육전공학과에서는 운동심리학과 운동생리학이 필수교과목으로 교수되어 왔으며, 이들 교과목보다는 늦었지만 1960년대 중반부터 운동역학이 기능학, 해부기능학, 운동역학, 키니시얼러지 등의 다양한 이름의 교과목으로 교수되기 시작하였다.

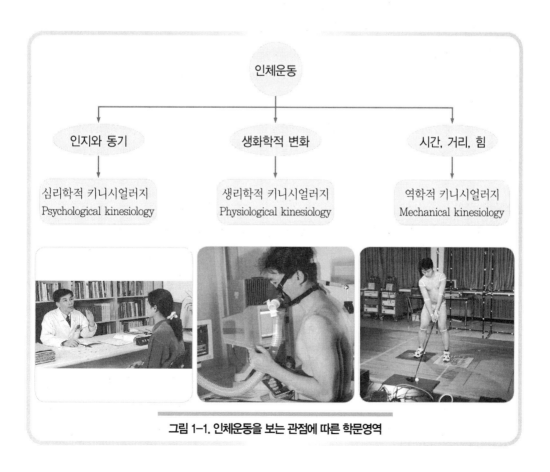

그림 1-1. 인체운동을 보는 관점에 따른 학문영역

2. 생체역학

인체운동의 전통적 학문영역인 키니시얼러지는 인체운동에 개입되는 모든 자연과학적 현상을 연구대상으로 하기 때문에 매우 다양해졌다. 더욱이 그 대상이 인체뿐만 아니라 인체운동에 의하여 유발되는 외부물체의 운동이나 인체대체물 사이의 역학적 관계까지로 확대되면서 키니시얼러지는 인체운동에 적용되는 근골격계(muscular-skeletal system)나 역학적 원리에 관련된 운동과학의 분야를 광범위하게 표현하는 유효성을 상실하게 되었다.

이 때문에 키니시얼러지를 대치할 수 있는 anthropomechanics, anthropo-kinetics, biodynamics, biokinetics, homokinetics, kinanthropology 등과 같은 새로운 용어들이 나타나게 되었다. 이러한 새로운 용어들을 보다 광범위하게 포용하는 용어가 바로 생체역학(biomechanics)이라고 할 수 있다(Hay, 1982).

생체역학은 biomechanics를 우리말로 번역한 것이다. 여기에서 biomechanics란 살아 있다는 뜻을 가진 접두사 'bio'와 물체에 가해지는 힘의 효과를 연구하는 학문인 'mechanics'이란 두 단어의 합성어로서, 그 정의도 매우 다양하다. 즉 Hay(1978)는 생체역학을 생물학적 근육활동의 역학적 기초와 거기에 포함되는 원리와 관계에 대한 연구로서, 이는 생체의 구조, 특히 인체이동계(locomotive system)에 대한 역학적 법칙의 적용을 뜻한다고 하였다.

이긍세(1986)는 역학(mechanics)은 힘을 받는 물체의 운동이나 형태의 변화 등을 연구하는 학문으로, 그 주요 연구대상이 생명이 없는 강체(inanimate rigid body)인 데 반하여 생체역학은 역학적인 모든 원리를 생체, 특히 인체에 적용하는 학문이라고 정의하였다.

Miller(1976)는 생체역학이란 생체에 적용하는 내력과 외력의 효과를 탐구하는 과학이라고 정의하였으며, Ellen Kreigjbaum(1981)은 역학적 지식과 방법을 살아 있는 인체계통(living human system)의 구조와 기능에 적용하는 연구영역이라고 정의하였다.

또한 생체역학에 대한 학문분류의 측면에서 Barham(1978)은 다음과 같이 설명하고 있다. 모든 생명과학(life science)에 기초를 두고 있는 두 개의 기본과학(fundamental science)은 물리학과 화학이다. 그리고 이들 두 학문이 생명과정(life process)을 대상으로 연구할 때 각각 생체물리학(biophysics)과 생화학(biochemestry)으로 구분할 수 있으며, 생체물리학을 세분하면 다시 biomechanics, biothermogenics, bioptics, bioelectrics의 4가지로 구분한다고 하였다. 이러한 점에서 볼 때 생체역학(biomechanics)은 생체물리학이 세분화된 하나의 분야로서, 모든 생물의 운동을 연구하는 학문임을 알 수 있다.

이와 같이 biomechanics는 물리학의 한 분야이지만, 물리학이 아닌 다른 학문분야에서도 그 학문의 목적을 달성하기 위하여 활용하는 응용학문(interdiscipline)이라 할 수 있다.

스포츠분야에서는 주로 스포츠에서 나타나는 인체운동을 연구하는 아주 제한된 범위 내에서 biomechanics을 적용하고 있기 때문에 인간의 의도적인 신체활동과 인체에 의하여 이루어지는 외부물체(운동기구)로 연구범위를 국한시킬 필요가 있다. 그러므로 스포츠생체역학은 '인체와 운동기구에 작용하는 힘과 그 힘에 의하여 발생되는 효과를 연구하는 학문'으로 정의할 수 있다.

제2장 생체역학의 적용

1. 생체역학의 적용분야

생체역학이란 전술한 바와 같이 물리학으로부터 세분된 한 개 분야로서, 각각의 다른 학문 분야에서 그 분야의 목표를 구현하기 위한 수단으로 활용되고 있다. 생체역학을 활용하는 대표적인 학문분야는 공학, 의학, 그리고 스포츠분야이다. 그러므로 biomechanics는 활용하는 분야에 따라 공학에서는 engineering biomechanics, 의학에서는 medical biomechanics, 그리고 체육분야에서는 sports biomechanics으로 구분할 수 있다.

Engineering biomechanics의 목적은 인간이 특정한 목적을 달성하기 위하여 만들어 사용하는 기계와 기구들이 그 목적을 달성할 때 상해와 장애는 최소화시키면서 효율을 최대화하는 데 있다. 예를 들어 engineering biomechanics에서는 학생들이 공부할 때 학습효율을 높이고, 사무원이 사무능률을 올리기 위하여 의자를 사용할 때 본래의 목적을 달성할 수 있도록 의자의 구조와 형태·색깔·재질 등을 연구하여 제작하는 것이다. 또한 공간의 제약을 많이 받는 비행기 조종실의 구조와 형태, 각종 기계의 기능·형태·배치 등과 같이 매우 복잡한 것에 이르기까지 그 연구범위도 매우 다양하고 광범위하다. 그러므로 engineering biomechanics은 그 목적을 달성하기 위하여 인체생리학, 작업심리학, 수학과 같은 관련학문도 함께 적용되고 있다.

Medical biomechanics에서는 선천적으로 장애를 갖고 태어났거나, 후천적으로 질병이나 사고에 의하여 인체의 골격, 관절, 근육 등의 여러 계통에 해부학적 구조와 기능에 이상이 생겼을 때 그 구조와 기능을 정상적으로 회복하는 데 도움을 주기 위하여 biomechanics를 활용하고 있다. 예를 들어 medical biomechanics에서는 염좌·탈구·골절 등과 같은 상해를 치료할 때와 치료한 후에 정상적인 기능을 빠른 시간 내에 회복할 수 있도록 하는 것에서부터, 팔과 다리를 잃은 지체장애인의 의족·의수와 같은 인체대체물이 본래 있었던 팔다리의 기능을 할 수 있도록 생체역학을 활용하고 있다. 나아가 인공심장, 인공신장 등과 같은 복잡한 인체장기의 기능을 할 수 있는 보조장치를 제작하는 데에도 biomechanics를 활용하고 있다.

한편 sports biomechanics는 스포츠활동 중 발생할 수 있는 상해를 예방하며, 선수들의 경기력을 향상시키는 데 주된 목적이 있다. 따라서 sports biomechanics의 목적을 달성하기 위하여 인체해부학, 역학, 수학 등과 같은 학문적 원리가 광범위하게 적용되어야 한다.

현재 우리나라에서는 스포츠생체역학, 키니시얼러지 등의 내용을 광범위하게 포함한 용어로 '운동역학'을 사용하고 있다. 그러므로 운동역학이란 인체운동의 효율을 증진시키고, 스포츠기술을 향상시키며, 운동 중 상해를 예방하기 위하여 인체의 운동을 역학적으로 연구하는 학문으로 정의한다. 그러므로 이후부터는 '운동역학'이란 용어를 사용하기로 한다.

2. 경기력향상을 위한 운동역학의 적용

전술한 바와 같이 sports biomechanics의 가장 주된 목적은 스포츠경기력을 향상시키는 데 있다. 경기력을 향상시키기 위하여 실시하는 모든 훈련과 연습방법이 단순히 지도자의 과거 경험에 의존하는 것이 아니라, 관련학문의 원리와 연구결과에 토대를 두는 것을 스포츠의 과학화라 할 수 있다. 이와 같이 스포츠의 과학화가 실현될 때 경기력향상의 극대화를 기대할 수 있다.

스포츠경기력(sports performance)을 경기장에서 선수들이 발휘하는 총체적 능력으로 정의할 때, 스포츠경기력은 다음과 같은 함수관계로 나타낼 수 있다.

$$\underset{\text{(sports performance)}}{\text{스포츠 경기력}} = \underset{\text{(physical fitness)}}{\text{체 력}} + \underset{\text{(skill)}}{\text{경기기술}} + \underset{(\alpha)}{\text{환경요인}}$$

위의 식에서 보는 바와 같이 경기력을 향상시키기 위해서는 선수들이 가지고 있는 체력과 경기기술을 향상시켜야 함은 물론, 다양하게 변화하는 경기현장에서 이미 선수가 가지고 있는 능력을 최대로 발휘할 수 있도록 제반 환경요인에 적응하고, 그 요인들을 통제할 수 있도록 하여야 한다.

체력을 향상시키는 데 필요한 스포츠과학의 관련분야는 운동생리학, 영양학, 트레이닝론 등이 주종을 이루고 있다. 또한 선수가 이미 습득한 능력을 경기장에서 최대로 발휘할 수 있도록 하기 위해서는 스포츠심리학적 원리들을 적용하여야 한다.

한편 경기력향상을 위해서는 선수들이 가지고 있는 경기기술을 향상시켜야 하는데, 경기기술향상을 극대화하기 위하여 운동역학의 원리를 적용하게 된다. 운동역학적 원리에 의한 경기기술 향상방법으로 경기자의 기술을 직접 향상시키는 것은 아니지만, 경기자가 사용하는 운동기구, 경기자가 착용하는 운동복과 운동화, 그리고 경기장시설 등을 연구 · 개발함으로써 경기력향상을 꾀하는 방법(간접적인 방법)과, 직접 선수들의 경기기술을 향상시키는 방법(직접적인 방법)의 두 가지가 있다.

1) 운동역학을 통한 간접적인 경기력 향상방법

스포츠경기는 달리기와 같이 특별한 기구를 사용하지 않고 하는 경기가 있는가 하면, 장대높이뛰기처럼 장대(pole)를 사용하는 경기, 사이클처럼 자전거를 타고 하는 경기, 기계체조처럼 평행봉이나 철봉과 같이 특별한 기구에서 하는 경기 등이 있다.

경기에서 사용되는 특정한 기구나 장비 · 시설 등은 경기력에 많은 영향을 끼치게 되는데, 이와 같은 것들을 각각의 선수들에 알맞게 개발하면 경기기술을 직접 향상시키지 않고도 경기력을 향상시키는 효과를 얻을 수 있다. 예를 들어 장대높이뛰기에서 사용하는 장대는 1960년대까지는 알루미늄으로 만들어진 것을 사용하였으나, 1970년대에 이르러 화이버글라스(fiber glass)라는 새로운 소재로 제작된 장대를 사용하고 있다. 화이버글라스는 알루미늄보다 탄성이 매우 높기 때문에 장대높이뛰기선수가 화이버글라스 장대가 가진 탄성에너지를 활용함으로써 장대높이뛰기의 기록을 획기적으로 높이게 되었다.

또한 1984년 로스엔젤레스올림픽대회 때 사이클경기에서 종전까지 사용되던 자전거와는 다른 바퀴에 디스크를 장착한 새로운 자전거가 등장하였다. 미국의 생체역학자들은 1984년 로스엔젤레스올림픽대회 전부터 통풍(wind tunnel)실험을 통하여 앞뒤 바퀴의 크기, 바퀴폭의 줄임, 자전거바퀴의 살을 디스크 형태로 변화 등을 통해 표면마찰력(surface friction)과 공기저항(air drag)을 최소화시키는 데 주력하였다. 이러한 연구의 산물로 제작된 신형자전거를 경기장에서 사용함으로써 경기력향상에 이바지하게 되었다.

한편 운동선수가 착용하는 운동화도 경기기록의 향상과 상해, 피로예방에 크게 영향을 준다. 그러므로 종목의 특성과 선수의 신체조건에 맞는 스포츠화를 개발함으로써 경기력 향상효과를 얻을 수 있다. Frederick과 Hamill은 달리기에서 foot strike 직후에 생기는 발꿈치의 엎침과 뒤침(회내와 회외, supination and pronation)이 덜 생기는 신발창의 높이와 소재에 대한 연구를 하였으며, Nigg 외 5명은 걷기과 달리기를 할 때 발과 다리에 고통을 주는 5개의 요인을 발견하고 그 원인을 제거하는 데 도움을 주었다.

테니스선수들이 사용하는 장갑도 테니스경기에 영향을 준다. 테니스장갑의 소재와 형태는 테니스라켓면과 공이 접촉할 때 생기는 토크(torque)를 이겨내는 정도에 영향을 끼치기 때문에 볼이 날아가는 속도와 방향의 정확도에 영향을 준다.

Roplogle은 테니스라켓의 손잡이에 미치는 토크의 크기를 연구한 결과 원형 핸들의 지름이 약 5cm 이하일 때 최대가 되는 것을 발견하였다. Rubin은 테니스장갑의 조건에 따라 손에 작용하는 힘과 맨손일 때에 작용하는 힘을 측정한 결과 Aris Long Glove는 13.2N, Thin Handball은 13.3N, 그리고 맨손으로는 14.1N이 되는 것을 알아냈다. 한편 Nelson도 두께가 다른 장갑을 끼고 하는 운동에서는 장갑의 두께가 얇고 무게가 가벼울 때 최대의 능률을 발휘한다고 보고하였다.

그 이외에도 철봉과 평행봉의 탄성, 육상화바닥에 있는 못의 위치나 길이, 육상경기장의 타탄트랙(tartan track) 등에 대한 연구는 경기력향상에 크게 기여하고 있다.

2) 역학을 통한 직접적인 경기력 향상방법

경기기술을 향상시키기 위하여 선수가 수행하는 경기기술을 운동학(kinematic)이나 운동역학적(kinetic)으로 분석·평가하여 잘못된 동작을 교정함으로써 완벽한 수행을 할 수 있도록 하는 방법이 많이 이용되고 있다.

이와 같은 방법을 적용하여 경기기술을 향상시키려고 할 때에는 경기자가 수행하는 동작을 관찰하고 분석하는 과정을 거쳐야 한다. 동작의 관찰은 시각을 통하여 이루어진다. 그러나 사람의 시각기능은 분석을 위하여 꼭 필요한 저장기능이 없을 뿐만 아니라 시각적 오차를 가지고 있기 때문에 영사기나 비디오촬영기로 동작을 촬영하여 화상을 잡아 관찰하게 된다. 1890년대 중반 Marey가 동작이 간단하고 운동속도가 느린 보행분석을 연구하기 위하여 처음으로 영상기법을 시도하였다. 그 후 카메라 제작기술의 발달로 촬영속도가 급속히 증가하게 되면서, 복잡하고 빠른 스포츠경기의 모든 동작들도 영상기법을 통하여 연구가 가능하게 되었다.

눈으로 볼 수 있는 형상은 촬영기를 통하여 화상을 잡아 관찰할 수 있지만, 눈으로 보이지 않는 역학적 요인, 예컨대 힘과 같은 물리량도 그 크기와 방향을 알아야 동작을 분석하고 평가할 수 있다. 힘을 직접 측정할 때 사용하는 계측기를 힘계측기(force dynamometer)라 한다. 힘을 계측하는 방법으로는 악력계나 등근력계와 같이 탄성체에 작용한 외력에 의하여 변형된 크기를 근력으로 환산하는 원리를 이용하는 방법과 힘측정판(force platform)이나 스트레인게이지와 같이 외력이 작용한 물체에 생긴 변형을 전기신호로 바꾸어 이 전기신호를 통하여 힘을 측정하는 방법이 있다.

또한 근육이 수축할 때 생기는 힘은 근전도(electromyograph : EMG)를 통하여 측정할 수 있다. 여러 개의 근육섬유를 지배하고 있는 운동신경의 말단부와 근육섬유는 운동종판에서 접속된다. 이때 중추신경계에서 발생한 신경충격이 전기적 신호형태로 운동종판을 거쳐 근육섬유에 전달되면 근육섬유막에 전기적 변화(활동전위)가 일어나면서 근육이 수축한다. 근육의 수축력과 활동전위는 선형석 비례관계가 있으므로 활동진위를 측정하여 힘의 크기로 환산하게 되는데, 이것이 바로 근전도를 이용한 측정방법의 원리이다.

영상기법이나 힘계측기를 활용하여 연구한 보고는 무수히 많다. 예를 들어 Doris Miller(1976)는 영상분석을 통하여 스프링보드 다이빙 발판에서 발을 구를 때 얻어지는 수직가속도의 70%가 다리로부터 얻어진다는 발구름의 중요성을 발견하였다.

Daniels(1982)는 2단평행봉에서 스텔다(stalder)동작을 분석한 결과 스텔다기술을 잘 수행하기 위해서는 봉에서 물구나무서기 동작이 매우 중요하다는 사실과, 느린 down-swing을 하고 다리를 좁게 벌려 최적의 회전반지름을 유지함으로써 관성모멘트를 최대로 해야 한다는 사실도 발견하였다.

이면우(1982)는 역도경기의 clean and jerk와 snach를 할 때 등세모근(승모근) 외 여러 근육들이 발현하는 근전도를 측정하여 근력발휘의 크기와 양상을 규명하여 역도선수의 훈련과 연습에 필요한 자료를 제공하였다. 한편 Ito 외 2인(1983)은 다양한 속도로 달리기를 할 때 6개의 근육군들로부터 측정된 EMG를 누적(IEMG)시켰을 때 IEMG의 백분율은 속도가 증가함에 따라 선형적으로 증가한다는 사실을 알아냈다.

Sale 외 1인(1974)은 기계체조의 링종목에서 장력(tension)을 측정할 수 있는 자료를 제공하였으며, 박성순(1986)은 힘측정판을 이용하여 다양한 속도로 달릴 때 support phase 시에 나타나는 최대수직지면반력을 측정 분석한 결과 최대수직지면반력은 속도가 늘어남에 따라서 선형적으로 증가한다는 사실을 발견하였다.

선수들의 기술동작을 분석·평가·보완하여 완벽한 기술을 습득할 수 있도록 하기 위해서는 그 과정에서 소요되는 시간을 최대한 줄여야 효과를 극대화할 수 있다. 왜냐하면 선수 스스로 자신이 실시한 기술의 잘못된 점을 이해·기억하고 있을 때 하는 잘못된 동작의 교정이 시간이 경과하여 잘못된 동작을 기억하지 못할 때보다 훨씬 효과적이기 때문이다.

3) 새로운 기술의 개발

축구나 배구와 같은 단체경기는 새로운 팀전술을 개발함으로써 그 경기에서 승리하는 경우가 많고, 육상경기에서는 새로운 기술을 창출했을 때 기록을 향상시킬 수 있다. 기계체조경기에서는 새로운 기술을 개발함으로써 더 높은 점수를 얻을 수 있다. 특히 체조경기에서는 위험성·독창성·미적 표현 등이 채점을 할 때 중요한 요소로 작용하므로, 새로운 기술의 개발은 고득점을 위하여 매우 중요한 요인이 된다.

예를 들어 철봉종목의 내리기 기술로서 1950년대에는 몸을 편자세(swan type)로 1회전 돌아내리기 동작이 최고난도기술이었으나, 1960년대부터 1970년 초반까지는 두바퀴 뒤돌아내리기(double backward somersault) 기술이 최고난도의 기술로 인정받게 되었다. 1974년 세계체조선수권대회에서 완벽한 시기는 아니었으나 처음으로 세바퀴뒤돌아내리기(triple backward somersault)가 출현하였고, 5년 뒤인 1979년 12월 텍사스에서 개최된 세계체조선수권대회에서 완벽한 시기가 이루어졌다. 그 후 현재까지 네바퀴뒤돌아내리기 기술의 가능성이 연구되고 있다.

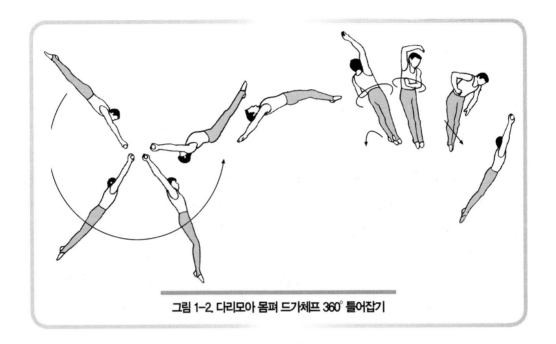

그림 1-2. 다리모아 몸펴 드가체프 360° 틀어잡기

　인체의 동작은 역학적 원리를 적용하여 동작 자체를 수학적으로 표현할 수 있는데, 이를 'modelling'이라 한다. 우리는 model을 통하여 동작의 흐름과 분석에 필요한 역학적 변인들을 예측할 수 있기 때문에 이와 같은 모형을 통하여 새로운 기술을 사용할 수 있는지 없는지를 판단할 수 있다.

　1964년 동경올림픽대회의 높이뛰기경기에서 구소련 선수가 그때까지 모든 선수들이 주로 수행해왔던 베리롤오버와는 전혀 다른 배면도(fosbury flop)기술을 사용하여 높이뛰기의 신기록을 세웠다. 배면도기술은 이미 1957년 Osolin이라는 소련의 생체역학자에 의해 연구되어 기록경신의 가능성이 확인된 것이다.

　체조경기에서도 Tkachev Straddle의 기술이 1969년 구소련의 Smolevskii에 의하여 연구된 후 6년 뒤인 1975년 구소련 체조선수인 Tkachev가 이 기술을 수행하게 되었다.

3. 기술향상을 위한 운동역학 적용의 문제점

　운동역학을 적용하여 경기기술을 향상시키기 위해서는 기술을 수행한 직후 분석자료를 얻을 수 있어야 하며, 얻어진 자료가 정확해야 한다. 뿐만 아니라 자료를 얻기 위하여 수행되는 연구의 경제적인 부담이 적어야 한다.

한편 지도자나 코치가 기술지도를 할 때 얻어진 자료를 직접 활용하여야 한다. 왜냐하면 연구를 통하여 유용한 자료를 얻었다고 할지라도 지도자가 그 자료를 활용하지 않는다면 선수들의 기술을 향상시키는 데 도움을 주지 못하기 때문이다.

기술향상을 위하여 운동역학을 적용할 때는 다음과 같은 문제가 발생할 수 있으므로 주의하여야 한다.

1) 오차발생의 문제

우리가 얻는 역학적 자료에 수반하는 오차는 측정오차와 인체측정학적 자료의 오차가 대표적이다.

(1) 측정오차

생체역학의 연구에서 영상분석기법은 필수불가결하다. 영상분석기법을 통하여 얻어지는 거리(space)는 카메라를 사용하여 운동하는 장면을 필름 또는 비디오테이프에 수록하고, 수록된 상(像)은 좌표계를 이용하여 얻어진다. 이 과정에서 카메라로 상을 수록할 때 생기는 오차와 디지타이즈(digitize)할 때 생기는 오차가 있다.

카메라에서 생기는 오차는 주로 투시오차(perspective error)이다. 같은 화면에 나타난 상이라도 빛은 직진하므로 동일선상에서 피사체 간에는 거리는 나타나지 않고 가까운 부위는 크게 나타나고, 먼 부위는 작게 나타나기 때문에 선형오차(linear error)가 생기며, 카메라의 위치 때문에 각오차(angular error)가 생긴다.

원근오차는 피사체와 카메라의 거리가 가까울수록 크게 나타나게 되므로, 오차를 줄이기 위해 피사체와 카메라의 거리를 멀리 하여야 한다. 그러나 화면에 나타난 상의 크기는 카메라와 피사체의 거리에 반비례(영상크기 = 초점거리×피사체의 크기/렌즈와 피사체의 거리)하기 때문에 피사체로부터 카메라를 멀리하면 할수록 필름에 나타난 상이 점점 작아지게 된다. 그러므로 디지타이즈(digitize)하는 과정에서 측정오차가 커지게 된다.

이러한 오차를 줄이기 위하여 smoothing과 fitting과정을 거쳐서 raw data를 smoothing data로 만들게 되는데, 이러한 기법에는 curve fitting techniques와 digital filtering method

등이 있다.

(2) 인체측정학적 자료의 오차

역학적 측면에서 인체운동을 연구할 때에는 전신이나 분절의 질량, 질량중심점, 관성모멘트 등을 알아야 한다. 그러나 실제로 연구대상자(subject)의 위팔·아래팔·넙다리·종아리와 같은 신체분절의 질량이나 중심의 위치·관성모멘트 등을 직접 측정한다는 것은 불가능하기 때문에 선행연구의 인체측정학적 자료를 인용하게 된다.

인체측정학적 자료(anthrophometric data)는 사체실험에서 추출된 결과를 통계적으로 간추려 놓은 것으로, 대표적인 자료로는 Dempster, Plangenheop, Clauser, Breune, Fischer, Yamamoto, Fujikawa, Matsui 등의 연구결과가 있다. 현재 가장 많이 사용되는 자료는 Dempster, Plangenhoef, 그리고 Matsui의 자료이다.

이러한 자료는 실험상의 어려움으로 인하여 실험한 사체의 표본수가 10명 내외로 한정되어 있으며, 성별·연령별 고려가 잘되어 있지 않기 때문에 표본에서 추출된 자료가 모집단을 대표할 수 있는 정확한 자료라고 보기에는 무리가 있다. 더구나 우리가 연구하는 대상은 주로 운동선수인데, 운동선수와 일반인은 체격이나 신체분절의 발달형태가 다를 수 있으며, 특히 연구대상자가 동양인이나 한국인일 경우 서양인을 대상으로 연구한 인체측정학적 자료를 인용할 때 인종차이에서 오는 오차도 있을 수 있다.

2) 시간적·경제적 문제

역학적 기법을 통하여 기술을 향상시키기 위해서는 수행한 시기의 역학적 정보를 즉시 수행자에게 피드백시켜야 한다. 시기를 한 후 정보를 제공하기까지 시간이 경과하면 할수록 기술향상의 효과는 떨어지게 된다.

인간의 동작수행의 기억은 시간이 흐를수록 빠르게 감소하기 때문에 수행자가 자신이 수행한 시기를 정확하게 기억하고 있을 때 얻어진 정보를 활용하여 잘못된 부분동작을 수정하는 것이 가장 효과적이다. 그러나 현재까지는 역학적으로 기술을 관찰하고 분석하여 지도에 필요한 자료를 얻기까지 상당한 시간이 소요될 때가 많다.

운동역학의 연구에 사용되는 기자재나 컴퓨터의 발달, 역학 분석기술의 향상은 특정한 운동종목에서는 정보의 즉각제시(immediate display)를 가능하게 하였으나, 아직도 많은 종목에서는 만족할만한 수준까지는 이르지 못하고 있다. 그러므로 운동역학의 중요한 목적인 기술향상을 효과적으로 달성하기 위해서는 분석자료를 즉시 얻을 수 있는 하드웨어나 소프트웨어 개발에 관한 연구가 지속되어야 한다.

한편 운동역학적 연구를 하기 위해서는 다양한 장비를 사용하게 되는데, 이러한 장비들은 고가이기 때문에 연구자 개인이 구입할 수 없으며, 대학 부설 연구소조차도 충분히 갖추고 있지 못한 실정이다. 이와 같은 장비 이외에도 연구에서 사용되는 필름 등 소모품구입비용과 연구절차가 인문과학이나 사회과학에 비하여 복잡하고 비용도 많이 들기 때문에 연구에 많은 제약을 받게 된다. 다행히도 이와 같은 경제적·시간적 문제를 극복하기 위한 연구방법으로 자동비디오 분석기법이 국내외에서 활발히 개발되고 있어 경제적·시간적 문제를 극복하는 데 기여하고 있다.

3) 전문가의 문제

선수들의 시기를 역학적으로 분석하고 평가하는 전문가를 생체역학자라고 한다. 생체역학자는 전공학문에 대한 고도의 지식은 물론, 특정종목에서 선수생활을 한 경험이 있을 때 선수들의 기술향상에 효과적으로 기여할 수 있다.

얻어진 자료를 현장에서 선수들에게 활용하는 사람은 실기지도자(코치)이다. 아무리 좋은 자료가 제공되었다고 하여도 이를 지도자료로 사용하지 않았을 때는 죽은 연구로서 끝나게 될 것이다. 특히 실기지도자들이 제공된 자료를 활용한다고 하였을 때도 그 자료에 대한 실질적이고 구체적인 의미를 폭넓게 이해하지 못하였을 때는 기술향상을 극대화시킬 수 없을 것이다.

그러므로 생체역학을 통하여 기술향상을 극대화시키기 위해서는 실제로 특정 종목에서 선수생활을 한 경험이 있으면서 해박한 전공지식을 가진 생체역학자나 생체역학지식을 갖고 있는 실기지도자가 필수적이며, 나아가 이들의 공조적 활동도 요구되고 있다.

제3장 운동역학의 분석체계

　스포츠의 경기력을 향상시키기 위하여서나 기술의 본모습을 이해하기 위하여 운동역학(sports biomechanics)을 적용할 때에는 선수의 기술수행(performance)을 관찰 · 분석하여야 한다. 이러한 과정에서 가시적 동작은 인간의 감각기관 중의 하나인 눈으로도 관찰이 가능하다.

　그러나 스포츠장면에서 나타나는 동작은 매우 복잡하고, 특히 순간적으로 이루어지기 때문에 육안관찰만으로는 선수의 기술을 분석할 수 없다. 따라서 동작의 형태적 관찰도 고속영상촬영이나 비디오촬영을 통하여 기술수행을 필름이나 테이프 등에 담아 관찰한다. 더욱이 선수가 발현하는 힘의 크기와 작용방향은 운동을 이해하는 데 매우 중요한 역학적 물리량임에도 불구하고 눈으로 관찰을 할 수 없어서, 힘을 측정할 수 있는 여러 종류의 힘계측기(force dynamometer)를 사용한다.

　영상자료나 힘계측기 등을 통하여 수집된 정량적 자료들을 분석하는 과정을 통하여 경기수행을 평가하게 되는데, 이 과정이 매우 복잡하여 수작업으로 할 수 없기 때문에 분석을 위하여 적절하게 제작된 다양한 소프트웨어를 사용한다. 따라서 역학적 연구를 위해서는 사용되는 기자재(hardware)와 분석프로그램(software)의 종류와 사용방법을 잘 이해하여야 한다.

이 장에서는 운동수행에 대한 시간분석, 동작분석, 힘분석, 근전도분석 등을 할 때 사용되는 장비나 계측기 및 그 사용방법에 대하여 기술한다.

1. 시간분석

동작시간은 운동을 분석하기 위한 여러 가지 물리량은 산출하는 기본이 된다. 그러므로 운동기술의 본모습을 파악하고, 기술을 향상시키기 위하여 오래전부터 시간분석이 행하여져 왔다. 특히 육상트랙경기, 수영, 빙상 등과 같이 특정한 거리를 가능한 한 빨리 이동하여야 하는 기록경기뿐만 아니라 모든 운동에서는 소요된 시간을 측정해야 한다. 운동경기에 소요된 시간을 측정할 때에는 초시계, 전자타이머, 시각코드발생기, 광전센서 등의 계측기를 사용하였다.

그러나 짧은 순간에 이루어지는 동작시간의 측정에는 이러한 계측기 사용이 적절하지 않을 때가 많으므로 동작을 영상에 담아 소요시간을 측정하는 방법이 더 많이 사용된다. 즉 고속영사촬영이나 비디오촬영법을 이용하여 동영상파일 내에서 시각정보를 통해 시간의 흐름에 따른 동작수행정보를 산출하는 것이다.

1) 초시계

일반적으로 스포츠현장에서 속도를 측정하기 위하여 가장 많이 사용되고 있는 계측기는 초시계라 할 수 있다. 초시계는 시각을 나타내거나 시간을 측정하는 장비로서 다음의 4가지 장치로 구성된다.

① 시간의 간격을 만드는 장치인 원진부·조속기·공진기 등에 의해 시계의 정밀도가 거의 결정된다. 진자, 템포, 소리굽쇠, 수정진동자, 원자 등이 있다.

② 시간간격을 단위시간으로 변환시키는

그림 1-3. 초시계

장치로 분, 초 또는 초를 분할한 간격으로 변환한다. 기계시계에서는 탈진기를 구성하는 앵커와 이스케이프휠로 톱니바퀴의 회전속도를 규제한다.

③ 표시장치와 외장으로 글자판과 바늘에 의한 아날로그와 로마숫자로 표시된 디지털이 있다.

④ 동력장치는 추, 태엽, 전지, 교류전원 등으로 구성된다.

우리는 가끔 시간(時間)과 시각(時刻)을 혼동하는 경우가 있다. 시간은 한 시간, 두 시간 등 하나의 절단면에서 다른 절단면과의 간격이며, 시각은 한 절단면과 다른 절단면 중에서 하나의 절단면, 즉 시간을 선으로 가정하였을 때 하나의 점(點)이라고 할 수 있다. 일정한 길이의 선에는 무수한 많은 점이 연결되어 있어 그 선을 무한하게 분할(分割)할 수 있듯이, 일정한 길이의 시간도 무한히 분할할 수 있다.

초시계는 가격이 저렴하며 휴대 및 조작이 간편한 장점이 있으나, 구간속도를 정확하게 측정하는 데는 적합하지 않다. 또한 초시계를 이용할 경우 지도자는 시계에 집중한 나머지 선수가 발휘하는 기술에 집중할 수 없는 단점이 있다.

2) 전자타이머

전자타이머의 숫자를 자세히 들여다보면 숫자 하나가 서로 분리된 일곱 개의 막대로 구성되어 있다. 예컨대 8이 표시될 때에는 일곱 개의 막대 모두가 까맣게 변하고, 0이 표시될 때는 가운데 하나를 제외한 여섯 개의 막대가, 1이 표시될 때는 오른쪽의 막대 두 개가 까맣게 변하는 식이다. 이런 표시장치를 '7조각 표시장치(7-segment display)'라고 한다.

이 표시장치를 제어하기 위해서는 모두 일곱 개의 on-off 신호가 필요하다. 즉 일곱 개의 2진 신호가 필요한 것이다. 반면

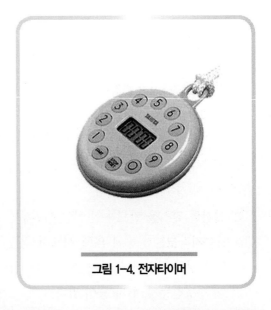

그림 1-4. 전자타이머

하나의 자리가 나타낼 수 있는 숫자는 0부터 9까지 모두 10개다. 0에서 9까지의 숫자는

각각 이진수 0000부터 1001까지에 대응하므로, 숫자를 담기 위해서는 네 개의 2진 신호만 있으면 된다. 따라서 이 둘을 연결시키기 위해서는 숫자를 나타내는 4자리의 2진 신호를 일곱 개의 막대 중 어느 곳을 까맣게 할지를 결정하는 일곱 가지의 2진 신호로 변환해주는 해독기(decoder)가 있어야 한다. 이 해독기는 간단한 디지털 논리회로로 쉽게 구성할 수 있다.

전자타이머는 수정발진자에서 나오는 진동이 집적회로에 의해 제어되어 1초에 한 번씩의 펄스로 바뀐다. 이 펄스에 반응해 숫자가 1씩 가산되면 앞에서 해독기를 통해 실제 표시장치에 나타나는 숫자가 바뀌어 보이게 된다. 물론 초와 분의 경우에는 60이 되면 다시 0으로, 시의 경우에는 12가 넘으면 다시 0으로 세팅되도록 미리 설정을 해두어야 한다. 이처럼 전자타이머는 시간제한이 있는 운동경기나 가전제품 등에 주로 사용된다.

3) 시각코드발생기

비디오를 이용한 시간분석은 시각코드발생기(time code generator)라는 장비를 사용하면 매우 간단하다.

시각코드발생기는 테이프의 비디오화면에 시각코드를 삽입해주는 장비인데, 화면에 시각코드가 표시되면 프레임수를 셀 필요가 없이 직접 시각코드를 읽어 구간시간을 계산할 수 있다. 시각코드발생기는 특정순간의 시, 분, 초, 프레임번호를 보여주는데, 시각코드를 적절한 순간에 0(0~23):00(0~59):00(0~59):00(0~29)으로 설정한 후 특정순간으로 가면 이때

그림 1-5. 시각코드발생기

읽혀지는 시각코드가 경과시간, 즉 구간시간이 된다. 표준비디오의 프레임률은 30프레임/초이나, 한 프레임이 두 필드로 형성되기 때문에 사용하는 VCR에 따라 1/30초 또는 1/60초의 시간해상도를 얻게 된다.

시각코드발생기의 사용상 가장 큰 장점은 여러 대의 카메라를 사용할 때 한 대의 코

드발생기는 시각코드를 발생시키고, 다른 발생기들은 이 코드를 읽어 들이도록 설정하면 모든 화면에 동일한 시각코드를 표시할 수 있다는 것이다. 그림 1-5는 Horita SR-50/TG 시각코드발생/복제기이다.

4) 광전센서

광전센서는 움직이는 물체가 일정한 구간을 통과하는 시간을 측정하는 기기로 구간속도측정기라고도 한다. 광전지는 센서에 빛이 가해지면 기전력을 발생시키는 장치로, 발광부(transmitter)에서 쏜 광선이 수광부(receiver)에 도달하는 경우와 물체에 의해 광선이 차단되어 수광부에 도달하지 못하는 경우의 전압차이를 이용하고 있다.

구간속도측정기는 분리형과 일체형으로 구분할 수 있다. 분리형은 발광기와 수광기를 트랙의 양쪽에 설치하고, 일체형은 광전지와 반사판을 양쪽에 설치하면 선수가 지나가면서 광선을 차단하는 순간을 감지할 수 있다. 광전지를 타이머나 컴퓨터에 연결하면 자동적으로 구간시간을 측정할 수 있다. 따라서 100m나 200m처럼 단거리달리기종목에서 시작점부터 도착점까지 관찰하고 싶은 구간을 임의로 몇 구간으로 나누어 설정하여 그 구간을 통과하는 데 걸리는 시간을 측정할 수도 있다.

각종 스포츠상황에서 선수의 이동시간 및 속도계측은 필수불가결한 것이며, 속도의 신속한 피드백은 훈련효과를 높이는 데 매우 중요한 역할을 한다. 예를 들면 육상, 스케이트, 수영, 스키 등의 종목은 속도계측이 필요한 종목들이므로 평소 훈련 시 선수들의 구간별 이동속도를 수없이 반복하여 측정하고 있다.

그림 1-6은 구간속도측정기(KSSIIT-94)에 사용된 광전지박스와 반사판이다.

그림 1-6. 광전지박스와 반사판

5) 필름과 비디오

필름분석은 전통적으로 많이 사용되어 온 방법으로, 동작분석에서 많이 사용되는 16mm 고속카메라의 프레임률은 500~1,000frames/s에 이른다.

비디오는 프레임률이 일정한 특성을 이용하여 시간을 계측한다. 대한민국, 미국, 일본 등에서 사용하는 NTSC 방식의 컬러비디오는 프레임률이 초당 약 29.97 프레임인데, 촬영된 비디오영상으로부터 프레임수를 세면 경과시간을 알 수 있다.

하나의 비디오프레임은 실제로 두 개의 서로 다른 필드로 이루어져 있는데, 이 두 필드가 겹쳐 하나의 프레임을 형성하기 때문에 두 필드 사이에는 NTSC 방식에서는 1/59.94초의 시차가 있다. 따라서 비디오프레임의 각 필드를 보여주는 고기능 VCR을 이용하면 1/59.94초의 시간해상도를 얻을 수 있다.

이러한 측정장비의 종류는 종목의 특성이나 측정하고자 하는 정보가 얼마나 복잡한가에 따라 달라질 수 있다. 예를 들어 초시계는 간편하게 시간을 측정할 수 있는 장점을 가지는 반면, 정확도면에서는 구간속도측정기나 비디오촬영법보다 떨어진다. 또한 육상 트랙에서는 구간속도측정기 사용이 간단하지만, 수영에서는 불가능하므로 비디오를 사용할 수밖에 없다. 그러나 비디오로는 손이 반환점벽을 치는 순간을 감지하는 것이 거의 불가능하기 때문에, 이 경우에는 손의 접촉을 감지할 수 있는 전자타이머에 의존할 수밖에 없다. 물론 전자타이머는 스타트구간, 스트록구간, 턴구간 등의 구간시간계측에는 사용할 수 없는 단점이 있다.

2. 동작분석

동작분석은 운동역학분야에서 가장 활용도가 높은 분석방법 중의 하나로, 기록된 영상으로부터 여러 가지 운동변인 및 자세변인을 계측하는 분석방법이다. 16mm 영화용 필름이나 비디오와 같은 매체가 동작녹화에 많이 사용되었으나, 경제성과 사용의 간편성 때문에 최근에는 주로 비디오가 동작의 녹화에 많이 사용되고 있다. 특히 스포츠상황에서의 인체동작은 비교적 빠르게 진행될 뿐만 아니라 여러 가지 동작요소들이 서로 연결되어 일어나기 때문에 육안으로는 필요한 여러 가지 정보를 즉각적으로 얻을 수 없다.

촬영은 이러한 동작의 순간성을 극복하는 수단으로 사용될 뿐만 아니라 여러 가지 정량적 정보를 얻는 데도 사용될 수 있다. 촬영은 실제상황을 영상으로 기록하는 작업인 반면, 동작분석은 기록된 영상으로부터 실제 운동을 재구성하는 작업에 해당된다. 따라서 녹화된 영상을 이용하여 필요한 동작의 정량적인 물리량을 추출하기까지는 디지타이징(digitizing)이나 스무딩(smoothing)과 같은 여러 가지 과정을 거치게 되므로, 촬영을 할 때는 이에 대하여 미리 배려해 두어야 한다.

동작분석을 할 때에는 Elite, Peak, Vicon, Aerial, Kwon3D 등의 다양한 동작분석시스템을 이용하고 있다.

1) 동작분석의 개요

동작분석은 크게 필름분석과 비디오분석으로 나눌 수 있다. 필름을 통한 분석은 비디오에 비해 해상도가 높은 장점이 있는 반면, 절차가 복잡하고 필름구입과 현상 등에 비용이 많이 들고, 사용상의 불편함 때문에 현재는 많이 사용하지 않고 있다. 따라서 여기에서는 비디오분석에 초점을 맞추어 기술한다.

최근 카메라와 레코더 기능을 통합한 소형캠코더(camcoder)가 널리 보급되면서 S-VHS(아날로그방식)나 Mini-DV(디지털방식) 테이프를 사용하는 비디오분석이 매우 간편해 졌다. 특히 Mini-DV 방식은 영상이 디지털 형식으로 보관되기 때문에 테이프를 반복해서 사용해도 영상의 질이 그대로 유지되는 장점이 있다. 또한 비디오테이프에 기록된 영상은 프레임그래버(frame grabber, S-VHS용)나 DV보드(firewire or IEEE 1394, Mini-DV 테이프용)를 이용하면 컴퓨터에 저장하거나 분석에 사용할 수 있나.

또한 카메라에서 영상을 직접 컴퓨터로 읽어들이는 시스템도 가능하다. 비디오는 촬영상태의 점검이 쉽고, 촬영을 마친 즉시 분석을 시작할 수 있으며, 시간분석항목에서 이미 기술한 바와 같이 시각코드발생기 등의 부수적 장비를 같이 활용할 수 있는 장점도 있다.

2) 수치화의 분류

촬영된 영상에서 분석의 대상이 되는 주요 인체부위의 위치좌표를 읽어내는 작업을 수치화(digitization)라 하는데, 이는 가장 시간이 많이 소요되는 단계이다.

수치화작업은 자동화 여부에 따라 수동적 방식과 자동적 방식으로 분류할 수 있다. 수동적 방식은 분석자의 육안으로 분석대상점의 위치를 판별하여 컴퓨터 마우스와 같은 도구를 이용하여 그 위치를 지정하면 컴퓨터가 지정된 위치의 좌표를 읽어내는 것이다. 반면 자동적 방식은 컴퓨터가 영상인식을 통해 몸에 부착된 수치화대상표식(반사마크)의 위치를 스스로 찾아내는 것이다. 이와 같이 수치화작업의 자동화를 위해서는 촬영과정에서 사전에 여러 가지 실험적 배려를 해야 하므로 단순히 비디오를 사용한다고 해서 저절로 자동분석이 가능해지는 것은 아님에 유의하여야 한다.

3) 동작분석의 차원

동작분석의 종류는 분석의 차원(dimension)에 의해 분류될 수 있다. 즉 계산되는 역학량의 차원에 따라 동작분석은 크게 2차원분석(2-dimension analysis)과 3차원분석(3-dimension analysis)으로 분류된다.

운동역학에서 2차원분석은 동작이 한 평면상에서 일어나는 것을 대상으로 하고, 3차원분석은 3차원공간 내에서 이루어지는 운동을 대상으로 한다. 2차원분석은 한 대의 카메라로 이루어질 수 있지만, 3차원분석은 반드시 2대 이상의 카메라가 사용되어야 하므로 그만큼 더 복잡해진다. 반대로 2차원분석에서는 모든 분석대상점이 단일평면 내에 존재하는 것으로 가정하기 때문에 그만큼 제약이 따르는 단점이 있다. 따라서 분석자는 분석하고자 하는 동작의 특성에 따라 적합한 분석방법을 선택해야 한다. 특히 3차원분석은 촬영조건이 캘리브레이션(calibration)용 틀과 같은 까다롭고 특수한 장비를 사용해야 하기 때문에 현장에서 사용하기 위해서는 확실히 이해하고 있어야 한다.

(1) 2차원분석법
① 2차원분석의 원리

운동이 카메라의 광축과 직교하는 하나의 평면상에서 일어난다고 가정하면, 운동면에 위치하는 피사체와 필름면에 맺히는 상은 서로 닮은꼴이 된다. 실제 피사체와 필름면에 기록된 상을 분석하기 위해 분석용 스크린에 투영한 상은 서로 닮은꼴이다.

비디오는 테이프에 운동체의 실제 형태가 아니라 그와 동등한 전기적 신호가 기록되게 된다. 테이프를 VCR에 넣고 재생하면 전기적 신호가 다시 영상으로 전환되어 모니터

스크린에 나타나게 되는데, 실제 피사체와 모니터에 나타나는 영상 사이에 역시 닮은꼴의 관계가 성립한다. 만약 실제 피사체와 필름에 맺힌 상 또는 스크린에 투영된 상의 크기의 비율(배율)을 알면, 녹화된 선수의 동작으로부터 선수의 실제 운동에 관한 정보를 추출할 수 있다.

2차원분석에서는 이 배율을 계산하는 것이 중요한데, 흔히 길이를 아는 기준자를 운동평면에 위치시키고 촬영하여 실제 길이와 투영된 상의 길이를 서로 비교하여 배율을 구한다. 예를 들어 실제 길이가 1m인 기준자를 운동평면에 설치하여 촬영하고 비디오 모니터 화면에서 측정한 결과 그 길이가 10cm였다면, 배율은 10(sf = 1m/10cm = 10)이 된다. 따라서 모니터화면에서 측정한 모든 위치나 길이에 배율(10)을 곱하면 실제 위치나 길이를 얻게 된다.

② 2차원분석의 조건

배율을 이용하는 2차원분석의 절차가 매우 간단한 반면, 운동면은 반드시 카메라의 광축에 직교해야 한다. 필름면이 카메라의 광축에 대해 직교하기 때문에, 실제 피사체와 녹화된 영상이 서로 닮은꼴이기 위해서는 반드시 운동면이 카메라의 광축에 직교하도록 카메라를 설치하여야 한다. 예를 들면 그림 1-7과 같이 철봉의 휘돌기동작은 2차원분석

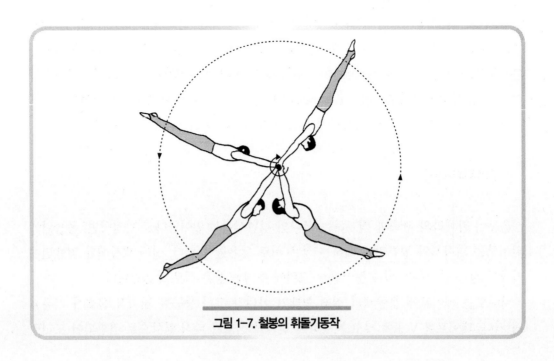

그림 1-7. 철봉의 휘돌기동작

이 가능한 평면운동으로 볼 수 있다.

운동평면은 철봉의 중심을 지나고 철봉에 직각인 평면이 되는데, 카메라를 운동평면에 직각으로 설치하는 가장 좋은 방법은 카메라를 봉의 연장선상에 위치시키는 것이다. 화면에서 철봉이 한 점으로 보이면 카메라가 완벽하게 설치된 것이다. 다른 예로는 육상의 트랙종목이다. 카메라를 트랙의 안이나 바깥에 트랙에 대해 직각으로 설치하고, 수준기를 이용하여 카메라를 수평으로 유지하면 완벽한 설치조건을 가지게 된다. 이때 카메라의 높이는 필요에 따라 조절할 수 있다.

(2) 2차원분석의 한계

2차원분석이 매우 간단하고 촬영이 수월한 반면, 몇 가지 문제점이 있다. 인간은 부피를 가지는 3차원적 존재이므로 인체운동을 평면운동으로 가정하는 자체가 무리일 수 있다. 왜냐하면 인체의 모든 부위가 단일운동평면 내에서 움직이는 것이 불가능하여 인체의 일부는 반드시 운동평면에서 벗어나 공간상에서 움직이기 때문이다. 따라서 분석대상점이 운동평면에서 벗어나면 투시오차(perspective error) 발생이라는 구조적 문제가 나타난다.

그림 1-8에서 운동평면의 바깥에 존재하는 점 O는 촬영을 통해 영상점 I는 다시 2차원배율법을 통해 운동평면 위의 점 O′에 대응된다. 결국 2차원분석에서는 점 O가 마치 O′에 위치하는 것으로 인식되기 때문에 위치좌표에 ΔX만큼의 오차가 발생하는데, 이를 투시오차라고 부른다.

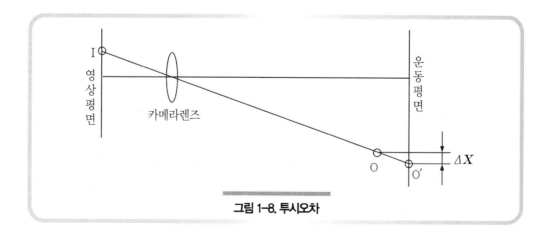

그림 1-8. 투시오차

투시오차를 줄이기 위해서는 카메라를 가능한 한 운동평면으로부터 멀리 위치시키고, 줌(zoom)기능을 이용하여 화면의 크기를 적절히 조절해야 한다. 그러나 이 방법이 투시오차를 완전히 보정해주지는 않는다. 투시오차의 문제는 궁극적으로 운동이 공간 내에서 이루어지기 때문에 발생하는데, 이는 3차원분석을 통해야 완전히 해결할 수 있다.

(3) 3차원분석법

① 3차원분석의 원리

동일한 점을 동시에 최소한 두 대의 카메라로부터 관찰할 수 있으면 그 공간좌표(X, Y, Z)를 알 수 있게 된다.

그림 1-9는 두 대의 카메라를 사용하는 경우를 보여주는데, 피사점은 선 I_1O뿐만 아니라 선 I_2O 위에도 있어야 하므로 두 직선이 교차하는 점이 곧 피사점의 위치이다. 따라서 피사점의 위치를 알기 위해서는 두 카메라의 상대적인 위치관계와 설치조건을 알아야 한다. 두 카메라 사이의 상대적 설치조건을 모르면 두 대 이상의 카메라를 사용하더라도 3차원위치를 알 수 없다.

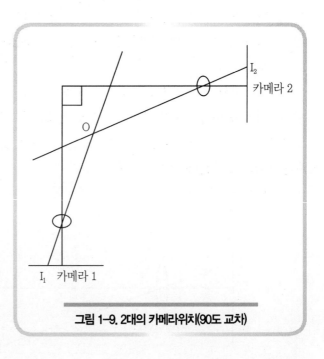

그림 1-9. 2대의 카메라위치(90도 교차)

가장 간단한 상황은 그림 1-9에서 보는 것과 같이 두 카메라의 광축이 90도를 이루며 교차하는 경우가 되겠으나, 실제 카메라를 특정한 설치조건에 맞게 정확하게 설치하는 것은 쉬운 일이 아니다.

이와 같이 카메라설치조건을 먼저 결정하고 그에 따라 카메라를 설치하는 방식은 3차원분석법의 도입 초기에 많이 사용되었던 방식이다. 그러나 이것은 카메라 설치상의 제약 때문에 현장에서 사용하기에는 문제점이 있었다. 이러한 단점을 보완하기 위해 고안된 방법이 바로 직접선형변환(direct linear transformation : DLT) 방식으로, 1970년대 초반에

Abdel-Aziz와 Karara에 의해 개발되었고, 1980년대 중반 PC의 보급이 가속화되면서 본
격적으로 사용되기 시작하여 최근에 많이 사용되고 있다.

② 직접선형변환방식

이 방식은 카메라설치조건 및 피사점의 위치계산에 피사점의 실좌표와 상점(像點)의
상평면(像平面)좌표 사이에 존재하는 특별한 선형변환관계를 이용하는 방법이다. 실험
적 측면에서 DLT 방식의 특징은 카메라설치조건을 계측하기 위해 통제점틀이라는 장비
를 사용하는 것이다. 통제점틀에는 여러 개의 통제점(control points)이 표시되어 있는
데, 이 통제점들은 정확한 측정을 통해 그 실좌표를 이미 알고 있는 점들이다.

DLT 방식의 원리는 통제점들의 실좌표는 실측을 통해 이미 알려져 있으므로 상평면
에 맺힌 영상에서의 통제점과 분석대상점 간의 상대위치관계로부터 분석대상점들의 실
제좌표를 계산하는 것이다. 그러나 실제로 피험자가 통제점틀 속에서 움직이는 것은 아
니므로, 일단 먼저 통제점틀을 설치하여 촬영하고 통제점틀을 치운 다음 카메라설치조
건을 그대로 유지한 채 피험자의 운동을 촬영해야 한다.

따라서 DLT 방식은 궁극적으로 촬영을 통해 관찰된 통제점과 분석대상점 사이의 상
대위치관계를 이용하여 대상점의 실좌표를 계산하기 때문에 카메라설치상의 제약이 있
을 수 없다. DLT 방식에서 가장 중요한
것은 통제점틀에서 실좌표의 정확성이
다. 여러 가지 형태의 통제점틀이 현재
제작되어 사용되고 있는데, 그림 1-10
과 같이 틀의 조인트들을 잇는 막대 위
에 흰색으로 표시된 것들이 바로 통제
점들이다. 최근에는 3차원분석이 대부
분 DLT 방식을 사용하고 있다.

그림 1-11과 같이 DLT 방식은 3차원
분석뿐만 아니라 2차원분석에서도 사
용할 수 있다. 통제점판을 운동면에 설
치하여 촬영하면 같은 원리로 분석대
상점들의 운동면좌표를 계산할 수 있
다. 이 경우 역시 통제점과 분석대상점

그림 1-10. 통제점틀(control object)

의 위치비교를 통해 실제 위치좌표를 계산하므로 카메라설치상의 제약이 없어 카메라의 광축을 운동면과 반드시 직교시킬 필요가 없다. 실제 경기나 운동상황에서는 카메라를 운동면에 직교하게 설치할 수 없는 경우가 많이 있으므로 DLT 방식의 유용성이 높은 반면, 전통적인 배율법에 비해 실험과 분석절차가 복잡하다.

DLT 방식에서는 반드시 통제점틀을 사용하여야 하기 때문에 지도자나 선수가 임의로 분석을 위해 촬영을 하는 것은 쉽지 않다. 다만 여러 가지 용구나 시설을 사용하는 경우에 통제점틀 대신 이들 시설이나 용구의 특정 부위를 통제점으로 활용하는 것이 가능한 경우가 있어 전문가와 사전협의가 필요하다. 3차원분석에서는 최소한 6개, 2차원분석에서는 4개 이상의 통제점틀이 필요하다.

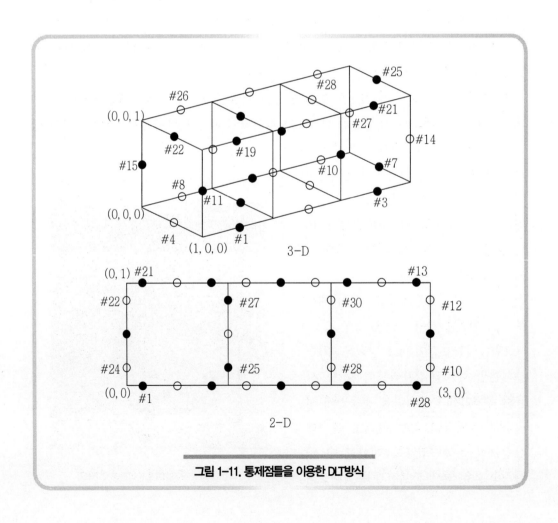

그림 1-11. 통제점틀을 이용한 DLT방식

4) 동작분석의 절차

사용하는 촬영매체나 장비에 따라 차이는 있겠으나 동작분석은 크게 계획, 실험, 자료처리, 분석의 4단계로 나눌 수 있다.

(1) 계획단계

계획단계는 연구목적에 맞게 구체적인 계획을 수립하는 단계이다. 이 단계에서는 사용할 매체와 장비의 종류, 장비의 설치, 분석을 위한 촬영상의 배려사항 등 촬영 관련사항뿐만 아니라 분석방식으로 2차원/3차원, 필름/비디오, 배율법/DLT 등을 세밀하게 계획하여 결정해 두어야 한다.

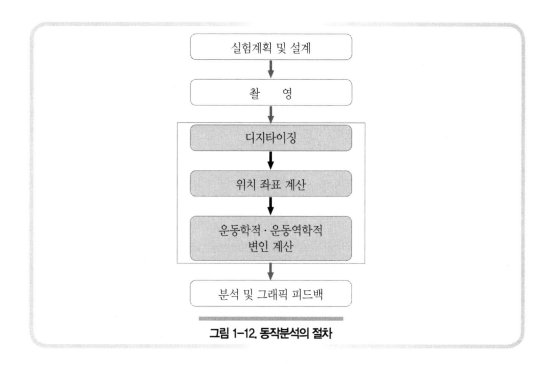

그림 1-12. 동작분석의 절차

(2) 실험단계

① 분석대상동작의 특성파악

실험장비의 set-up에 앞서 실험동작에 대한 파악이 선행되어야 한다. 왜냐하면 실험장비의 선택과 설치는 분석하고자 하는 동작의 종류에 따라 결정되기 때문이다. 이때 고려해야 할 사항으로는 분석하고자 하는 신체부위(전신/특정부위), 동작의 특성이 3차원적인지 아니면 2차원적인지 등이다.

　② 카메라의 선택

　분석대상동작에 대한 파악이 끝나면 카메라를 선택해야 한다. 일반적으로 30frame/sec 촬영속도의 카메라를 많이 쓰고 있다. 하지만 순간적 특성에 의해 분석의 질이 결정되는 동작을 촬영할 때에는 고속카메라를 사용하여 분석해야 한다.

　③ 실제촬영

　실제촬영 시 카메라의 여러 가지 옵션사항 중 셔터스피드는 동작의 특성과 빛의 양에 따라 조절하며, 포커스는 수동으로 맞추어 놓는다.

(3) 자료처리단계

　① 디지타이징

　기록된 영상으로부터 분석대상점의 영상좌표를 얻은 수치화(digitizing)과정을 통해 운동자의 운동상태에 관한 정보를 추출하는 첫단계이다. 분석대상점의 상평면좌표가 얻어지면 동조(synchronization)와 보간(interpolation)의 과정을 거쳐 분석대상점의 실제좌표를 계산한다.

　② DLT 계수획득

　실험 시 획득된 통제점틀의 영상을 이용하여 DLT 계수를 추출한다. 이 계수를 통하여 실제좌표의 계산이 가능하게 된다.

　③ 필터링(filtering)

　인체운동상태는 5~10Hz를 넘지 않는 것이 보통이다. 하지만 디지타이징을 통하여 획득된 실제좌표의 주파수를 분석해보면 10Hz를 넘는 곳에서의 주파수에서도 상당한 값을 나타냄을 알 수 있는데, 이는 디지타이징 시 개입된 오차 때문이다. 이를 제거하기 위하여 특정값보다 낮은 주파수영역의 신호성분은 통과시키고, 반대로 높은 영역의 성분은 걸러내는 저역필터(low-pass filter)를 사용한다.

　④ 변인산출

　획득된 각 분석대상점의 공간좌표로부터 분절방위각, 관절각, 자세각 등의 각도변인을 얻을 수 있다. 또한 동작분석은 움직임에 기초하기 때문에 시간에 대한 위치나 각변인들의 변화양상으로부터 속도와 가속도를 계산할 수 있다.

이와 같이 분석대상점의 실제좌표로부터 얻은 위치·속도·가속도·각속도·각가속도 등의 일차적 변인값 외에 이 변인들을 조합하여 운동량(각운동량), 파워, 에너지 등과 같은 2차변인들을 산출하게 된다.

(4) 분석단계

분석단계는 분석의 결과를 제시하는 피드백과정을 거치게 된다. 분석에는 크게 동작의 역학적 이해와 비교분석의 두 가지 접근방식이 있다.

① 동작의 역학적 이해

역학적 이해에서는 동작을 구성하는 여러 가지 변인들의 상호관계를 파악하여 어떤 변인이 어떤 경로를 통해 경기력변인에 영향을 미치는지를 이해하는 것이다. 예를 들면 체조뜀틀에서는 빠른 도움닫기가 비록 후공중기와는 관련이 없지만, 발구름을 할 때 큰 각운동량을 가능하게 하므로 경기에서 중요한 요인이 될 수 있다. 선수는 발구름 동안 발생시킨 각운동량을 후속국면에서 사용하는데, 특히 도마접촉기에서는 손과 도마의 상호작용으로 인하여 각운동량이 대개 감소하므로 발구름 동안 발생시키는 각운동량이 클수록 유리하다. 빠른 수평속도는 전공중기(pre-flight phase)시간을 감소시키기 때문에 비교적 낮은 자세에서 도마를 접촉할 수 있게 해주고, 결과적으로 도마접촉기 동안의 수직속도의 감소를 줄여 준다.

② 비교분석

비교분석은 경기력 수준이 다른 집단이나 선수 개인을 서로 비교하여 차이를 보이는 변인들을 기초로 여러 가지 관점에서 해석하는 방식이다. 예를 들어 뜀틀의 경우 국가대표 선수집단과 일반선수집단으로 분류하여 집단 간을 비교한 결과 후공중기(post flight phase) 각운동량과 도마 이탈 순간의 몸의 방위각 등에서 유의한 차이가 있는지를 비교해보는 것이다. 이같이 집단차를 보이는 변인들이 실제 경기력의 우열을 결정하는 중요한 변인일 가능성이 높기 때문에 후속분석은 대개 이 변인들에 초점을 맞추게 된다. 또한 이 변인들은 개인 간의 비교에도 적용할 수 있다.

이러한 정보로부터 선수의 경기수행력에서 장점이나 단점 등을 파악할 수 있고, 모델선수의 동작분석을 통해 중요한 경기력변인을 이해할 수도 있다. 또한 비교분석방식을 통해 단순한 자료의 제시뿐만 아니라 그래픽을 이용한 시각적 피드백도 제공된다. 컴퓨터를 이용한 그래픽은 육안관찰과는 다른 독특한 효용이 있다.

5) 영상분석장비

(1) DV 캠코더(DV camcoder)

- 품명 : TRV-940(sony), TRV-900(sony), PD-150(sony)
- 녹화방식 : 6mm 테이프 사용, 인터페이스 스캔, 프로그레시브 스캔 지원방식
- 녹화속도 : 60frame/sec

그림 1-13. DV 캠코더(PD-150)

(2) 아날로그 캠코더(analog camcoder)

- 품명 : D-5100(panasonic)
- 녹화방식 : 16m S-VHS 테이프사용, 인터페이스 스캔방식
- 녹화속도 : 60frame/sec

그림 1-14. 아날로그캠코더(D-5100)

(3) 고속비디오카메라(high speed camera)

① Peak-motors high speed camera
   (HSC-180-NM)

- 녹화방식 : 16mm S-VHS 테이프 사용
- 녹화속도 : 90/180frame/sec

② Photron high speed camera

- 녹화방식 : 메모리 직접저장방식
- 녹화속노 : max 1000frame/sec

그림 1-15. Peak 고속카메라

그림 1-16. Photron 고속카메라

③ NAC 고속카메라(HSV-1000)
- 녹화방식 : S-VHS 테이프사용
- 녹화속도 : max1,000frame/s

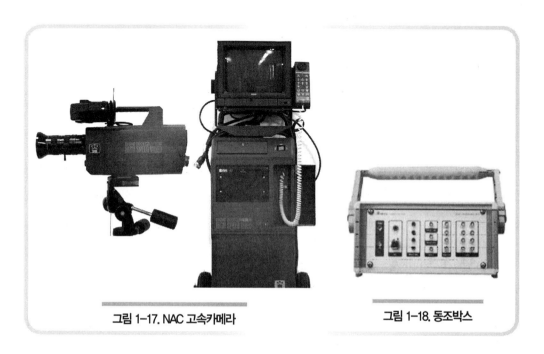

그림 1-17. NAC 고속카메라   그림 1-18. 동조박스

(4) 시스템동조

동조(synchronization)란 두 가지 이상의 시스템을 사용할 때 동시신호를 찾아내기 위한 방법을 말한다. 카메라는 3D 분석을 위해서 2대 이상을 카메라를 사용해야 하는데, 이 경우 두 카메라의 동조시점을 파악해야 3차원좌표를 추출해 낼 수 있다. 동조박스에서 카메라의 동조시점은 LED불빛을 이용하여 동조하며, 다른 외부계측기와의 동조는 trigger out단자를 이용하여 시작점과 동시에 TTL(transistor-to-transistor) 신호를 주어 외부기기와 동시에 시작하게 하는 방법을 사용한다.

3. 힘 분석

동작분석방법에 의해 얻어진 운동학적 정보를 이용하여 힘을 추정할 수도 있지만, 이러한 방법은 그 과정에서 생기는 오차(error)가 커지기 때문에 가능하면 인체에 작용하는 힘을 직접 측정하는 것이 바람직하다. 특히 힘은 육안으로 관찰하거나 측정할 수 없으므로 대부분 물체의 늘어나는 정도가 힘에 비례하여 변하고, 이 변화에 비례하여 전기의 세기가 변하는 장치를 이용하여 측정하게 된다.

이러한 장비의 대표적인 것이 지면반력측정시스템과 족저압력분포시스템이다. 이와 같은 장비는 내장된 힘측정센서(스트레인게이지 또는 압력센서 등)를 이용하여 판에 가해지는 힘을 정량화하는 대표적인 기자재이다. 이 장비를 이용하면 걸을 때나 도약할 때와 같은 여러 가지 운동상황에서 사람이 지면에 가하는 힘의 세기를 직접 측정하여 추진력이나 방향전환 등과 같은 운동특성을 분석할 수 있다.

특히 최근에는 스케이트, 철봉, 역도, 다이빙보드 등과 같이 지면이 아닌 운동장비나 시설 등에 센서를 부착하여 부착된 센서로부터 나오는 신호를 적절히 처리한 후 디지털화하여 힘에 대한 수치적인 정보를 수집하고 있다.

1) 지면반력측정시스템

지면반력(ground reaction force)은 인체가 지면에 가해 준 힘에 대한 반작용힘이다. 중력에 의해 인체는 항상 지면과의 접촉을 유지하고 있기 때문에 지면과 끊임없이 상호작용을 한다. 즉 중력과 신체에서 발현되는 근력과 같은 힘들을 지면에 작용시켜 그 반작용력을 이용하여 활동하는 것이다.

인체는 지면반력을 이용하여 몸을 추진하거나 운동을 제어하기 때문에 지면반력은 중력과 더불어 인체운동에 영향을 미치는 중요

그림 1-19. 지면반력측정시스템

한 외력(external force)의 하나라 할 수 있다. 지면반력 수직성분은 중력과 근력에 의해 발현되는 힘 중에서 수직으로 누르는 힘의 영향을 받는 반면, 수평성분은 지면과의 마찰의 발생하는 마찰력에 의해 영향을 받는다.

지면반력측정시스템은 힘을 감지하는 센서를 장착한 직육면체형의 판을 말하는데, 전후, 좌우, 상하 세 방향의 힘을 측정할 수 있으며, 또한 압력중심점의 위치, 유리토크요인 등을 산출할 수 있다. 운동분석에서 지면반력은 측정하는 장비로 가장 많이 쓰이는 것이 AMTI force plate이다.

(1) 구조와 원리

지면반력측정시스템은 직육면체형의 판으로 좌우(X), 전후(Y), 상하(Z) 세 방향의 힘을 측정할 수 있다. 비교적 많이 사용되는 지면반력측정시스템으로 스트레인게이지형이 있다. 스트레인게이지에 힘이 가해지면 변형이 생기면서 게이지의 저항이 변하는데, 브리지(bridge)회로를 이용하여 저항변화에 따른 전압의 변화를 감지하면 가해진 힘의 크기를 측정하게 된다.

브리지회로에 의해 감지되는 전압의 변화는 1N당 수 μV 정도로 매우 미세하기 때문에 전기신호를 증폭하여 사용할 필요가 있다. A/D변환기는 아날로그신호인 전압을 컴퓨터가 인식할 수 있는 디지털정보로 변환시켜주는 장치이다. A/D변환기에 의해 숫자화된 전압정보는 컴퓨터의 기억장치에 저장되고, 분석프로그램에 의해 읽혀져 여러 가지 지면반력 변인을 계산할 때 사용된다. A/D변환기도 컴퓨터에 의해 제어되기 때문에, 실제로는 컴퓨터가 모든 자료수집 및 처리를 제어한다고 할 수 있다.

(2) 실험방법

일반적으로 지면반력 프로그램은 해당 Acquisition program을 이용하여 지면반력자료를 얻는다. 이 경우에 공통적으로 해당 DT-board를 프로그램상에서 인식하게 한 다음 각 방향의 힘값을 보정하고, sampling rate를 해당 실험상황에 맞추어 조절한 다음 실험대상자별 체중을 측정한 후 실험을 실시한다.

(3) 분석방법

지면반력분석을 통해 일차적으로 F_x, F_y, F_z, x, y, T_z의 여섯 가지 정보를 얻을 수 있다. F_x, F_y, F_z는 지면반력(F)의 세 성분을 의미하고, x, y는 압력중심의 수평좌표를, T_z는 지면반회전력의 수직성분인 유리토크를 의미한다. 지면반력은 판의 표면에 작용하기 때문에 압력중심의 수직좌표는 항상 0이며, 지면반회전력은 수직성분(T_z)만을 가진다. 이들 정보는 지면으로부터 몸에 가해지는 힘의 크기 분석, 안정성 평가 등의 관점에서 활용되는데, 특히 보행분석이나 운동화 연구에 활용하고 있다. 지면반력의 단위는 N(Newton), 회전력의 단위는 Nm이다.

▷F_z: 착지 시 몸에 가해지는 충격력 또는 몸을 상방으로 추진시키는 추진력으로 해석될 수 있다. F_z가 체중보다 클 경우는 상향가속이, 작은 경우는 하향가속이 일어남을 의미한다.

▷F_y: 이는 전후방향의 힘으로서, 전신운동을 도와주거나 저해하는 힘으로 작용한다. 즉 보행이나 달리기 시의 지지기의 전반부는 제동력, 후반부에는 추진력을 의미한다.

▷T_z: 유리토크는 발과 지면 반력판 사이의 회전마찰에 의해 생기는 토크의 크기를 의미하는 정보로, 지면반력의 크기와 힘 작용점의 위치로는 반영할 수 없는 변인이다. T_z는 발목이나 다리관절의 상해와 밀접한 관련이 있는데, 특히 거친 표면 위에서 발과 표면 사이의 회전마찰이 발생하면 큰 T_z가 발생할 가능성이 크다. 예를 들면 축구경기 시 천연잔디보다

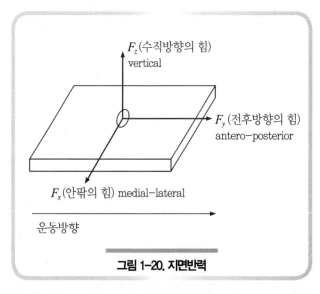

F_z(수직방향의 힘) vertical

F_y(전후방향의 힘) antero-posterior

F_x(안팎의 힘) medial-lateral

운동방향

그림 1-20. 지면반력

는 인조잔디에서 관절상해가 일어날 가능성이 크다. 이는 인조잔디의 마찰계수가 높아 회전마찰에 의해 큰 T_z가 발생하기 때문이다. 인체관절은 압축력이나 신장력에는 비교적 강하지만, 비틀림에는 약한 구조를 가지고 있기 때문에 높은 T_z는 쉽게 관절상해로 이어질 수 있다.

2) 족저압력분포시스템

압력분포측정기는 수십 개 혹은 수백 개의 힘센서를 이용하여 압력이 가해지는 부분의 형태나 크기 등을 정밀하게 조사할 수 있도록 고안된 장비로서, 현재 EMED 및 Pedar 시스템이 많이 사용되고 있다. EMED는 지면반력기와 거의 비슷한 체제로 지면에 판모양의 압력분포측정기를 깔아놓고, 그 위에서 작용하는 압력분포를 측정하도록 설계되어 있다. Pedar는 그림 1-21과 같이 신발깔창(insole) 형태로 고안하여 신발 내부에 장착해 발에서 발현되는 압력분포양상을 측정한다. 족저압력분포시스템(Pedar system)은 발바닥의 압력분포를 측정하기 위한 용량성(capactive) 압력탐색 안창형으로 구성되어 있다.

(1) 실험방법

그림 1-21과 같이 깔창처럼 생긴 측정판을 신발크기에 따라 선택하여 신발 속에 넣어서 측정한다. 측정범위는 신발의 크기처럼 24~47(european)의 다양한 종류가 있으며, 측정판은 왼발과 오른발 각각 99개의 용량성 압력센서를 포함하며, 2.6mm의 두께로 구성되어 있다. 그리고 초당 10,000 센서를 검색(scan)할 수 있다. 전

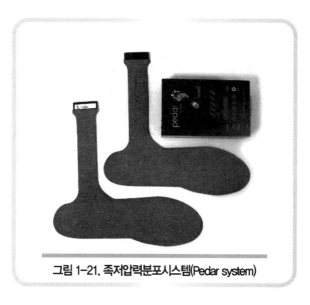

그림 1-21. 족저압력분포시스템(Pedar system)

체적으로 100Hz의 자료수집률을 갖고 있어서 정적 또는 동적 압력을 모두 측정할 수 있다.

각 센서에서 측정한 압력은 임의구획을 재구성하여 분석할 수 있으며, 지지구간 동안 발이 지면에 가한 압력중심의 변화경로도 추적이 가능하다.

(2) 활용

크게 질병진단과 신발 개발연구에 활용된다. 질병진단의 경우에는 보행이나 달리기 시 발의 압력분포측정기를 통해 발의 부상과 관련된 환자의 위험수준을 진단하고 치료하는 데 활용된다. 그리고 신발 개발의 경우에는 일상생활이나 스포츠활동 중 나타나는

발의 스트레스를 압력분포측정기를 통해 알아내고, 그 결과에 맞게 효과적인 처방을 제공할 때 활용된다.

4. 근전도분석

근수축이 일어나는 동안 근육섬유에서는 미세한 전위차가 발생하게 되는데, 이 전위차를 전극으로 감지하여 기록한 것을 근전도(electromyogram : EMG)라고 한다. 즉 근전도는 근육의 활동정도를 직접 파악할 수 있는 유용한 분석방식이며 전극, 전초증폭기, 주증폭기, A/D변환기, 컴퓨터 등으로 구성된다.

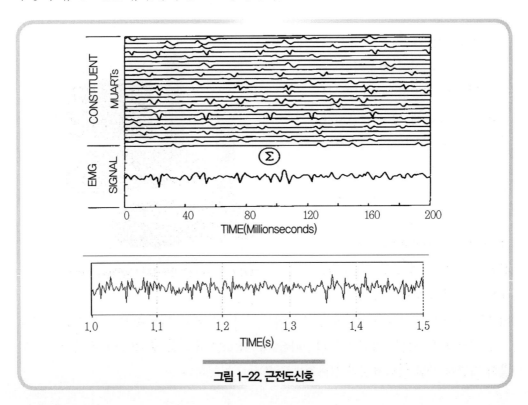

그림 1-22. 근전도신호

1) 측 정

골격근이 수축하기 위해서는 근육에 신경충격이 전달되어야 하는데, 근전도는 근수축 시 근육 내부에서 전달되는 활동전위를 전극을 이용하여 측정하는 방법이다. 여기에서는 표면전극과 삽입전극의 두 가지 종류의 전극을 사용한다.

(1) 표면전극

지름 약 1cm의 금속제 원판으로, 은
(Ag)/염화은(AgCl)으로 만들어져 얕은 근
육활동정도를 측정하는 데 사용한다(그림
1-23). 특히 표면전극은 삽입전극에 비해
사용하기가 간편하고, 고통없이 편안하게
근운동단위 집합체의 총체적인 시너지활동
을 정량적으로 분석할 수 있어 근골격계질
환관련 재활분야뿐만 아니라 현장에서 선
수들에게 사용하는 데 유리하다. 또한 근육
의 크기에 따라 적절한 지름의 전극을 사용
할 수 있다.

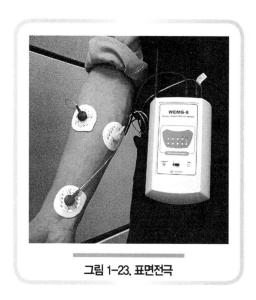

그림 1-23. 표면전극

주의할 점은 반드시 근육의 수축과 관련이 없는 뼈 부위에 접지전극(ground electrode)
을 부착하여 같이 사용하여야 한다는 것이다.

(2) 삽입전극

삽입전극에는 침전극(needle electrode)과 미세선전극(fine wire electrode)의 두 가지
가 있는데, 최근에는 미세선전극이 주로 사용되고 있다. 이 전극은 머리카락 정도의 굵
기를 가지는 절연된 전선으로 끝부분만이 노출되어 근육과 직접 접촉한다. 전극을 설치
할 때는 일단 전극삽입용 바늘을 이용하여 전극선을 피하에 삽입한 후 바늘을 제거한다.
따라서 삽입전극은 근육의 미세한 활동을 측정하거나 깊은 근육으로부터 근전도를 얻
고자 할 때 사용한다. 그러나 스포츠상황에서는 그리 적합하지 않다.

2) 자료처리

근전도 자료처리는 각 기기에 관련된 소프트웨어에서 제공된다. 근육에서 감지된 μV
수준의 전위는 전초앰프와 주앰프를 통해 A/D 변환기에 도달하며, 디지털화된 근전도

신호는 PC에 의해 필터링, 정류, 역치분석, 적분, 주파수분석 등의 절차를 통해 여러 가지 다양한 정보로 변환된다. 여기에서는 그 기본적인 사항만 기술한다.

(1) 필터링

근전도는 500Hz 이상으로 데이터가 획득되므로 그만큼 노이즈가 유입될 확률이 크다. 기본적인 노이즈제거과정은 실험절차를 통하여 제거되나, 신호 자체 내에 포함된 노이즈를 제거하기 위해서 필터링(filtering)과정은 필수적이다. 필터의 종류는 저역통과, 고역통과, 밴드통 등이 있는데, 근전도분석에서는 밴드통과필터를 주로 사용한다.

(2) 정 류

근전도의 원신호는 양의 값과 음의 값이 교대로 나타난다. 따라서 모든 값을 양의 값으로 처리하기 위하여 필터된 신호를 개정시킨다.

(3) 역치설정

저역필터를 통과한 근전도가 역치(threchold)수준을 넘으면 1, 역치수준보다 낮으면 0으로 표시하여 근육의 활동 여부를 간단하게 표현할 수 있다.

(4) 적 분

정확한 힘값이라고는 할 수 없지만, 선행연구 결과에 의하여 근전도와 힘값은 선형적 관계가 있음을 알 수 있었다. 이런 힘값과의 선형관계를 나타내는 지표가 누적근전도(integrated EMG 또는 iEMG)인데, 저역필터로 걸러진 근전도를 시간에 대해 적분(integration)한 것으로 해당 근육의 누적된 활동정도를 나타내는 변인이다. 따라서 normalized된 신호를 적분하면 힘의 동원량을 추정할 수 있다.

(5) 주파수분석

주파수별 특성을 분리하여 분석하는 것으로, 피로도분석에 주로 사용된다. 근육의 피로는 경기력에 큰 영향을 미치는 요인으로, 특히 양궁이나 사격처럼 정적인 종목에서는 선수의 피로진행유형에 세심한 주의가 필요하다.

3) 근전도측정시스템

(1) Mega Win EMG system(ME6000)

ME6000은 작고 배터리로 동작이 되며, 다용도로 활용이 가능한 Mega Win s/w가 포함되어 있다. 여러 가지의 측정방법을 미리 설정할 수 있으며 EMG, ECG, heart rate 또는 다른 생체 신호도 구성할 수 있다.

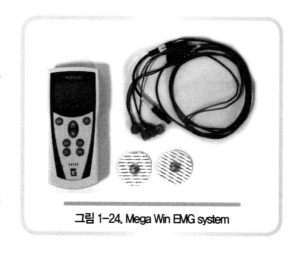

그림 1-24. Mega Win EMG system

측정은 대용량 메모리(Compact flash card, 256MB, 512MB 또는 그 이상)에 저장이 가능하며, 실시간 모니터링도 가능하다. 대형 graphics LCD display는 실시간으로 신호를 보여준다. ME6,000의 최대 sampling rate는 채널당 10,000 Hz이며 해상도는 14bits이다.

(2) WEMG-8(LXM3208-RF)

WEMG-8은 무선방식이며, 8채널로 구성되어 있다. 무선방식으로 충분히 원하는 부위별 근전도를 측정할 수 있다. 운동장과 같은 필드의 경우 반지름 50m 이내에서는 데이터손실 없이 자유롭게 이동하면서 측정 가능하다.

WEMG-8은 근표면 위의 8개 위치에 표면전극을 부착하여 동시에 근전

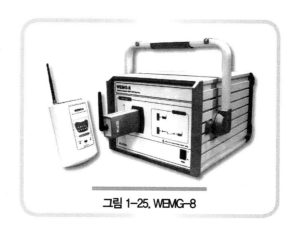

그림 1-25. WEMG-8

도를 측정할 수 있다. 일회용 전극을 피부표면에 부착한 후 스냅전극과 단추형태로 연결하는 방식이므로 팔, 다리, 어깨 등 원하는 근육부위에서 측정할 수 있다.

PC 연결형(USB)의 디지털 근전도 측정기로 스케줄링(정지영상, 소리, 동영상, 텍스트, 이미지 등으로 출력)이 가능하다. 또한 근수축력, 근피로도, RMS, SEF, MEF, CC, MVC, 파워스펙트럼 등 50여 가지의 실시간분석법 등을 제공한다.

(3) 자료획득방법

① 부착근육의 결정

실험 시 측정할 근육을 결정한다.

② 전극부착

전극은 삽입전극과 표면전극이 있으며, 통상 표면전극을 통하여 자료를 획득한다. 표면전극부착 시 부착지점을 알코올로 잘 닦아내고 털도 제거해야 한다. 이런 과정을 거치는 이유는 전극과 피부 사이의 이물질에 의하여 생기는 잡음신호를 제거하기 위함이다. 또한 전극을 부착할 때 반드시 근육의 수축과 관련없는 부위에 접지전극을 부착하여 사용하여야 한다.

③ 측정기기조절

측정기기의 sampling rate를 실험상황에 맞게 조절한다. 그밖의 사항은 기기마다 다르므로 각 기기매뉴얼을 잘 읽어보고 set-up시킨다.

(4) 활용분야

생체역학연구뿐만 아니라 스포츠 관련 클리닉, 통증클리닉, 재활의학, 웨이트트레이닝 센터, 근전도 관련 연구실(산업의학, 인간공학, 산업공학, 스포츠 의학) 등에서 활용하고 있다.

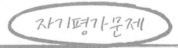

자기평가문제

1. 키니시얼러지(kinesiology)의 의의와 목적을 간단히 설명해보자.
2. 인체운동을 보는 3가지 기본관점은 무엇이며, 그러한 관점이 어떤 학문으로 발전되었는지 알아보자.
3. 생체역학의 학문적 계보를 설명해보자.
4. 생체역학을 적용하는 세 가지 분야와 그 목적을 알아보자.
5. 스포츠경기력향상을 위해 운동역학을 적용할 때의 문제점과 개선책에 대하여 설명해보자.
6. 영상분석에서 사용되는 관찰장비는 어떤 것이 있으며, 사용상 주의점을 설명해보자.
7. 힘을 직접 측정할 수 있는 계측기의 종류에는 어떤 것들이 있는지 알아보자.

2 해부학적 기초
Anatomical Basis

제1장 인체의 골격과 관절

생체역학의 연구대상은 주로 인체운동이기 때문에 인체운동을 일으키는 인체의 해부학적 구조를 이해하여야 한다. 인체해부학(human anatomy) 중에서 인체운동을 일으키는 데 직접 관계가 있는 것으로는 골격계통을 연구하는 골학(osteology), 관절계통을 연구하는 관절학(arthrology), 근육을 연구하는 근육학(myology), 신경계통을 연구하는 신경학(neurology) 등이 있다. 그러나 본 장에서는 인체운동의 역학적 측면에 가장 밀접한 관계가 있는 골격계통과 관절계통만을 설명한다.

1. 골격계통

골격계통(뼈대계통)은 뼈, 연골, 인대로 구성된다. 뼈는 인체의 형태를 꾸며주는 기능, 피를 만드는 기능, 무기질을 저장하는 기능, 주요 내부기관을 보호하는 기능, 지렛대 기능 등이 있는데, 운동역학에서는 지렛대 기능이 가장 중요하다. 인체는 뼈에 붙어 있는 근육이 내는 힘에 의하여 관절을 축으로 분절이 회전운동을 일으키는 것으로, 이때 뼈는 지렛대 역할을 하게 된다.

1) 뼈의 기본구조

뼈는 특수결합조직의 하나로, 적은 수의 세포와 많은 세포사이물질(세포간질)로 구성되어 있는데, 세포사이물질인 바탕질(기질, ground substance) 속에는 단단한 성질을 가진 무기질(inorganic substance)이 많다.

뼈는 약 70%가 무기질이며, 나머지 30%는 유기질(organic substance)로 되어 있다. 무기질의 85%는 인산칼슘, 10%는 탄산칼슘으로 구성되어 있고, 무기질과 유기질의 비율은 연령에 따라 차이가 있다. 어린이는 성인이나 노인에 비하여 유기질이 많아 탄력성이 높지만, 연령이 증가할수록 무기염류가 증가하여 탄력성을 잃게 된다.

미세구조 뼈는 생명이 없는 단순한 무기질로만 되어 있는 것처럼 보이지만, 미세구조는 살아 있는 생체이다. 뼈의 미세구조에서 가장 특징적인 것은 나무의 나이테와 같은 모양을 하고 있다는 것이다. 뼈의 횡단면에서 볼 수 있는 뼈층판(골층판, lamella)과 뼈바탕질(골기질, bone matrix) 속에는 뼈방(골소강, lacuna of bone)과 하버스관(Haversian canal)이 있다. 치밀뼈를 형성하는 기본단위인 뼈층판은 뼈막(골막)에 인접한 부분에서 안쪽에 있는 하버스관을 중심으로 한 동심원을 나타내고 있다.

뼈방 안에는 뼈세포(골세포, osteocyte)가 들어 있으며, 뼈방에서는 방사형의 많은 뼈모세관(골소관, bony canaliculus)이 뻗쳐 있어 인접한 뼈방의 뼈모세관들과 서로 통하고 있다. 뼈모세관 안에는 뼈세포의 원형질돌기가 들어 있어 인접한 뼈세포들 사이에는 원형질돌기의 접촉이 생기게 된다.

하버스관은 뼈의 장축을 따라 종단하는 많은 관으로 이 속에는 모세혈관이 들어 있으며, 가로로는 폴크만관(Volkmann's canal)에 의해 연결되어 뼈막을 통해 들어온 혈관은 뼈의 모든 부분에 이르기까지 두 개의 관을 통하여 영양물질을 공급하고 있다. 각각의 하버스관은 여러 겹의 뼈층판에 의해 둘러싸여 있는데, 이 관과 세포, 뼈층판이 치밀뼈의 구조단위인 하버스계통(Haversian system)을 이룬다.

그림 2-2는 팔다리를 구성하고 있는 전형적인 긴뼈(장골)의 형태를 나타내고 있다. 뼈의 양쪽끝 부분은 뼈끝(골단)이라고 하고, 가운데 부분은 뼈몸통이라고 한다. 팔다리뼈(사지골)의 대부분은 뼈몸통(골간)부위보다 뼈끝부위가 더 굵은데, 이러한 형태 때문에 각각의 분절이 관절을 축으로 회전운동을 일으키게 된다.

뼈의 바깥부분은 매우 단단한 치밀뼈로 되어 있으며, 뼈끝의 내부는 스펀지와 같은 해면뼈(해면골)로 되어 있다. 한편 뼈몸통부위의 안쪽에는 빈공간(강 ; cavity)이 있는데, 이를 골수공간(골수강, 뼈속질공간)이라 하며, 골수공간에는 골수를 간직하고 있다. 골수는 붉은색을 띄고 있는 적색골수(적골수)와 누런색을 띄고 있는 황색골수(황골수)의 두

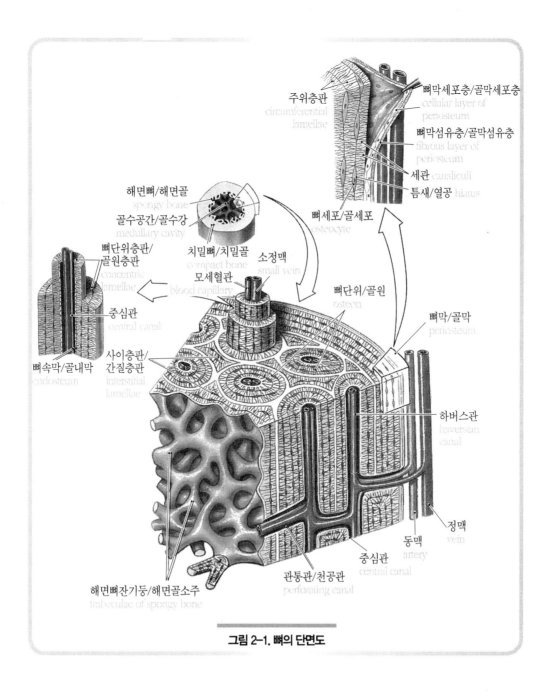

그림 2-1. 뼈의 단면도

종류로 구분되는데, 적색골수만이 조혈기능을 가지고 있다.

뼈끝부위에 있는 뼈끝판은 뼈모세포를 생성하여 뼈의 길이가 성장하도록 하며, 성장이 완료되면(20~25세) 뼈끝판은 뼈로 변하여 뼈끝선만 남게 된다.

뼈의 표면은 관절면을 제외하고는 뼈막으로 싸여 있다. 뼈막은 뼈를 보호하고, 혈관·신경·림프관을 통과시키는 역할을 하며, 특히 근육의 연속인 힘줄(건, tendon)을 뼈에 부착시키는 역할을 한다.

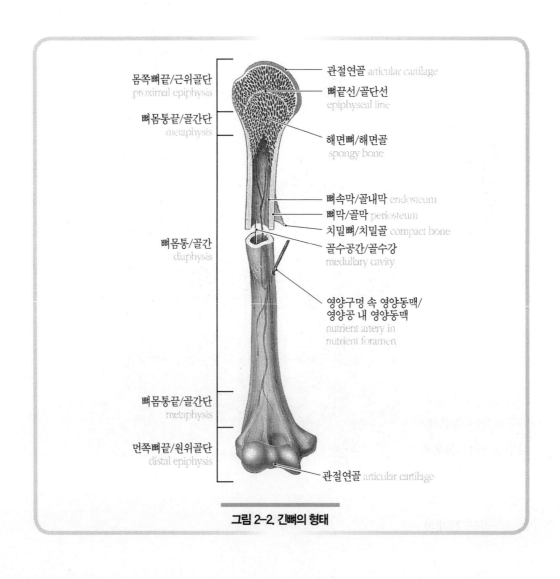

몸쪽뼈끝/근위골단
proximal epiphysis

뼈몸통끝/골간단
metaphysis

뼈몸통/골간
diaphysis

뼈몸통끝/골간단
metaphysis

먼쪽뼈끝/원위골단
distal epiphysis

관절연골 articular cartilage

뼈끝선/골단선
epiphyseal line

해면뼈/해면골
spongy bone

뼈속막/골내막 endosteum
뼈막/골막 periosteum
치밀뼈/치밀골 compact bone
골수공간/골수강
medullary cavity

영양구멍 속 영양동맥/
영양공 내 영양동맥
nutrient artery in
nutrient foramen

관절연골 articular cartilage

그림 2-2. 긴뼈의 형태

2) 뼈의 분류

(1) 뼈의 형태별 분류

뼈를 형태에 따라 구분하면 다음과 같은 5가지로 나누어진다.

① 긴뼈(장골) : 넙다리뼈(대퇴골)나 위팔뼈(상완골)와 같이 길이가 긴 뼈

② 짧은뼈(단골) : 손가락뼈(지골)와 같이 길이가 짧은 뼈

③ 납작뼈(편평골) : 어깨뼈(견갑골)와 같이 뼈의 표면이 넓적한 뼈

④ 불규칙뼈 : 척추뼈(척추골)와 같이 울퉁불퉁한 모양을 이루고 있는 뼈

⑤ 종자뼈(종자골) : 무릎뼈(슬개골)와 같이 씨앗과 같은 모양을 이루고 있는 뼈

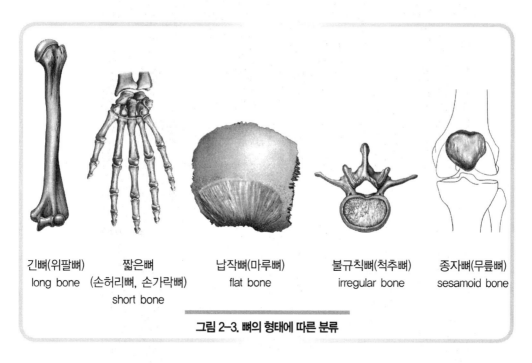

긴뼈(위팔뼈)	짧은뼈	납작뼈(마루뼈)	불규칙뼈(척추뼈)	종자뼈(무릎뼈)
long bone	(손허리뼈, 손가락뼈)	flat bone	irregular bone	sesamoid bone
	short bone			

그림 2-3. 뼈의 형태에 따른 분류

(2) 뼈의 부위별 분류

구조적인 측면에서 뼈가 위치한 부위별로 뼈를 구분하면 그림 2-4와 같이 몸통부분을 이루고 있는 몸통골격(구간골격, axial skeleton)과 팔다리부분을 구성하고 있는 팔다리골격(사지골격, appendicular skeleton)의 두 가지로 분류할 수 있다.

몸통골격은 머리, 척추, 가슴우리(흉곽)를 구성하는 뼈인데, 머리는 29개, 척추는 26개, 가슴우리는 25개의 뼈로 각각 구성되어 있다.

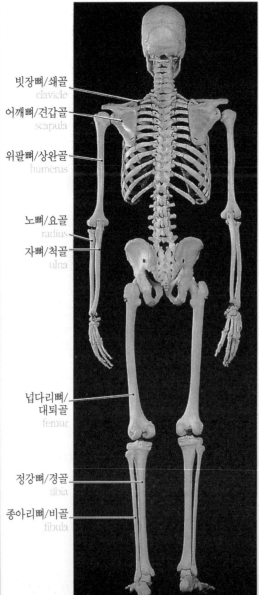
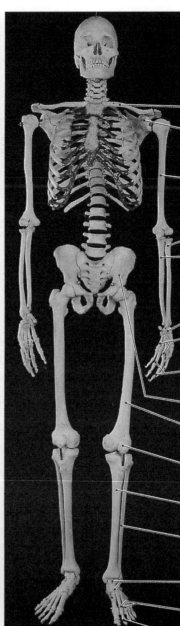

빗장뼈/쇄골
clavicle

어깨뼈/견갑골
scapula

위팔뼈/상완골
humerus

노뼈/요골
radius

자뼈/척골
ulna

넙다리뼈/
대퇴골
femur

정강뼈/경골
tibia

종아리뼈/비골
fibula

빗장뼈/쇄골
clavicle

어깨뼈/견갑골
scapula

위팔뼈/
상완골
humerus

노뼈/요골
radius

자뼈/척골
ulna

손목뼈/수근골
carpal

손허리뼈/중수골
metacarpal

손가락뼈/지절골
phalanges

엉덩뼈/관골
coxa

넙다리뼈/대퇴골
femur

무릎뼈/슬개골
patella

정강뼈/경골
tibia

종아리뼈/비골
fibula

발목뼈/족근골
tarsal

발허리뼈/중족골
metatarsal

발가락뼈/지절골
phalanges

그림 2-4. 인체골격의 전면과 후면

팔다리골격은 팔을 구성하고 있는 팔뼈(상지골)와 다리를 구성하고 있는 다리뼈(하지골)로 세분할 수 있는데, 팔뼈는 64개의 뼈로, 다리뼈는 62개의 뼈로 각각 구성되어 있다.

① 몸통의 뼈

몸통의 뼈는 몸통골격을 이루는 뼈들로, 머리, 척추, 가슴우리를 구성하는 뼈로 세분할 수 있다.

머리를 구성하는 뼈 머리에 있는 뼈는 머리뼈 22개, 귓속뼈(이소골) 6개, 목뿔뼈(설골) 1개로 모두 29개인데, 대부분 인체운동과는 관계가 없기 때문에 상세하게 기술하지 않는다. 그림 2-5는 전면과 측면에서의 머리뼈 형태와 명칭을 나타낸 그림이다.

척추를 구성하는 뼈 척추뼈는 목뼈(경추) 7개, 등뼈(흉추) 12개, 허리뼈(요추) 5개, 그리고 엉치뼈(천추)와 꼬리뼈(미추) 각 1개씩 모두 26개의 뼈로 구성되어 있다. 척추의 전체적인 형태는 전후로 만곡을 이루고 있어 S자를 이루고 있으며, 뼈와 뼈 사이에는 척추사이원반(추간원판)이라 불리는 둥근 모양의 연골판이 있는데, 이는 지면에서 발생되는 충격이 뇌에 전달될 때 충격을 감소시키는 역할과 척추뼈의 상해를 방지하는 역할을 한다.

척추의 운동은 전후면, 좌우면, 그리고 수평면상에서 모두 일어나지만, 그 운동범위는 팔다리에 비하여 매우 적다. 그림 2-6은 척추의 뼈를 나타내고 있다.

가슴우리를 구성하는 뼈 가슴우리를 이루는 뼈는 주로 허파(폐)와 심장을 보호하는 역할을 하며, 복장뼈(흉골) 1개와 갈비뼈(늑골) 12쌍으로 모두 25개의 뼈로 구성되어 있다.

복장뼈는 가슴 한가운데에 위치하고 있는 넙적한 뼈로서, 부위에 따라 위에서부터 복장뼈자루(흉골병), 복장뼈몸통(흉골체), 칼돌기(검상돌기, 명치뼈)의 세부분으로 되어 있으며, 성인이 된 후에도 골수에서 조혈작용을 한다.

갈비뼈는 12쌍으로서 1번갈비뼈부터 7번갈비뼈까지 7쌍은 복장뼈에 붙어 있어 이를 참갈비뼈(진성늑골)라 하고, 다음 3쌍은 7번갈비뼈에 붙어 있어 거짓갈비뼈(가성늑골)라 하며, 나머지 2쌍은 다른 뼈에 붙어 있지 않아 뜬갈비뼈(부유늑골)라 한다. 복장뼈와 7번갈비뼈에 붙어 있는 참갈비뼈와 거짓갈비뼈의 끝부위는 연골로 되어 있어 외부에서 오는 충격을 완화시키는 역할을 한다.

갈비뼈는 15~20도 정도 앞으로 기울어져 있는데, 심호흡을 할 때에는 위로 들어올려져 수평상태가 되어 가슴우리의 부피를 증가시키게 되므로 가슴우리 내의 기압이 대기 중의 기압보다 낮아져 기압차로 인하여 몸 밖으로부터 많은 공기가 가슴우리 속으로 들어오게 된다.

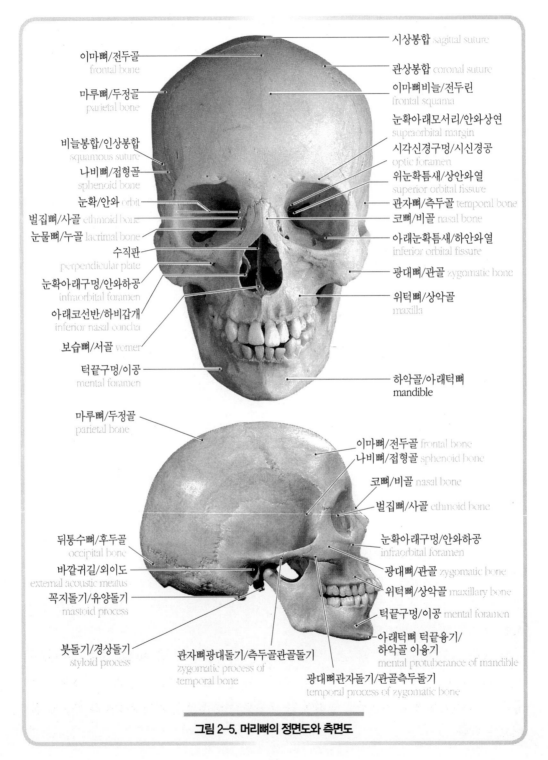

이마뼈/전두골
frontal bone

마루뼈/두정골
parietal bone

비늘봉합/인상봉합
squamous suture

나비뼈/접형골
sphenoid bone

눈확/안와 orbit

벌집뼈/사골 ethmoid bone

눈물뼈/누골 lacrimal bone

수직판
perpendicular plate

눈확아래구멍/안와하공
infraorbital foramen

아래코선반/하비갑개
inferior nasal concha

보습뼈/서골 vomer

턱끝구멍/이공
mental foramen

시상봉합 sagittal suture

관상봉합 coronal suture

이마뼈비늘/전두린
frontal squama

눈확아래모서리/안와상연
supraorbital margin

시각신경구멍/시신경공
optic foramen

위눈확틈새/상안와열
superior orbital fissure

관자뼈/측두골 temporal bone

코뼈/비골 nasal bone

아래눈확틈새/하안와열
inferior orbital fissure

광대뼈/관골 zygomatic bone

위턱뼈/상악골
maxilla

하악골/아래턱뼈
mandible

마루뼈/두정골
parietal bone

이마뼈/전두골 frontal bone
나비뼈/접형골 sphenoid bone

코뼈/비골 nasal bone

벌집뼈/사골 ethmoid bone

뒤통수뼈/후두골
occipital bone

바깥귀길/외이도
external acoustic meatus

꼭지돌기/유양돌기
mastoid process

붓돌기/경상돌기
styloid process

관자뼈광대돌기/측두골관골돌기
zygomatic process of
temporal bone

광대뼈관자돌기/관골측두돌기
temporal process of zygomatic bone

눈확아래구멍/안와하공
infraorbital foramen

광대뼈/관골 zygomatic bone

위턱뼈/상악골 maxillary bone

턱끝구멍/이공 mental foramen

아래턱뼈 턱끝융기/
하악골 이융기
mental protuberance of mandible

그림 2-5. 머리뼈의 정면도와 측면도

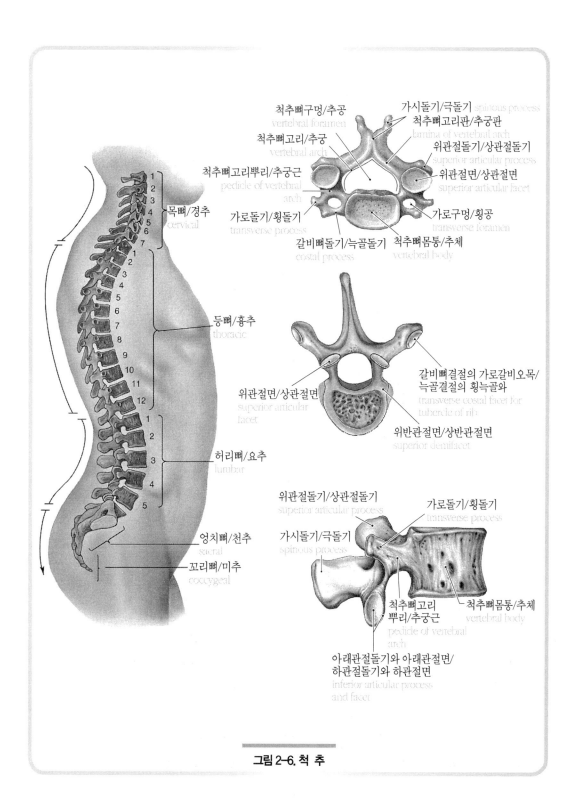

그림 2-6. 척 추

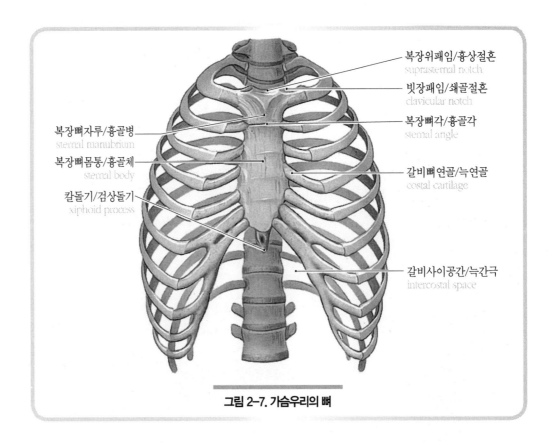

복장위패임/흉상절흔
suprasternal notch

빗장패임/쇄골절흔
clavicular notch

복장뼈자루/흉골병
sternal manubrium

복장뼈각/흉골각
sternal angle

복장뼈몸통/흉골체
sternal body

갈비뼈연골/늑연골
costal cartilage

칼돌기/검상돌기
xiphoid process

갈비사이공간/늑간극
intercostal space

그림 2-7. 가슴우리의 뼈

② 팔의 뼈

표 2-1과 같이 팔을 구성하고 있는 뼈를 팔뼈라 한다. 팔뼈는 팔이음뼈(상지대), 팔, 손을 구성하는 총 64개의 뼈들로 모든 부위 중에서 뼈가 가장 많고 복잡하게 구성되어 있다. 팔이음뼈를 구성하는 뼈 팔이음뼈를 구성하고 있는 뼈는 빗장뼈(쇄골)과 어깨뼈(견갑골)로서 위팔뼈를 달아매는 기능을 하고 있다.

빗장뼈는 모양이 길어 긴뼈에 속하며, 완만한 S자모양으로 구부러져 있고, 안쪽끝은 복장뼈와 관절을 이루고 있으며, 가쪽끝은 어깨뼈와 관절하고 있는데 손으로 만질 수 있다. 빗장뼈는 팔의 운동을 자유롭게 하는 역할을 한다. 빗장뼈의 복장뼈끝은 강한 인대로 보강되어 안쪽으로의 충격에 밀리지 않게 되어 있어서 넘어지거나 어깨에 강한 충격을 받으면 어깨뼈가 골절되기 쉽다.

어깨뼈는 등윗부분 바깥쪽에 위치한 삼각형모양의 납작뼈로서, 빗장뼈에 의하여 몸통부분에 연결되어있을 뿐 다른 뼈와는 연결되어 있지 않고, 다만 많은 근육들이 부착되어

표 2-1. 팔의 뼈

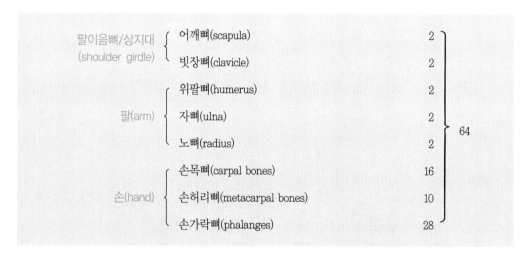

팔이음뼈/상지대 (shoulder girdle)	어깨뼈(scapula)	2	
	빗장뼈(clavicle)	2	
팔(arm)	위팔뼈(humerus)	2	
	자뼈(ulna)	2	64
	노뼈(radius)	2	
손(hand)	손목뼈(carpal bones)	16	
	손허리뼈(metacarpal bones)	10	
	손가락뼈(phalanges)	28	

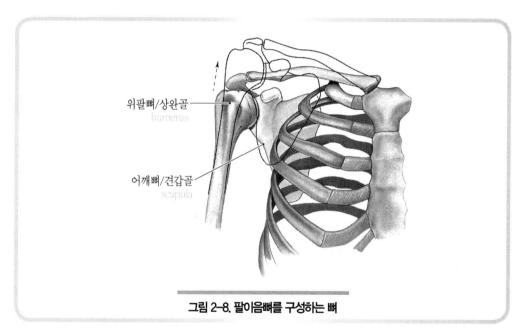

위팔뼈/상완골 humerus

어깨뼈/견갑골 scapula

그림 2-8. 팔이음뼈를 구성하는 뼈

있어 어느 방향으로나 자유롭게 움직일 수 있다. 그러나 야구와 같이 팔을 강하게 사용하는 운동에서는 뼈끝의 상해나 위팔뼈의 탈구가 일어날 수 있다.

팔을 구성하는 뼈 팔에 있는 뼈로는 위팔을 구성하는 위팔뼈와 아래팔을 구성하는 자뼈(척골)와 노뼈(요골)가 있다.

 위팔을 구성하고 있는 위팔뼈는 긴뼈로 중간부분이 길다란 위팔뼈몸통과 상하로 두
개의 뼈끝으로 되어 있다. 위쪽끝을 몸쪽끝(근위단)이라 하고, 아래쪽끝을 먼쪽끝(원위
단)이라 하는데, 매끈하고 둥근 모양을 이루고 있는 몸쪽끝의 위팔뼈머리는 어깨뼈의 관
절오목(관절와)과 연접하고 있다.
 관절면의 끝부분을 해부목(해부경)이라 하고, 몸쪽끝과 위팔뼈몸통의 경계를 이루는

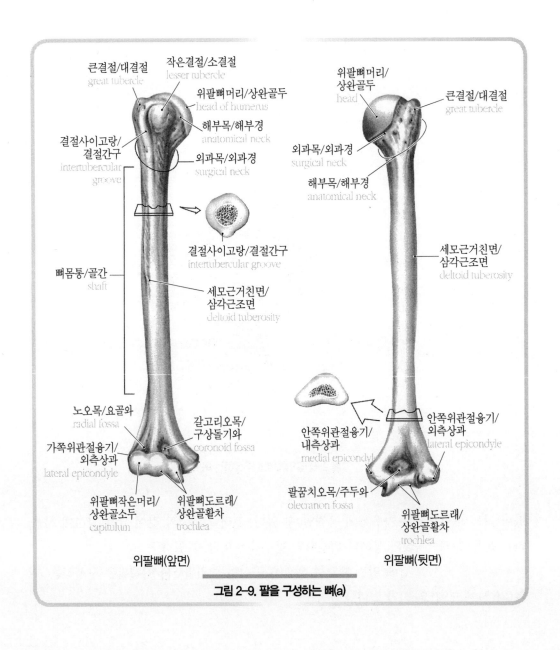

큰결절/대결절
great tubercle

작은결절/소결절
lesser tubercle

위팔뼈머리/상완골두
head of humerus

해부목/해부경
anatomical neck

외과목/외과경
surgical neck

결절사이고랑/
결절간구
intertubercular
groove

뼈몸통/골간
shaft

결절사이고랑/결절간구
intertubercular groove

세모근거친면/
삼각근조면
deltoid tuberosity

노오목/요골와
radial fossa

갈고리오목/
구상돌기와
coronoid fossa

가쪽위관절융기/
외측상과
lateral epicondyle

위팔뼈작은머리/
상완골소두
capitulum

위팔뼈도르래/
상완골활차
trochlea

위팔뼈(앞면)

위팔뼈머리/
상완골두
head

큰결절/대결절
great tubercle

외과목/외과경
surgical neck

해부목/해부경
anatomical neck

세모근거친면/
삼각근조면
deltoid tuberosity

안쪽위관절융기/
내측상과
medial epicondyle

안쪽위관절융기/
외측상과
lateral epicondyle

팔꿈치오목/주두와
olecranon fossa

위팔뼈도르래/
상완골활차
trochlea

위팔뼈(뒷면)

그림 2-9. 팔을 구성하는 뼈(a)

잘룩한 부분을 외과목(외과경)이라 하는데, 외과목은 골절이 자주 일어나는 부위이다. 먼쪽끝의 관절면은 노뼈와 관절하는 작은머리(소두)와 자뼈와 관절하는 도르래(활차) 로 나누어져 있다.

위팔에는 위팔뼈 하나만 있지만 아래팔에는 자뼈와 노뼈의 두 뼈가 서로 평행하게 위 치하고 있다. 아래팔 안쪽에 위치한 자뼈의 몸쪽끝은 넓고, 아래로 내려갈수록 가늘어진

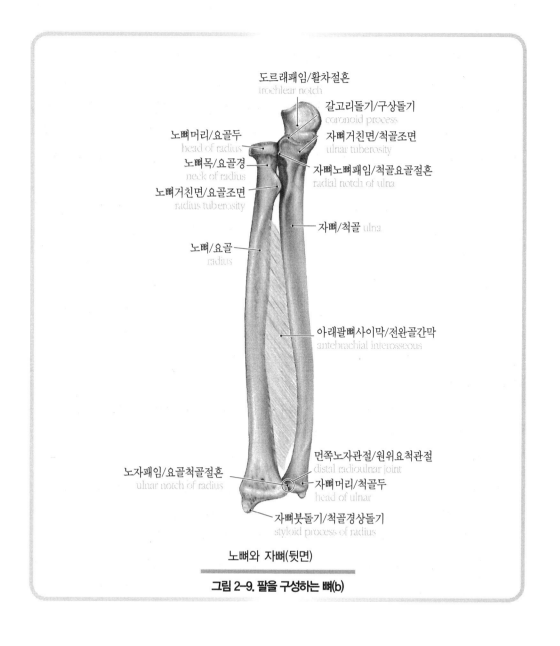

도르래패임/활차절흔
trochlear notch

갈고리돌기/구상돌기
coronoid process

노뼈머리/요골두
head of radius

자뼈거친면/척골조면
ulnar tuberosity

노뼈목/요골경
neck of radius

자뼈노뼈패임/척골요골절흔
radial notch of ulna

노뼈거친면/요골조면
radius tuberosity

자뼈/척골 ulna

노뼈/요골
radius

아래팔뼈사이막/전완골간막
antebrachial interosseous

먼쪽노자관절/원위요척관절
distal radioulnar joint

노자패임/요골척골절흔
ulnar notch of radius

자뼈머리/척골두
head of ulnar

자뼈붓돌기/척골경상돌기
styloid process of radius

노뼈와 자뼈(뒷면)

그림 2-9. 팔을 구성하는 뼈(b)

다. 자뼈의 몸쪽끝은 뒤쪽의 팔꿈치돌기(주두돌기)와 앞쪽의 갈고리돌기(구상돌기)로 되어 있으며, 두 돌기 사이에 있는 도르래패임(활차절흔)은 위팔뼈의 도르래와 연접하여 팔꿉관절(주관절)을 이루고 있다.

팔꿉관절은 경첩관절(돌쩌귀관절)로서 1축성관절이다. 한편 몸쪽끝의 안쪽에는 작은 관절면이 있는데, 이를 노패임(요골절흔)이라 하며, 노뼈머리와 관절을 이룬다. 자뼈 먼쪽끝의 좁고 가는 부위를 자뼈머리라 하는데, 자뼈머리 가쪽에 둥근 관절면이 있어 노뼈와 관절하여 먼쪽 노자관절(요척관절)을 형성한다.

노뼈는 아래팔의 가쪽에 위치한 뼈로서, 자뼈와는 반대로 몸쪽끝은 가늘고 먼쪽끝으로 내려올수록 점점 넓어진다. 몸쪽끝의 둥근모양을 하고 있는 노뼈머리는 윗부분이 약간 움푹 파인 노뼈머리오목(요골두와)를 형성하고 있는데, 이곳에서 위팔뼈작은머리(상완골소두)와 관절하고 있으며, 노뼈머리의 측면에 있는 관절둘레면(환상면)과 자뼈가 관절하고 있다. 한편 노뼈의 먼쪽끝에 있는 넓은 관절면은 손목뼈(수근골)와 관절을 이루고 있다.

손을 구성하는 뼈 손을 구성하는 뼈는 8개의 손목뼈(수근골), 5개의 손허리뼈(중수골), 그리고 14개의 손가락뼈(지골)로서 매우 많은 짧은뼈로 구성되어 있어 인체의 부위 중에서 가장 섬세한 운동을 할 수 있도록 되어 있다.

손목뼈는 주로 손목을 이루고 있는 8개의 짧은 뼈로서, 상하 4개씩 두 줄로 배열되어 있다. 손목뼈의 몸쪽열은 손배뼈(주상골), 반달뼈(월상골), 세모뼈(삼각골), 콩알뼈(두상골)의 순으로 배열되어 있고, 먼쪽열은 큰마름뼈(대능형골), 작은마름뼈(소능형골), 알머리뼈(유두골), 갈고리뼈(유구골)의 순으로 배열되어 있다. 손목뼈에서 가장 큰 뼈는 중앙에 위치한 알머리뼈이다.

한편 몸쪽열의 콩알뼈와 세모뼈는 자뼈에 연접해 있고, 반달뼈와 손배뼈는 노뼈와 연결되어 있다. 먼쪽열의 마름뼈는 셋째손허리뼈(제1중수골)와 관절을 이루고 있으며, 나머지 3개의 손목뼈와 2~5번 손허리뼈가 관절을 이루고 있다.

손허리뼈는 대부분 손바닥을 구성하는 뼈들로서, 손목뼈와 손가락뼈 사이에 위치하고 있다. 손허리뼈는 각각 별도의 명칭은 없고, 가장 가쪽에 위치한 엄지손가락 쪽부터 안쪽에 위치한 새끼손가락쪽으로 1, 2, 3, 4, 5번의 일련번호로 나타낸다. 손허리뼈는 가늘고 긴 원주형 모양으로 양쪽뼈끝은 관절면을 갖고 있는데, 몸쪽끝은 손목뼈, 먼쪽끝은 손가락뼈와 각각 연결되어 있다. 5개의 손허리뼈 중에서 제1손허리뼈만이 나머지 4개의

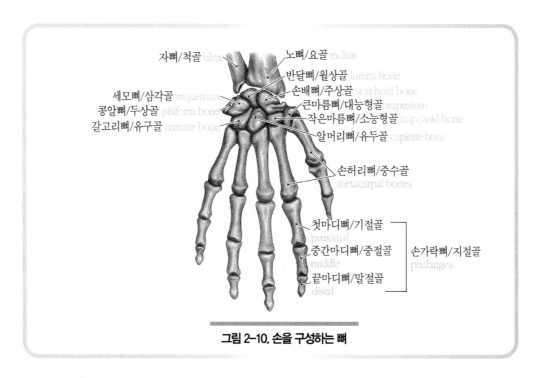

그림 2-10. 손을 구성하는 뼈

손허리뼈와 독자적으로 위치하고 있어 가장 자유롭게 움직일 수 있도록 되어 있다.

손가락뼈는 손가락을 구성하고 있는 뼈로서, 긴뼈의 형태를 이루고 있지만 길이가 짧아 짧은뼈로 분류된다. 단 엄지손가락만 2개의 뼈로 구성되어 있고, 나머지 손가락은 3개의 손가락뼈로 구성되어 있어 모두 14개의 손가락뼈로 구성되어 있다.

손허리뼈와 몸쪽 손가락뼈를 첫마디뼈(기절골)라 하고, 가운데 손가락뼈를 중간마디뼈(중절골), 그리고 먼쪽의 손가락뼈를 끝마디뼈(말절골)이라 하는데, 엄지손가락에는 중간마디뼈가 없다. 각각의 손가락뼈는 먼쪽끝으로 갈수록 가늘고 짧아진다. 손가락뼈는 섬세한 운동을 가능하게 해주며, 특히 농구와 핸드볼과 같이 손을 이용하는 구기운동에서 공을 받을 때 끝마디뼈에 충격을 받으면 골절이 일어나기 쉽다.

③ 다리의 뼈

다리뼈는 다리이음뼈(하지대), 다리, 발을 구성하고 있는 총 62개의 뼈들로 복잡하게 구성되어 있다. 직립생활을 하는 인간의 다리는 팔과는 달리 운동을 하는 기능 외에도 중력을 원만하게 이겨낼 수 있도록 구조화되어 있기 때문에 다리의 뼈는 팔의 뼈에 비하여 굵고 육중한 모양을 하고 있다.

다리이음뼈를 구성하는 뼈 │ 다리이음뼈를 구성하는 두 개의 볼기뼈(관골)는 엉치뼈(천

표 2-2. 다리의 뼈

다리이음뼈/하지대 (shoulder girdle)	볼기뼈/관골(hip bobe)	2
다리(leg)	넙다리(thigh)-넙다리뼈(femur)	2
	무릎(knee)-무릎뼈(patella)	2
	종아리(shank)-정강뼈(tibia)	2
	종아리뼈(fibula)	2
발(foot)	발목뼈(tarsal bone)	14
	발허리뼈(metatarsal bone)	10
	발가락뼈(phalanges)	28

62

추)와 꼬리뼈(미추)와 함께 골반을 이루고 있다. 골반은 몸통과 다리를 연결하고 있으며, 다리이음뼈는 직립자세를 취하거나 움직이는 자세에서 체중의 중력이 몸통으로부터 다리이음뼈를 거쳐 다리로 작용하기 때문에 이를 이겨내도록 구조화되어 있다.

볼기뼈(관골, hip bone)는 엉덩뼈(장골), 궁둥뼈(좌골), 두덩뼈(치골)가 융합되어 있는 인체내에서 가장 넓은 불규칙한 뼈이다. 볼기뼈는 태어나서 약 16세 이전까지는 세 부위로 분리되어 있지만, 성인이 되면 화골이 되어 하나의 뼈로 융합된다. 볼기뼈의 가쪽면에는 절구모양으로 깊이 패인 볼기뼈절구(관골구)가 있는데, 볼기뼈절구의 중심부분에서 엉덩뼈, 궁둥뼈, 두덩뼈가 서로 만나며 바로 이곳에서 넙다리뼈머리(대퇴골두)가 관절하여 엉덩관절을 이루고 있다.

엉덩뼈는 세 부위 중 가장 큰 부채꼴 모양으로 되어 있다. 엉덩뼈의 위끝부위에서부터 시작하여 외각으로 이어지는 엉덩뼈능선(장골릉)은 허리띠를 매는 바로 밑에 위치하고 있으며, 안쪽은 엉치뼈(천골)과 연접하여 엉치엉덩관절(천장관절)을 이루고 있다.

궁둥뼈는 볼기뼈의 뒤쪽에 위치하고 있으며, 맨아래 부위는 거칠고 두터운 궁둥뼈결절(좌골결절)이 있는데 이 부위는 넙다리뒷면근육의 이는곳(기시)이다. 궁둥뼈는 볼기뼈의 세 부위 중 가장 앞쪽에 위치하고 있는 부위로 양쪽끝이 두덩뼈와 결합하고 있다.

다리를 구성하는 뼈 다리를 구성하고 있는 뼈로는 넙다리에 있는 넙다리뼈(대퇴골), 종아리에 있는 정강뼈(경골)와 종아리뼈(비골), 무릎에 있는 무릎뼈(슬개골)가 있다.

넙다리뼈는 인체의 뼈 중 가장 긴 뼈로서 신장의 4분의 1 정도가 된다. 넙다리뼈의 몸

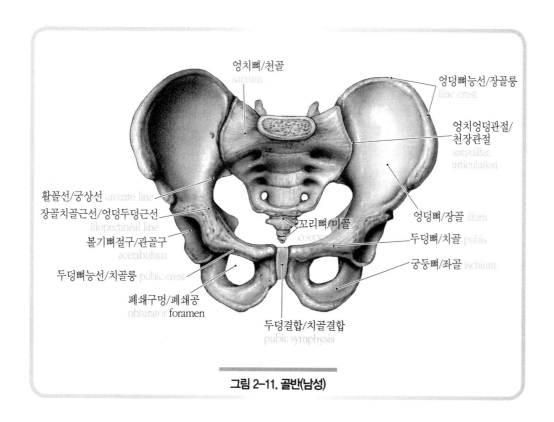

그림 2-11. 골반(남성)

쪽끝은 볼기뼈와 먼쪽끝은 정강뼈와 관절한다. 넙다리뼈의 몸쪽끝에는 넙다리뼈머리가 있고, 넙다리뼈목(대퇴골경), 큰돌기(대전자)와 작은돌기(소전자)가 연속되어 있다. 공 모양의 넙다리뼈머리는 볼기뼈절구에 깊숙이 박혀 절구관절(구상관절)을 이루고 있으며, 넙다리뼈머리 중앙에는 넙다리뼈머리와 넙다리뼈머리 인대가 부착하는 작은 함몰부 가 있다.

큰돌기와 작은돌기는 엉덩관절에서 여러 가지 형태의 운동을 일으키는 근육들이 부착 되어 있다. 한편 넙다리뼈의 먼쪽끝에는 양쪽끝에 커다란 뼈뭉치인 안쪽관절융기(내측 과)와 가쪽관절융기(외측과)를 형성하고 있으며, 두 관절융기 사이는 매끄러운 관절면 으로 되어 있어 앞면에는 무릎뼈, 뒷면에는 자뼈와 관절하고 있다.

무릎뼈는 삼각형 모양의 종자뼈로서 앞면에는 넙다리네갈래근(대퇴사두근)의 힘줄 (건)이 부착되어 있고, 뒷면에는 넙다리와 관절을 이루고 있다. 무릎뼈는 근육이 수축하 는 방향을 바꾸어 주는 고정 도르래의 역할을 한다.

정강뼈는 종아리(하퇴)를 구성하고 있는 두 개의 뼈 중 굵은 뼈로서 안쪽에 위치하고 있다. 정강뼈의 몸쪽끝 중앙은 평편한 위관절면을 이루고 있는데, 이곳에서 넙다리 아래 끝과 관절을 이루고 있다. 위관절면의 중앙에 있는 융기사이융기(과간융기)는 무릎(슬관절)에서 넙다리뼈와 정강뼈를 고정시키는 십자인대의 부착점이다.

먼쪽끝의 끝부분인 안쪽복사(내과)는 발목안쪽으로 튀어나와 피하로 만져진다. 정강뼈의 아래면은 발목뼈(족근골)의 하나인 목말뼈(거골)와 관절하고 있고, 가쪽으로는 종아리뼈와 관절한다.

종아리뼈는 정강뼈의 가쪽에 위치한 가늘고 긴 뼈로서, 위아래 두 군데에서 정강뼈와 관절을 이루고 있다. 종아리뼈 아래쪽끝 안쪽은 정강뼈와 함께 목말뼈와 관절하고 있는데, 정강뼈와 종아리뼈의 독립적 운동을 제한하기 위해 섬유결합으로 두 뼈를 묶고 있다.

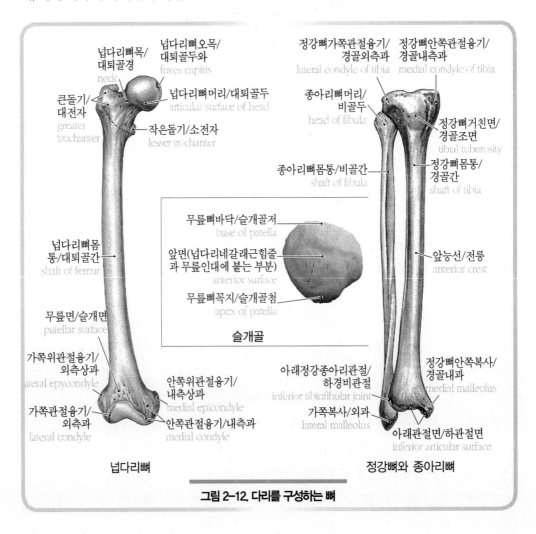

그림 2-12. 다리를 구성하는 뼈

발을 구성하는 뼈 발을 구성하고 있는 뼈는 크게 세 부위로 발목뼈(족근골), 발허리뼈 (중족골), 발가락뼈(지골)로 되어 있다. 손의 뼈들은 섬세한 운동을 할 수 있도록 되어 있는 반면, 발에 있는 뼈들은 체중을 지탱하기에 적절한 형태로 구조를 이루고 있다.

발목뼈는 발목을 구성하고 있는 뼈들로 손에서는 손목뼈에 해당되는 뼈이다. 손목뼈 는 8개인 반면 발목뼈는 7개로 되어 있으며, 발 전체길이의 반에 해당하는 뒷면에 위치

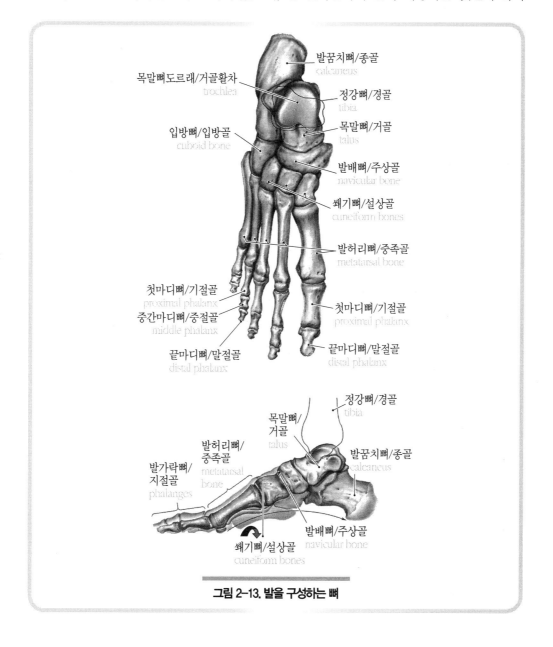

그림 2-13. 발을 구성하는 뼈

하고 있다. 측면에서 볼 때 가장 위쪽에 있는 뼈가 목말뼈로서 목말뼈의 위쪽끝은 정강
뼈와 종아리뼈가 함께 연접되어 발목관절을 이루고 있으며, 아래쪽끝은 발꿈치뼈(종골)
과 연접되어 있다.

　발꿈치뼈는 발꿈치를 이루고 있는 가장 큰 뼈로서 앞으로는 발배뼈(주상골)와 연결되
어 있다. 발배뼈의 가쪽은 입방뼈(입방골), 앞부분은 안쪽·중간·가쪽의 3개의 쐐기뼈
(설상골)와 연접하고 있다. 쐐기뼈는 1, 2, 3번의 발허리뼈와, 입방뼈는 4, 5번 발허리뼈
와 각각 연접하고 있다.

　발허리뼈는 손허리뼈와 같이 5개의 뼈로 손허리뼈에 비하여 약간 가늘고 길 뿐 동일한
구조로 되어 있으며, 안쪽에 위치한 엄지발가락쪽부터 1, 2, 3, 4, 5번발허리뼈로 부른다.
1~3번발허리뼈는 쐐기뼈에 연접되어 있고, 4~5번은 입방뼈에 연접되어 있다.

　발가락뼈는 손가락뼈와 같은 구조로 되어 있지만, 손에서와 같이 섬세한 운동을 하는
기능보다는 중심을 잡는 기능을 한다.

2. 관절계통

　두 개 이상의 뼈가 접합되어 있거나 뼈와 연골이 접합되어 있는 것을 관절이라 하며,
관절계통은 뼈와 인대로 구성된다. 인체는 분절에서 일어나는 회전운동을 통하여 걷고,
뛰고, 던지는 여러 가지의 원하는 운동을 한다. 각각의 분절이 회전운동을 할 때 관절은
회전축 역할을 한다.

1) 관절의 종류

　관절은 관절을 구성하고 있는 뼈의 수, 운동축의 수, 운동이 일어나는 정도 등에 의하
여 구분한다.

　관절을 뼈의 수로 분류하면 어깨관절(견관절)과 같이 두 개의 뼈로만 이루어진 단순
관절(단고나절)과 손목관절과 같이 세 개 이상의 뼈로 이루어진 복합관절(복관절)로 나
누어진다.

　관절을 운동축의 수로 분류하면 팔꿉관절과 같이 한 개의 축에 의하여 한 면상에서만

운동이 일어나는 1축성관절, 손허리손가락관절과 같이 두 개의 축에서 운동이 일어나는 2축성관절, 어깨관절과 같이 세 개의 축에서 운동이 일어나는 3축성관절로 나눌 수 있다.

(1) 운동 정도에 의한 관절의 종류

관절에서 일어나는 운동 정도에 의하여 관절을 분류하면 머리(두개)형 관절, 척추형 관절, 팔다리(사지)형 관절의 세 가지로 구분한다.

머리형 관절은 머리에 있는 관절들로 봉합과 연골결합의 상태로 접합되어 있어 운동이 거의 일어나지 않으므로 운동역학적으로는 별로 중요한 의미를 갖지 않는다. 척추형 관절은 척추에 있는 관절들로 약간의 운동이 일어나며, 팔다리형 관절은 팔과 다리에 있는 관절들로 운동이 매우 자유롭게 일어나므로 자유형 관절(free joint) 또는 윤활관절(활막관절, diarthrodial joint)이라고도 한다.

표 2-3. 운동 정도에 의한 관절의 종류

관절 이름	운동 정도	위치	참고
머리형 관절	전혀 안됨	머리	섬유관절
척추형 관절	약간 됨	척추	연골관절
팔다리형 관절	매우 잘 됨	팔, 다리	윤활관절

(2) 윤활관절의 종류

팔다리형 관절은 관절의 둘레를 윤활막(관절주머니)이 싸고 있어 윤활관절이라고도 하는데, 운동이 매우 자유롭게 일어나므로 운동역학에서 운동을 분석할 때 매우 중요한 의미를 갖는다. 윤활관절은 운동이 잘 일어날 수 있도록 일반적으로 그림 2-14와 같은 구조로 되어 있다.

윤활관절을 이루는 뼈의 끝인 관절면은 연골로 덮여 있어 뼈의 상해를 방지하고, 운동을 할 때 마찰력을 감소시켜 운동이 자유롭게 일어나도록 한다. 관절을 이루고 있는 두 뼈의 뼈끝은 관절주머니로 둘러싸여 있는데, 관절주머니 안쪽은 매끄러운 윤활막으로 되어 있고, 바깥쪽은 두 겹의 질긴 섬유막으로 되어 있다.

윤활막(활액막)은 관절운동을 원활히 할 수 있도록 하며, 섬유질은 두 뼈의 위치를 고

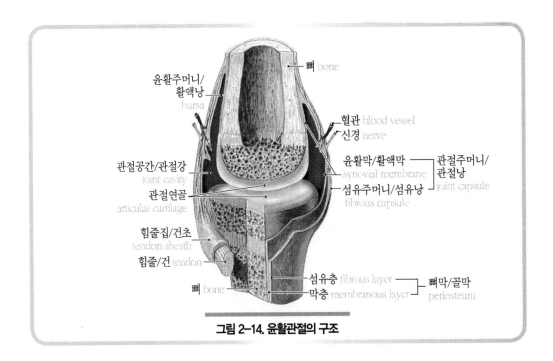

그림 2-14. 윤활관절의 구조

정하는 역할을 한다. 관절주머니를 보강하여 관절에서 제한된 범위 밖으로 벗어나지 않도록 하는 것이 인대이다. 인대는 관절주머니의 섬유막 일부가 두꺼워진 상태로 존재하기도 하지만 관절주머니와는 떨어져 독립적으로 존재하기도 한다.

두 뼈끝과 윤활막 사이에 있는 공간을 관절공간(관절강)이라 하는데, 관절공간 속에는 마찰을 감소시켜 운동이 원만하게 이루어 질 수 있도록 윤활류 역할을 하는 활액이 들어 있다.

윤활관절은 관절면의 형태와 운동축에 의하여 다시 평면관절, 경첩(접번)관절, 중쇠(차축)관절, 두융기(과상)관절, 안장(안)관절, 절구(구)관절 등으로 구분한다.

① 평면관절(plane joint)

평면관절은 관절면이 평면으로 되어 있어 윤활관절 중 유일하게 각운동이 일어나지 않고 활주운동만 일어나는 관절로서, 무축성관절(nonaxial joint)이다. 손목에 있는 손목뼈와 발목의 발목뼈가 이루는 관절들이 평면관절에 속한다.

② 경첩관절(hinge joint)

경첩관절은 돌쩌귀관절이라고도 한다. 한쪽 관절면은 볼록 나와 있고 다른 쪽 관절면은 움푹 들어가 한쪽 면에서만 운동이 일어나는 1축성관절로, 무릎관절(슬관절)과 팔꿈

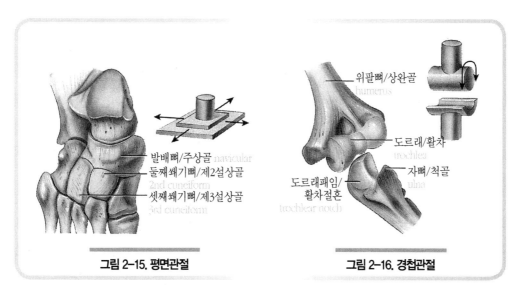

그림 2-15. 평면관절　　　　그림 2-16. 경첩관절

관절(주관절) 등이 여기에 속한다. 인체의 운동을 역학적으로 연구할 때에는 인체를 강체의 연결체계로 가정하는데, 이때 관절을 경첩관절로 간주하게 된다.

③ 중쇠관절(pivot joint)

중쇠관절은 관절면이 반지처럼 둥근 뼈가 다른 한 뼈의 주위를 도는 관절로서, 한 면상에서만 회전운동이 일어나는 1축성관절이다. 아래팔에 있는 몸쪽노자관절과 목에 있는 1번목뼈와 2번목뼈가 이루는 관절이 중쇠관절에 속한다.

④ 두융기관절(condyloid joint)

두융기관절은 두 뼈의 관절면이 타원형태의 요철을 이루고 있어 굽힘(굴곡)과 폄(신

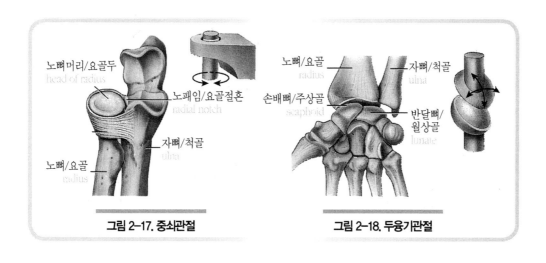

그림 2-17. 중쇠관절　　　　그림 2-18. 두융기관절

전), 벌림(외전)과 모음(내전), 엎침(회내)과 뒤침(회외)와 같은 운동이 일어나는 2축성 관절이다. 손허리뼈와 첫마디뼈가 이루는 손허리손가락관절(중수지절관절)이 두융기관절에 속한다.

⑤ 안장관절(saddle joint)

안장관절은 양쪽의 관절면이 말의 안장과 같은 형태로 전후·좌우로 패인 두 뼈가 연접되어 있는 관절이다. 안장관절은 두 면상에서 운동이 일어나는 2축성관절로 비교적 운동이 자유롭게 일어난다. 엄지손가락의 손목손허리손가락관절(수근중수지절관절)이 안장관절에 속한다.

⑥ 절구관절(ball and socket joint)

절구관절은 한 뼈의 관절면이 공과 같이 둥근 형태로 돌출되어 있고, 다른 한 뼈의 관절면은 소켓처럼 안쪽으로 파져 있는 관절로서, 윤활관절 중에서 운동이 가장 자유롭게 일어나는 관절이다. 절구관절은 세 면상에서 운동이 일어나는 3축성관절로서, 어깨관절(견관절)과 엉덩관절(고관절)이 여기에 속한다.

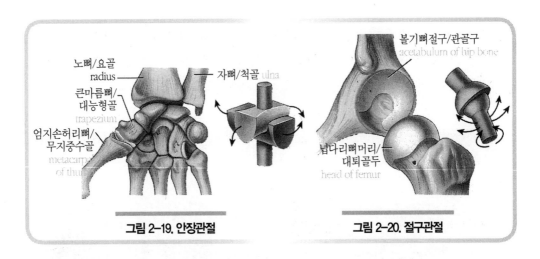

그림 2-19. 안장관절   그림 2-20. 절구관절

2) 관절에서 일어나는 운동

인체운동을 역학적으로 분석하기 위해서는 관절에서 일어나는 운동의 형태와 종류를 정확하게 이해하여야 한다. 관절에서 일어나는 분절의 운동은 관절의 형태에 따라 달라지는데, 무릎관절과 같이 한 면에서만 운동이 가능한 관절도 있고, 어깨관절과 같이 세

면 모두에서 운동이 가능한 관절도 있다.

표 2-4는 전후면·좌우면·수평면의 세 면상에서 일어나는 운동의 종류에 따라 사용
되는 관절을 나타낸 것이다.

표 2-4. 관절에서 일어나는 운동의 종류

운동이 일어나는 면과 축	운동의 종류	관 절
전후면, 좌우측	굽힘, 폄, 과다폄	엉덩관절, 무릎관절, 어깨관절, 팔꿉관절, 손목관절, 　손가락사이관절, 척추관절
	등쪽·바닥쪽굽힘	발목관절
	수평벌림·모음	어깨관절, 엉덩관절
좌우면, 전후축	가쪽굽힘	척추관절
	벌림, 모음	어깨관절, 엉덩관절, 손허리손가락관절
	노쪽·자쪽굽힘(모음, 벌림)	손목관절
	올림, 내림	봉우리빗장관절
	위·아래회전	복장빗장관절
	수평벌림, 수평모음	어깨관절, 엉덩관절
수평면, 수직축	안쪽·가쪽회전	어깨관절 엉덩관절
	엎침, 뒤침	노자관절
	수평(가쪽)회전	척추관절
	연장, 수축	봉우리빗장관절
	안쪽·가쪽번짐	목말관절

3. 인체분절의 구분과 강체연결시스템

인체분절이 회전운동을 일으키기 위한 세 가지 해부학적 요소는 힘을 생성하는 근육,
근수축이 일어날 때 지렛대의 역할을 하는 뼈, 그리고 회전축이 되는 관절이다. 이같은
세 가지 요소에 의하여 전신이나 분절이 회전운동과 병진운동을 한다.

한편 인체운동을 분석하는 생체역학에서 각 분절들은 질량이나 형태가 변하지 않는
강체분절들이 경첩관절의 형태로 연결되어 있는 것으로 간주한다. 때로는 연구를 하고
자 하는 운동의 특성을 고려하여 여러 개의 분절을 하나의 강체로 취급하여 연구의 복
잡성을 피하고자 할 때가 많이 있다. 그러므로 인체의 운동을 정량적으로 분석하기 위해
서는 연구의 특성에 따라 신체분절을 구분하는 방법을 이해하고, 필요한 인체측정학적
자료를 활용하여야 한다.

1) 일반적 인체의 강체연결시스템

앞에서 언급한 바와 같이 관절에 의한 분절들로 구성된 인체는 강체분절들의 연결시스템(link system)으로 볼 수 있다. 인체운동을 분석하려고 할 때에는 신체를 구성하고 있는 모든 분절을 강체(rigid body)라고 전제해야 한다.

인체의 분절을 강체로 간주하려면 분절수를 가동뼈의 수에 해당하는 개수로 구분하는 방법이 좋겠지만, 연구의 복잡성과 여기에서 오는 다른 문제점 때문에 현실적으로 불가능하다. 강체로 간주하는 분절의 수가 증가하면 연결시스템으로서의 오차는 감소시킬 수 있으나 인체의 운동량(motion quantities)을 정량화시키는 과정에서 오히려 오차를 증가시킬 가능성도 커지며, 시간적·경제적 측면에서 효율을 떨어뜨릴 수도 있다.

그러나 인체의 분절수를 감소시키면 연구의 간편성은 높아지겠지만 강체로서의 조건을 상실하게 되므로 정확성이 떨어지게 된다. 그러므로 인체의 분절을 어떻게 구분해야

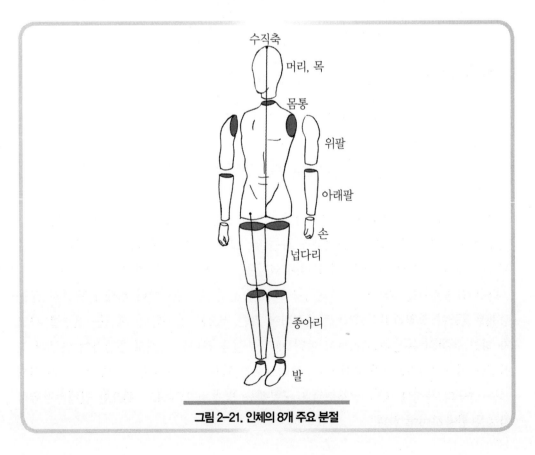

수직축
머리, 목
몸통
위팔
아래팔
손
넙다리
종아리
발

그림 2-21. 인체의 8개 주요 분절

하는지는 연구의 편이성과 정확도를 높이기 위하여 매우 중요하다.

인체의 분절을 강체로 간주하여 구분할 때 사용되는 보편적인 방법은 인체를 8개의 분절로 세분하는 방법이다. 그림 2-21과 같이 분절의 위치에 따라 인체를 몸통·팔·다리의 3개 부분으로 대분하고, 다시 몸통을 머리와 목의 2개 분절로, 팔을 위팔·아래팔·손의 3개 분절로, 다리를 넙다리·종아리·발의 3개 분절로 각각 세분한다.

이와 같이 인체를 8개의 분절로 구분하는 방법이 일반적인 방법이긴 하지만, 연구의 목적에 따라 링크시스템의 구조가 달라지므로 연구목적에 부합되도록 인체의 분절을 구분해야 한다.

4. 인체측정학적 자료

인체의 강체연결시스템에서 각 분절은 독립된 강체로 취급되기 때문에 인체운동을 정량화시키는 과정에서 분절에 대한 필요한 자료를 알아야 한다. 즉 인체운동을 역학적으로 연구하려면 각 분절의 길이, 질량, 질량중심점, 관성모멘트 등을 알아야 한다.

운동역학에서 연구의 대상은 인간이 발휘하는 기술과 동작들이기 때문에 분절의 물리량을 직접 측정할 수 없다. 그렇기 때문에 인체운동을 연구하는 과정에서 불가피하게 필요한 인체분절의 자료는 선행연구를 인용할 수밖에 없는데, 이와 같은 자료를 인체측정학적 자료(anthropometric data)라고 한다.

인체측정학적 자료는 살아 있는 인체를 대상으로 구해지기도 하지만, 대부분 사체실험을 통해서 통계적으로 나타낸 것이다. 인체의 모양은 종족·성별·연령 등에 따라 차이가 있으며, 특정한 운동을 오랫동안 연습해온 선수와 비선수, 마른 사람과 뚱뚱한 사람 등에 따라서도 차이가 있다.

현재까지 연구된 인체측정학적 자료들은 정확한 통계치를 추출할 만큼 충분한 사체를 구하는 데 어려움이 있으므로 자료 속에는 오차가 내재되어 있다. 그러므로 연구대상의 여러 가지 특성을 고려하여 다양한 자료 중에서 가장 적절한 인체측정자료를 선별하여 사용해야 한다.

표 2-5는 현재까지 연구된 인체측정학적 자료 중에서 몇 가지 사례에 관한 연구자, 사체수, 연구내용 등을 나타내고 있다.

표 2–5. 사체 연구 현황

연구자	발표 연도	수	성별	연령	신장	체중	사망원인	연구내용
					사 체			
Harless (Germany)	1860	2	남	–	172.69	63.97	사형수	분절의 길이, 질량, 질량중심점 등
			남	29	167.85	49.90	사형수	
Braune & Fischer (Germany)	1889	4	남	18	169	–	자살	전신 및 분절중심점
			남	45	170	75.10	자살	
			남	50	166	60.75	자살	
			남	–	168.8	56.09	자살	
Meeh (Germany)	1895	4	남	신생아				분절의 질량과 체적
			여	8개월				
			여	신생아				
			남	2개월				
Fischer (Germany)	1906	1	남			44.06		분절의 질량, 무게중심, 관성모멘트
Dempster (USA)	1955	8	남	67	168.9	51.36	미지	분절질량 무게중심 밀도 관성모멘트
			남	52	159.8	58.41	병사	
			남	75	169.6	58.41	병사	
			남	83	155.3	49.66	병사	
			남	73	176.4	72.50	병사	
			남	61	186.6	71.36	병사	
			남	–	180.3	60.45	병사	
			남	–	158.5	55.91	병사	
Mori & Yamamoto (Japan)	1959	6	남	44			병사	분절질량
			남	67			병사	
			남	85			노환	
			여	37			병사	
			여	57			병사	
			여	83			노환	
Fujikawa (Japan)	1963	5	남	58				분절중심
			여	70				
			남	28				
			여	83				
			남	77				
Clauser 외 (USA)	1969	14		28~74 평균:49.31	162.5~ 184.9 M:172.72	54~ 87.9 M:66.52		전신 및 분절질량 중심과 체적 관성모멘트 등
Liu & Associates (USA)	1971	1			170.18	69.0		관성모멘트 전신 및 분절 질량중심

1) 분절의 길이

인체측정학에서 인체를 구성하는 분절의 길이는 매우 중요하다. 분절의 길이는 체성분, 성, 종족 등에 의하여 차이가 있으며, 특히 신장에 따라 크게 차이가 있기 때문에 일반적으로 신장의 비율로 나타낸다.

그림 2-22는 Drillis와 Contini(1966)의 자료이고, 표 2-6은 Dempster(1959)와 Kjelsen 외(1975)의 자료로서 각각 분절별 길이를 신장에 대한 비율로 나타낸 것이다.

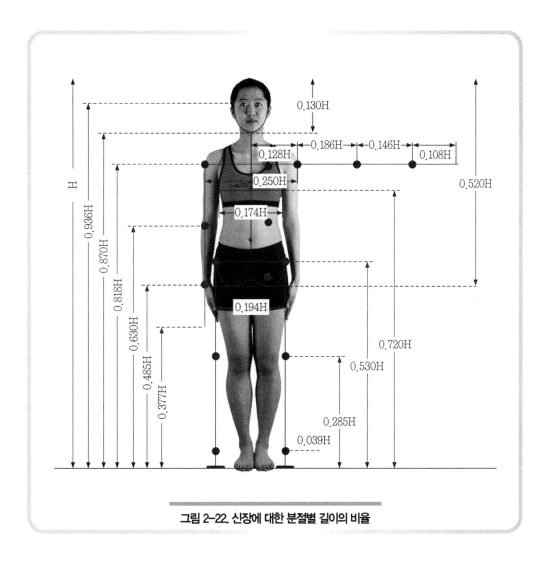

그림 2-22. 신장에 대한 분절별 길이의 비율

표 2-6. 신장에 대한 분절별 길이의 비율

분 절	남 (Dempster, 1955)	여 (Kjelsen & Morse, 1975)
위 팔	17.2	16.5
아래팔	15.7	16.2
넙다리	23.2	25.1
종아리	24.1	25.2
어깨-엉덩이	30.1	30.0

2) 전신과 분절의 밀도

　인체는 밀도가 상이한 여러 형태의 조직으로 구성되어 있다. 인체를 구성하는 분절의 밀도는 그 분절을 구성하고 있는 조직들의 종류에 따라 달라진다. 예를 들어 밀도가 가장 높은 뼈의 구성비율이 높은 분절은 분절의 밀도도 높은 반면, 지방의 구성비율이 높은 분절은 분절의 밀도가 낮다.

　일반적으로 뚱뚱하고 키가 작은 사람은 마르고 키가 큰 사람보다 체밀도가 낮으며, 동일한 사람일 경우에도 각각의 분절은 뼈, 지방, 근육의 구성비율이 다르기 때문에 밀도도 분절마다 다르다. 전술한 바와 같이 분절을 구성하고 있는 뼈의 비율이 높을수록 그 분절의 밀도도 커지며, 분절의 면쪽부위가 몸쪽부위보다 밀도가 높다.

　표 2-7은 신체분절별 비중을 나타낸 Dempster (1955)의 자료이다. 표 2-7을 보면 뼈의 구성비율이 높은 손, 아래팔, 머리와 목의 밀도는 높은 반면, 빈공간(cavity)의 구성비율이 높은 몸통과 근육의 구성비율이 높은 넙다리가 다른 분절에 비하여 밀도가 낮은 편이다.

　서로 다른 물체의 무게를 비교할 때에는 일반적으로 비중을 사용한다. 비중은 동일 체적의 물의 질량과 어떤 물체의 질량을 비교한 값이다. 물 1cc

표 2-7. 신체분절별 평균밀도

분 절	밀도(g/cm³)
머리와 목	1.11
몸 통	1.03
넙다리	1.05
종아리	1.09
발	1.10
위 팔	1.07
아래팔	1.13
손	1.16

의 질량은 1g으로 어떤 물체의 비중이 1보다 크면 물보다 무거운 것으로 물에 가라앉으며, 1보다 작으면 물보다 가벼워서 뜨게 된다. 뼈의 비중은 1.8 이상이며, 근육은 1.0 이상이고, 지방은 1.0 이하이며, 허파는 가벼운 공기로 차 있어서 신체의 모든 부위 중에서 가장 비중이 낮다.

한편 전신의 비중은 숨을 들여마셨을 때와 내쉬었을 때 차이가 있다. 숨을 들이마시면 체중은 일정하지만 체적이 커지기 때문에 비중이 감소되는 반면, 숨을 내쉬면 전신의 부피가 줄어들어 비중이 높아진다. 그러므로 전신의 비중은 항상 일정하지 않고 변하게 된다. 공기 500cc 정도를 들이마신 일반 호흡상태에서 전신의 비중은 1.03으로 물에 가라앉지만, 숨을 깊이 들이마시면 0.98로 물에 뜬다.

표 2-8은 Dempster(1955)의 연구에 의한 전신체적(total body volume)에 대한 각 분절의 체적을 백분율로 나타낸 자료이다.

표 2-8. 전신체적에 대한 분절체적의 백분율

분 절	체 형			
	비만형	근육형	마른형	보 통
팔전체	5.28	5.60	5.20	5.65
위팔	3.32	3.35	2.99	3.46
아래팔+손	1.95	2.24	2.23	2.15
아래팔	1.52	1.70	1.63	1.61
손	0.42	0.53	0.58	0.54
다리전체	20.27	18.49	19.08	19.55
넙다리	14.78	12.85	12.90	13.65
다리+발	5.52	5.61	6.27	5.97
다리	4.50	4.35	4.81	4.65
발	1.10	1.30	1.46	1.25

그림 2-23은 Contini(1972)의 전신비중의 변화에 따른 팔다리분절의 비중을 나타낸 그림이다. 이 자료에서도 비중이 가장 높은 분절은 손이며, 가장 낮은 분절은 넙다리인 것을 알 수 있다. 또한 전신비중이 높아질수록 분절의 비중도 선형적으로 증가하는 것으로 나타났다.

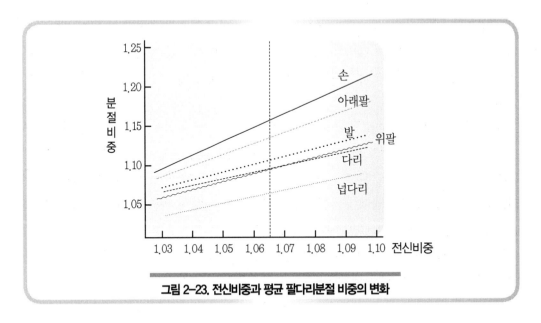

그림 2-23. 전신비중과 평균 팔다리분절 비중의 변화

3) 분절의 질량

우리가 운동역학에서 인용하는 인체분절의 질량은 사체를 분절별로 절단하여 질량을 측정한 후 체중에 대한 분절별 비율을 통계적으로 나타낸 것이다. 이와 같은 사체실험을 통하여 나타난 인체측정학적 자료들은 종족이나 연령 등을 충분히 고려하지 못하고 있으며, 특히 실험에 표집된 사체의 수가 적어서 오차가 내포되었을 가능성도 배제할 수 없다. 최근에는 자기공명화상(MRI)이나 컴퓨터단층촬영(CT)기법을 사용하여 생체를 대상으로 여러 가지 인체측정학적 자료들을 구하고 있다.

표 2-9는 운동역학의 연구에서 많이 사용되고 있는 각 분절의 질량을 체중에 대한 백분율로 나타낸 자료이다.

표 2-10은 Barter(1957)가 연구한 각 신체분절질량을 산출하는 회귀식이다. 이 표에서 BW는 체중을 의미한다.

4) 분절중심의 위치

전신이나 분절의 운동은 전신이나 분절의 질량이 그 형태에는 관계없이 질량중심점 또는 무게중심점(center of mass or gravity)에 모여 있는 것으로 간주하게 된다. 따라서

표 2-9. 전신에 대한 분절질량의 비율(%)

분 절	정철정(1992)	Matsui(1958)	Dempster(1955)	Clauser(1969)
머 리	6.17	4.40		
머리와 목			8.10	7.30
목	2.19	3.30		
위몸통	25.46			
몸 통		47.90	49.70	50.70
아래몸통	24.56			
위 팔	2.43	2.65	2.80	2.60
아래팔	1.55	1.50	1.60	1.60
손	0.53	0.90	0.60	0.70
넙다리	10.88	10.00	10.00	10.30
종아리	4.59	5.35	4.65	4.30
발	1.22	1.90	1.45	1.50

표 2-10. Barter(1957)의 신체분절질량 산출회귀식

분 절	회귀식	SD
머리, 목, 몸통	$=0.47 \times BW + 12.0$	(6.4)
팔 전체	$=0.13 \times BW - 3.0$	(2.1)
양쪽 위팔	$=0.08 \times BW - 2.9$	(1.0)
아래팔과 손	$=0.06 \times BW - 1.4$	(1.2)
양쪽 아래팔	$=0.04 \times BW - 0.5$	(1.0)
양쪽 손	$=0.01 \times BW + 7$	(0.4)
다리 전체	$=0.31 \times BW + 2.7$	(4.9)
양쪽 넙다리	$=0.18 \times BW + 3.2$	(3.6)
양쪽 종아리와 발	$=0.13 \times BW - 0.5$	(2.0)
양쪽 종아리	$=0.11 \times BW - 1.9$	(1.6)
발	$=0.02 \times BW + 1.5$	(0.6)

※BW : 체중(body weight)

전신이나 분절의 운동은 분절의 질량중심점이 한 위치에서 다른 위치로 이동한 것으로 보기 때문에 분절의 운동량을 구하기 위하여 질량중심의 위치를 알아야 한다. 분절의 질량중심 위치는 분절 전체 길이에 대한 분절의 양끝으로부터 질량중심점까지 떨어져 있는 길이의 백분율로 표시한다.

　표 2-11~13은 Clauser, 정철정, Dempster, Matsui 등에 의하여 연구된 분절중심의 위치를 나타낸 여러 자료들이다. 이러한 여러 가지 자료에서 볼 수 있듯이 팔다리분절의 질량중심점은 분절길이의 중앙점부터 몸쪽으로 치우쳐 있는데, 그 이유는 분절을 구성하고 있는 뼈의 먼쪽끝보다 몸쪽끝이 굵기 때문이다.

표 2-11. 각 분절의 전체길이에 대한 백분율

분 절	분절의 전체길이에 대한 백분율(%)	
머 리	46.4 머리마루점(두정점) 쪽으로	53.6 턱과 목의 절개점 쪽으로
몸 통	38.0	62.0 엉덩관절 쪽으로
위 팔	51.3 어깨관절 쪽으로	48.7 팔꿉관절 쪽으로
아래팔	39.0 팔꿉관절 쪽으로	61.0 손목관절 쪽으로
손	82.0 손목관절 쪽으로	18.0 3번 손허리손가락관절 쪽으로
넙다리	37.2 엉덩관절 쪽으로	62.8 무릎관절 쪽으로
종아리	37.1 무릎관절 쪽으로	62.9 발목관절 쪽으로
발	44.9 발뒤꿈치 쪽으로	55.1 엄지발가락끝 쪽으로

Clauser 외(1969)

표 2-12. 분절의 무게중심위치 및 정의

(단위 : %)

분 절	중심위치	기 준
머 리	43.45	머리마루점에서부터 턱끝까지
목	45.32	귀 중간부터 복장뼈절개점까지
머리, 목	39.1	머리마루점에서부터 복장뼈절개점까지
손	39.11	손끝부터 손목관절까지
아래팔	41.67	팔꿉관절부터 손목관절까지
위팔	39.9	어깨관절부터 팔꿉관절까지
발	49.15	발목관절부터 엄지발가락끝까지
종아리	39.61	무릎관절부터 발목관절까지
넙다리	46.27	엉덩관절부터 무릎뼈 중간까지
위몸통	39.15	복장뼈절개부위부터 아래갈비뼈까지
아래몸통	60.36	아래갈비뼈부터 엉덩관절관절 중심까지
몸통전체	49.21	복장뼈절개위부터 엉덩관절 관절중심까지

정철정(1993)

표 2-13. 분절별 질량과 질량중심점-몸쪽끝에서 먼쪽끝으로

(단위 : %)

분절 \ 기준	몸쪽끝에서 먼쪽끝으로		
	Dempster의 수정자료 (1955)	Matsui (1958)	Clauser (1969)
머 리		63	46.6
목		50	
몸 통		52	38.0
머리+목+몸통	60.4		
위 팔	43.6	46	51.3
아래팔	43.0	41	39.0
손	50.6	50	18.0
넙다리	43.3	42	37.2
종아리	43.3	41	37.1
발	42.9	50	44.9

5) 관성모멘트와 회전반지름

회전운동에서 필요한 물리적 양을 산출하기 위해서는 관성모멘트(moment of inertia)와 회전반지름(radius of gyration)을 알아야 한다. 표 2-14는 분절의 중심을 지나는 좌우축(frontal axis)을 기준으로 할 때 관성모멘트의 크기를 나타낸 것이다.

회전운동에서 관성모멘트는 병진운동에서 질량과 같은 의미를 가지고 있다. 관성모멘트는 회전하는 물체의 질량의 크기에 비례할 뿐만 아니라 회전축으로부터 질량중심점까지 거리의 제곱에 비례한다. 즉 관성모멘트(I)는 질량(m)과 거리의 제곱(r^2)의 곱($I = mr^2$)이다.

한편 각운동에서 회전반지름(radius of gyration)은 선운동에서 무게중심의 개념과 동일한 개념이다. 핸드스프링이나 해머던지기와 같이 고정된 한 축을 중심으로 회전하는 자전운동(gyroscope motion)에서 각운동을 분석하는 데 많은 도움을 준다.

표 2-15는 관성모멘트의 중심에 대한 분절별 회전반지름을 나타낸 자료이며, 표 2-16은 남자를 대상으로 먼쪽끝(원위단)과 몸쪽끝(근위단)을 기준으로 했을 때 회전반지름에 관한 자료이다.

표 2-14. 무게중심을 지나는 좌우축에 대한 신체분절의 관성모멘트

분 절	관성모멘트(kgm^2)			
	정철정(1992)	Whitsett(1963)	Braune & Fischer(1989)	McConville(1980)
머 리	0.0113			
목	0.0025			
머리+목	0.0619	0.0248		0.0248
손	0.0005	0.0005		0.0005
아래팔	0.0053	0.0076	0.0130	0.0076
위 팔	0.0101	0.0213	0.0101	0.0213
발	0.0011	0.0038	0.0036	0.0038
종아리	0.0282	0.0504	0.0257	0.0504
넙다리	0.0853	0.1052	0.0751	0.1052
위몸통	0.1262			
아래몸통	0.1221			
몸통전체	1.2505	1.2606	0.9417	1.2606

표 2-15. 분절별 관성모멘트의 무게중심에 대한 회전반지름

분 절	회전반지름 (분절길이의 백분율)		
	정철정(1992)	Braune & Fischer(1989)	McConville(1980)
머 리	0.229		
목	0.256		
머리+목	0.263		
목+머리+몸통		0.23	0.503
손	0.256		0.297
아래팔	0.284	0.26	0.303
위 팔	0.331	0.27	0.322
발	0.299	0.30	0.475
종아리	0.252	0.25	0.302
넙다리	0.272	0.26	0.323
위몸통	0.362		
아래몸통	0.368		
몸통전체	0.370		

표 2-16. 먼쪽끝과 몸쪽끝에서의 분절의 회전반지름(Dempster, 1955)

분 절 / 기준점	회전반지름 (분절길이의 백분율)	
	먼쪽끝	몸쪽끝
머리와 몸통	.830	.607
넙다리	.540	.653
종아리	.528	.643
발	.690	.690
위 팔	.542	.645
아래팔	.526	.647
손	.587	.577

제2장 동작표현의 용어

사람이 가지고 있는 지식과 사고는 대부분 언어와 글, 그림 등을 통하여 표현된다. 그러므로 특정한 사물에 대한 명칭, 형태와 동작 등을 기술할 때에는 표현방법이 동일하고 일관성이 있어야 의사소통이 정확하게 된다. 일상생활에서 어떤 사람이 문방구에서 돈을 지불하고 연필을 샀을 때 연필을 팔았다고 표현한다면 혼돈을 가져오듯이 동작을 표현할 때에도 그 표현방법이 정확하지 못하면 혼돈을 가져오게 되어 동작을 정확하게 이해할 수 없게 된다.

그러므로 인체의 동작을 바르게 표현하고, 정확하게 이해하기 위해서는 인체운동에 관한 방향·동작·명칭 등에 관한 표현방법을 미리 약속하여 정해진 방법에 맞도록 일관성 있게 표현해야 한다.

1. 기준자세

인체분절의 위치나 인체운동의 방향과 동작 등을 나타내는 용어들은 상대적이기 때문에 기본이 되는 기준자세를 정할 필요가 있다. 예를 들어 일상생활에서 자주 쓰는 '위'

라는 용어를 생각해보자. 서 있는 자세에서 두 팔을 위로 들라고 한다면 팔을 머리 위로 들게 되지만, 등을 바닥에 대고 누운 자세에서 두 팔을 위로 들라고 한다면 팔을 가슴 위쪽으로 들게 될 것이다. 이와 같이 동일한 용어라고 할지라도 자세에 따라 동작이 크게 달라질 수 있음을 알 수 있다.

　해부학에서와 같이 운동역학에도 인체의 기본자세는 해부학적 자세(anatomical position)와 동일하다. 해부학적 자세란 그림 2-24와 같이 두 발을 11자로 하고 정면을 보고 바로 선 자세에서 손바닥을 앞을 향하도록 펴서 옆으로 늘어뜨린 자세이다. 인체의 동작과 위치를 표현할 때에는 항상 해부학적 자세를 기준으로 하기 때문에 누워 있는 자세에서나 서 있는 자세에서나 팔을 위로 들라고 하면 팔을 머리 위로 드는 동작이 정확한 것이다.

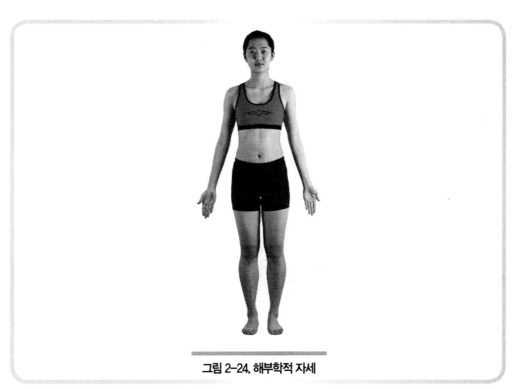

그림 2-24. 해부학적 자세

2. 면과 축

인체운동은 3차원 공간에서 일어나므로 이를 정량화하기 위해서는 3차원좌표계(three

dimensional coordinate system)를 사용한다. 인체운동을 기술하기 위해서는 인체의 면을 세 가지로 구분하며, 각각의 운동면에 직각인 고정된 세개의 축으로 구분한다.

1) 운동면

인체의 면(plane)에는 인체의 중심(COG)을 통과하는 1차면(primary plane)과 중심을 지나지 않는 2차면(secondary plane)이 있다. 인체의 운동면에는 그림 2-25와 같이 전후면(시상면, sagittal plane), 좌우면(관상면, frontal plane), 그리고 수평면(horizontal plane)이 있다.

전후면(시상면)은 해부학적 자세에서 인체를 전후로 통과하여 인체를 좌측과 우측 부위로 양분하는 수직면이다. 전후면 중에도 인체의 정중앙을 통과하는 1차전후면을 기본정중면(cardinal sagittal plane, mid-sagittal plane)이라고 하는데, 기본정중면에 의하여

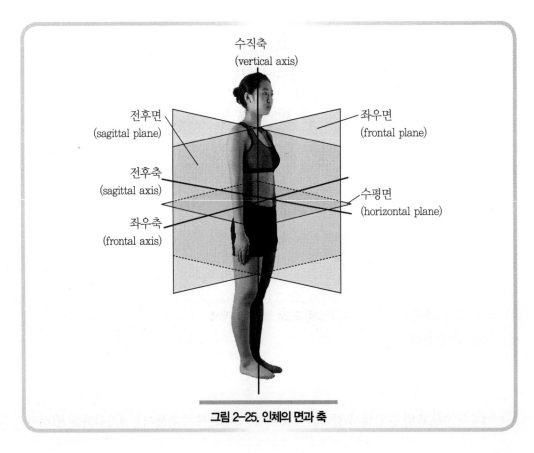

그림 2-25. 인체의 면과 축

인체의 각 부위는 좌우로 대칭을 이룬다. 마루운동에서 손짚고앞돌기와 뒤돌기, 100m달리기와 같은 운동은 전후면상에서 일어나는 운동이다.

　좌우면은 인체를 좌우로 통과하는 면으로, 좌우면에 의하여 인체는 앞부분과 뒷부분으로 양분된다. 마루운동에서 손짚고옆돌기와 맨손체조에서 옆구리운동은 좌우면상에서 일어나는 운동이다.

　수평면은 인체를 수평으로 통과하여 인체를 윗부분과 아랫부분으로 양분하는 면이다. 무용에서 발끝으로 서서 도는 삐로(pirotte)동작과 맨손체조에서 두 팔을 앞으로 든 자세에서 옆으로 벌리는 동작은 수평면상에서 일어나는 운동이다.

2) 운동축

　축(axis)이란 운동면에 수직으로 고정된 점을 통과하는 가상의 선으로, 그림 2-25에서와 같이 세 개의 축이 있다.

　전후면(sagittal plane)을 수직으로 통과하는 축을 좌우축(frontal axes)이라 하며, 좌우축은 전후면을 제외한 좌우면과 수평면을 공유한다.

　좌우면(frontal plane)을 수직으로 통과하는 축을 전후축(anteroposterior axes, 시상축 : sagittal axes)이라 하고, 전후축은 좌우면을 제외한 전후면과 수평면을 공유한다.

　수평면(horizontal plane)을 수직으로 통과하는 축을 수직축(longitudinal, vertical axes)이라 하며, 수직축은 수평면을 제외한 전후면과 좌우면을 공유한다.

3. 위치와 방향의 용어

　운동을 기술할 때에는 신체의 특정 부위나 분절의 위치를 표현해야 할 경우가 많다. 인체의 위치는 자세에 따라 항상 변하게 되므로, 전술한 바와 같이 항상 해부학적 자세가 기본이 되며 상대적인 개념으로 사용되고 있음을 유의해야 한다.

안쪽 (내측, medial) : 정중면에 보다 가까운 쪽
가쪽 (외측, lateral) : 정중면에서 보다 먼 쪽

　안쪽과 가쪽의 용어는 좌우면상에서 전후면으로부터 얼마나 멀리 떨어져 있는지를 의

미하는 개념이다. 예를 들어 엄지손가락을 기준으로 할 때 두번째손가락은 가쪽이고, 두번째손가락은 새끼손가락에 비하여 안쪽이 된다.

앞 (전, anterior) : 인체의 앞면에 보다 가까운 쪽

뒤 (후, posterior) : 인체의 뒷면에 보다 가까운 쪽

 앞과 뒤는 전후면 상에서 좌우면으로부터 얼마나 떨어져 있는지를 의미하는 개념이다. 따라서 새끼손가락과 엄지손가락을 전후의 위치로는 구분할 수 없지만, 코는 귀에 비하여 앞쪽이며, 반대로 귀는 코보다 뒤쪽이라고 할 수 있다.

위 (상, superior) : 머리에 보다 가까운 쪽

아래 (하, inferior) : 발에 보다 가까운 쪽

 위와 아래는 두 위치가 머리에 가까운지 발에 가까운지를 의미하는 개념이다. 두 위치 중에서 머리에 가까운 위치가 위이고, 발에 가까운 위치가 아래이다. 어깨는 무릎보다 위이며, 반대로 무릎은 어깨보다 아래이다.

속 (internal or inside) : 방광이나 내장과 같이 속이 빈 기관의 안쪽

겉 (external or outside) : 방광이나 내장과 같이 속이 빈 기관의 바깥쪽

 속과 겉의 용어는 혈관, 심장, 창자(장) 등과 같이 속이 비어 있는 기관의 겉과 속의 위치를 표현할 때 사용되는 용어이다. 창자의 안쪽을 속이라 하고, 바깥쪽을 겉이라 한다.

몸쪽 (근위, proximal) : 몸통에 보다 가까운 쪽

먼쪽 (원위, distal) : 몸통에 보다 먼 쪽

 몸쪽과 먼쪽은 같은 분절 내에서 동체의 결합부로부터 멀고 가까움을 나타내는 개념이다. 즉 위팔에서 위팔뼈머리(head)는 팔꿈치오목(주두와, olecranon fossa)에 비하여 몸통에 가까우므로 몸쪽이며, 팔꿈치머리(주두)는 먼쪽이라고 할 수 있다. 한편 아래팔에서 노뼈와 자뼈가 이루는 노자관절은 두 개가 있는데, 팔꿉관절에 가까운 노자관절은 손목관절이 있는 노자관절에 비해 몸통에 가까우므로 몸쪽노자관절이라 하고, 손목관절에 가까운 노자관절을 먼쪽노자관절이라 한다. 그러나 다리에 있는 무릎관절은 팔꿉관절과 서로 위치한 분절이 다르기 때문에 몸쪽과 먼쪽으로는 서로 비교될 수 없다.

손바닥쪽 (장측, palmar)

발바닥쪽 (저측, planter)

등쪽 (배측, dorsal) : 손등 또는 발등쪽

 손바닥쪽, 발바닥쪽, 등쪽은 발목과 손목에서 굽힘·폄운동이 일어날 때 방향을 지칭

하는 용어이다. 손목관절(wrist joint)과 발목관절(ankle joint)은 팔꿉관절(elbow joint)
과 무릎관절(knee joint)과는 달리 방향을 나타내는 용어를 함께 사용하지 않으면 굽힘
및 폄동작을 정확하게 표현할 수 없다.

　발목을 위로 굽히는 운동은 등쪽굽힘이라고도 할 수 있고, 동시에 발바닥쪽폄이라고
도 할 수 있다. 한편 손목을 손바닥쪽으로 굽히는 것은 손바닥쪽굽힘이라고도 하고 등
쪽폄(배측신전)이라고도 한다.

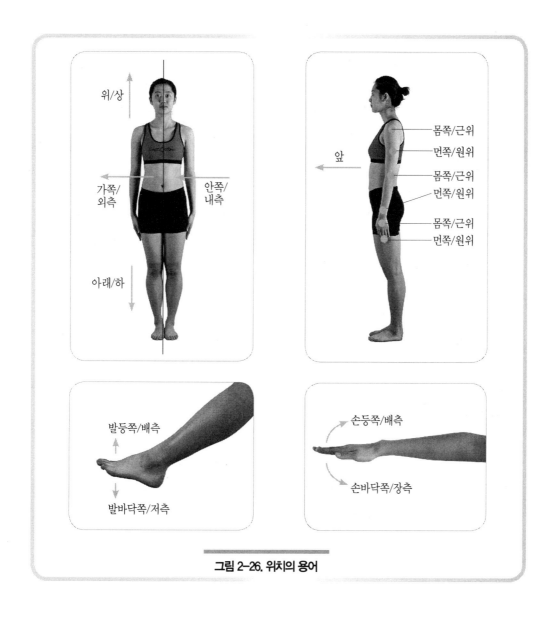

그림 2-26. 위치의 용어

4. 운동의 용어

인체에서 일어나는 대부분의 병진운동은 관절에서 일어나는 회전운동의 결과로 생기는 것이다. 각운동이 일어날 때 관절은 축의 역할을 하며, 뼈는 지렛대 역할을 한다.

굽힘 (굴곡, flexion) : 전후면상에서 좌우축을 중심으로 각이 작아지는 운동

펌 (신전, extension) : 전후면상에서 좌우축을 중심으로 각이 커지는 운동

위팔을 옆구리에 고정시키고 팔꿉관절을 축으로 아래팔을 위로 들어올리는 동작은 굽힘운동, 아래로 펴는 동작은 펌운동이다.

모음 (내전, adduction) : 좌우면상에서 전후축을 중심으로 정중면에 가까워지는 운동

벌림 (외전, abduction) : 좌우면상에서 전후축을 중심으로 정중면에서 멀어지는 운동

맨손체조의 숨쉬기 운동에서와 같이 팔을 옆으로 들어올리는 동작은 벌림, 내리는 동작은 모음이다.

엎침 (회내, pronation) : 어깨관절이 고정된 상태에서 아래팔을 안쪽으로 돌리는 운동

뒤침 (회외, supination) : 어깨관절이 고정된 상태에서 아래팔을 가쪽으로 돌리는 운동

해부학적 자세에서 팔을 옆으로 들고 손바닥이 위로 향하도록 손을 돌리는 동작은 뒤침, 손바닥을 아래로 향하도록 돌리는 동작은 엎침이다.

휘돌림 (회선, circumduction) : 단축을 중심으로 굽힘, 펌, 모음, 벌림이 연속적으로 일어나 원뿔모양이 되는 운동

회전 (rotation) : 장축을 중심으로 굽힘, 펌, 모음, 벌림이 연속적으로 일어나는 운동

손허리손가락관절을 축으로 손가락을 돌리는 동작은 회선운동이며, 어깨관절을 축으로 팔을 앞뒤나 좌우로 휘돌리는 동작은 회전운동이다. 회전운동은 어깨관절이나 엉덩관절과 같은 절구관절에서 일어난다.

안쪽번짐 (내번, inversion) : 발바닥이 안쪽으로 도는 운동

가쪽번짐 (외번, eversion) : 발바닥이 바깥쪽으로 도는 운동

안쪽번짐과 가쪽번짐은 발목관절에서 일어나는 운동으로 안쪽으로 돌리는 운동이 안쪽번짐, 바깥쪽으로 돌리는 운동은 가쪽번짐이다.

펴기/신전

굽힘/굴곡

폄/신전

굽힘/굴곡

폄/신전

굽힘/굴곡

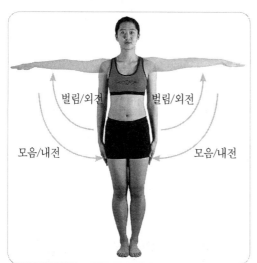

벌림/외전   벌림/외전

모음/내전   모음/내전

모음/내전

벌림/외전

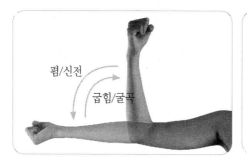

폄/신전

굽힘/굴곡

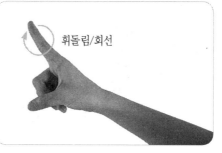

휘돌림/회선

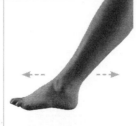

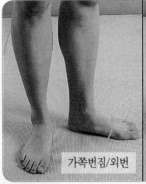

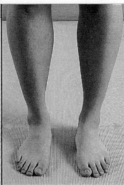

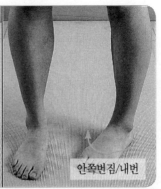

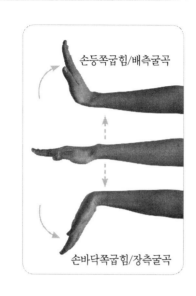
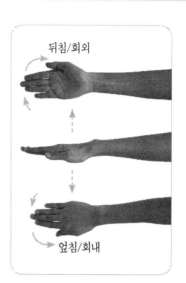

손등쪽굽힘/배측굴곡

손바닥쪽굽힘/장측굴곡

뒤침/회외

엎침/회내

그림 2-27. 움직임의 용어

자기평가문제

1. 뼈의 세부구조를 그려보고 설명해보자.

2. 뼈를 형태적으로 구분하고 해당하는 뼈의 예를 들어보자.

3. 팔이음뼈(상지대)의 구조를 그려 보고 뼈의 명칭을 적어보자.

4. 다리이음뼈(하지대)의 구조를 그려 보고 뼈의 명칭을 적어보자.

5. 관절을 운동정도에 따라 구분하고 설명해보자.

6. 윤활관절(활막관절)의 기본형태를 그려 보고, 명칭을 적어보자.

7. 윤활관절의 종류와 위치, 운동축을 알아보자.

8. 팔꿉관절을 축으로 굽힘(굴곡)과 폄(신전)운동을 해보자.

9. 손목에서 손등쪽굽힘(배측굴곡)과 폄(신전)을 해보자.

3 운동학
Kinematics

제1장 인체운동

세상에 존재하는 물질은 크게 생물과 무생물로 구분된다. 사람이나 동물과 같이 생명을 가지고 있는 생물체는 자체적인 대사과정을 통하여 생성된 힘으로 자기 스스로 움직일 수 있는 반면, 생명을 갖고 있지 않은 무생물은 스스로 움직일 수 없다. 우리의 눈에는 보이지 않는 공기도 외부의 환경조건에 의하여 끊임없이 운동을 계속하고 있다.

그렇다면 운동이란 무엇일까? 한마디로 운동이란 물체의 위치가 변화하는 것을 의미한다. 물체는 같은 시간에 같은 공간을 함께 점유할 수 없기 때문에 운동이라는 개념은 시간-공간(time-space)의 관점에서 고려되어야 한다.

1. 인체운동의 정의와 원인

사람은 생명을 유지하기 위하여 숨을 쉬어야 하고, 건강을 위하여 산책이나 조깅도 하며, 근육을 발달시키기 위하여 덤벨을 손에 쥐고 팔을 굽혀 펴기도 하는데, 이러한 것들을 모두 인체운동이라 할 수 있다.

숨을 쉴 때는 가슴이 부풀어 올랐다내렸다 함으로써 가슴안(흉강)의 체적에 변화가 생기며, 덤벨을 들고 팔을 굽혀 펼 때는 팔의 모양에 변화가 생긴다. 한편 산책이나 조깅 등을 할 때는 한 곳에서 다른 곳으로 이동하게 되는데, 이러한 것들을 모두 운동이라 할 수 있다.

　그림 3-1과 같이 체적이 변화(change of volume)하고, 모양이 변화(change of shape)하며, 위치가 변화(change of position)하는 인체운동은 인체를 구성하고 있는 특정한 부위나 전신이 한 위치에서 다른 위치로 옮겨진다는 공통점을 갖고 있다. 그러므로

체적의 변화

모양의 변화

위치의 변화

그림 3-1. 여러 가지 운동

인체운동(human movement)이란 분절이나 전신이 시간의 흐름에 따라 위치가 변화하는 것으로 정의할 수 있다.

인체운동이 일어나는 원인을 알아보기에 앞서 물체는 왜 움직이는지를 생각해보자. 물 위에 떠내려가는 나뭇잎, 언덕에서 굴러 내려오는 돌덩이, 투수가 던진 야구공 등은 모두 운동을 하고 있는 물체들이다. 그런데 이들은 왜 운동을 하고 있는 것일까? 고대 과학자들도 아주 오래전부터 이러한 의문을 갖고 있었지만, 그들은 눈에 보이는 현상적 사실만으로 이러한 의문을 해결하고자 하였기 때문에 정확한 원인을 규명하는 데는 한계가 있었다.

고대 과학자들은 어떤 물체의 운동이 일어나는 원인을 다른 물체가 운동을 하였기 때문이라고 생각하였다. 예를 들어 나뭇잎이 물에 떠내려가는 이유는 물이 흐르고 있기 때문이라는 눈에 보이는 단순한 현상으로만 이해하려고 하였다. 그들은 물이 움직이는 원인은 볼 수 없었기 때문에 그 원인을 설명할 수 없어 물은 본래부터 저절로 움직이는 물체라고 생각하였다. 그리고 운동의 원인을 모르는 최종의 물체를 instigator(운동의 시발자)라고 명명하였다.

물체가 운동하는 원인은 힘의 개념으로 설명되어야 한다. 물체가 움직이기 위해서는 그 물체에 힘이 작용해야 한다. 그러나 물체에 힘이 작용하였다고 모든 물체가 전부 다 운동을 하는 것은 아니다. 다시 말하여 물체가 운동을 하기 위해서는 힘의 작용이 필수불가결하지만, 물체에 힘을 작용하였다고 반드시 모든 물체가 다 운동을 하는 것은 아니다. 예를 들어 팔씨름이나 줄다리기를 할 때 양쪽이 힘을 써도 한동안 정지한 상태가 계속되는 것을 볼 수 있으며, 30kg의 바벨은 쉽게 들어 올릴 수 있지만 300kg 정도의 아주 무거운 바벨은 힘을 써도 들어 올릴 수 없는 것을 경험하게 된다.

이처럼 30kg의 바벨을 들어 올릴 수 있지만 300kg의 바벨은 들어 올리지 못하는 이유는 무엇일까? 그 이유는 바로 두 물체가 가지고 있는 질량의 차이 때문인데, 이때의 질량을 관성질량이라고 한다. 모든 물체는 관성(inertia)을 가지고 있는데, 관성의 크기는 질량에 비례한다. 정지한 물체를 들어 올리기 위해서는 그 물체가 가지고 있는 관성보다 큰 힘을 써야 한다.

사람들이 전신을 움직이거나 분절을 움직일 때도 힘이 필요하다. 이러한 힘은 근육에서 생성되는데, 생성되는 힘의 크기는 근육의 단면적에 비례한다. 인체가 운동을 하는 데 필요한 힘을 만들어내는 곳은 바로 근육이기 때문에 근육이 운동의 시발자

(instigator)이다. 이와 같이 근육에서 만들어진 힘에 의하여 생기는 인체운동을 motor activity 또는 motor behavior라고 한다.

2. 인체운동의 형태

사람들이 운동하는 모습을 관찰하면 여러 가지 형태가 있음을 알 수 있다. 예를 들어 400m 트랙을 달리는 선수를 생각해보자. 선수는 출발신호와 함께 어느 정도 거리의 직선주로를 달린 후 곡선주로를 달리고, 다시 직선주로를 달려 결승선을 통과한다. 전신이 트랙을 도는 동안 팔과 다리의 분절들은 관절을 축으로 빠르게 굽혀 펴는 동작을 한다.

선수가 곡선이나 직선주로를 달리는 운동을 병진운동(transratory motion) 또는 선운동(linear motion)이라 하며, 팔과 다리의 관절을 굽혀 펴는 운동을 회전운동(rotatory motion)이라 한다.

1) 병진운동

병진운동이란 신체의 모든 부분이 같은 시간에 동일한 거리와 동일한 방향으로 움직이는 운동을 말한다. 병진운동인지 아닌지를 구분하는 방법 중 하나는 신체의 특정한 지점이 동일한 시간에 같은 거리를 평행하게 움직였는지 아닌지를 알아보는 것이다.

그림 3-2는 인라인스케이트를 타는 동작이며, 그림 3-3은 스카이다이빙 동작이다. 두 그림에서 어깨관절과 엉덩관절이 움직인 거리는 모두 동일하며, 이동한 선은 서로 평행이 되므로 두 운동은 모두 병진운동이라 할 수 있다.

그러나 그림 3-2의 인라인스케이팅에서는 엉덩관절과 어깨관절이 이동한 선은 각각 직선운동을

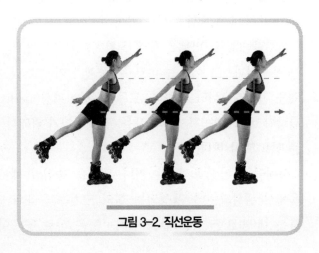

그림 3-2. 직선운동

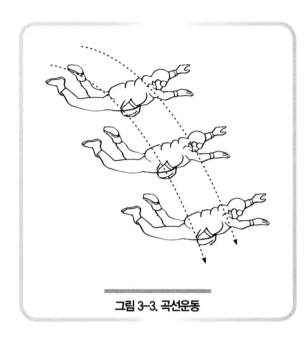

그림 3-3. 곡선운동

한 반면, 그림 3-3의 스카이다이빙에서는 두 관절의 움직임이 곡선운동을 한 것을 알 수 있다. 이와 같이 병진운동 중에서도 400m 트랙의 직선주로를 달릴 때와 같이 이동한 경로가 직선일 경우를 직선운동이라 하고, 트랙의 곡선주로를 따라 달리는 경우와 같이 이동한 경로가 곡선인 경우를 곡선운동이라 한다.

물체의 질량중심점(center of mass : COM)으로 힘이 작용했을 때 직선운동이 일어나며, 질량중심점을 벗어난 방향으로 힘이 작용하면 곡선운동이 일어난다.

2) 회전운동

그림 3-4의 해머휘돌리기와 2단평행봉에서 흔드는 동작과 같이 고정된 축을 중심으로 전신이나 신체의 일부가 도는 운동도 있다. 고정된 축(회전축)을 중심으로 같은 시간에 동일한 방향으로 동일한 각을 움직일 때 일어나는 운동을 회전운동이라 한다. 매트에서 구르기, 철봉에서 흔들기와 같은 운동이 모두 회전운동이다.

질량중심점을 벗어난 방향으로 힘이 작용하면 곡선운동과 회전운동이 일어나는데, 이때 물체의 일부가 고정되어 있으면 곡선운동은 일어나지 않고 고정된 점을 회전축으로 하여 회전운동만 일어나게 된다.

그림 3-4의 (a)의 해머휘돌리기와 같이 신체내(견관절)에 회전축이 있는 것을 내축(internal axis)이라 하고, 그림 3-4 (b)의 2단평행봉에서 흔들기를 할 때에는 회전축이 신체 외부인 봉에도 있을 수 있는데, 이때의 회전축을 외축(external axis)이라 한다.

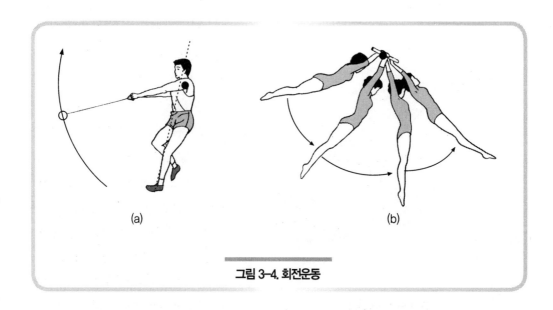

그림 3-4. 회전운동

3) 복합운동

자전거나 자동차의 바퀴는 회전운동을 하지만 차체는 병진운동을 하는데, 이와 같이 회전운동과 병진운동이 동시에 일어나는 운동을 복합운동(complex motion)이라 한다.

인체의 운동도 각 관절에서 분절이 회전운동을 한 결과로 병진운동이 일어나므로 복합운동을 하게 된다. 즉 걷기나 달리기를 할 때 팔과 다리에 있는 여러 분절들은 관절을 축으로 회전운동을 하지만, 전신은 곡선운동이나 직선운동과 같은 병진운동을 한다.

제2장 운동량 측정

1. 운동량 측정을 위한 기본물리량

본 장에서 운동량이란 mv를 의미하는 것이 아니라 일반적인 의미의 운동량(motion quantity)을 의미한다. 인체운동을 연구할 때 인체가 운동한 물리량을 정량적으로 표시해야 한다. 인체가 실시한 물리량을 정량적으로 측정하기 위해서는 물체(matter), 공간(space), 시간(time)의 세 가지 역학량을 알아야 한다.

1) 물 체

인체운동에서 물체(matter)란 운동을 하는 전신이나 신체분절을 의미한다. 연구목적에 따라 인체의 링크시스템이 전신이 될 수도 있으며, 때로는 하나 또는 두 개 이상의 분절이 될 수도 있다. 인체운동을 정량적으로 연구하기 위해서는 운동을 하고 있는 전신이나 분절의 길이와 질량, 질량중심점의 위치, 관성모멘트(moment of inertia), 회전반지름(radius of gyration) 등과 같은 인체측정학적 자료를 알아야 한다. 이와 같은 움직이는 물체(matter)에 대한 정보는 직접 측정할 수도 있으나 그렇지 못한 것들도 있으므로 전술한 바와 같이 이미 연구된 인체측정학적 자료로부터 얻어진다.

2) 공 간

공간(space)이란 물체가 이동한 거리를 의미하는 것으로, 병진운동에서는 선거리 (linear distance), 회전운동에서는 각거리(angular distance)를 의미한다. 선거리에는 마 라톤경기에서 선수가 뛴 실제거리(distance)인 42.195km, 높이뛰기에서 지면에서 바까 지의 높이(height), 공던지기에서 공이 움직인 수평거리(range) 등이 있다.

일반적으로 거리를 측정하는 도구는 자 또는 각도기이지만, 인체운동에서는 물체 (matter)가 움직인 선거리와 각거리를 자나 각도기와 같은 도구로는 직접 측정할 수 없 는 경우가 대부분이므로 영상기법을 통하여 측정한다.

3) 시 간

시간(time)은 물체가 움직이는 데 소요된 시간이다. 시간은 스톱워치(stopwatch)를 통하여 측정할 수도 있으나, 정확성이 결여되기 때문에 영상분석에서 필름의 속도를 계 산하여 측정하는 경우가 많다.

인체동작을 카메라로 촬영할 때 단위시간당 필름속도는 임의로 조절할 수 있다. 초당 필름속도가 결정되면 매프레임당 소요된 시간도 알 수 있으므로 화면에 수록된 필름수 로 소요된 시간을 계산하게 된다.

동작시간은 필름속도에 촬영된 프레임수를 곱한 것이기 때문에 초당 100장의 속도로 높이뛰기의 발구름장면을 촬영하였는데, 촬영된 장면 중 발구름 프레임수가 15개였다면 발구름시간은 0.15초이다.

2. 단위계

물리량을 기술할 때 크기를 나타내는 숫자를 질량, 거리, 시간 등의 단위(unit)와 함께 사용한다. 이를테면 3cm, 5kg, 7sec와 같은 것으로 cm, kg, sec 등을 단위라 한다.

물리량을 표기하는 방법에는 기본단위(fundamental unit)와 복합단위(derived unit) 가 있다. 예를 들어 3kg, 4m, 5sec와 같이 하나의 단위계만 사용하는 것을 기본단위라 하고, 속도나 가속도(m/sec, m/sec^2)와 같이 동시에 서로 다른 단위계를 함께 사용하는 것을 복합단위라 한다.

역학량을 표기하는 단위체계는 국가나 지역에 따라 각각 다르다. 우리나라에서 본래부터 사용되어 온 단위체계는 척관법으로서 거리의 단위는 자, 질량의 단위는 근을 사용하였다. 세계적으로 흔히 사용되는 단위체계로는 파운드법(British engineering system)과 미터법(Metric) 등이 있다.

표 3-1은 우리나라에서 본래부터 사용되어 오던 척관법과 영국을 비롯한 유럽에서 주로 사용해 왔던 파운드법, 그리고 미터법의 질량, 길이, 시간의 단위를 나타낸 것이다. 우리나라에서 사용되어 온 척관법에서는 금과 같은 무게는 돈, 또 소나 돼지처럼 무게가 많이 나가는 것은 관을 사용한다. 표 3-2는 국제표준단위 앞에 붙여서 사용하여 그 크기를 나타내는 용어들이다.

표 3-1. 여러 가지 단위

구분	척관법	파운드법	미터법
질량	근	slug	kg
길이	자	feet	meter
시간	시진	sec	sec

사용되는 단위체계에서 크기를 이해하여야 실생활에서나 연구를 할 때 효과적이다. 자기가 사용하는 단위체계에서는 표기된 단위의 크기를 쉽게 이해할 수 있겠지만, 사용한 경험이 없는 다른 단위체계는 쉽게 이해되지 않을 것이다. 예를 들어 미터법을 사용하는 우리나라 사람에게는 어떤 남자의 키가 160cm이며 체중이 75kg라고 한다면 작은 키에 뚱뚱한 몸매를 가진 사람이라고 쉽게 연상할 수 있지만, 5.3피트의 키에 187파운드의 체중이라 하면 그 크기와 몸매가 쉽게 연상되지 않는다.

우리가 살고 있는 오늘날의 세계는 일일생활권이 되었고, 국가 간 교류가 활발해지면서 전세계적으로 통일된 국제표준단위(SI)를 정하였다. 우리나라도 국제표준단위협약에 가입하면서 연구에서는 물론 실생활에서까지도 미터법을 사용하게 되었다. 이처럼 지구상의 모든 국가들이 국제표준단위를 세계적으로 사용하고 있으며, 특히 국제적으로 발

표 3-2. 국제표준단위 앞에 붙이는 용어와 크기

용어	약자	크기
giga	G	10^9
mega	M	10^6
kilo	K	10^3
hecto	H	10^2
deka	Da	10^1
deci	d	10^{-1}
centi	c	10^{-2}
mili	m	10^{-3}
micro	μ	10^{-6}
nano	r	10^{-9}
pico	P	10^{-12}

표되는 연구논문에서는 국제표준단위인 미터법의 사용을 원칙으로 하고 있다.

한편 미터법의 단위에는 MKS 단위와 CGS 단위의 두 가지가 있다. MKS 단위는 길이, 질량, 시간의 단위를 m, kg, sec로 조합한 단위이고, CGS 단위는 cm, g, sec를 조합한 단위이다. 따라서 거리의 단위를 m로 사용할 때에는 질량의 단위는 kg으로 사용하여야 하고, cm를 사용할 때에는 g을 사용하여야 한다.

3. 스칼라량과 벡터량

물리량에는 스칼라(scalar)량과 벡터(vector)량의 두 가지가 있다. 스칼라량이란 길이 3cm, 질량 6kg, 시간 5sec, 사람 5명과 같이 숫자로 표시되는 크기에 단위만을 붙여서 나타내는 물리량을 말한다. 따라서 스칼라량의 연산은 일반적인 대수법칙에 따른다. 예를 들어 길이 30cm의 줄에서 10cm를 잘라버리면 나머지 줄의 길이는 20cm가 되며, 여학생 5명과 남학생 6명이 함께 강의를 받는다면 총수강생수는 11명이 되듯이 동일단위에서의 가감은 크기를 나타내는 숫자를 빼고 더하면 된다.

한편 스칼라량과 같이 숫자로 표시되는 크기와 단위 이외에도 방향의 특성을 함께 갖고 있는 물리량, 예컨대 힘 5N, 속도 6m/sec, 변위 5m와 같은 물리량을 벡터량이라 한다. 벡터량은 스칼라량과는 달리 방향을 갖고 있기 때문에 단순히 그 크기만을 실수로 취급하여 일반적 대수법칙을 적용하는 것은 불가능하며, 방향을 고려한 특별한 연산법칙을 적용하여 합과 답를 구하여야 한다. 다시 말하여 어떤 사람이 200N의 힘을 발휘하고, 또 다른 사람은 300N의 힘을 동시에 발휘했다고 해서 두 사람이 발휘한 힘이 500N의 효과를 항상 나타내는 것이 아니다.

1) 벡터의 표기

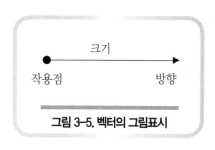

그림 3-5. 벡터의 그림표시

벡터는 문자와 그림으로 각각 표시할 수 있다. 문자로 벡터를 표시할 때는 'A'와 같이 고딕체를 사용하기도 하며, $\overline{A}$와 같이 문자의 아래, 위에 '−'를 함께 사용하여 표기하기도 한다. 그림으로 벡터를 표기할 때는 그림 3-5와 같이 화살표를 사용하여 작용점, 크기, 방향의 3요소를 나타낸다.

그림 3-5에서 화살표의 머리부분은 벡터의 작용방향을, 화살표의 길이는 크기를, 그리고 꼬리는 작용점을 각각 의미한다. 벡터는 크기와 방향에 의해서 정의되므로 때에 따라 작용점의 위치는 가변적이다. 한편 벡터 A의 크기는 A 또는 $|A|$로 표시하며, 각 성분의 제곱합의 제곱근으로 나타낸다.

2) 벡터의 연산

(1) 벡터의 상등

그림 3-6에서와 같이 두 개의 벡터 A와 B를 상등벡터라 한다. 동일 좌표계에서 두 벡터 A와 B가 상등할 때 A=B이며, $[A_x, A_y, A_z]=[B_x, B_y, B_z]$가 성립한다. 이는 두 벡터 각각의 성분의 크기가 동일한 것을 의미하므로 $A_x=B_x, A_y=B_y, A_z=B_z$ 역시 성립한다. 그러므로 그림 3-6과 같이 상등벡터는 두 벡터 간에 크기가 같고 방향은 평행하지만 작용

점은 일치하지 않는다. 이와 같이 작용점이 불일치하기 때문에 상등벡터라고 하더라도 두 벡터의 효과는 서로 다르게 된다.

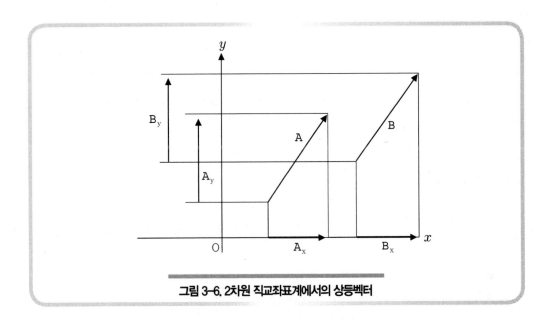

그림 3-6. 2차원 직교좌표계에서의 상등벡터

(2) 벡터의 합

두 개 이상의 벡터는 하나의 벡터로 합쳐질 수 있는데, 합쳐진 벡터를 벡터의 합 (resultant of vector), 즉 합벡터라고 한다. 공간에서 벡터 A와 B의 합은 아래의 방법으로 구할 수 있다.

$$A + B = [A_x, A_y, A_z] + [B_x, B_y, B_z]$$
$$= [A_x + B_x, A_y + B_y, A_z + B_z]$$

위의 식에서 보는 바와 같이 두 벡터 A, B의 합은 벡터 각각의 성분을 합으로 하는 벡터이다. 다음은 여러 가지 2차원평면상에서 두 벡터의 합을 구하는 방법을 알아보기로 한다.

① 동일선상에서 두 벡터의 합

동일선상에서 두 벡터가 작용할 때에는 줄다리기를 하거나 팔씨름을 하는 경우와 같이 두 벡터의 방향이 반대인 경우가 있으며, 나무에다 줄을 매고 여러 명이 함께 잡아 당기는 경우나, 또는 여러 명이 줄다리기를 할 때 같은 편이 잡아 당기는 경우와 같이 방향이 동일한 경우도 있다.

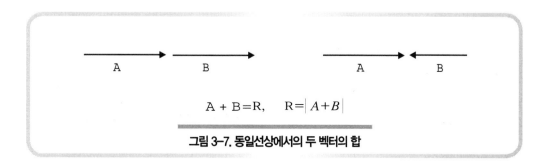

그림 3-7. 동일선상에서의 두 벡터의 합

그림 3-7과 같이 두 벡터의 방향이 동일할 경우에는 방향이 하나이기 때문에 두 벡터의 크기만 더하면 된다. 예를 들어 벡터 A가 2이고 벡터 B가 3이면 합벡터는 5가 된다. 한편 방향이 반대인 경우에 합벡터의 방향은 큰쪽 벡터의 방향과 동일하며, 그 크기는 두 벡터 크기의 차가 된다. 즉 이때 합벡터의 크기는 |3+(-2)|로서 1이 되며, 방향은 벡터 A의 방향과 일치한다.

② 서로 직각방향인 두 벡터의 합

두 벡터 A, B의 방향이 그림 3-8과 같이 서로 직각일 때 합벡터(resultant vector)는 R이 된다. 두 벡터의 방향이 서로 직각일 때 합벡터의 방향과 크기를 구하는 순서는 다음과 같다.

두 벡터의 작용점을 일치시키고 두 벡터를 변으로 하는 그림 3-8과 같은 직각사각형을 만든다. 합쳐진 두 벡터의 작용점에서 마주보는 꼭지점으로 선을 연결한다. 이때 합벡터의 크기는 두 점을 연결한 선분의 길이가 되며, 방향은 작용점에서 꼭지점을 향한다.

이때 합벡터의 크기는 피타고라스의 정리를 이용하거나 삼각함수를 이용하여 구할 수 있다. 피타고라스의 정리를 이용하면 다음과 같다.

$$R^2 = A^2 + B^2$$
$$R = \sqrt{A^2 + B^2}$$

삼각함수를 이용하면 다음과 같다.

$$R\sin\theta = A, \qquad R = \frac{A}{\sin\theta}$$

$$R\cos\theta = B, \qquad R = \frac{B}{\cos\theta}$$

예를 들어 그림 3-8에서 벡터 A가 3이고 벡터 B가 4라고 할 때 피타고라스의 정리를 이용하여 합벡터 R을 구하면 $R^2 = 3^2 + 4^2 = 25$이므로 R=5가 된다.

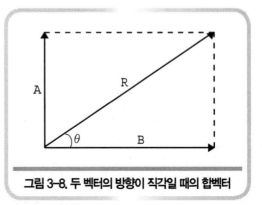

그림 3-8. 두 벡터의 방향이 직각일 때의 합벡터

③ 일반각인 두 벡터의 합

일반적으로 벡터의 방향이 위에서 설명한 것과 같이 서로 평행하거나 서로 직각이 되는 특수한 경우만 있는 것이 아니라, 90도가 아닌 일반각인 경우도 많이 있다. 두 벡터의 방향이 90도가 아닌 일반각일 경우 합벡터의 크기와 방향은 다음과 같은 순서로 구한다.

두 벡터의 작용점을 일치시키고, 두

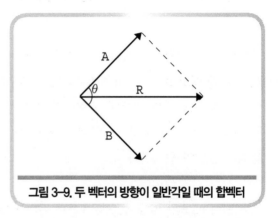

그림 3-9. 두 벡터의 방향이 일반각일 때의 합벡터

벡터를 마주보는 변으로 하는 평행사변형을 그림 3-9와 같이 만든다. 합쳐진 두 벡터의 작용점에서 마주보는 꼭지점으로 선을 연결한다. 이때 두 벡터의 합의 크기는 두 점을 연결한 선분의 길이가 되며, 방향은 작용점으로부터 꼭지점방향이 된다.

그림 3-9에서 두 벡터가 이루는 각이 θ일 때 합벡터의 크기는 R이며, 방향은 R의 화살표 방향이다. 한편 합벡터 R의 실질적인 크기는 cosine 제2정리를 이용하여 다음과 같이 구할 수 있다.

즉

$$R^2 = A^2 + B^2 - 2AB\cos(180-\theta)$$
$$R^2 = A^2 + B^2 + 2AB\cos\theta$$
$$R = \sqrt{A^2 + B^2 + 2AB\cos\theta}$$

스포츠활동에서 이와 같은 예는 양궁에서 찾아볼 수 있다. 그림 3-10과 같이 양궁에 화살을 걸고 활줄을 당기면 활체의 탄성 때문에 활줄의 양끝이 본래의 위치로 되돌아가려는 힘 F_1과 F_2를 받게 된다. 이때 화살이 받는 추진력은 위의 수식을 이용하여 구할 수 있다. 즉 화살이 받는 추진력은 두 힘 F_1, F_2의 크기와 활줄이 이루는 사이의 각도의 코사인값에 의하여 결정된다.

예 제

그림 3-10에서 활줄이 당기는 힘 F_1과 F_2가 각각 20N(뉴턴)이고, 사이각 θ 가 140도일 때 화살의 추진력 F는 다음과 같다.

$$F^2 = F_1^2 + F_2^2 + 2F_1F_2\cos\theta$$
$$= 20^2 + 20^2 + 2 \times 20 \times 20 \times \cos 140°$$
$$= 400 + 400 + 800 \times (-0.7660)$$
$$= 187.2$$
$$F = \sqrt{187.2}\,(N)$$
$$\doteqdot 13.68N$$

그림 3-10. 양궁에서 화살이 받는 추진력

화살을 멀리 보내기 위해서는 활줄을 많이 당겨야 한다. 그 이유는 활줄을 많이 당기면 활줄이 본래의 위치로 돌아가려는 복원력(F_1과 F_2)이 적게 당겼을 때보다 커지기 때문이며, 또 다른 이유는 활줄을 많이 당길수록 활줄이 이루는 각도(θ)가 점점 작아져 $\cos\theta$의 실제값이 커지기 때문이다.

높이뛰기는 도움닫기를 하여 달려오는 수평운동을 발구름을 통하여 수직운동으로 전환시키는 운동으로, 높이뛰기에서 기록에 관계되는 변인은 신체무게중심(center of gravity : COG)의 투사속도와 투사각이다. 신체무게중심의 투사속도 v 는 도움닫기의 수평속도와 반작용력에 의하여 생긴 후방으로 작용하는 속도의 합력에 의하여 결정된다.

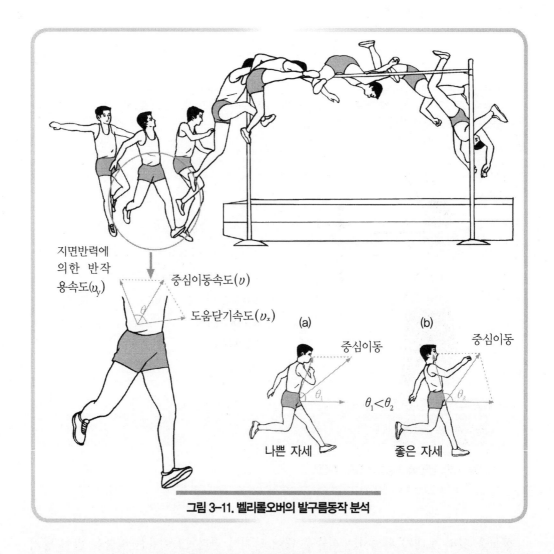

지면반력에 의한 반작용속도(v_y)

중심이동속도(v)

도움닫기속도(v_x)

(a)

중심이동

θ_1

나쁜 자세

$\theta_1 < \theta_2$

(b)

중심이동

θ_2

좋은 자세

그림 3-11. 벨리롤오버의 발구름동작 분석

그림 3-11의 높이뛰기의 벨리롤오버 동작에서 구름판에서 발구름하는 순간 신체무게 중심속도 v 는 수평속도 v_x 와 발구름의 작용력에서 나온 반작용속도 v_y의 합성속도이다. 그러므로 합성속도 v_{cog} 의 크기와 방향은 두 속도벡터의 크기와 두 벡터의 사이각 θ 에 의하여 결정된다. 높이뛰기에서 도움닫기속도를 v_x 라고 하고 발구름의 반작용력에 의한 속도를 v_y, v_x 와 v_y 가 이루는 각도를 θ라 하면 발구름에서 발생한 COG의 투사

속도는 다음과 같다.

$$v_{cog} = \sqrt{v_x^2 + v_y^2 + 2v_x v_y \cos\theta}$$

위의 식에서 보는 바와 같이 신체무게중심의 투사속도가 크려면 수평속도와 발구름 반작용속도가 커야 한다. 그러나 발구름속도에 비하여 도움닫기의 속도가 너무 크면 투사각이 낮아져 공중으로 뛰어오르지 못하고 멀리뛰기처럼 몸이 앞으로 흐르게 된다. 높이뛰기에서 뛰어오르는 높이는 $v^2 \sin\theta / 2g$ 이므로 투사속도가 아무리 크더라도 투사각이 0도에 가까우면 투사높이도 0에 가깝게 된다. 따라서 높이뛰기의 투사각은 바를 넘을 때 바가 몸에 닿아 떨어지지 않는 범위에서 90도에 근접하여야 한다.

발구름 시에 투사각은 발구름 반작용속도가 크고 반작용속도와 지면과 이루는 각도가 클수록 커지기 때문에 구름판 위에 발을 짚을 때 그림 3-11의 (b)와 같이 몸을 약간 뒤로 젖히면서 전방으로 강하게 힘을 주어 발을 굴러야 한다.

④ 3개 이상 벡터의 합벡터

지금까지 두 개의 벡터가 여러 가지 방향으로 작용할 때 합벡터를 구하는 방법을 알아보았다. 체육대회나 운동회에서 자주 볼 수 있는 경기종목으로 모래가 가득 찬 가마니를 여러 사람이 동시에 서로 다른 방향으로 끌어당길 때가 있다. 이처럼 3개 이상의 벡터가 동시에 서로 다른 방향으로 작용할 때 합벡터를 구하는 방법을 알아보기로 한다.

n개의 벡터 A_1, A_2, A_3, A_4,……A_n의 합벡터를 R이라고 할 때, R은 다음과 같다.

그림 3-12의 (b)에서 4개의 벡터 A_1, A_2, A_3, A_4의 합벡터는 R이다. 합벡터 R을 구하는 방법은 다음과 같다.

$$\begin{aligned}
R &= A_1 + A_2 + A_3 + A_4 + \cdots\cdots + A_n \\
&= \sum_{i=1}^{n} A_i \\
&= \left[A_{x_1} + A_{x_2} + A_{x_3} + \cdots + A_{xn}, A_{y_1} + A_{y_2} + A_{y_3} + \cdots + A_{yn}, A_{z_1} + A_{z_2} + A_{z_3} + \cdots A_{z_n} \right] \\
&= \left[\sum_{i=1}^{n} A_{x_i}, \sum_{i=1}^{n} A_{y_i}, \sum_{i=1}^{n} A_{z_i} \right]
\end{aligned}$$

한편 세 개 이상의 벡터가 동시에 작용할 때 이를 도해로 나타내면 그림 3-12의 (b)와 같다. 즉 임의로 선택한 한 벡터(A_1)의 머리로부터 다음 벡터(A_2)의 방향과 크기가 같은

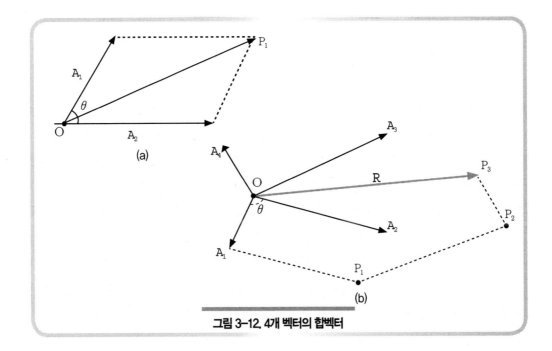

그림 3-12. 4개 벡터의 합벡터

위치 P_1을 찾는다. 그리고 P_1에서 다음 벡터 A_3와 같은 방향과 같은 크기의 위치 P_3를 찾는다. P_3와 작용점을 연결하여 합벡터 R을 구한다. 이때 선의 길이가 합벡터 R의 크기가 되며, 작용점으로부터 마지막 위치로 향한 방향이 합벡터의 크기와 방향이 된다.

또 4개의 벡터($A_1{\sim}A_4$)의 전체 합벡터의 크기를 다음과 같은 방법으로 구할 수 있다. 즉 그림 3-12의 (b)에서 벡터 A_1과 A_2의 합벡터 OP_1은 $\sqrt{A_1^2+A_2^2+2A_1A_2\cos\theta}$이다(그림 3-12의 (a) 참고). 같은 방법으로 벡터 OP_1과 A_3의 합벡터 OP_2를 구하고, 또 벡터 OP_2와 A_4의 합벡터 OP_3(R)를 구한다.

(3) 벡터의 분해

지금까지 2개 이상의 벡터를 하나의 벡터로 구하는 방법을 알아보았다. 벡터의 합성과는 반대로 하나의 벡터는 두 개 이상의 벡터로 나누어지는데, 이를 벡터의 분해(resolution of vector)라 한다. 그림 3-13과 같이 벡터의 분해는 평행사변형을 그려서 분해하지만, 일반적으로 직사각형을 이용하는 방법을 많이 사용한다.

그림 3-13과 같이 하나의 벡터는 수평분력(horizontal component)과 수직분력(vertical component)으로 각각 나누어진다. 벡터 A의 수평분력 A_x, 수직성분의 A_y가 이루는 삼

각형은 직각삼각형이 된다. A벡터의 수평분력 A_x와 수직분력 A_y의 크기는 다음과 같다.

$$A_x = A\cos\theta$$
$$A_y = A\sin\theta$$

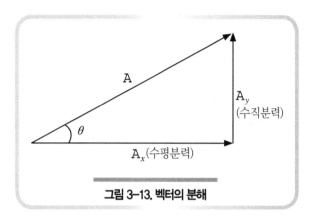

그림 3–13. 벡터의 분해

스포츠장면에서는 운동특성에 따라 수평분력이 커야 좋을 때도 있고, 반대로 수직분력이 커야 좋을 때도 있다. 달리기의 스타트처럼 수평이동을 목적으로 하는 운동에서는 수평분력이 커야 유리하지만, 역도경기처럼 바벨을 수직방향으로 들어올리는 운동에서는 수직분력이 커야 유리하다.

그림 3-14는 역도경기와 육상경기의 스탠딩스타트에서 선수가 근력을 발휘했을 때 분

(a) 역도경기에서 벡터 분해

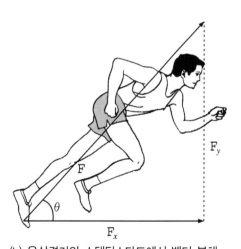

(b) 육상경기의 스탠딩스타트에서 벡터 분해

그림 3–14. 역도경기와 육상경기의 스탠딩스타트에서 벡터의 분해

해되는 각각의 수평분력과 수직분력을 나타낸 것이다. 그림 3-14의 (a)와 같이 바벨을 들어올릴 때 바벨 바(bar)에 작용한 힘 F는 수평분력(F_x)과 수직분력(F_y)의 두 개 성분으로 분해되므로, 동일한 힘을 작용하여도 힘의 방향에 따라 바벨을 들어올리는 효과는 달라진다. 즉 역도경기는 바벨을 머리 위로 들어올리는 운동이므로 수직분력인 F_y가 커야 효과적이다. 수직분력 F_y은 $F\sin\theta$이므로 발휘한 힘의 방향이 90도에 가까울수록 커진다.

바벨을 들어올릴 때와 같이 무거운 물체를 들어올릴 때는 될 수 있는 대로 물체에 가깝게 접근하는 것이 좋다. 물체에 가깝게 접근할수록 들어올릴 때 사용하는 힘의 방향이 90도에 가까워지기 때문에 수직분력이 증가한다. 물체로부터 멀리 떨어질수록 무릎보다는 허리를 많이 사용하여야 하므로 등근육(muscle of back)이 발휘하는 힘이 증가하여 허리뼈(요추)에 가해지는 부하가 커지므로 허리상해의 요인이 된다.

반면 그림 3-14의 (b)와 같이 육상경기의 스탠딩스타트에서는 전방으로 빠르게 신체를 이동시켜야 하기 때문에 수직분력보다는 수평분력이 커야 유리하다. 스타트를 할 때 발로 스타팅블록을 밀면 반력이 생기는데, 이때 지면반력은 수평분력과 수직분력의 두 힘으로 분해된다.

수직분력은 신체를 위로 움직이도록 작용하는 힘이고, 수평분력은 신체가 앞으로 이동하도록 작용하는 힘이다. 그러므로 스타트를 할 때에는 수평분력이 클수록 빠르게 출발할 수 있다. 발휘한 힘 수평분력 F_x은 $F\cos\theta$이므로 발로 스타팅블록을 밀어내는 각도가 적을수록 수평분력이 커진다.

제3장 병진운동

병진운동이란 어떤 물체가 동일한 방향으로 동일한 거리를 움직이는 운동으로, 직선운동(rectilinear motion)과 곡선운동(curve motion)이 있다. 100m 달리기처럼 이동한 경로가 직선이면 직선운동이라 하고, 400m 달리기에서 곡선주로를 달릴 때처럼 이동한 경로가 곡선을 이루었을 때 곡선운동이라 한다.

1. 물체의 위치와 거리

운동이란 위치의 변화인데, 병진운동에서는 움직이기 시작한 최초의 위치와 시간이 경과한 후의 위치를 이용하여 물체가 움직인 거리를 구할 수 있다. 공간 내에서 물체위치를 표시하기 위하여 좌표계를 사용한다. 좌표계에는 그림 3-15와 같이 직교좌표계(rectangular coordinate system)와 극좌표계(polar coordinate system)가 있다. 극좌표계는 원점에서 물체까지의 거리(반지름)와, 물체와 x 축이 이루는 각도로 표시한다. 물체의 위치를 나타내는 좌표계에는 1차원좌표계, 2차원좌표계, 3차원좌표계가 있다.

그림 3-16과 같이 P 점은 원점에서 오른쪽으로 5만큼 떨어진 위치에 있으므로 P(5)로 표시한다. 이처럼 1차원 운동에서는 원점을 전후하여 떨어진 숫자 하나만 알면 정확하

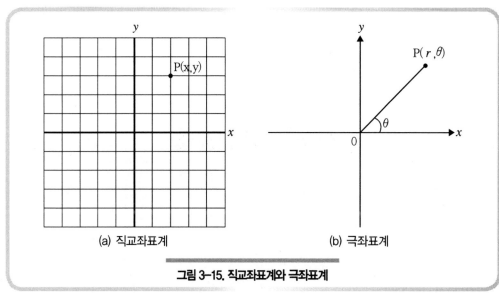

(a) 직교좌표계   (b) 극좌표계

그림 3-15. 직교좌표계와 극좌표계

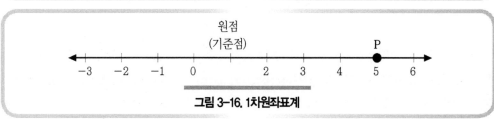

그림 3-16. 1차원좌표계

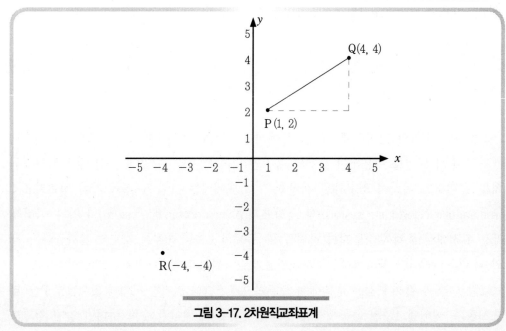

그림 3-17. 2차원직교좌표계

게 그 위치를 표현할 수 있으며, 이를 1차원좌표계라 한다.

한편 축구장에서 어떤 선수의 위치를 알기 위해서는 골라인을 기준으로 어디에 있는지와 터치라인을 기준으로 어디에 있는지의 2가지를 동시에 알아야 하는데, 이와 같은 것을 2차원이라 한다. 2차원좌표계에서 가로줄을 x축, 세로줄을 y축이라 하며, x축과 y축의 교차점을 원점이라 한다. 그림 3-17과 같이 2차원좌표계에서 원점의 좌표를 (0, 0)으로 하여 x축과 y축의 위치를 표시한다. 그리고 점 P (1, 2), 점 Q(4, 4), 점 R (-4, -4) 등으로 각각 표시한다. 2차원좌표계에서의 거리는 피타고라스의 정리를 이용하여 구한다.

예제

축구선수가 P (1, 2) 위치에서 Q (4, 4) 위치로 이동하였다고 하면, PQ의 길이는 다음과 같이 구한다.

$$PQ = \sqrt{3^2 + 2^2}$$
$$= \sqrt{9+4}$$
$$= \sqrt{13}$$
$$= 3.6$$

즉 2차원 좌표계에서 $P(x_1, x_2)$점에서 $Q(x_2, y_2)$점으로 움직인 거리를 PQ 라고 할 때 $PQ = \sqrt{(x_2-x_1)^2 + (y_2-y_1)^2}$ 이다.

축구장에서 공을 띄워 찰 때 공의 위치를 알기 위해서는 터치라인과 골라인을 기준으로 하는 2차원좌표만으로는 부족하며, 운동장 바닥으로부터 높이가 얼마나 되는지도 함께 표시해야 한다. 이처럼 세로, 가로, 높이의 세 축의 좌표로 표시되는 좌표계를 3차원좌표계라 한다.

그림 3-18에서 보는 바와 같이 점 P는

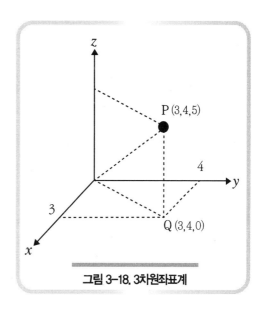

그림 3-18. 3차원좌표계

x축으로는 3, y축으로는 4, z축으로는 5의 위치에 있으므로 P (3, 4, 5)로 표시된다. 2차원좌표계에서는 평면상의 운동인 반면, 3차원좌표계에서는 공간에서의 운동이다. 스포츠 장면에서의 운동은 대부분 공간상의 운동이므로 3차원좌표계로 표시한다. 공이 P(x_1, y_1, z_1)점에서 Q(x_2, y_2, z_2)점으로 움직였을 때 공이 공간상에서 움직인 거리를 PQ라고 하면, PQ는 다음과 같다.

$$PQ=\sqrt{\left(x_2-x_1\right)^2+\left(y_2-y_1\right)^2+\left(z_2-z_1\right)^2}$$

예 제

그림 3-18과 같은 3차원좌표계에서 P의 좌표가 (3, 4, 5)이고 Q의 좌표가 (5, 5, 1)일 때 PQ의 길이는 다음과 같다.

$$PQ=\sqrt{(5-3)^2+(5-4)^2+(1-5)^2}$$
$$=\sqrt{4+1+16}$$
$$=\sqrt{21}$$
$$\doteqdot 4.58$$

---

2. 속 도

육상의 트랙경기는 얼마나 빨리 달리는가를 겨루는 운동이다. 100m를 12초에 달린 선수보다 10초에 달린 선수가 더 빨리 달린 것을 쉽게 알 수 있다. 그러나 100m와 400m와 같이 달린 거리가 서로 다를 때 달린 시간만으로는 누가 빨리 달렸는지 쉽게 알 수 없다. 그러므로 1초, 1분, 1시간과 같이 단위시간에 이동한 거리로 빠르기를 나타낸다. 빠르기를 나타내는 용어로는 속력(speed)과 속도(velocity)가 있다.

속력은 단위시간에 움직인 거리를 나타내는 스칼라량으로, 다음과 같이 나타낼 수 있다.

$$S=\frac{d}{t}$$

S ; 속력, d ; 거리, t ; 시간

예를 들어 마라톤경기에서 우승한 A선수의 기록이 2시간 14분이었다면, 마라톤 주행 거리가 42.195km이므로 A선수의 평균속력은 18.896km/h가 된다. 즉 A선수는 1시간당 평균 18.896km의 거리를 달린 셈이 된다.

한편 속도는 단위시간에 움직인 변위를 나타내는 벡터량으로 항상 방향을 가지고 있으며, 다음과 같이 나타낼 수 있다.

$$V = \frac{D}{t}$$

V ; 속도, D ; 변위, t ; 시간

거리는 물체가 움직인 실제거리를 의미하는 반면, 변위는 물체가 출발점에서부터 도착점까지 이동한 직선거리를 의미한다. 만약 출발점과 도착점이 같다면 그 선수가 달린 변위는 0km이므로 속도 또한 0km/h가 된다. 100m 달리기에서 A선수가 뛴 기록이 10초라고 할 때 그 선수의 속도는 10m/sec로서 초당 10m의 거리를 달린 것으로 볼 수 있다. 이와 같은 속도를 평균속도(averag velocity)라고 하며, V_a 또는 $\bar{V}$로 표시한다.

그림 3-19는 어떤 달리기선수가 100m를 10초에 달린 속도를 시간별로 나타낸 그림이다. 그림 3-19에서 선수가 달린 평균속도는 10m/sec이지만, 이 선수가 10m/sec로 달린 시기는 출발 후 2.2초가 되는 순간뿐이며, 그 이외에서는 10m/sec보다 느리거나 빠르게 달렸다. 이처럼 아주 짧은 시간, 즉 0에 가까운 시간간격으로 측정한 속도를 순간속도(instantaneous velocity)라 한다. 그림에서 순간속도는 한 점에서의 속도를 의미하고, 문자로는 V_i로 표시한다.

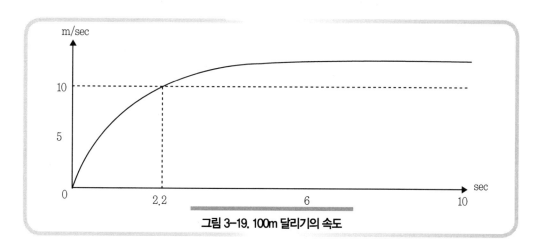

그림 3-19. 100m 달리기의 속도

경기력향상을 목표로 운동을 분석할 때 평균속도가 갖는 의미도 중요하지만 물체가 릴리스(release)되거나 충돌(collision)할 때에는 순간속도가 갖는 의미가 더욱 중요할 때가 많다. 예를 들어 야구경기에서 타구된 공이 날아가는 속도는 타자가 배트를 스윙하기 시작하여 공을 칠 때까지 배트의 평균 스윙속도에 의하여 결정되는 것이 아니라, 배트와 공이 임팩트되는 순간 배트의 속도에 의하여 결정된다. 또 해머가 얼마나 멀리 날아가는지는 해머를 휘돌리다 놓는 순간의 각속도에 의하여 결정되는 것이다.

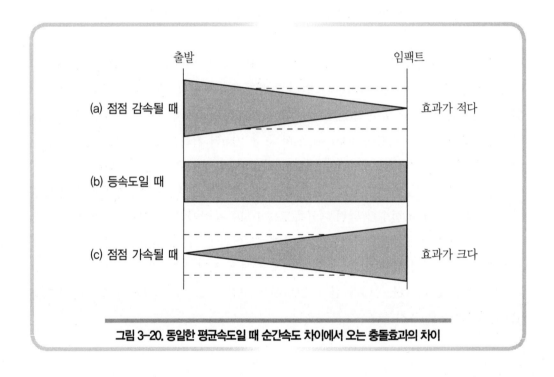

그림 3-20. 동일한 평균속도일 때 순간속도 차이에서 오는 충돌효과의 차이

3. 가 속 도

속도가 변하지 않고 항상 일정한 운동을 등속도운동이라 하며, 움직이는 속도가 변하는 운동을 가속도(비등속도)운동이라 한다. 가속도(acceleration)는 단위시간에 변화한 속도를 의미하는데, 단위시간에 변한 속도가 일정한 운동을 등가속도운동이라 한다.

일반적으로 가속도는 속도가 빨라지는 것을 의미하고, 속도가 느려지는 것을 감속도라 하지만 역학적인 표현에서는 이 두 가지 경우를 모두 가속도라고 한다. 단지 속도가 증가할 때는 가속도를 양(+)으로 표시하고, 속도가 감소할 때는 음(-)으로 표시한다.

$$a = \frac{v_f - v_o}{t}$$

a ; 가속도(acceleration), v_f ; 나중속도(final velocity)

v_o ; 처음속도(origina velocity)

그림 3-21은 100m 달리기에서 출발하여 최대속도에 도달할 때까지 가속구간의 속도를 나타낸 그림이다. 출발 후 3초가 경과했을 때의 속도가 12m/sec이므로 가속구간에서의 가속도는 4m/sec^{2}가 되어 초당 평균 4m/sec씩 속도가 증가하였는데, 이와 같은 가속도를 평균가속도라 한다. 한편 출발 후 1초까지의 평균가속도는 8m/sec^2, 1초에서 2초까지의 평균가속도는 5m/sec^2, 2초에서 3초까지는 4m/sec^{2}으로서 전체 가속구간에서는 비등가속도 운동을 하였

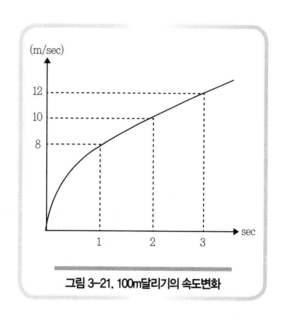

그림 3-21. 100m달리기의 속도변화

다. 가속도운동에서도 평균가속도와 순간가속도가 있는데, 짧은 시간 동안의 속도의 변화를 의미하는 순간가속도가 운동을 분석할 때 중요한 의미를 갖고 있다.

예   제

100m 달리기선수가 출발하여 3초 후의 속도가 9m/sec일 때 이 선수의 평균 가속도는 다음과 같다.

$$a = \frac{v_f - v_o}{t}$$
$$= \frac{9m/sec - 0m/sec}{3sec^2}$$
$$= 3m/sec^2$$

1) 등가속도운동

자유낙하에서와 같이 속도의 증가나 감소비율이 일정한 운동을 등가속도운동이라 한다. 등가속도운동에서는 단위시간에 변하는 속도가 일정하므로 처음속도, 나중속도, 물체가 이동한 거리, 이동하는 데 소요된 시간 사이에는 일정한 관계가 있다. 즉 가속도를 a, 처음속도를 v_o, 나중속도를 v_f, 시간을 t, 거리를 S 라고 할 때 다음과 같은 관계가 성립한다.

$$a = \frac{v_f - v_o}{t}$$

$$at = v_f - v_o$$

$$t = \frac{v_f - v_o}{a}$$

$$v_f = v_o + at \quad \text{……………………………………………………} ①$$

거리 $\quad S = v_a t \quad \text{…………………………………………………} ②$

평균속도 $v_a = \dfrac{v_o + v_f}{2} \quad \text{……………………………………} ③$

②와 ③에서

거리 $\quad S = \dfrac{v_o + v_f}{2} \times t \quad \text{………………………………} ④$

④와 ①에서

거리 $\quad S = \dfrac{v_o + v_o + at}{2} \times t$

$$\quad\quad = \frac{2v_o + at}{2} \times t$$

$$\quad\quad = v_o t + \frac{1}{2} at^2 \quad \text{………………………………} ⑤$$

⑤에 $t = \dfrac{v_f - v_o}{a}$ 를 대입하면

거리 $\quad S = v_o \left(\dfrac{v_f - v_o}{a} \right) + \dfrac{1}{2} \left(\dfrac{v_f - v_o}{a} \right)^2$

$$\quad\quad = \frac{v_f^2 - v_o^2}{2a}$$

$$2aS = v_f^2 - v_o^2$$

한편 v_o 가 0이면

①에서 $\quad at = v_f \quad \text{…………………………………………………} ⑥$

평균속도 $v_a = \dfrac{v_f}{2} \quad \text{……………………………………………} ⑦$

⑥와 ⑦에서

평균속도 $v_a = \dfrac{at}{2}$ .... ⑧

⑧와 ②에서
$$S = \frac{1}{2}at^2$$

2) 투사체운동

공던지기와 높이뛰기에서 공중으로 던져진 물체의 운동을 투사체운동이라 한다. 스포츠장면에서 신체, 공, 포환, 해머 등의 물체가 투사체운동을 하는 것을 자주 볼 수 있다. 예컨대 높이뛰기나 멀리뛰기에서는 신체가, 야구나 축구에서는 공이, 투척경기에서는 창·해머·포환·원반이 공중에 떠 있는 국면이 있다.

공중에 투사된 물체가 받는 힘으로는 추진력, 중력, 공기저항이 있다. 추진력은 물체가 날아가도록 하는 힘으로, 스포츠장면에서 추진력은 인체의 근육에서 발현된다. 추진력은 물체가 이동하는 수직 및 수평거리, 물체가 공중에 떠 있는 체공시간을 결정짓는 중요한 요인이다.

중력은 지구가 중력권 내에 있는 물체를 지구중심방향으로 끌어당기는 힘으로, 투사체를 지면으로 떨어지도록 작용하는 힘이다. 투사체가 중력에 의하여 변화하는 속도는 초당 9.8m/sec^{2}인데, 이를 중력가속도라 하며 문자로는 g로 표시한다. 스포츠장면에서 투사체운동은 모두 대기권 내에서 일어나므로 투사체는 공기저항을 받는다. 공기저항은 추진력의 반대방향으로 작용하기 때문에 투사체가 날아가지 못하도록 작용한다.

한편 야구공과 같이 회전을 하는 투사체는 마그누스효과 때문에 체공 중에 진로가 변경된다. 공기저항의 크기와 마그누스 효과에 의한 투사체의 진로변화에 대해서는 다음에 상술하기로 한다.

투사체운동은 물체가 투사되는 방향에 따라 수직방향, 수평방향, 그리고 일반각으로 투사되는 경우로 구분할 수 있다.

(1) 수직방향으로 투사된 물체의 운동

수직방향이란 물체의 진행방향이 전후면과 좌우면상에서 지면과 수직방향을 의미한다. 농구공을 양손으로 잡고 있다가 마루바닥에 떨어뜨리면 공이 바닥에 닿은 후 다시 튀어오르게 된다. 이때 바닥에서 튀어오르는 공의 운동은 수직상방향이며, 바닥으로 떨

어지는 공의 운동은 수직하방향의
운동이다.

① 수직상방향으로 투사된 물
   체의 운동

서전트점프와 같이 수직상방향
으로 투사된 물체는 공기저항을 무
시하면 제자리에 떨어진다. 이와
같이 수직상방향의 운동에서는 수
평거리는 없으며, 수직선상에서의
높이만 있다.

수직상방향의 운동에서 수직변위
(높이)를 S, 중력가속도를 g, 처음

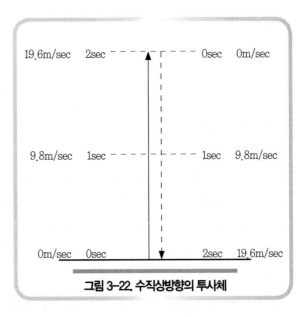

그림 3-22. 수직상방향의 투사체

속도를 v_o, 나중속도를 v_f, 비행시간을 t 로 표시했을 때 각각의 변인들 사이에는 다음과
같은 관계가 있다. 물체가 상방향으로 움직일 때 중력은 물체가 올라가는 속도를 감소
시키는 작용을 하므로 이때의 중력가속도는 $-g$ 가 된다.

중력가속도 $-g = \dfrac{v_f - v_o}{t}$

　나중속도 $v_f = v_o - gt$　…………………………………………………　①

　　거리 $S = v_o t$　……………………………………………………………　②

　평균속도 $v_a = \dfrac{v_o + v_f}{2}$ 를 ②에 대입하면

　　거리 $S = \dfrac{v_o + v_f}{2} t$　………………………………………………　③

　①을 ③에 대입하면

　　거리 $S = \dfrac{(2v_o - gt)}{2} t$

　　　　$= v_o t - \dfrac{1}{2} g t^2$　………………………………………………　④

　①에서 비행시간

　　　　$t = \dfrac{v_o - v_f}{g}$ 를 구하여 ④에 대입하면

　　　　$S = \dfrac{v_o (v_o - v_f)}{g} - \dfrac{1}{2} g \dfrac{(v_o - v_f)^2}{g^2}$

$$S = \frac{v_o^2 - v_o v_f}{g} - \frac{v_o^2 - 2v_o v_f + v_f^2}{2g}$$

$$= \frac{2v_o^2 - 2v_o v_f - v_o^2 + 2v_o v_f - v_f^2}{2g}$$

$$= \frac{v_o^2 - v_f^2}{2g}$$

$$2gS = v_o^2 - v_f^2 \quad \cdots\cdots\cdots\cdots\cdots\cdots\cdots\cdots\cdots\cdots \quad ⑤$$

총비행시간 t 는 $S=0$ 일 때이므로 ④에서 $S=0$ 을 대입하면

$$0 = v_o t - \frac{1}{2}gt^2$$

$$0 = t\left(v_o - \frac{1}{2}gt\right)$$이므로

비행시간　$t=0, \quad t=\frac{2v_o}{g}$ 가 된다.

예 제

서전트점프를 할 때 지면에서 발이 떨어지는 순간 7.2m/s의 속도로 뛰어올라 정점에 오를 때까지 0.15sec가 걸렸다면 뛰어오른 높이는 다음과 같다.

$$H = v_o t - \frac{1}{2}gt^2$$

$$= 7.2\text{m/sec} \times 0.15\text{sec} - \frac{1}{2} \times 9.8\text{m/sec}^2 \times (0.15\text{sec})^2$$

$$\fallingdotseq 1.08\text{m} - 0.11$$

$$\fallingdotseq 0.97\text{m}$$

② 수직하방향으로 투사된 물체의 운동

수직하방향의 운동에서 중력가속도의 방향은 지구중심을 향하기 때문에 초속도의 방향과 동일방향이다. 따라서 중력가속도는 하방향으로 작용된 물체의 속도를 증가시킨다.

중력가속도　$g = \dfrac{v_f - v_o}{t}$

$\qquad\qquad gt = v_f - v_o$

시간　$\quad t = \dfrac{v_f - v_o}{g}$

나중속도　$v_f = v_o + gt \quad \cdots\cdots\cdots\cdots\cdots\cdots\cdots\cdots\cdots\cdots \quad ①$

거리 $\quad S = v_a t$ $\qquad\qquad\qquad\qquad\qquad\qquad$ ②

평균속도 $\quad v_a = \dfrac{v_o + v_f}{2}$ $\qquad\qquad\qquad\qquad\qquad$ ③

③을 ②에 대입하면

$$S = \frac{v_o + v_f}{2} t \qquad\qquad ④$$

①을 ④에 대입하면

$$S = \frac{v_o + (v_o + gt)}{2} t$$

$$= v_o t + \frac{1}{2} g t^2 \qquad\qquad ⑤$$

⑤에 $t = \dfrac{v_f - v_o}{g}$ 을 대입하면

$$S = \frac{v_o (v_f - v_o)}{g} + \frac{1}{2} g \frac{(v_f - v_o)^2}{g^2}$$

$$= \frac{v_o v_f - v_o^2}{g} + \frac{v_f^2 - 2 v_o v_f + v_o^2}{2g}$$

$$= \frac{2 v_o v_f - 2 v_o^2 + v_f^2 - 2 v_o v_f + v_o^2}{2g}$$

$$2gS = v_f^2 - v_o^2$$

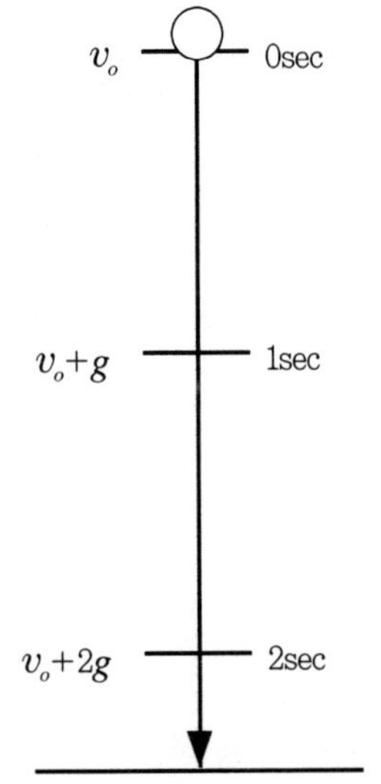

그림 3–23. 수직하방향으로 투사된
물체의 속도

(2) 자유낙하된 물체의 운동

테니스공을 손에 쥐고 있다가 손을 펴서 공을 떨어뜨리면 공이 떨어지는 순간의 공의 속도는 없지만, 중력에 의하여 공은 점점 빠른 속도로 지면으로 떨어진다. 이처럼 물체의 처음속도가 0에서부터 시작하여 지면으로 떨어지는 운동을 자유낙하운동이라 한다. 따라서 자유낙하운동은 수직하방향의 운동과 동일하다. 다만 처음속도가 0이므로 다음과 같다.

나중속도 $\quad v_f = gt$ $\qquad\qquad\qquad\qquad\qquad\qquad$ ①

거리 $\quad S = \dfrac{1}{2} g t^2$ $\qquad\qquad\qquad\qquad\qquad$ ②

$\qquad 2gS = v_f^2$ $\qquad\qquad\qquad\qquad\qquad\qquad$ ③

예   제

장대높이뛰기선수가 수직방향으로 뛰어오른 후 2초가 지나 지면에 떨어졌을 때 뛰어오른 높이는 다음과 같다.

*올라갈 때와 내려올 때의 시간은 동일하므로 내려올 때 걸린 시간은 1초가 되며, 정점에서 지면까지 자유낙하운동을 한다.

$$H = \frac{1}{2}gt^2$$
$$= \frac{1}{2} \times 9.8 \text{m/sec}^2 \times 1 \text{sec}^2$$
$$= \frac{1}{2} \times 9.8 \text{m}$$
$$= 4.9 \text{m}$$

(3) 수평방향으로 투사된 물체의 운동

화살을 수평방향으로 쏘면 수평방향으로 날아가기 시작한 화살은 점점 아래로 내려오면서 결국 땅에 떨어진다. 이처럼 수평방향으로 투사된 물체는 수직방향으로는 자유낙하운동을 하며, 공기의 저항을 무시하면 수평방향으로는 등속도운동을 한다. 수평방향으로 투사된 물체의 수평거리 X, 수직거리 Y는 다음과 같은 수식으로 표현할 수 있다.

$$v_x = v_o$$
$$v_y = gt$$
$$t = \frac{X}{v_o} \quad \cdots\cdots\cdots\cdots\cdots\cdots\cdots\cdots\cdots\cdots\cdots\cdots \quad ①$$
$$Y = \frac{1}{2}gt^2 \quad \cdots\cdots\cdots\cdots\cdots\cdots\cdots\cdots\cdots\cdots\cdots \quad ②$$

①을 ②에 대입하면

$$Y = \frac{1}{2}g\left(\frac{X}{v_o}\right)^2$$
$$= \frac{1}{2}g\frac{X^2}{v^2}$$
$$= \frac{g}{2v_o^2}X^2$$

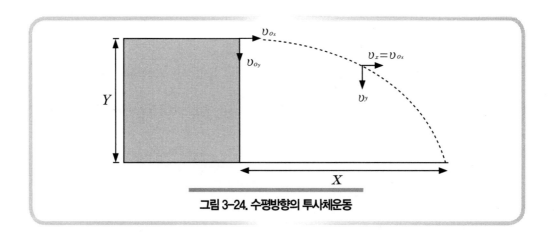

그림 3-24. 수평방향의 투사체운동

(4) 비스듬히 던져진 물체의 운동

스포츠장면에서 나타나는 투사체운동은 지금까지 알아보았던 수직방향이나 수평방향과 같은 한정된 경우보다는 포환을 던지거나 골프공을 칠 때와 같이 비스듬히 투사되는 경우가 많다.

비스듬히 던져진 물체는 중력의 작용으로 포물선운동을 한다. 포물선운동은 그림 3-25와 같이 포물선상의 한 점으로부터 물체가 날아간 궤도의 정점에서 수직으로 내린 선상의 어떤 고정점과 물체가 날아간 궤적선 밖에 있는 고정선상의 어떤 점과 길이가 동일한 운동을 말한다.

포물선운동을 하는 물체의 속도는 수평성분의 속도와 수직성분의 속도를 가지고 있는 동시에 수직방향의 운동과 수평방향의 운동을 한다. 수직방향으로는 중력 때문에 등가

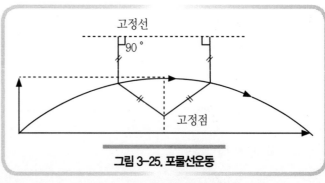

그림 3-25. 포물선운동

속도운동을 하며, 수평방향으로는 공기의 저항을 무시하면 등속도운동을 한다.

포물선운동에서 수평면과 이루는 투사각을 θ, 릴리스되는 순간의 투사속도를 v_o, 투사수직속도를 v_{oy}, 투사수평속도를 v_{ox}라고 할 때 최대수평거리X 및 수직거리Y, 비행시간 T_t는 다음과 같다.

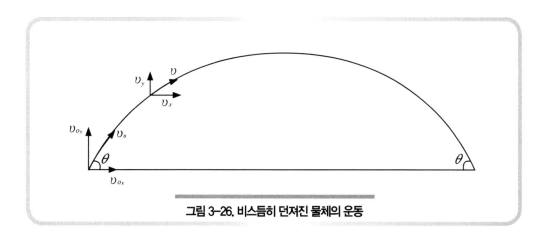

그림 3-26. 비스듬히 던져진 물체의 운동

$$v_{ox} = v_o \cos\theta \quad \cdots\cdots\cdots\cdots\cdots\cdots\cdots\cdots\cdots\cdots\cdots\cdots\cdots\cdots\cdots \text{①}$$

$$v_{oy} = v_o \sin\theta \quad \cdots\cdots\cdots\cdots\cdots\cdots\cdots\cdots\cdots\cdots\cdots\cdots\cdots\cdots\cdots \text{②}$$

t 초 후의 속도를 v라 하면

$$v_x = v_{ox} = v_o \cos\theta \quad \cdots\cdots\cdots\cdots\cdots\cdots\cdots\cdots\cdots\cdots\cdots\cdots \text{③}$$

$$v_y = v_{oy} - gt = v_o \sin\theta - gt \quad \cdots\cdots\cdots\cdots\cdots\cdots\cdots\cdots \text{④}$$

t 초 후의 수평거리 x 와 수직거리 y 는

$$x = v_o \cos\theta t \quad \cdots\cdots\cdots\cdots\cdots\cdots\cdots\cdots\cdots\cdots\cdots\cdots\cdots\cdots \text{⑤}$$

$$y = v_o \sin\theta t - \frac{1}{2}gt^2 \quad \cdots\cdots\cdots\cdots\cdots\cdots\cdots\cdots\cdots\cdots\cdots \text{⑥}$$

⑤에서 t 는

$$t = \frac{x}{v_o \cos\theta} \quad \cdots\cdots\cdots\cdots\cdots\cdots\cdots\cdots\cdots\cdots\cdots\cdots\cdots\cdots \text{⑦}$$

⑥과 ⑦에서 y 와 x 의 함수관계는(⑦을 ⑥에 대입하면)

$$y = v_o \sin\theta \frac{x}{v_o \cos\theta} - \frac{1}{2}g\left(\frac{x}{v_o \cos\theta}\right)^2$$

$$= \frac{v_o \sin\theta x}{v_o \cos\theta} - \frac{gx^2}{2v_o{}^2 \cos^2\theta}$$

$$= \tan\theta x - \frac{g}{2v_o{}^2 \cos^2\theta}x^2 \quad \cdots\cdots\cdots\cdots\cdots\cdots\cdots\cdots\cdots \text{⑧}$$

총비행시간 T_t 는 ⑥에서 $y = 0$ 일 때이므로

$$0 = v_o \sin\theta t - \frac{1}{2}gt^2$$

$$0 = t\left(v_o \sin\theta - \frac{1}{2}gt\right)$$

따라서 $t=0, \frac{1}{2}gt=v_o\sin\theta$ 이므로

$$T_t=\frac{2v_o\sin\theta}{g}$$ ··· ⑨

최대수평거리 X 는 ⑤와 ⑨에서(⑨를 ⑤에 대입하면)

$$X=v_o\cos\theta\frac{2v_o\sin\theta}{g}$$
$$=\frac{2v_o^2\cos\theta\sin\theta}{g}$$ ······························ ⑩

$2\sin\theta\cos\theta=\sin2\theta$ 이므로

$$X=\frac{v_o^2\sin2\theta}{g}$$ ··· ⑪

최고점 도달시간 T_p는 ④에서 v_y가 0일 때이므로

$$0=v_o\sin\theta-gt$$
$$T_p=\frac{v_o\sin\theta}{g}$$ ··· ⑫

최대높이 Y 는 ⑥과 ⑫에서(⑫를 ⑥에 대입하면)

$$Y=v_o\sin\theta\left(\frac{v_o\sin\theta}{g}\right)-\frac{1}{2}g\left(\frac{v_o\sin\theta}{g}\right)^2$$
$$=\frac{v_o^2\sin^2\theta}{g}-\frac{1}{2}g\frac{v_o^2\sin^2\theta}{g^2}$$
$$=\frac{v_o^2\sin^2\theta}{2g}$$ ··· ⑬

포물선운동에서 물체가 공중에 떠 있는 체공시간은 $T_t=2v_o\sin\theta/g$이며, 정점에 도달하는 시간은 $T_p=v_o\sin\theta/g$이다. 따라서 정점에 도달하는 시간은 체공시간의 1/2로서, 물체가 지면에서 이지되어 정점에 도달하는 시간과 정점에서 지면에 착지하는 시간이 동일함을 알 수 있다.

매트운동에서 공중돌기를 할 때에는 공중에 떠 있는 시간(체공시간)이 길어야 유리하다. 체공시간($2v_o\sin\theta/g$)을 길게 하려면 매트에서 발구름을 강하게 하여 공중으로 뛰어오르는 속도를 크게 하여야 하고, 투사각을 90도에 가깝게 하여야 한다.

공던지기, 골프의 드라이브샷, 야구의 배팅 등에서 던지는 거리를 길게 할 필요가 있다. 던지는 거리는 $X=v_o^2\sin2\theta/g$으로 릴리스나 임팩트 순간의 투사속도의 제곱에 비례

하므로 투사속도를 크게 하여야 하며, 투사각이 45도일 때 가장 긴 거리를 낼 수 있다.

한편 높이뛰기나 서전트점프에서 뛰는 높이는 $Y = v_o^2 \sin^2\theta / 2g$이므로 발구름각도를 90도에 가깝게 하고, 발구름속도를 증가시켜야 한다. 스포츠경기에서 릴리스나 임팩트 순간의 속도는 발휘한 힘에 비례하므로 힘을 발현하는 근육을 증강시켜야 한다.

예 제

평지에서 처음속도가 45m/sec, 지면과 45도의 각도로 골프공을 쳤을 때 골프공이 날아간 수평거리와 체공시간은 다음과 같다.

공이 날아간 거리

$$D = \frac{v_o^2 \sin 2\theta}{g}$$
$$= \frac{(45\text{m/sec})^2 \times \sin(2 \times 45°)}{9\,8\text{m/sec}^2}$$
$$= \frac{2,025\text{m}^2/\text{sec}^2 \times 1}{9\,8\text{m/sec}^2}$$
$$= \frac{2,025\text{m}^2/\text{sec}^2}{9\,8\text{m/sec}^2}$$
$$= 206.6\text{m}$$

체공시간

$$T = \frac{2v_o \sin\theta}{g}$$
$$= \frac{2 \times 45\text{m/sec} \times \sin 45°}{9.8\text{m/sec}^2}$$
$$= \frac{90 \times 0.707\text{m/sec}}{9.8\text{m/sec}^2}$$
$$= \frac{63.63\text{m/sec}}{9.8\text{m/sec}^2}$$
$$\fallingdotseq 6.49\text{sec}$$

(5) 릴리스위치와 착지위치가 다른 포물선운동

포환과 해머던지기에서 포환이나 해머는 공중에서 릴리스가 이루어지지만 착지지점은 지면이므로, 릴리스(release)위치가 착지(landing)위치보다 높은 곳에서 이루어진다.

야구에서 타구위치도 공중에서 이루어져 공은 지면에 떨어지며, 멀리뛰기에서도 발이 이지되는 순간의 신체무게중심도 착지지점보다 높다. 이처럼 스포츠장면에서 나타나는 투사체운동에서는 릴리스높이가 착지높이보다 높을 때가 많이 있다. 그러므로 투사높이가 착지높이보다 높은 위치에서 비스듬히 투사된 물체의 운동에서 최고수직높이, 최대수평거리, 총체공시간을 알아보는 것은 투사체운동의 분석에서 꼭 필요하다.

그림 3-27에서 물체가 날아간 총수평거리 R 은 $A+B$이고, 최고수직높이 H 는 $y+h$이다. 투사되어 지면에 떨어질 때까지의 총체공시간 T 는 A 와 B 를 이동하는 데 소요된 시간의 합이다. 그림 3-27에서 A국면에 대한 수평거리, 수직높이, 그리고 비행시간은 앞의 (5)에서 밝혔기 때문에 릴리스와 동일 높이에서부터 착지까지의 B국면에서의 수평거리와 체공시간을 각각 구하여 전체수평거리 R 과 수직높이 H, 총체공시간 T 를 구한다.

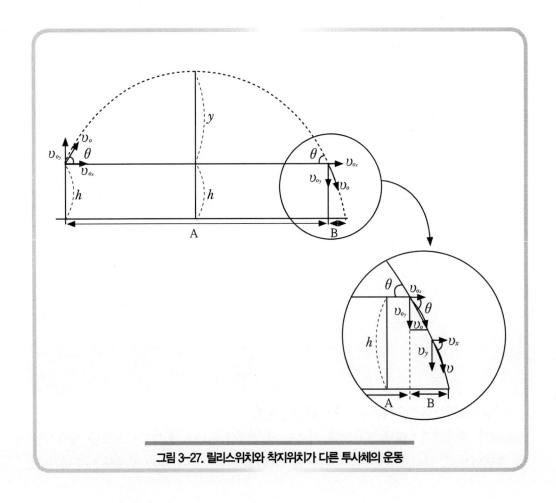

그림 3-27. 릴리스위치와 착지위치가 다른 투사체의 운동

B 국면에서

$$v_{ox}=v_o\cos\theta \quad\text{...} ①$$

$$v_{oy}=v_o\sin\theta \quad\text{...} ②$$

t 초 후의 속도가 v이면

$$v_x=v_o\cos\theta \quad\text{...} ③$$

$$v_y=v_{oy}+gt=v_o\sin\theta+gt \text{................} ④$$

t 초 후 수평거리 x 와 수직거리 h 는

$$x=v_o\cos\theta t \quad\text{...} ⑤$$

$$h=v_o\sin\theta t+\frac{1}{2}gt^2$$

지면에 도달할 때까지의 체공시간 t 는

$$h=v_o\sin\theta t+\frac{1}{2}gt^2 \text{에서}$$

$$0=\frac{1}{2}gt^2+v_o\sin\theta t-h$$

2차방정식에서 근의 공식을 이용하면

$$t=\frac{-v_o\sin\theta+\sqrt{(v_o\sin\theta)^2+2gh}}{g} \quad\text{.............................} ⑥$$

총체공시간 T 는 A 와 B 를 이동하는 데 소요된 시간의 합이므로

$$T=\frac{2v_o\sin\theta}{g}+\frac{-v_o\sin\theta+\sqrt{(v_o\sin\theta)^2+2gh}}{g}$$

$$=\frac{v_o\sin\theta+\sqrt{(v_o\sin\theta)^2+2gh}}{g} \quad\text{.............................} ⑦$$

수평거리 B 는 ⑤에서 t 대신 ⑥을 대입하면

$$B=v_o\cos\theta\frac{-v_o\sin\theta+\sqrt{(v_o\sin\theta)^2+2gh}}{g}$$

$$=\frac{-v_o^2\sin\theta\cos\theta+v_o\cos\theta\sqrt{(v_o\sin\theta)^2+2gh}}{g}$$

총수평거리 R 은 $A+B$ 이므로

$$R=\frac{2v_o^2\sin\theta\cos\theta}{g}+\frac{-v_o^2\sin\theta\cos\theta+v_o\cos\theta\sqrt{(v_o\sin\theta)^2+2gh}}{g}$$

$$= \frac{v_o{}^2\sin\theta\cos\theta + v_o\cos\theta\sqrt{(v_o\sin\theta)^2+2gh}}{g}$$

최고수직높이 H 는 그림 3-27에서 $y+h$ 이므로

$$H = \frac{v_o{}^2\sin^2\theta}{2g} + h \quad \cdots\cdots\cdots\cdots\cdots\cdots\cdots\cdots\cdots\cdots\cdots\cdots\cdots\cdots\cdots\cdots \quad ⑧$$

　투사높이가 착지높이보다 높은 투척경기에서 투척물이 날아가는 거리나 야구의 배팅에서 볼이 날아가는 거리 R 은 $\{v_o{}^2\sin\theta\cos\theta + v_o\cos\theta\sqrt{(v_o\sin\theta)^2+2gh}\}/g$ 이므로 수직거리를 결정하는 역학적 변인으로는 릴리스 시의 투사속도(v), 투사각도(θ), 투사높이(h)이다. 그러므로 투척경기나 배팅 등에서 먼 거리를 내기 위해서는 투사속도를 크게 하여야 하고, 경기의 특성에 따라 최적각도로 던져야 하며, 투사높이가 커야 한다.

⑹ 포물선운동 원리의 적용

　투척경기, 뜀뛰기경기 등의 종목에서 포물선원리가 적용되지만, 공기저항의 영향을 받거나 투사체가 회전을 하기 때문에 실제로 응용하는 데 약간의 문제를 갖고 있다. 공기저항의 영향을 가장 적게 받는 투척경기종목은 포환던지기인데, 실제로 포환던지기의 기록은 그림 3-28에서 보는 바와 같이 포환서클로부터 포환이 릴리스되는 순간 포환까지의 수평거리 R_1 과 던져진 포환이 날아간 수평거리 R_2 를 더한 거리이다.

　▶ R_1 의 거리

　포환서클로부터 릴리스 순간 포환이 위치한 수평거리는 신장과 던지는 순간 신체를 앞으로 기울인 경사정도에 의하여 결정된다. 따라서 포환던지기에서 모든 조건이 동일할 때에는 신장이 큰 사람이 적은 사람보다 유리하다. 한편 R_1($h\sin\theta$)은 신장과 지면과 신체경사각도의 코사인값을 곱한 것으로, 동일한 신장일 경우 경사각도가 커야 한다.

　그러나 경사각도가 커서 기울기가 커지면 투사높이($h\sin\theta$)가 감소하게 된다. 따라서 신체를 기울이는 것은 포환의 기록에 영향을 주지 못하고 신장의 크기만이 영향을 준다.

　▶ R_2 의 거리

　포환이 날아간 거리 R_2 를 결정짓는 역학적 요인으로는 투척속도, 투척각도, 그리고 투척높이의 세 가지가 있다.

①투척속도

포환던지기에서 투척속도는 기록에 가장 큰 영향을 주는 역학적 요인이다. 즉 포환던지기의 기록은 투척속도 크기의 제곱에 영향을 받는다. 투척속도는 선수가 발휘하는 근력에 비례하므로 포환던지기에서는 근력을 발휘하는 시간이 매우 짧기 때문에 순발력을 증가시켜야 한다.

세계적인 선수들이 포환서클 내에서 보조동작을 취하기 시작하여 포환이 릴리스되는

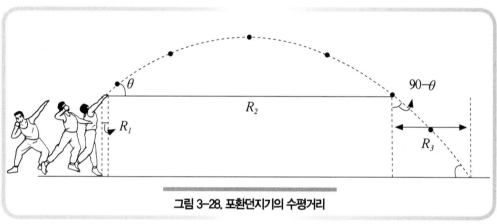

그림 3-28. 포환던지기의 수평거리

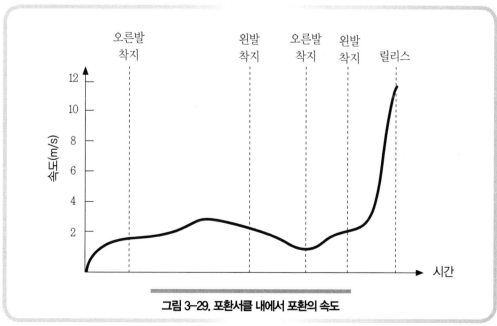

그림 3-29. 포환서클 내에서 포환의 속도

순간까지 포환의 수평속도는 그림 3-29과 같으며, 릴리스 순간 포환의 투척속도는 약 13~14m/sec가 되는 것으로 보고하고 있다(Hay, 1978). 이처럼 빠른 속도를 내기 위해서는 강도 높은 근력증강훈련이 필요하며, 포환서클 내에서의 보조동작(turning)을 통하여 포환의 병진속도를 증가시키는 기술연습이 병행되어야 한다.

② 투척각도

포환의 투척속도가 무한히 커진다면 최적투척각도는 45도에 가까워진다. 그러나 실제로 남자 일류급 선수가 7.25kg의 포환을 밀어내는 속도는 약 14m/sec 내외에 지나지 않기 때문에(Hay, 1978) 최적투척각도는 45°보다 작은 42~43°이다. 최적투척각도는 투척속도와 투척높이에 따라 조금씩 달라진다.

표 3-3은 투척각도가 41°, 42°, 43°이고, 투척높이가 각 투척각도에서 1.5, 1.9, 2.0, 2.5m일 때 포환의 투척속도에 따른 투척거리를 나타낸 것이다. 표 3-4는 포환의 투척각도의 범위가 37~47도까지에서 투척거리를 나타낸 것이다.

③ 투척높이

포환의 투척속도와 각도가 일정하게 주어진 조건에서 투척높이의 변화에 따른 투척거리는 표 3-5와 같다.

표 3-5는 실제 경기에서 적용될 수 있도록 41~43도의 투척각도와 10~15m/sec의 투척속도를 기준으로 투척거리를 나타낸 것이다. 표 3-5와 같이 어느 경우에나 포환의 투사높이가 높을수록 투척거리는 커지고 있다. 투척높이가 0.1m 정도씩 높아질 때마다 투척거리도 약 0.09~0.1m씩 증가한다. 동일한 투척속도와 각도로 던져진 포환의 투척거리는 투척높이의 차이만큼 변화한다. Miller와 Nelson(1976)도 8피트의 높이에서 투사된 포환은 7피트의 높이보다 수평거리가 약 2피트 증가한다고 하였다.

투척높이는 신장에 비례하기 때문에 포환던지기선수는 신장이 크고, 강한 근력을 가지고 있는 근육형의 선수들이 많다.

표 3-3. 포환의 투척속도와 투척거리

(단위 : m)

각도(도) 높이(m) 속도 (m/sec)	41°				42°				43°			
	1.5	1.9	2.0	2.5	1.5	1.9	2.0	2.5	1.5	1.9	2.0	2.5
10	11.60	11.94	12.03	12.43	11.60	11.93	12.01	12.41	11.59	11.91	11.99	12.37
11	13.75	14.11	14.19	14.62	13.75	14.10	14.19	14.60	13.74	14.08	14.17	14.57
12	16.09	16.47	16.56	17.00	16.11	16.47	16.56	16.98	16.11	16.46	16.54	16.96
13	18.64	19.02	19.11	19.57	18.66	19.03	19.12	19.56	18.67	19.03	19.11	19.54
14	21.38	21.77	22.87	22.33	21.41	21.79	22.89	22.34	21.42	21.79	22.88	22.32
15	24.32	24.72	24.82	25.29	24.37	24.75	24.85	25.31	24.39	24.76	24.85	25.30

표 3-4. 포환의 투척각도와 투척거리

(단위 : m)

속도(m/sec) 높이(m) 각도(도)	13m/sec				14m/sec				15m/sec			
	1.5	1.9	2.0	2.5	1.5	1.9	2.0	2.5	1.5	1.9	2.0	2.5
37	18.36	18.78	18.89	19.39	21.02	21.46	21.57	22.10	23.89	24.33	24.44	24.98
38	18.46	18.87	18.97	19.46	21.15	21.57	21.66	22.18	24.03	24.47	24.57	25.09
39	18.54	18.94	19.04	19.52	21.25	21.66	21.76	22.25	24.16	24.58	24.68	25.19
40	18.60	18.99	19.08	19.55	21.33	21.73	21.82	22.30	24.25	24.66	24.76	25.25
41	18.64	19.02	19.11	19.57	21.38	21.77	21.87	22.33	24.32	24.72	24.82	25.37
42	19.03	18.67	19.12	19.59	21.42	21.79	21.89	22.34	24.37	24.75	24.85	25.31
43	18.67	19.03	19.11	19.54	21.43	21.79	21.88	22.32	24.39	24.76	24.85	25.30
44	18.65	19.00	19.09	19.50	21.42	24.77	21.86	22.28	24.38	24.74	24.83	25.20
45	18.62	18.95	19.04	19.44	21.38	21.72	21.81	22.22	24.35	24.70	24.79	25.21
46	18.56	18.89	18.97	19.36	21.32	21.66	21.74	22.14	24.29	24.63	24.71	25.12
47	18.49	18.81	18.88	19.27	21.24	21.57	21.65	22.04	24.29	24.53	24.61	25.10

표 3-5. 포환의 투척높이와 투척거리

(단위 : m)

속도(m/sec)	10m/sec			11m/sec			12m/sec		
각도(도) 높이(m)	41	42	43	41	42	43	41	42	43
1.5	11.60	11.60	11.58	13.75	13.75	13.74	16.09	16.11	16.11
1.6	11.68	11.68	11.66	13.84	13.84	13.83	16.19	16.20	16.19
1.7	11.77	11.76	11.75	13.93	13.93	13.92	16.28	16.29	16.28
1.8	11.86	11.85	11.83	14.02	14.02	14.00	16.37	16.38	16.37
1.9	11.94	11.93	11.91	14.11	14.10	14.08	16.47	16.47	16.46
2.0	12.03	12.01	11.99	14.19	14.19	14.17	16.56	16.56	16.54
2.1	12.11	12.10	12.07	14.18	14.27	14.25	16.65	16.64	16.63
2.2	12.19	12.17	12.14	14.37	14.39	14.33	16.73	16.73	16.71
2.3	12.27	12.25	12.22	14.45	14.44	14.41	16.82	16.82	16.79
2.4	12.35	12.33	12.30	14.53	14.52	14.49	16.91	16.90	16.88
2.5	12.43	12.40	12.37	14.63	14.60	14.57	17.00	16.98	16.96

속도(m/sec)	13m/sec			14m/sec			15m/sec		
각도(도) 높이(m)	41	42	43	41	42	43	41	42	43
1.5	18.64	18.66	18.67	21.38	21.41	21.43	24.32	24.37	24.39
1.6	18.74	18.76	18.76	21.48	21.51	21.52	24.42	24.47	24.48
1.7	18.83	18.85	18.85	21.58	21.61	21.61	24.53	24.56	24.57
1.8	18.93	18.94	18.94	21.68	21.70	21.70	24.62	24.66	24.67
1.9	19.02	19.03	19.03	21.77	21.79	21.79	24.72	24.75	24.76
2.0	19.11	19.12	19.11	21.87	21.89	21.88	24.81	24.85	24.86
2.1	19.20	19.21	19.20	21.96	21.98	21.97	24.91	24.94	24.95
2.2	19.28	19.30	19.29	22.06	22.07	22.06	25.01	25.03	25.04
2.3	19.30	19.30	19.37	22.15	22.16	22.15	25.11	25.13	25.13
2.4	19.48	19.48	19.46	22.24	22.25	25.24	25.20	25.22	25.22
2.5	19.57	19.56	19.54	22.33	22.34	22.32	25.29	25.31	25.30

예 제

포환던지기선수가 포환서클 20cm 앞 2m 높이에서 43도의 각도로 포환을 던졌다. 이때 포환의 속도가 15m/sec라면 포환의 투척거리는 다음과 같다.

$$R = 0.2\text{m} + \frac{(15\text{m/sec})^2 \times \sin43° \cos43° + 15\text{m/sec} \times \cos43° \sqrt{(15\text{m/sec} \times \sin43°)^2 + 2 \times 9.8\text{m/sec}^2 \times 2\text{m}}}{9.8\text{m/sec}^2}$$

$$= 0.2\text{m} + \frac{225\text{m}^2/\text{sec}^2 \times 0.682 \times 0.731 + 15\text{m/sec} \times 0.731\sqrt{104.653\text{m}^2/\text{sec}^2 + 39.2\text{m}^2/\text{sec}^2}}{9.8\text{m/sec}^2}$$

$$= 0.2\text{m} + \frac{112.17\text{m}^2/\text{sec}^2 + 10.965\text{m/sec} \times 11.99\text{m/sec}}{9.8\text{m/sec}^2}$$

$$= 0.2\text{m} + \frac{112.17\text{m}^2/\text{sec}^2 + 131.47\text{m}^2/\text{sec}^2}{9.8\text{m/sec}^2}$$

$$= 0.2\text{m} + \frac{243.64\text{m}^2/\text{sec}^2}{9.8\text{m/sec}^2}$$

$$= 24.86\text{m}$$

 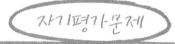

자기평가문제

1. 운동이란 무엇이며 운동은 왜 일어나는지 설명해보자.

2. 운동의 종류를 형태적으로 구분하고 예를 들어 보자.

3. 운동량 측정을 위한 기본물리량 3가지를 제시하고 어떻게 구할 수 있는지 예를 들어 설명해보자.

4. 스칼라와 벡터량을 설명해보자.

5. 벡터를 그림으로 그리고 벡터의 3요소를 표시해보자.

6. 두 개의 벡터가 직각으로 교차될 때 합벡터의 크기를 구해보자.

7. 활줄을 120도 당겼을 때 활줄의 장력이 각각 10N 이라면 화살이 받는 합력은 얼마인가?

8. 달리기에서 발로 지면을 80N 의 힘과 80도의 각도로 밀었을 때 수평분력과 수직분력을 구해보자.

9. 2차원좌표에서 P (2, 5), Q (7, -3)일 때 PQ의 거리를 계산해보자.

10. 3차원좌표에서 P (2, 3, 4), Q (5, 2, 7)일 때 PQ의 거리를 알아보자.

11. 가속운동이란 무엇이며, 가속도를 구하는 일반식을 알아보자.

12. 투사높이와 착지높이가 같을 경우에 투사된 물체가 가장 멀리 가기 위한 최적각도가 45 도인 이유를 역학적으로 설명해보자.

13. 투사체운동에서 정점까지 올라갈 때 걸린 시간과 내려올 때 걸린 시간이 동일한 것을 수 식으로 입증해보자.

14. 지상 1.5m 높이에서 20m/s의 속도, 40도의 각도로 투사된 물체의 수평거리와 체공시간 을 알아보자

15. 포환던지기에서 수평거리에 영향을 주는 역학적 요인 3개를 들고, 최대기록을 얻으려면 어떻게 해야 하는가 설명해보자.

제4장 회전운동

    회전운동(rotatory motion)은 팔을 휘돌리거나 철봉에 매달려 앞뒤로 흔드는 것과 같이 고정된 축을 중심으로 회전하는 운동으로, 원운동(circular motion) 또는 각운동(angular motion)이라고도 한다.

    회전운동은 물체의 중심을 벗어난 방향으로 힘이 작용할 때 일어난다. 이처럼 작용하는 힘을 비평형 편심력(unbalanced eccentric force)이라 한다. 각운동에서의 방향은 그림 3-30과 같이 회전방향은 시계방향을 마이너스(-, 음), 시계반대방향을 플러스(+, 양)로 한다.

    선운동에서 선거리와 선변위가 있듯이 각운동에서도 각거리와 각변위가 있다. 각

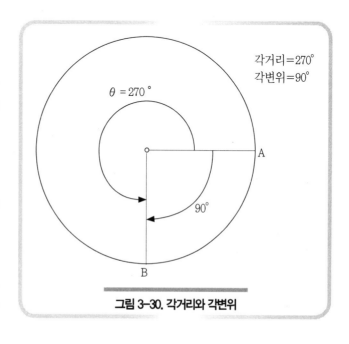

그림 3-30. 각거리와 각변위

거리는 스칼라이고, 각변위는 벡터로서 방향을 가지고 있다. 각거리(angular distance)는 물체가 움직인 전체 각도이며, 각변위(angular displacement)는 처음 위치와 마지막 위치 사이의 적은 각도로서 방향을 가지고 있다. 따라서 그림 3-31에서 각거리는 270도이지만, 각변위는 -90°도이다.

1. 각운동의 단위

선거리에서 m 단위를 사용하듯이 각운동단위는 도(degree)와 라디안(radian)을 사용한다. 1도의 크기는 1회전을 360 등분한 각의 크기이다. 각도를 나타내는 또 하나의 단위인 라디안은 호의 길이(d)를 반지름(r)으로 나눈 비율단위인 radian(d/r)이다. 1 라디안의 크기는 다음과 같이 각도로는 약 57.3도이며, 1도는 약 0.0175 라디안이다.

$$rad = \frac{2\pi r}{r} = 2\pi$$

$$2\pi rad = 360°$$

$$rad = \frac{360°}{2\pi} = 57.2958° \doteqdot 57.3°$$

$$1° = \frac{1rad}{57.3} \doteqdot 0.0175rad$$

2. 각운동의 벡터

선운동에서 벡터의 그림 표기는 화살표를 이용한 직선인데 비하여, 회전운동에서 벡터의 그림 표기는 오른손 엄지손가락 법칙(right-hand thumb rule)을 사용한다.

그림 3-31과 같이 오른손의 네 손가락끝을 물체의 회전방향에 맞춘 후 네 손가락에 수직방향으로 엄지손가락을 펼치면 엄지손가락의 끝방향이 회전방향이 된다. 이때 화살표의 길이로 각운동벡터의 크기를 표시한다.

이러한 방법으로 각속도나 각가속도와 같은 모든 각운동벡터를 표시할 수 있다. 또한 그림 3-32와 같이 두 개 이상 각벡터의 합벡터를 그림으로 나타낼 수도 있으며, 하나의 각벡터를 두 개의 성분으로 분해하여 그림으로 나타낼 수도 있다.

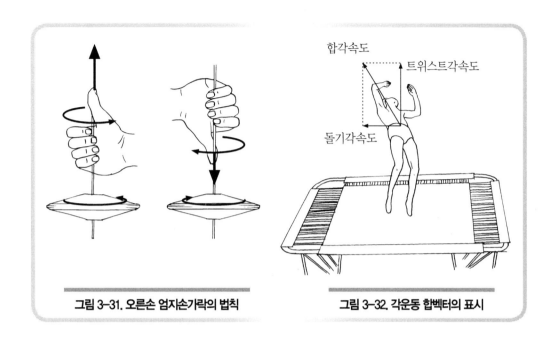

그림 3-31. 오른손 엄지손가락의 법칙   그림 3-32. 각운동 합벡터의 표시

3. 각속도와 각가속도운동

회전운동에는 레코드판이 도는 것처럼 항상 일정한 각속도로 회전하는 등각속도운동
도 있고, 철봉에서 흔들기를 할 때와 같이 위치에 따라 회전속도가 변하는 각가속도운
동도 있다. 각가속도운동에서 회전속도의 증가와 감소율이 일정하게 변하는 운동을 등
각가속도운동이라 한다. 그림 3-33에서 (a)는 등각속도운동을, (b)는 등각가속도운동을
나타낸다.

1) 각속도

각속도는 단위시간에 회전한 각변위이며, 문자로 표기할 때는 ω(오메가)를 사용한다.
각변위를 θ, 시간을 t로 표시하면, 각속도는 $\omega = \theta/t$ 이다.

그림 3-34는 기계체조선수가 철봉에서 휘돌기(giant swing)를 하는 것을 초당 64프레
임으로 촬영하여 손목관절, 팔꿈관절, 어깨관절, 엉덩관절, 무릎관절, 발목관절, 그리고
발의 무게중심점의 7개 표지점을 10프레임마다 나타낸 그림이다.

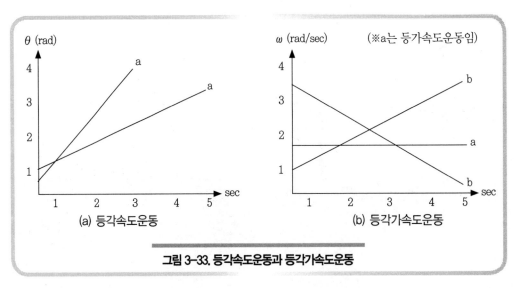

그림 3-33. 등각속도운동과 등가가속도운동

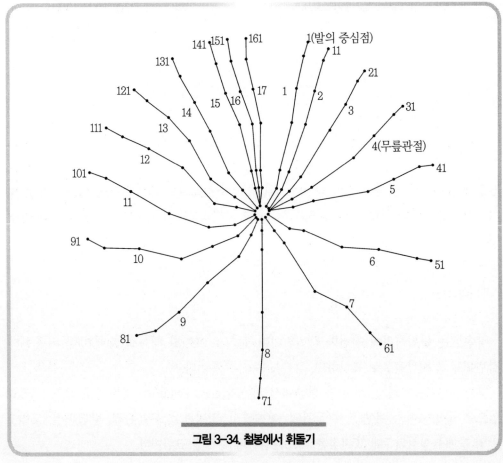

그림 3-34. 철봉에서 휘돌기

예제

그림 3-34의 1번 위치로부터 360° 회전을 하여 다시 1번 위치에 오는 데 소요된 시간이 1.2초였을 때 평균각속도(ω_a)는 다음과 같다.

$$\omega_a = \frac{\theta}{t}$$

$$= \frac{360°}{1.2\text{sec}}$$

$$= 300°/\text{sec}\,(1° \fallingdotseq 0.0175\text{rad})$$

$$\fallingdotseq 5.25\text{rad/sec}$$

이와 같은 그림 3-34에서 평균각속도는 이 선수가 1회전을 하는 데 초당 300도의 속도로 회전을 하였다는 것을 의미한다. 그러나 그림 3-35에서 보는 바와 같이 실제로 휘돌기의 각속도는 등각속도운동이 아니라 각각의 위치마다 속도가 다른 각가속도운동을 하는 것을 알 수 있다.

선속도와 같이 각속도에서도 평균각속도와 순간각속도로 구분하여 생각할 수 있다. 회전운동에서도 스포츠기술을 분석할 때 평균각속도보다는 순간각속도가 더 많은 정보를 제공해줄 때가 많다.

2) 각가속도

철봉 휘돌기의 회전속도는 중력 때문에 위로 올라갈 때보다 내려올 때 빠르다. 철봉에서와 같이 스포츠경기에서 대부분의 회전운동은 비등각속도운동을 하는데, 회전속도가 동일하지 않은 운동을 각가속도운동이라 하며, 각속도변화율을 각가속도라 한다.

각가속도는 단위시간에 변한 각속도로 문자로 표기할 때에는 α(알파)를 사용한다. 각가속도의 크기는 다음과 같다.

$$\alpha = \frac{\omega_f - \omega_o}{t}$$

처음각속도 ; ω_o, 마지막각속도 ; ω_f

그림 3-35는 철봉의 수직상의 위치인 P_0에서부터 휘돌기를 시작하는 장면을 0.2초 간격으로 촬영하여 P_5까지 신체중심의 위치마다 각속도를 나타낸 그림이다. 각각의 구간별 평균각가속도는 표 3-6과 같다.

표 3-6. 구간별 평균각가속도

구 간	평균각가속도
$P_0 \sim P_1$	$250°/sec^2$
$P_1 \sim P_2$	$310°/sec^2$
$P_2 \sim P_3$	$105°/sec^2$
$P_3 \sim P_4$	$180°/sec^2$
$P_4 \sim P_5$	$280°/sec^2$

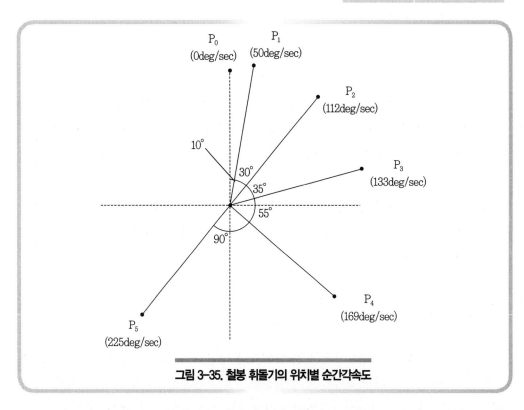

그림 3-35. 철봉 휘돌기의 위치별 순간각속도

제5장 선운동과 각운동의 관계

제3장과 제4장에서 병진운동과 회전운동의 운동학적 물리량에 대하여 알아보았다. 제 5장에서는 선운동과 각운동에서 사용된 용어와 물리량들을 비교하고, 선속도와 각속도, 선가속도와 각가속도의 관계를 알아본다. 선운동과 각운동에서 사용되는 물리량을 정리 하면 표 3-7과 같다. 일반적으로 선운동에서 기술되는 물리량들은 '선'자를 표기하지 않 지만, 각운동에서는 꼭 '각'자를 표기하여야 한다.

표 3-7. 선운동과 각운동에서 사용되는 물리량

물리량	선운동	각운동
거리	선거리	각거리
변위	선변위	각변위
속도	$v = \dfrac{d}{t}$	$\omega = \dfrac{\theta}{t}$, $\omega = \dfrac{rd}{t}$
가속도	$a = \dfrac{v_f - v_o}{t}$	$a = \dfrac{\omega_f - \omega_o}{t}$

1. 선속도와 각속도

해머를 휘돌리다 릴리스하면 해머는 원운동을 계속하지 않고 선운동을 한다. 이처럼
스포츠경기에서는 회전운동을 통하여 병진운동으로 전환되는 경우가 많다.

그림 3-36과 같이 회전운동을 하던 물체가 A지점에서 릴리스되면 반지름과 90도의
방향으로 선운동을 하게 되는데, 이러한 방향을 접선방향(tangental direction)이라 하며
이때의 속도를 접선속도라 한다. 야구나 소프트볼의 피칭과 같이 목표방향으로 공을 던
지기 위해서는 그림 3-36처럼 목표방향과 회전호가 접점(B)을 이루는 곳에서 공을 놓
아야 한다.

스포츠에서 나타나는 인체운동은 대부분 각운동의 결과로 선운동이 일어나기 때문에
선속도와 각속도의 관계를 명확하게 이해하는 것은 매우 중요하다.

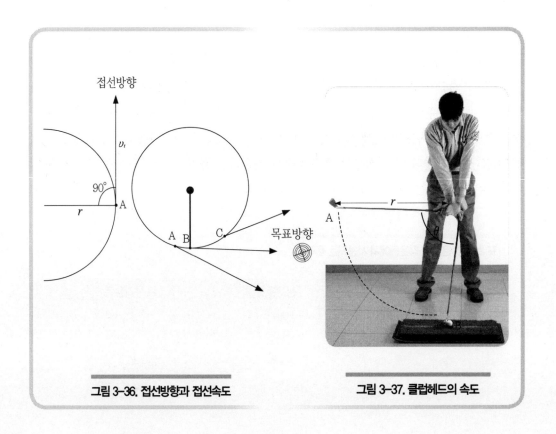

그림 3-36. 접선방향과 접선속도   그림 3-37. 클럽헤드의 속도

그림 3-37과 같이 골프의 스윙에서 반지름의 길이가 r 인 클럽헤드가 A지점에서 t 초 사이에 임팩트되는 B지점까지 다운스윙이 되었을 때 클럽헤드의 속도는 다음과 같다.

속도는 $v = \dfrac{d}{t}$

$\qquad = \dfrac{\text{arcAB}}{t}$ ····················· ①

각속도는 $\omega = \dfrac{\theta}{t}$

$\qquad \theta = \dfrac{\text{arcAB}}{r}$ 이므로

$\qquad \omega = \dfrac{\text{arcAB}}{r} \div t$

$\qquad\quad = \dfrac{\text{arcAB}}{rt}$

$\dfrac{\text{arcAB}}{t} = r\omega$ ·· ②

①에 ②를 대입하면

$\qquad v = r\omega$

이처럼 각운동에서 선운동으로 전환될 때 물체의 선속도는 릴리스되는 순간의 각속도와 회전반지름의 곱으로 나타난다. 따라서 선속도를 증가시키려면 임팩트(= 타격) 순간의 각속도와 반지름을 크게 해야 한다.

해머던지기선수가 해머를 멀리 던지려면 서클 안에서 해머를 점점 빨리 휘돌려 회전속도를 최대로 증가시킨 후에 던져 해머의 투사속도를 높여야 한다. 또, 소프트볼의 투수가 빠른 공을 던지기 위하여 공을 쥔 팔을 빠르게 휘돌려 각속도를 증가시키는 것도 이러한 이유 때문이다.

한편 골퍼가 공을 멀리 보내기 위해서는 길이가 긴 클럽을 사용하여 팔을 최대로 신전시킨 상태로 샷을 해야 하고, 야구에서 타자는 배트의 안쪽보다는 바깥쪽으로 공을 임팩트(타격)해야 공을 멀리 쳐 보낼 수 있다.

그런데 반지름을 너무 증가시키면 큰 힘을 발휘해야 하므로, 이때 힘이 약한 선수는 회전속도가 오히려 감소하게 된다. 따라서 자신의 체력에 맞은 반지름을 가진 타격도구를 사용해야 한다.

예   제

해머던지기선수가 서클 안에서 어깨축으로부터 반지름이 4m인 해머를 휘두르다가 540°/sec의 각속도로 던졌을 때 해머가 날아가는 투척속도는 다음과 같다. 이때 각도의 단위는 반드시 라디안으로 환산하여야 한다.

$$v = r\omega$$
$$= 4\text{m} \times 3\pi\text{rad/sec} \, (540° = 3\pi\text{rad})$$
$$= 12\pi\text{m/sec}$$
$$\fallingdotseq 37.7\text{m/sec}$$

위에서 보는 바와 같이 해머의 투척속도는 약 37.7m/sec이다. 그러나 릴리스(= 투하) 순간에 팔을 완전히 신전하지 못하고 구부려 회전반지름이 3.6m로 감소하면 해머던지기속도는 33.9m/sec가 되어, 팔을 완전히 폈을 때보다 3.8m/sec나 감소하게 되어 투척거리에 손해를 보게 된다.

플레톤은 해머던지기경기에서 해머의 회전속도, 투척높이, 투척각도가 동일한 조건하에서 회전반지름만 15cm 정도 증가시키면, 투척거리는 약 9~12m 증가한다고 하였다 (Hay, 1985).

예   제

야구의 투수가 공을 허리축을 기준으로 휘돌리다가 던졌다. 허리축으로부터 공까지의 회전반지름이 1.5m였으며 릴리스 순간 각속도가 148°/sec였다고 했을 때 공이 날아가는 처음속도는 다음과 같다.

$$v = r\omega$$
$$= 1.5\text{m} \times (148°/\text{sec} \div 57.3°)$$
$$= 1.5\text{m} \times 2.583/\text{sec}$$
$$\fallingdotseq 3.8745\text{m/sec}$$

---

2. 선가속도와 각가속도

앞에서 선속도는 각속도에 반지름을 곱한 값($v=r\omega$)임을 알게 되었다. 한편 선가속도와 각가속도 사이에도 다음과 같은 관계가 있다.

선가속도를 a, 처음속도를 v_o, 나중속도를 v_f 라 하고, 각가속도를 α, 처음각가속도 ω_o, 나중각가속도를 ω_f 라고 하면,

선속도는 $V = r\omega$ ……………………………………………… ①

$v_o = r\omega_o$, $v_f = r\omega_f$ ……………………………………… ②

선가속도는 $a = \dfrac{v_f - v_o}{t}$ …………………………………… ③

②를 ③에 대입하면

$$a = \frac{r\omega_f - r\omega_o}{t}$$

$$= r\frac{\omega_f - \omega_o}{t}$$ ……………………………………… ④

$$= r\alpha$$

예 제

해머를 휘돌리는 동작에서 어떤 지점의 각가속도가 3.5rad/sec²이고, 회전반지름이 1.5m라면 선가속도는 다음과 같다.

$$a = r\alpha$$

$$= 1.5\text{m} \times 3.5\text{rad/sec}^2$$

$$= 5.25\text{m/sec}^2$$

위에서 보는 바와 같이 선가속도는 각가속도와 반지름의 곱이다. 그러므로 회전운동에서부터 선운동으로 전환되는 모든 운동에서 선가속도를 증가시키려면 회전반지름과 각가속도를 모두 증가시켜야 한다.

3. 선속도와 각가속도

회전운동에서 물체가 곡선경로를 따라 움직일 때의 가속도는 접선성분(tangential component)과 구심성분(radial component)의 두 성분을 갖는다. 그림 3-38과 같이 구심성분의 가속도는 회전축의 방향으로 작용하는 가속도이며, 접선성분의 가속도(a_t)는 구심성분에 직각방향으로 작용하는 가속도이다.

구심성가속도(a_r)는 접선성가속도에 비례하고 반지름에는 반비례한다. 한편 접선성가속도(a_t)는 접선속도의 변화에는 비례하지만 반지름에는 반비례하므로 다음과 같다.

$$a_r = \frac{v_t^2}{r}, \qquad a_t = \frac{v_{t_f} - v_{t_o}}{r}$$

그림 3-39는 볼링의 투구동작(딜리버리)이다. 처음 시작할 때 공은 어깨높이에서부터 거의 수직하방향으로 내려오지만, 릴리스 직전에는 거의 수평방향의 운동을 한다. 이처럼 투구동작을 시작하여 릴리스 직전까지 공은 아래로 내려오면서 앞으로 이동하는 두 방향의 연속적인 운동이 된다.

공의 방향이 변한다는 것은 공에 힘이 작용하기 때문이며, 물체에 힘이 작용하면 속도

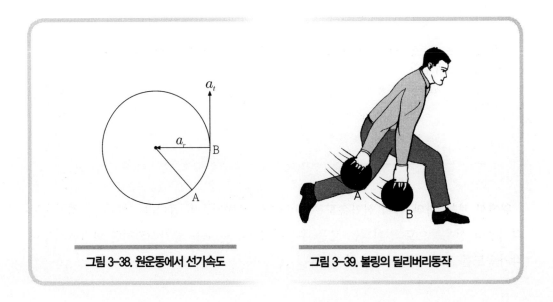

그림 3-38. 원운동에서 선가속도   그림 3-39. 볼링의 딜리버리동작

와 방향에 변화가 생긴다. 다시 말하여 투구동작에서 공의 방향이 변화하는 이유는 공이 계속하여 본래 가려고 하는 방향으로 가지 못하도록 볼러가 회전축인 어깨관절 방향으로 공을 끌어당기기 때문이다. 이처럼 작용된 힘이 공의 회전중심인 어깨관절 방향으로 공에 가속을 일으키게 된다.

예 제

그림 3-39에서 회전축인 어깨관절로부터 공까지의 거리가 0.75m이고, A 지점에서 공의 접선속도가 6m/sec였을 때, 이 지점에서 볼의 구심성가속도 a_r은 다음과 같다.

$$a_r = \frac{v_t^2}{r}$$
$$= \frac{(6m/\sec)^2}{0.75m}$$
$$= 48m/\sec^2$$

일반적으로 볼링의 투구동작에서 스윙이 시작되어 릴리스될 때까지 공의 속도와 방향은 계속 변하는데, 공이 곡선궤적을 따라 움직이는 속도의 변화율이 접선가속도이다.

예 제

그림 3-39에서 A 지점에서 공의 접선속도가 6m/sec이고, 릴리스되는 B 지점에서 볼의 접선속도가 6.3m/sec로서 두 지점까지 이동하는 데 걸린 시간이 0.02초일 때 B지점에서의 평균접선가속도는 다음과 같다.

$$a = \frac{v_{t_o} - v_{t_f}}{t}$$
$$= \frac{(6.3 - 6.0)m/s}{0.02\sec}$$
$$= 15m/\sec^2$$

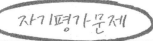

1. 각운동단위에서 라디안(radian)이란 무엇이며, 1 radian의 각도는 얼마인가 알아보자.

2. 해머를 휘두르기 시작하여 2초 후에 540°/sec가 되었을 때, 평균 각가속도가 얼마인지 알아보자.

3. 타자가 배트를 스윙하기 시작하여 공이 임팩트되는 순간 270°/sec를 얻을 때, 배트의 임팩트 지점의 선속도는 얼마인지 알아보자(단, 회전축과 임팩트지점까지 회전반지름은 1.6m임).

4. 아래 그림에서 A지점에서 골프클럽의 각속도는 1rad/sec이고, B지점에서 2.5rad/sec였다. A지점에서 B지점까지 회전하는 데 걸린 시간이 0.2초이고 회전반지름이 1.8m였을 때 평균접선가속도를 구해보자.

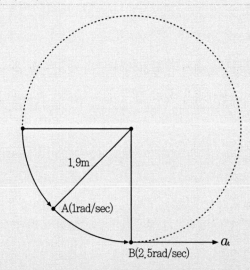

5. 야구의 투수가 빠른 공을 던지려면 어떻게 해야 하는지 알아보자.

6. 타자가 배팅을 할 때 배트의 끝부분으로 공을 임팩트시키는 것이 배트의 안쪽으로 임팩트시키는 것보다 공을 멀리 쳐낼 수 있는 원인을 설명해보자.

7. 소프트볼 투구에서 스트라이크존에 공을 던지려고 할 때 공이 손에서 놓아지는 순간의 위치를 그림을 그려 설명해보자.

제6장 인체운동의 기계적 원리

1. 인체기계시스템의 개념과 요소

 인체운동을 역학적인 측면에서 연구할 때에는 인체의 구성을 강체의 연결시스템으로 간주한다. 이러한 과정에서 강체에 해당되는 것이 분절(segment)이며, 이러한 분절운동은 기계적 원리에 의하여 일어나게 된다. 본 장에서는 인체기계시스템의 개념과 그 기능에 대하여 기술한다.

1) 역학적 기계시스템의 개념

 기계란 일의 수행을 직접적으로 도와주는 장치를 말한다. 기계는 한 분절에서 다른 분절로 힘이나 운동량을 전달해주기도 하며, 역학적 에너지를 다른 형태로 바꾸어 한 분절에서 다른 분절로 전달하기도 한다.
 기계는 인간이 만든 우주선과 같이 매우 복잡한 것에서부터 책꽂이처럼 아주 단순한 것까지 매우 다양하다. 단순기계(simple machine)의 형태에는 그림 3-40과 같이 지레, 도르래, 바퀴, 쐐기, 경사면, 나사의 6가지가 있다.
 인체의 기계시스템에는 위의 6가지 중 지레, 바퀴, 도르래의 3가지 형태만 있다. 복잡한 기계라고 볼 수 있는 자동차와 같은 기계는 단순기계 형태가 연합작용을 함으로써 그 기능을 발휘하는 복합기계(compound machine)인데, 인체운동 역시 지레, 바퀴, 도르래와 같은 단순기계의 연합작용에 의하여 이루어진다.

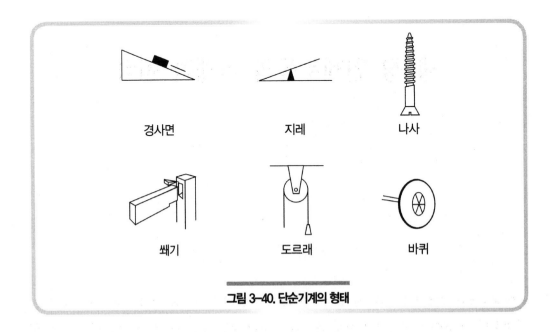

경사면   지레   나사

쐐기   도르래   바퀴

그림 3-40. 단순기계의 형태

2) 인체기계시스템의 3요소와 기능

자동차의 중요한 기능은 사람이나 짐을 싣고 빠르게 이동하는 것이다. 자동차가 움직이려면 휘발유나 LPG가스와 같은 에너지원이 필요하다. 자동차가 에너지를 절약하고 많은 사람과 짐을 싣고 빨리 달리려면 지면마찰력을 감소시켜야 하고, 빠르게 이동하기 위해서 바퀴를 사용한다.

인체도 자동차와 마찬가지로, 그 기능을 발휘하기 위하여 다음과 같은 세 가지의 요소를 갖추고 있다. 즉 전신이나 분절을 움직일 수 있는 에너지원, 생성된 에너지를 보다 유용한 형태로 바꾸어 줄 수 있는 기계장치, 그리고 기계가 작동하는 데 부하로서 작용하는 저항의 세 가지이다.

인체기계시스템에서 에너지원은 골격근에서 발휘하는 힘이다. 골격근은 분절이나 전신을 움직이는 동력을 생성하기 때문에 작용근(mover, 동근)이라 한다. 이러한 측면에서 볼 때 골격근은 일반적인 기계체계에서는 전기모터, 워터터빈(water turbine), 엔진 등과 같은 기능과 역할을 하기 때문에 인체에서의 모터(motor)라고 부른다. 우리가 체육학에서 자주 사용하는 motor activity, motor performance, motor task 등과 같은 용어에서 'motor'란 운동을 하는 인체의 분절이나 전신이 근육에서부터 발현되는 근력을 수단으로 이루어지는 것을 의미한다.

　골격근이 발휘한 힘은 골격근이 부착되어 있는 뼈에 작용한다. 뼈는 골격근의 수축으로부터 나온 기계적 에너지를 보다 유용한 형태로 전환시키는 역할을 하는데, 이것이 바로 지레, 바퀴, 도르래이다.

　던지고, 달리고, 뛰는 인체운동에서는 분절이나 전신은 근육이 발휘한 힘의 저항기(resistors)로 작용한다. 또한 스포츠활동에서 사용되는 라켓, 볼링 공, 해머, 덤벨 등의 기구들도 분절이나 전신과 함께 저항체로 작용한다.

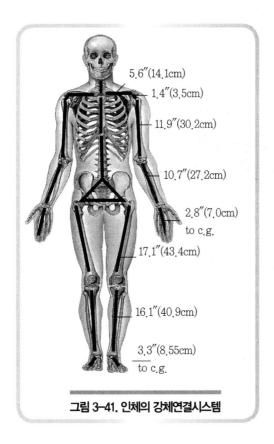

그림 3-41. 인체의 강체연결시스템

2. 지 례

　인체에서 가장 많은 단순기계 형태는 지레(lever)이다. 분절을 구성하고 있는 뼈는 지렛대의 역할을 하며, 분절은 관절을 축으로 각운동을 한다.

　그림 3-41은 인체의 강체연결시스템(link system of human body)을 나타내고 있다. 그림에서 검고 굵은 선은 관절 사이에서 지렛대의 역할을 하는 뼈로, 표시된 분절의 길이는 미공군 조종사의 50%에 해당하는 평균치이다(Rasch, 1990).

1) 인체지레의 3요소

인체지레의 3요소는 힘점(force point), 저항점(resistance point), 축(axis)이다. 힘점이란 지렛대에 힘이 작용하는 공간을 점유하지 않은 점이며, 저항점은 지렛대가 회전할 때 힘의 방향에 반대로 작용하는 부하가 모여 있다고 가상되는 지점으로 역시 공간을 점유하고 있지 않다. 축이란 지렛대가 회전운동을 할 때 움직이지 않게 고정된 점이다.

한편 축으로부터 힘점까지를 힘팔(force arm : FA), 축으로부터 저항점까지를 저항팔(resistance arm : RA)이라 하며, 힘팔과 저항팔 모두를 지레팔(lever arm : LA)이라고 한다.

인체에서 힘점은 근육의 닿는곳(insertion, 부착점)이다. 근육을 싸고 있는 근육바깥(근외막)의 끝부분이 힘줄(tendon, 건)로 되어 그림 3-42와 같이 뼈를 싸고 있는 뼈막(골막)에 부착되어 있다. 일반적으로 힘줄은 장력이 강하여 쉽게 끊어지지 않지만, 인체에서 가장 큰 아킬레스힘줄(achilles tendon)도 때로는 상해를 입는 경우가 있다.

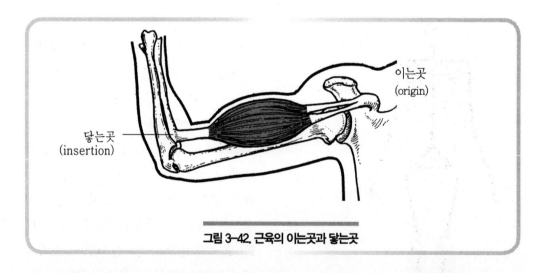

그림 3-42. 근육의 이는곳과 닿는곳

인체에서 저항점은 근수축에 의하여 운동을 하는 분절의 질량(무게)중심점이다. 이때 움직이는 분절이 두 개 이상이거나 분절에 라켓이나 볼링공과 같은 다른 운동기구나 물체가 부착되었을 때에는 전체 질량중심점이 저항점이 된다.

그림 3-43은 위팔두갈래근(상완이두근)의 수축력을 이용하여 손에 가방을 들고, 아래

팔(전완)을 지면과 수평을 유지하고 있는 그림이다. 이와 같은 경우의 저항점은 아래팔-손-가방의 전체 질량중심점이 된다. 만약 가방을 들지 않았다면 아래팔과 손만을 합친 질량중심점이 저항점이 된다.

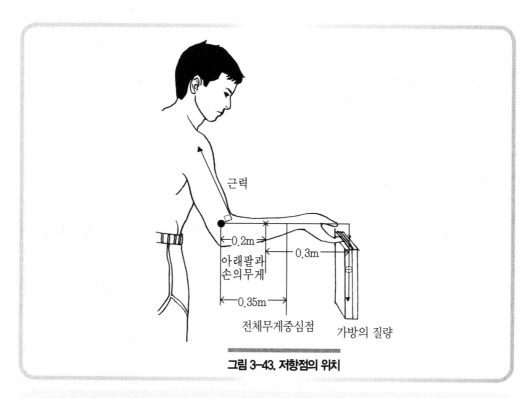

그림 3-43. 저항점의 위치

예   제

그림 3-43에서 아래팔과 손의 무게의 합이 3kg이며, 질량중심이 팔꿈관절로부터 20cm의 위치에 있다. 가방의 무게가 3kg이고, 가방중심까지의 거리가 50cm였을 때 저항점은 팔꿈관절로부터 35cm에 위치하며, 팔꿈관절로부터 저항점까지의 거리 X 는 다음과 같다.

$$X = 0.2m + x$$
$$3kg \times x = 3kg \times (0.3m - x)$$
$$6x = 0.9m$$
$$x = 0.15m$$
$$X = 0.2m + 0.15m$$
$$= 0.35m$$

지레에서 축이란 지렛대가 각운동을 할 때 움직이지 않는 고정된 점으로, 인체지레에서의 축은 관절이다. 그러나 엄밀히 말해서 사지에 있는 윤활관절(활막관절)에서 각운동이 일어날 때 움직이는 관절의 관절머리(head)는 그 관절의 형태에 따라 다르다. 예를 들어 어깨관절이나 엉덩관절과 같은 절구관절(ball and socket joint)에서는 각운동이 일어날 때 관절머리는 관절공간(관절강) 내부에서 상하, 전후, 좌우의 세 방향으로 약간씩 움직인다. 그러므로 이와 같은 관절에서는 운동 중에 축이 일정한 곳에 고정되어 있다고 볼 수 없다. 윤활관절 중에서 운동이 일어날 때 비교적 관절머리가 고정되어 있는 관절은 팔꿈관절과 같은 경첩관절(hinge joint)이기 때문에 운동역학의 연구에서는 모든 윤활관절을 경첩관절로 가정하게 된다.

2) 인체지레의 분류

지레는 지레의 3요소인 힘팔, 저항팔, 축의 배열에 따라 1종지레, 2종지레, 3종지레의 세 가지로 구분한다.

지레시스템에서는 사용한 힘이 한 일과 저항이 실시한 일은 지레의 종류에 관계없이 항상 동일하다. 그러나 지레의 종류에 따라 힘에서는 이득을 보게 되지만 거리와 속도에서는 손해를 보는 경우도 있고, 반대로 힘에서는 손해를 보지만 거리와 속도에서는 이득을 보는 경우도 있다. 이러한 결과는 힘팔과 저항팔의 길이에 의하여 결정되는데, 저항팔의 길이보다 힘팔의 길이가 더 길 때에는 힘에서 이득을 보게 되지만, 반대의 경우에는 움직인 거리나 속도에서 이득을 보게 된다.

그림 3-44는 인체지레시스템과 지레의 원리를 이용한 간단한 기구들 중에서 세 가지 종류의 지레를 나타낸 그림이다.

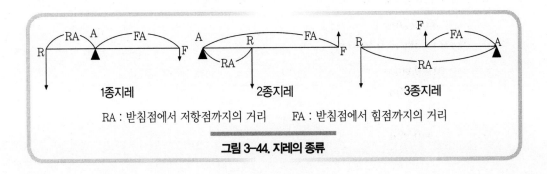

1종지레   2종지레   3종지레

RA : 받침점에서 저항점까지의 거리   FA : 받침점에서 힘점까지의 거리

그림 3-44. 지레의 종류

(1) 1종지레

1종지레는 그림 3-44와 같이 힘점과 저항점 사이에 축이 있는 지레로, 시소나 청평 등이 1종지레의 대표적 예이다. 그림 3-45와 같이 인체에서는 머리와 목, 위팔-아래팔-위팔세갈래근의 기계시스템이 1종지레이다.

제1번 목뼈(경추)는 머리뼈(두개골)기저부(바닥부)의 대공(大孔) 아래에 연결되어 머리뼈를 받치는 구조를 하고 있다. 이와 같은 구조를 측면에서 보면 1번 목뼈의 중앙이 축이 되며, 안면부와 뒤통수부위(후두부)에 부착된 근육의 닿는곳이 각각 힘점과 저항점이 된다.

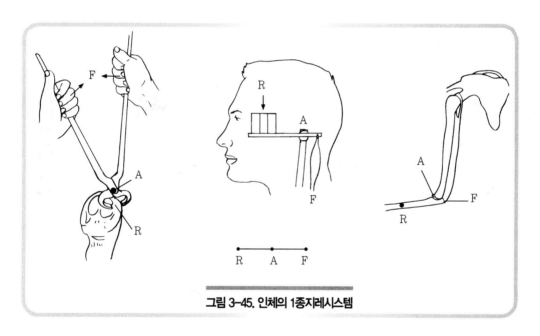

그림 3-45. 인체의 1종지레시스템

1종지레시스템의 축은 힘점과 저항점 사이의 어느 곳에나 위치할 수 있기 때문에 힘팔의 길이는 저항팔의 길이보다 길 수도 있고 짧을 수도 있으며, 또 같을 수도 있다. 그렇기 때문에 힘에서 이득을 보는 경우, 거리와 속도에서 이득을 보는 경우, 또 이득과 손해가 없이 동일한 경우의 3가지가 모두 나타날 수 있다.

힘팔의 길이가 저항팔의 길이보다 길 경우에는 힘에서는 이득을 보는 반면 거리와 속도에서는 손해를 보며, 힘팔의 길이가 저항팔의 길이보다 짧으면 힘에서는 손해를 보는 반면 거리와 속도에서는 이득을 보는 경우가 된다. 또한 힘팔의 길이와 저항팔의 길이가 동일할 경우에는 힘과 속도에서 이득과 손해가 없다.

(2) 2종지레

2종지레는 힘점과 축 사이에 저항점이 있는 지레로서, 호두까는 연장과 공사장에서 시멘트나 벽돌을 나를 때 사용하는 외발손수레 등이 2종지레에 속한다. 그림 3-46은 엎드려팔굽혀펴기를 하는 동작인데, 이 경우 발목관절을 중심으로 발-종아리(하퇴)-장딴지근(비복근)이 이루는 지레시스템으로 이들은 모두 2종지레시스템을 형성한다.

팔굽혀펴기 동작에서 지면과 접촉된 발끝이 축이 되며, 힘점은 지면을 짚고 있는 손이다. 저항점은 이 자세에서 전신의 무게중심이며 저항의 크기는 체중으로, 지면과 수직하방향으로 작용한다.

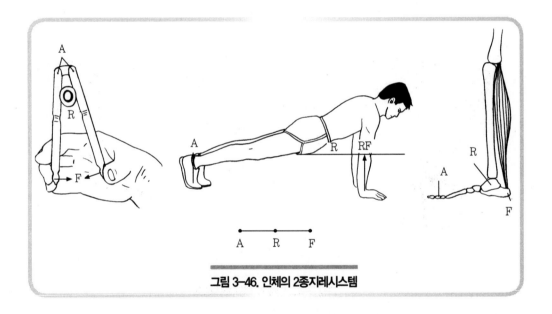

그림 3-46. 인체의 2종지레시스템

2종지레시스템에서는 저항점이 힘점과 축 사이에 있기 때문에 힘팔의 길이가 저항팔의 길이보다 항상 길다. 그렇기 때문에 2종지레시스템에서는 항상 힘에서는 이득을 보는 반면, 거리와 속도에서는 손해를 보게 된다. 엎드려팔굽혀펴기를 할 때와 발끝으로 서는 동작에서 근육들이 발휘하는 순힘(net force)은 저항력보다 적다.

(3) 3종지레

3종지레는 저항점과 축 사이에 힘점이 있는 지레로서 삽, 핀셋 등이 3종지레에 속한다. 3종지레시스템은 인체에서 가장 많이 나타나는 것으로 위팔두갈래근(상완이두근)-팔꿉

관절(주관절)-아래팔(전완)이 이루는 것이 대표적이며, 테니스에서 서비스를 넣는 경우
에도 3종지레시스템을 형성한다. 그림 3-47의 테니스의 서비스동작에서 축은 라켓을 잡
은 손의 반대쪽 발끝이 지면과 접촉하고 있는 곳이며, 저항점은 라켓부위에, 힘점은 지면
에 접촉한 발끝과 라켓의 사이에 위치한다.

　이와 같이 3종지레시스템에서는 힘점이 축과 저항점 사이에 있기 때문에 힘팔의 길이
가 저항팔의 길이보다 항상 짧다. 따라서 3종지레시스템에서는 항상 힘에서는 손해를
보지만 거리와 속도에서는 이득을 얻게 된다.

　인체운동은 대부분 이와 같은 3종지레시스템을 이루고 있기 때문에 저항을 극복하기
위하여 저항보다 더 큰 힘을 발휘하는 반면, 저항이 움직인 거리나 저항체의 운동속도를
증가시키는 지레시스템으로 되어 있다.

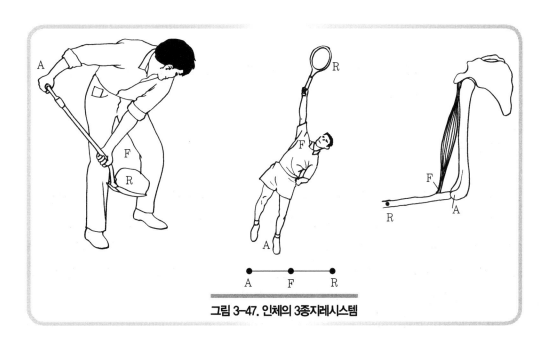

그림 3-47. 인체의 3종지레시스템

　테니스에서 서비스를 할 때나 배구에서 스파이크를 할 때 관계하는 근육군의 수축거
리나 수축속도에 비하여 테니스라켓이나 스파이크하는 손이 움직인 거리와 속도가 더
크기 때문에 강한 서비스나 스파이크를 할 수 있다.

　인체의 지레시스템에서 지레의 종류에 따라 힘팔과 저항팔의 크기, 이득과 손해를 보
는 요인을 요약하면 표 3-8과 같다.

표 3-7. 지레종류별 이득과 손해요인

구분	힘팔·저항팔·축의 배열	힘팔과 저항팔의 길이	이득요인	손해요인
1종지레	F　　　A　　　R ▲	FA>RA FA = RA FA<RA	힘 없음 속도	속도 없음 힘
2종지레	F　　　R　　　A ▲	FA>RA	힘	속도
3종지레	R　　　F　　　A ▲	FA<RA	속도	힘

3. 바퀴와 도르래

인체에서 가장 많은 단순기계 형태는 지레이지만, 바퀴(wheel)와 도르래(pulley)의 역할을 하는 기능도 있다.

1) 바 퀴

바퀴시스템은 겉바퀴와 속바퀴, 그리고 속바퀴 내에 회전중심이 되는 중앙축으로 구성되어 있으며, 근본적으로 지레의 원리와 동일한 단순기계 형태이다. 회전을 일으키는 힘이 바퀴에 작용하는 것도 있고, 축에 작용하는 것도 있다. 그림 3-48에서 자동차의 핸들과 같이 겉바퀴에 힘이 작용하는 바퀴시스템을 1형바퀴라고 하며, 자전거의 뒷바퀴와 같이 중심축에 힘이 작용하는 바퀴시스템을 2형바퀴라고 한다.

그림 3-48의 1형바퀴에서 겉바퀴의 반지름을 r_ω, 바퀴에 작용하는 힘을 F, 중심축의 반지름을 r_a, 축에 작용하는 저항을 R이라고 하면 힘과 저항의 관계는 다음과 같다.

$$F \times r_\omega = R \times r_a$$

$$\frac{r_\omega}{r_a} = \frac{R}{F}$$

1형 바퀴에서는 항상 $r_\omega > r_a$이기 때문에 $F < R$가 된다. 그러므로 자동차의 핸들이나

회전 송곳과 같은 1형바퀴는 2종지레에서와 같이 거리와 속도를 소모하면서 힘에서 이득을 얻게 된다.

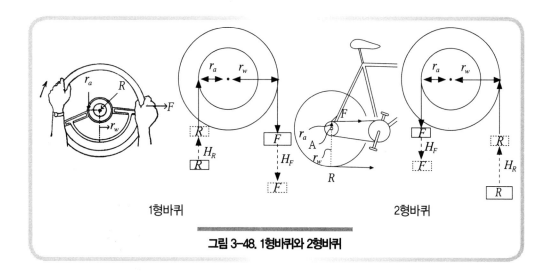

그림 3–48. 1형바퀴와 2형바퀴

한편 그림 3-48의 2형바퀴에서 중심축의 반지름을 r_a, 축에 작용한 힘을 F, 바퀴의 반지름을 r_ω , 바퀴의 저항을 R 이라고 하면, 힘과 저항과의 관계는 다음과 같다.

$$F \times r_a = R \times r_\omega$$

$$\frac{r_a}{r_\omega} = \frac{R}{F}$$

2형바퀴에서도 $r_\omega > r_a$이므로 $F > R$의 관계가 있다. 그러므로 자전거의 뒷바퀴와 같은 2형 바퀴는 3종지레와 같이 힘을 소모하여 거리와 속도에서 이득을 얻는 시스템이다.

인체에서의 바퀴는 회전을 일으키는 힘이 중심축에 작용하여 힘에서는 손해를 보는 대신 거리와 속도에서 이득을 얻는 2형바퀴가 대부분이다. 인체운동에서 머리를 돌리는 동작, 몸통을 트는 동작, 팔다리의 외전(벌림)과 내전(모음) 등 대부분의 비틀기와 회전운동이 2형바퀴시스템의 역할을 한다.

그림 3-49와 같이 몸통을 좌우로 돌리는 운동을 할 때 갈비뼈(늑골)는 바퀴역할을 하고 척주는 축의 역할을 한다. 척추근과 같은 심층부위에 있는 후면근이 척추뼈에 힘을 작용하여 몸통을 회전시키는 2형바퀴시스템이다. 한편 아래팔의 회내(엎침)운동은 네모

엎침근(pronator quardratus, 방형회내근)과 원엎침근(pronator teres, 원회내근)의 수축력이 중심축에 작용하여 아래팔이 비틀리게 된다. 팔과 다리에서 회전(비틀기)운동이 일어날 때 긴뼈(장골)의 수직축이 바퀴시스템의 중심축이 된다.

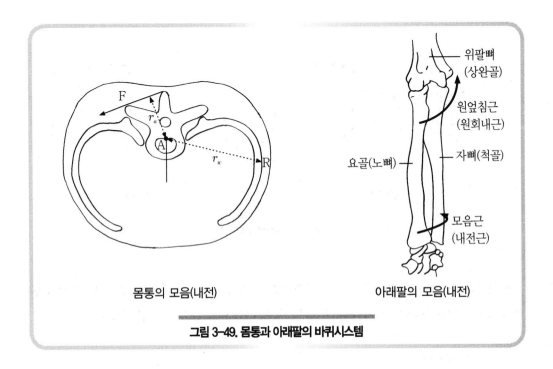

몸통의 모음(내전)

아래팔의 모음(내전)

그림 3-49. 몸통과 아래팔의 바퀴시스템

2) 도르래

도르래(pulley)에는 우물에서 두레박으로 물을 퍼올릴 때 사용하는 고정도르래와 무거운 물건을 들어 올리는 기중기에서 볼 수 있는 이동도르래가 있다. 고정도르래는 지레에서 힘팔과 저항팔이 동일할 때와 같은 기능을 갖고 있어 힘이나 속도 어느 요인에서도 이득이나 손해를 보지 않고 단지 방향을 전환시키는 효과만 있다.

그림 3-50에서 힘이 작용한 쪽의 토크와 저항 쪽의 토크는 저항팔과 힘팔의 길이가 양쪽 모두 도르래의 반지름과 같기 때문에 동일하다. 따라서 힘과 저항의 크기도 같으며 힘과 저항의 관계는 다음과 같다.

$$T_f = F \times R_f$$

$$T_r = R \times R_r$$
$$R_f = R_r$$
$$F = R$$

T_f; 힘쪽토크, T_r; 저항쪽토크

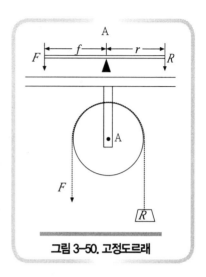

그림 3-50. 고정도르래

한편 이동도르래는 거리와 속도를 소모하여 힘에서 이득을 얻으려는 체계이다. 저항과 힘의 이득비율은 이동도르래의 개수에 의하여 결정된다. 즉 힘의 이득비율은 이동도르래가 1개일 때는 2배, 2개일 때는 4배, 3개일 때는 8배와 같이 증가하기 때문에 이동도르래에서 저항을 R, 힘을 F, 이동도르래의 개수를 n이라고 할 때 $R = F^{-n}$의 관계가 있다.

인체에는 이동도르래가 없고 힘이나 거리에서는 손해와 이득이 없이 단지 힘의 방향만 변화시키는 고정도르래만 있다. 고정도르래시스템에서는 역학적 이득이 없이 단지 힘의 방향만 바꿔주는 역할을 하지만, 인체운동에서는 인체가 발휘한 총힘에서는 도르래를 사용할 때 실제로 이득을 얻을 수 있다.

그림 3-51에서 도르래를 이용하여 50kg의 물체를 끌어올릴 때는 거의 직립자세에서 줄을 잡아당길 수가 있기 때문에 도르래의 마찰력을 무시하면 인체가 내는 힘이 50kg중보다 크면 된다. 그러나 도르래를 사용하지 않고 물체를 끌어올릴 때에는 윗몸을 앞으로 숙여야 된다. 그러므로 이때에는 물체의 중량인 50kg중의 힘 이외에도 윗몸의 숙인 자세를 유지하기 위하여 등근육이 힘을 부가적으로 더 발휘해야 한다.

물체와 등근과의 거리가 30cm이라면 등근육이 부가적으로 발휘하는 힘은 15kg중이다. 그러므로 인체가 발휘하는 전체 힘은 65kg중이 되어 도르래를 사용할 때보다 사용하지 않을 때에 인체가 발휘하는 힘은 15kg이 더 커야 한다.

한편 일반적인 기계시스템에서 도르래는 바퀴모양의 원형 수레와 줄이 있지만, 인체에서는 그림 3-52과 같이 수레의 기능은 뼈가, 줄의 기능은 힘줄과 근육이 각각 담당하고 있음에 유의해야 한다.

그림 3-52는 도르래를 이용한 웨이트기구와 인체의 무릎관절 및 발목관절에서 고정도르래의 작용이 일어나는 것을 나타낸 그림이다. 발목관절에서의 도르래작용은 가쪽복

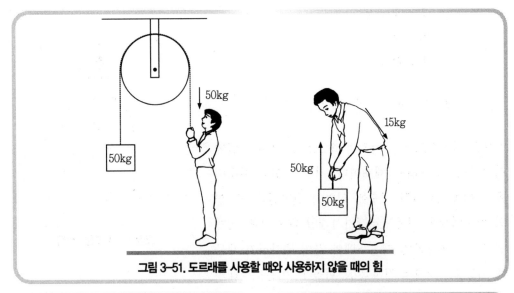

그림 3-51. 도르래를 사용할 때와 사용하지 않을 때의 힘

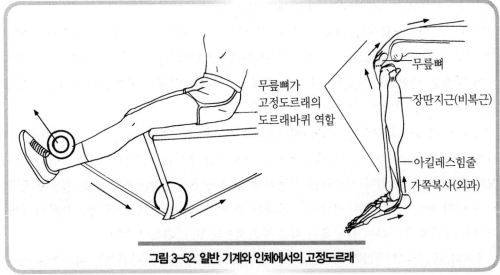

그림 3-52. 일반 기계와 인체에서의 고정도르래

사(lateral malleolus, 외과)가 도르래의 수레작용을 하고, 장딴지근(비복근)에 연결된 아킬레스힘줄이 줄의 역할을 한다. 장딴지근이 수축하면 아킬레스힘줄이 장딴지근의 이는 곳(origin) 방향으로 당겨져 올라감으로써 발목관절에서 발바닥쪽굴곡이 일어나게 된다.

한편 무릎관절에서는 무릎뼈(patella)가 수레 역할을 하고, 넙다리네갈래근(대퇴사두근)에 연결된 힘줄이 줄의 역할을 하여 넙다리네갈래근이 수축을 하면 무릎관절에 신전이 일어난다. 무릎관절과 발목관절에서 넙다리네갈래근과 장딴지근의 수축으로부터 발휘된 힘의 방향이 무릎뼈와 발목의 가쪽복사가 각각 힘의 방향을 변화시켜 무릎관절과 발목관절에서 굴곡이 일어난다.

4. 인체기계의 역학적 이득과 효율

기계는 기계를 사용하는 사람을 최대한 도와줄 수 있어야 한다. 이러한 측면에 서 볼 때 기계가 사용자를 도와주는 능률이 높으면 우수한 기계이고, 능률이 떨어지면 우수하지 못한 기계라 할 수 있다. 작업장이나 공장에서 사용되는 기계의 목적은 큰 힘을 얻는 데 있으므로 힘을 낼 수 있는 능력을 역학적 이득(mechanical advantage)으로 간주하게 된다. 한편 기계를 평가할 때에는 기계의 역학적 효율(mechanical efficiency)을 고려하게 되는데, 이는 이론적인 기계적 이득과 실질적 이득의 비율로 나타낸다.

인체의 기계시스템에서도 역학적 이득과 효율은 위에서 말한 일반 기계의 역학적 이득과 효율을 측정하는 기준과 동일하다.

1) 인체기계의 역학적 이득

인체기계의 역학적 이득(mechanical advantage)은 그 기준이 힘에 있으며, 사용한 힘과 부하로 작용한 저항의 비율로 나타낸다. 즉 근육에서 발휘된 힘보다 더 큰 저항을 이겨낼($F<R$) 때에는 역학적 이득이 있는 것으로 보고, 반대의 경우($F>R$)에는 역학적 손실이 있는 것으로 간주한다.

기계의 역학적 이득은 힘 쪽의 토크와 저항 쪽의 토크가 동일하여 각평형(angular equilibrium)이 이루어진 상태를 기준으로 하여 힘과 저항의 크기를 비교한다.

(1) 지레의 역학적 이득

지레에는 세 가지 종류가 있으며, 지레의 종류에 따라 힘팔과 저항팔의 길이도 달라진다. 지레에서의 역학적 이득(mechanical advantage : MA)은 극복하는 저항을 근육이 발현한 힘으로 나눈 값(R/F)으로, 힘팔과 저항팔의 길이에 따라 결정된다.

저항의 크기를 R, 저항팔을 RA, 힘의 크기를 F, 힘팔을 FA라고 할 때 지레시스템에서 역학적 이득은 다음과 같다.

$$R \times RA = F \times FA$$

$$\frac{R}{F} = \frac{FA}{RA}$$

$$MA = \frac{R}{F} = \frac{FA}{RA}$$

$$= \frac{FA}{RA}$$

$FA > RA$일 때 $MA > 1$ 이며

$FA = RA$일 때 $MA = 1$ 이고

$FA < RA$일 때 $MA < 1$ 이다.

그러므로 지레의 종류별로 역학적 이득관계를 보면 다음과 같다.

1종지레 : $FA <=> RA$ 이므로 $MA <=> 1$

2종지레 : $FA > RA$ 이므로 $MA > 1$

3종지레 : $RA < RA$ 이므로 $MA < 1$

위에서 보는 바와 같이 1종지레에서는 힘팔의 길이가 저항팔의 길이보다 길거나, 짧거나, 같을 수 있는 세 가지의 경우가 모두 가능하기 때문에 역학적 이득도 있을 수 있으며, 손실이 있을 수도 있다.

한편 2종지레에서는 항상 힘팔의 길이가 저항팔의 길이보다 길기 때문에 역학적 이득만 있으며, 3종지레에서는 힘팔의 길이가 항상 저항팔의 길이보가 짧기 때문에 항상 손실만 있다. 인체의 지레시스템은 주로 3종지레로 되어 있기 때문에 인체지레의 역학적 이득은 1보다 작아서 인체기계의 비능률의 한 요소가 된다.

(2) 바퀴의 역학적 이득

바퀴시스템은 바퀴와 회전중심이 되는 중앙축으로 구성되어 있으며, 바퀴의 종류에는 자동차의 핸들과 같이 회전을 일으키는 힘이 겉바퀴에 작용하는 1형 바퀴시스템과 자전거의 뒷바퀴와 같이 힘이 축에 작용하는 2형바퀴가 있다.

1형바퀴에서 겉바퀴의 반지름을 r_w, 바퀴에 작용하는 힘을 F, 중심축의 반지름을 r_a ,

축에 작용하는 저항을 R로 표시할 때 1형바퀴의 기계적 이득은 다음과 같다.

$$F \times r_w = R \times r_a$$

$$\frac{R}{F} = \frac{r_w}{r_a}$$

$$MA = \frac{R}{F} = \frac{r_w}{r_a}$$

$$= \frac{r_w}{r_a} > 1$$

이와 같이 1형바퀴에서는 힘을 작용하는 겉바퀴의 반지름이 중심축의 반지름보다 항상 크기 때문에 역학적 이득은 항상 1 이상이 되어 힘에서 이득을 본다.

한편 2형바퀴에 중심축의 반지름을 r_a, 축에 작용한 힘을 F, 바퀴의 반지름을 r_w, 바퀴의 저항을 R이라고 하면, 축에 힘이 가해져서 겉바퀴를 움직이는 2형바퀴에서의 역학적 이득은 다음과 같다.

$$F \times r_a = R \times r_w$$

$$\frac{R}{F} = \frac{r_a}{r_w}$$

$$MA = \frac{R}{F} = \frac{r_a}{r_w}$$

$$= \frac{r_a}{r_w} > 1$$

2형바퀴에서 저항을 받는 겉바퀴의 반지름이 힘이 가해지는 축의 반지름보다 항상 작으므로 역학적 이득은 항상 1 이하가 되어 힘에서 손해를 본다. 인체의 바퀴시스템은 2형바퀴가 대부분이므로 역학적 손실을 보는 바퀴시스템으로 되어 있다.

(3) 도르래의 역학적 이득

도르래에는 고정도르래와 이동도르래의 두 종류가 있지만, 인체에는 앞에서 본 바와 같이 고정도르래만 있다. 이동도르래에서 힘과 저항은 $R = F^{-n}$ (n: 이동도르래의 개수)의 관계가 있기 때문에 역학적 이득은 1보다 크며, 이동도르래 개수의 지수와 같다. 그러나 고정도르래는 힘이 가해지는 쪽의 반지름과 저항이 되는 쪽의 반지름이 동일하므로 힘과 저항의 크기가 항상 동일하고, 단지 방향만 전환시키는 효과가 있을 뿐이다. 그러므로 인체도르래시스템에서 역학적 이득은 1로서, 힘에서 이득과 손실이 없다.

2) 인체기계의 역학적 효율

기계의 역학적 효율(mechanical efficiency : ME)이란 이론적 역학적 이득(theoretical mechanical advantage : TMA)과 실질적 역학적 이득(actual mechanical advantage : AMA)과의 비율을 말하는 것으로, 다음과 같다.

$$ME = \frac{AMA}{TMA}$$

이론적 역학적 이득의 개념은 근본적으로 지레의 기계적 기능과 밀접한 관계를 가진다. 지레에서 평형을 이룰 때 힘과 저항의 크기가 같으면 힘팔과 저항팔의 길이가 동일한데, 이때의 역학적 이득은 1이 된다. 그러므로 지레시스템에서 역학적 이득이 있으려면 $MA>1$이 되어야 하며, 그러기 위해서는 힘팔의 길이가 저항팔의 길이보다 커야($FA>RA$) 한다.

한편 실질적 역학적 이득이란 입력된 힘(input force)과 출력된 힘(output force)의 개념에서 논의되는 것이다. 입력된 힘이나 출력된 힘은 마찰과 같은 저항 때문에 항상 지레팔의 개념에서 표현되는 역학적 이득보다 적다.

이와 같은 이유로 지레팔시스템에서 논의되는 역학적 이득을 이론적 역학적 이득이라 하며, 힘의 비율 측면에서 논의되는 역학적 이득을 실질적 역학적 이득이라 한다.

기계의 역학적 효율은 실질적 역학적 이득을 이론적 역학적 이득으로 나눈 값으로서, 항상 이론적 역학적 이득이 실질적 역학적 이득보다 적기 때문에 1보다 작은 값이다. 그러므로 기계의 역학적 효율의 크기가 1에 가까울수록 그 기계의 성능이 좋은 것이다. 역학적 효율은 백분율로도 표시되는데, 이는 실질적 역학적 이득(AMA)을 이론적 역학적 이득(TMA)로 나눈 값에 100을 곱하여 구한 값으로, 다음과 같다.

$$ME(\%) = \frac{AMA}{TMA} \times 100$$

인체에서의 기계작용에서도 역학적 효율은 1 이하가 되는데, 이와 같은 원인으로는 관절에서의 마찰력으로 인한 힘의 손실, 혈액과 근육의 점성, 원만하지 못한 길항작용 등을 들 수 있다.

관절에서 운동이 일어날 때 뼈와 뼈의 마찰이 일어난다. 윤활관절은 관절공간(관절강) 안에 활액이 들어 있고, 뼈끝은 미끄러운 연골로 덮여 있어 운동 시에 일어나는 마찰을 최대로 감소시키고 있지만 완전히 제거할 수는 없다.

한편 근육 속에는 신경이나 모세혈관이 들어 있다. 근육 속에 들어 있는 혈관 자체와 혈관 속에서 흐르고 있는 혈액, 근육섬유 자체의 점성은 힘의 손실이 되는 또 하나의 원인이 된다. 이와 같은 점성은 체온이 높으면 높을수록 낮아지고, 체온이 낮을수록 높아진다. 그러므로 체온이 높을 때가 낮을 때보다 역학적 효율이 높다.

주운동을 하기 전에 충분한 준비운동을 하는 이유는 준비운동을 통하여 체온을 상승시킴으로써 점성을 낮게 하여 역학적 효율을 높일 수 있기 때문이다. 이 때문에 준비운동을 워밍업(warming up)이라고 한다.

 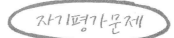

자기평가문제

1. 인체에서 나타나는 단순기계는 어떤 것이 있는지 인체에서 예를 들어보자.

2. 인체지레의 종류를 예를 들어 설명하고, 기계적 이득의 원인을 설명해보자.

3. 지레의 3요소를 인체에서 자세히 설명해보자.

4. 다음 그림 (a)에서 위팔두갈래근의 근력을 계산해보자.

5. 다음 그림 (b)에서 장딴지근의 근력을 계산해보자.

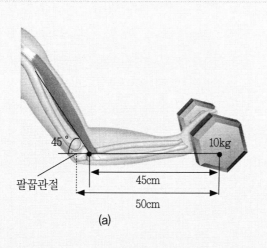

(a)

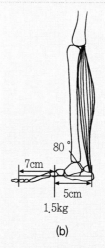

(b)

6. 인체내에서 발견되는 도르래의 예를 들고, 그 기능을 설명해보자.

7. 인체의 역학적 효율을 높이려면 어떻게 해야 하는지 알아보자.

8. 준비운동이 왜 필요한지 설명해보자.

4 운동역학
Kinetics

제1장 힘

    힘이란 운동을 일으키거나 운동을 변화시키는 요인으로, 힘이 포함되는 운동학을 운동역학(kinetics)이라 한다. 경기력향상을 위하여 운동을 분석할 때에는 속도, 가속도 등의 운동학적 변인(kinematic variable)도 중요하지만, 힘이 포함되어 있는 운동역학적 변인(kinetic variable)도 매우 중요하다.

    걷기나 달리기와 같이 몸을 움직이려면 몸에 있는 근육들이 힘을 발휘해야 한다. 이처럼 물체를 움직이게 하거나, 운동을 하고 있는 물체의 속도와 방향을 변화시키는 요인이 힘이다. 따라서 힘을 운동의 시발자(instigator)라고도 하며, 운동의 수정자(modifier)라고도 한다. 눈으로 힘을 볼 수는 없지만 느낄 수는 있으며, 힘의 효과를 볼 수도 있고, 여러 가지 방법으로 힘을 측정할 수도 있다.

1. 힘의 단위

    눈으로 힘을 관찰할 수는 없지만 인체가 힘을 받을 때 그 크기를 느낄 수 있다. 힘의 크기는 질량, 거리, 시간의 조합으로 나타낸다. 힘의 단위로 사용하는 미터법(metrics system)과 파운드법(british engineering system)에 대하여 알아보기로 한다.

1) 미터법의 힘 단위

미터법으로 힘을 표시하는 방법에는 중력 단위와 뉴턴 단위가 있다. 중력 단위는 질량에 중력가속도를 곱하여 나타낸 것으로 3kg중, 20.3kg중과 같이 표시한다. 뉴턴 단위는 질량, 거리, 시간의 조합으로 나타낸 복합단위로서, MKS 단위계에서는 뉴턴(N)으로 표시하며, CGS 단위계에서는 다인(dyne)으로 표시한다.

1N은 1kg의 물체에 작용하여 $1m/sec^2$의 가속도가 생길 때의 힘의 크기이며, 1dyne은 1g의 질량에 작용하여 $1cm/sec^2$의 가속도를 낼 때의 힘의 크기이다.

$$1N=1kgm/sec^2$$
$$1dyne=1gcm/sec^2$$

그러므로 뉴턴과 다인은 다음과 같은 관계가 있다.

$$1N=1kgm/sec^2$$
$$=10^5gcm/sec^2$$
$$=10^5dyne$$
$$1dyne=10^{-5}N$$

한편 중력 단위계의 1kg중과 뉴턴 단위계의 1N과는 다음과 같은 관계가 있다.

$$1kg중=1kg\times9.8m/sec^2$$
$$=9.8kgm/sec^2$$
$$=9.8N$$
$$=9.8\times10^5dyne$$

2) 파운드법의 힘 단위

우리나라에서는 체중의 단위로 kg을 사용하지만 파운드(lbs)를 사용하는 나라도 있다. kg은 질량의 단위이지만 파운드는 중량, 즉 힘의 단위이다. 파운드법에서 힘의 단위는 파운드(pound)와 온스(ounce)가 있다. 파운드는 lbs 또는 lb로 표기하며, 온스는 oz로 표기한다.

1파운드는 1슬러그(slug)의 질량에 작용하여 $1ft/sec^2$의 가속도를 내는 데 필요한 힘의
크기이다.

$$1lbs = 1slug\ ft/sec^2$$

미터법과 파운드법에서 힘의 단위는 다음과 같다.

$$1lbs = 14.59kg \times 0.3048m/sec^2$$
$$\fallingdotseq 4.45kgm/sec^2$$
$$\fallingdotseq 4.45N$$
$$= 4.45 \times 10^5\ dyne$$

2. 힘의 구분

힘은 힘의 효과(effects)와 발현처(sources)에 따라 구분한다.

1) 힘의 효과에 의한 구분

효과에 기준을 두어 힘을 구분하면 추진력(propulsion)과 저항력(resistance)으로 나
눌 수 있다. 추진력은 물체를 움직이
도록 하는 힘이며, 저항력은 물체를
움직이지 못하도록 하는 힘으로, 추진
력과 저항력은 서로 반대방향이다. 저
항력에는 중력, 마찰력, 공기, 유체저
항력 등이 있다.

인체운동에서 추진력은 근육에서
나온다. 근육에서 발현되는 근력은 근
육의 단면적에 비례하므로 큰 힘을 내
려면 트레이닝을 통하여 근육의 굵기
를 증가시켜야 한다.

그림 4-1. 역도에서 저항력과 추진력

2) 힘의 발현처에 의한 구분

힘을 발현처를 기준으로 구분하면 외력(external force)과 내력(internal force)으로 나눌 수 있다. 외력은 정해진 시스템(system) 밖에서 발생한 힘이고, 내력은 시스템 안에서 발생한 힘이다. 예를 들어 멀리뛰기의 발구름에서 전신을 시스템으로 정하였을 때 멀리뛰기 수행자가 발휘한 힘은 내력이며, 공기저항과 중력은 외력이다.

그림 4-2는 볼링에서 ①번과 ③번 핀 사이로 볼이 들어가 스트라이크가 이루어진 그림이다. ①, ②, ③, ⑤, ⑨번 핀은 볼링공에 직접 맞아 쓰러졌고, 나머지 핀은 쓰러지는 다른 핀에 의하여 넘어진 것이다. 이러한 경우 볼링핀 10개를 하나의 시스템으로 정했다면 볼링공에 직접 맞고 쓰러진 핀 5개는 외력에 의한 것이고, 핀에 맞아 쓰러진 나머지 5개의 핀은 내력에 의한 것이다. 외력과 내력은 시스템을 무엇으로 정하느냐에 의하여 구분되는 상대적 개념이다.

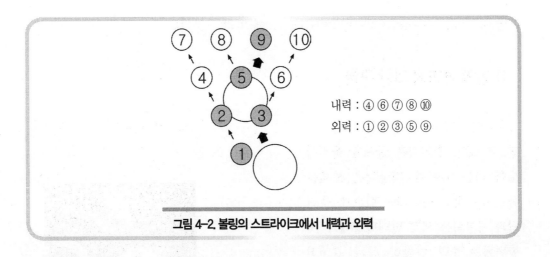

내력 : ④⑥⑦⑧⑩
외력 : ①②③⑤⑨

그림 4-2. 볼링의 스트라이크에서 내력과 외력

3. 근 력

스포츠장면에서 추진력이나 저항력, 외력이나 내력으로 작용하는 힘에는 근력, 중력, 마찰력, 압력, 부력 등이 있다. 근력은 근육의 수축으로 인하여 발현되는 힘으로 스포츠에서 인체운동의 대부분은 근력이 움직임의 원동력이 되는데, 근수축에 의하여 발현되는 힘은 밀어내는 힘은 없고 당기는 힘만 있다.

근육의 수축에는 근육의 길이가 변하지 않는 등척성 수축(isometric contraction)과 근육의 길이가 변하는 등장성 수축(isotonic contraction)이 있다. 등척성 수축은 근육군에 의하여 발휘된 근력이 저항력보다 작거나 같아서 저항체가 움직이지 않을 때에 나타나는 수축이다. 예를 들어 아주 무거운 물건을 들려고 힘을 쓰지만 너무 무거워서 조금도 움직일 수 없을 때, 또는 튼튼한 문틀 사이에 서서 양손으로 문틀을 밀지만 문틀이 전혀 움직이지 않았을 때 등척성 수축이 일어난다.

근육에 의하여 생성된 근력이 저항력보다 클 때에는 등장성 수축이 일어난다. 예를 들어 벤치 프레스를 할 때나 공을 찰 때 팔과 다리의 근육은 그 길이가 늘어나거나 줄어드는데, 이와 같은 수축이 등장성 수축이다. 근육의 길이가 변하는 등장성 수축에는 근육의 길이가 짧아지는 구심성(단축성) 수축(concentric contraction)과 근육의 길이가 길어지는 원심성(신장성) 수축(eccentric contraction)이 있다. 구심성 수축은 저항력보다 근수축력이 커서 근육이 발휘한 힘의 방향으로 저항체가 움직일 때 나타난다. 반면 원심성 수축은 근육이 발휘한 내력보다 외력이 더 커서 외력이 작용한 방향으로 움직일 때 나타난다. 예를 들어 팔씨름을 할 때 상대방의 힘이 강하면 자기가 힘을 주는 방향으로 넘어뜨리지 못하고 힘을 주는 반대방향으로 넘어지게 되는데, 이 경우의 수축이 원심성 수축이다.

근육이 발휘하는 근력의 크기는 근육의 단면적에 비례하므로 큰 힘을 발휘하려면 적절한 트레이닝을 통하여 근육의 단면적(부피)을 증가시켜야 한다. Morris는 $1cm^2$의 근육단면적당 남자가 9.2kg중, 여자는 7.1kg중의 힘을 각각 발휘한다고 하여 남녀 간의 차이가 있다고 하였으나, 동질의 근육일 경우에 단위면적당 발휘하는 근력에 남녀차가 없다는 이론이 현재는 설득력 있게 받아들여지고 있다.

운동을 분석하려면 근력을 측정하여야 한다. 근력을 측정하는 방법에는 악력계와 등근력계와 같이 물체의 탄성을 이용하는 근력계(force dynamometer)가 있는데, 이러한 근력계로는 최대근력만을 측정할 수 있다. 그러나 운동을 하고 있는 상태에서 순간순간 근력을 측정할 필요가 있다. 스트레인게이지, 지면반력판과 같이 전기의 성질을 이용하여 순간마다 근력을 측정하는 전기힘계측기(electronic dynamometer)가 있다. 그 외에도 사이벡스(cybex)와 같이 근력을 발휘하는 속도를 일정하게 조절할 수 있는 등속성 근력측정기도 상당수 개발되어 동적운동의 연구에 많은 도움을 주고 있다.

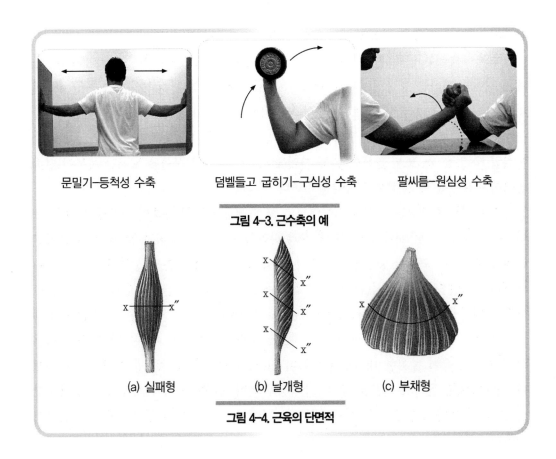

문밀기–등척성 수축   덤벨들고 굽히기–구심성 수축   팔씨름–원심성 수축

그림 4–3. 근수축의 예

(a) 실패형   (b) 날개형   (c) 부채형

그림 4–4. 근육의 단면적

4. 중 력

우주에 있는 모든 물체는 서로 끌어당기는 힘이 존재하는데, 이를 만유인력이라 한다. 뉴턴은 만유인력의 크기는 두 물체의 질량의 곱에 비례하며, 두 물체가 떨어진 거리의 제곱에 반비례한다는 사실을 발견하고, 만유인력 비례상수 $K=6.673 \times 10^{-11}$이라는 것을 알아냈다. 만유인력의 크기는 다음과 같다.

$$F = K \frac{m_1 m_2}{d^2}$$

F : 만유인력
m : 질량
d : 거리
K : 만유인력 비례상수

　지구상의 모든 물체는 지구와 물체, 물체와 물체 간에 서로 물체의 중심방향으로 끌어당기는 힘이 있다. 그림 4-5에서 지구와 지표에 있는 물체 사이에 끌어당기는 힘은 다음과 같다.

$$F_g = K \frac{M_e m}{(R_e + h)^2}$$

F_g : 지구와 물체 사이에 작용하는 인력
M_e : 지구의 질량
m : 물체의 질량
R_e : 지구의 반지름
h : 물체의 높이(지구표면에서 중심까지의 거리)

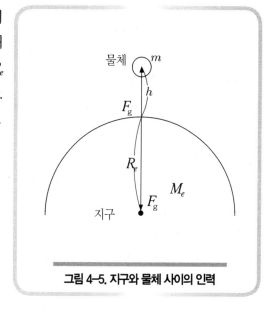

　지구표면에서 물체 사이의 거리(d)는 지구반지름(R_e) $6.371 \times (10^6)$m에 비하면 매우 짧아서 무시해도 좋을 정도이므로, $R_e + h$는 R_e의 값과 동일하게 간주할 수 있다. 그러므로 만유인력의 크기는 다음과 같다.

$$F_g = K \frac{M_e m}{R_e^2}$$
$$= m \frac{K M_e}{R_e^2}$$
$$\frac{K M_e}{R_e^2} = g \text{ 일 때}$$
$$F_g = mg$$

그림 4–5. 지구와 물체 사이의 인력

　지구의 중력권 내에 있는 물체 사이의 인력은 앞의 F_g와 같다. 지구상에 있는 물체의 질량은 지구의 질량 $5.976 \times (10^{24})$kg에 비하여 너무나 작기 때문에 물체가 지구를 끌어당기는 힘의 효과는 나타나지 않고, 단지 지구가 물체를 끌어당기는 효과만 나타난다.
　지구가 지구의 중심방향으로 물체를 끌어당기는 힘을 중력이라 한다. 지구표면에 있는 물체가 중력을 받을 때 중량 또는 무게라고 한다. 중량과 무게는 힘을 뜻하는 것으로, 크기는 질량에 중력가속도를 곱한 값(mg)과 같다.

정지한 물체에 힘이 작용하면 운동이 일어나고, 운동하고 있는 물체에 힘이 작용하면 방향이나 속도가 변한다. 속도가 변하는 운동을 가속운동이라 하며, 속도의 변화율을 가속도라 한다. 공을 공중으로 던졌을 때와 같이 중력에 의하여 공의 속도가 변화하는 운동을 중력가속도운동이라 하고, 이때의 가속도를 중력가속도라 하며, g로 표시한다.

중력가속도 g는 지구의 질량에 비례하고, 지구반지름(지구중심으로부터 물체중심까지의 거리)의 제곱에는 반비례한다. 즉 지구의 질량은 $5.976 \times (10^{24})$kg, 지구의 반지름은 $6,371 \times (10^6)$m, 비례상수는 $6.673 \times (10^{-11})$이므로 중력가속도의 크기는 $g = 9.824$m/sec^2 이 된다.

중력은 두 물체 간 거리의 제곱에 반비례하므로 그 물체가 지구로부터 멀리 떨어지면 떨어질수록 점점 감소한다. 즉 1kg의 질량을 가진 물체의 중량($W = mg$)은 지구표면에서는 9.824N, 1km의 고도에서는 9.821N, 100km의 고도에서는 9.523N, 1,000km의 고도에서는 7.340N, 그리고 지구의 평균반지름과 동일한 고도에서는 2.456N이다. 이와 같이 고도가 높아질수록 중력가속도 g는 9.824m/sec^{2}보다 작아진다.

중력의 크기는 지구로부터 멀어지면 멀어질수록 점점 감소하게 되어 중력이 미치는 범위가 한정된다. 지구의 중력이 미치는 범위를 중력권이라 하며, 미치지 못하는 범위를 무중력권이라 한다. 중력가속도의 국제공인 중력공식으로부터 얻은 g의 표준값은 미터법으로는 $g = 9.8$m/sec^{2}이고, 파운드법으로는 $g = 32.2$ft/sec^{2}이다.

그림 4-6은 공기의 흐름이 없는 실내에서 동일한 높이로부터 자유낙하된 공과 수평방향으로 던져진 공의 낙하장면을 스트로보스코프 카메라로 동일한 시간 간격으로 촬영한 것이다. 자유낙하된 공은 수직하방향으로 떨어지며, 수평방향으로 던져진 공은 수평방향으로 이동하면서 아래로 떨어진다. 두 개의 공이 받는 힘은 지구중심방향으로 작용하는 중력뿐이기 때문에 같은 시간에 수직높이는 항상 동일하다.

그림 4-6에서 보는 바와 같이 수직방향의 운동은 아래로 내려올수록 공의 간격이 커지는데, 이것은 공이 낙하된 후 중력을 받아 시간이 경과할수록 공의 속도가 증가하는 가속도운동을 의미한다. 한편 수평방향으로 투사된 공의 수평운동은 동일한 간격을 유지하고 있는데, 이는 등속도운동을 하고 있음을 뜻한다.

이처럼 공중에 투사된 물체는 공기의 저항을 무시하면 수직방향으로는 등가속도운동을 하며, 수평방향으로는 등속도운동을 한다.

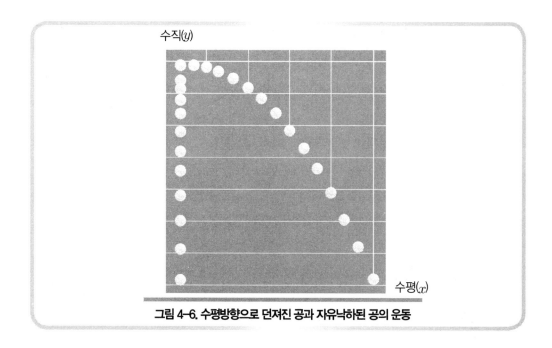

그림 4-6. 수평방향으로 던져진 공과 자유낙하된 공의 운동

5. 마찰력

어떤 물체가 다른 물체와 접촉된 상태에서 운동이 되는 것을 마찰이라 하며, 마찰에 의하여 두 물체 사이에 작용하는 힘을 마찰력이라 한다. 스노보드가 눈 위에서 미끄러져 나가는 것과 같은 마찰을 미끄럼마찰 또는 표면마찰이라 하고, 인라인스케이트처럼 둥근 바퀴형태의 물체가 바닥 위를 굴러가는 마찰을 구름마찰이라 한다.

마찰력은 추진력의 반대방향으로 작용하는 저항력으로, 운동을 방해하거나 저지하는 힘이다. 따라서 마찰력은 이동하는 물체에서는 속도를 감소시키는 역할을 한다. 물체가 서로 접촉하고 있어도 운동이 일어나지 않는 한 마찰력은 0이다.

지면에 정지한 물체를 움직이기 위하여 힘을 줄 때 외력과 마찰력의 관계는 그림 4-7과 같다. 그림 4-7의 (a)와 같이 물체에 외력이 작용하지 않을 때는 마찰력이 없지만, 물체에 외력이 가해져서(b) 물체가 움직이기 직전까지는 외력의 크기와 동일하게 마찰력도 증가되며, 일단 물체가 움직이기 시작(c)한 후부터의 마찰력은 일정하게 된다.

스포츠장면에서는 마찰력이 클 때가 유리할 수도 있지만 마찰력이 적어야만 유리할 때도 있다. 농구에서 드라이브슛을 할 때나 스케이트에서 에징(edging)을 할 때처럼 방향을 빠르게 변화시키거나 속도를 증가시키고자 할 때에는 마찰력이 커야 유리하다. 반대로 스키나 스케이트의 활주에서는 활주속도가 감소하면 불리하기 때문에 이때는 마찰력이 작아야 유리하다. 이처럼 마찰력은 운동목적에 따라 커야 유리할 때도 있고 작아야 유리할 때가 있으므로, 운동의 목적이나 상황에 따라 적절하게 마찰력을 조절하여야 운동효과를 높일 수 있다.

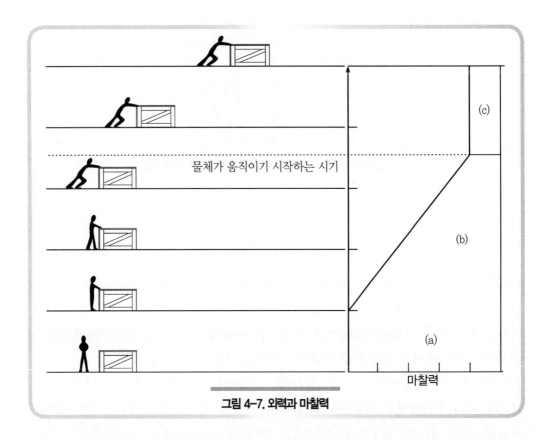

그림 4-7. 외력과 마찰력

1) 마찰력의 결정요인

마찰력을 결정짓는 요인에는 다음과 같은 네 가지가 있다.

첫째, 마찰력은 접촉하고 있는 두 물체를 구성하는 물질의 성질에 따라 결정된다. 고무와 고무, 고무와 나무, 고무와 얼음과 같이 물질의 성질에 따라 물체 사이에 작용하는 마찰력은 각각 달라진다. 고무와 고무 사이의 마찰력이 고무와 얼음 사이의 마찰력보다 더

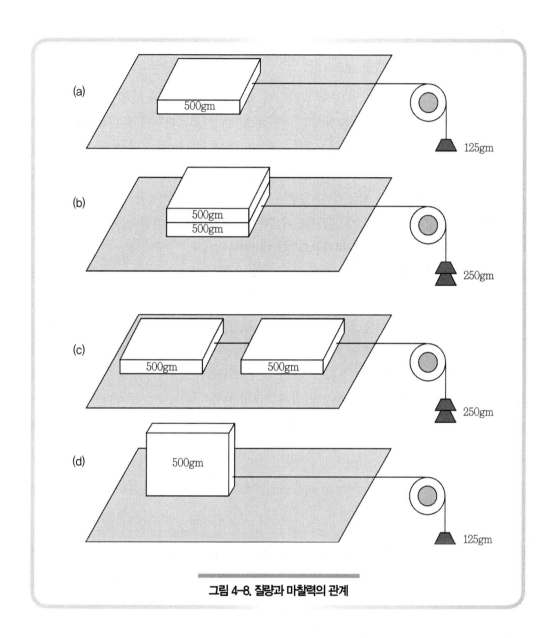

그림 4-8. 질량과 마찰력의 관계

크며, 나무와 얼음 사이의 마찰력이 스케이트 블레이드와 얼음 사이의 마찰력보다 크다.

둘째, 마찰력은 접촉면의 불규칙(凹凸) 정도에 따라 결정된다. 동일한 물질이라도 불규칙 정도가 클수록 마찰력이 증가하고, 불규칙 정도가 작으면 감소한다. 자동차 타이어와 운동화의 바닥 등을 톱날 같이 울퉁불퉁하게 만드는 것, 육상화에 스파이크를 부착하는 것 등은 마찰력을 증가시키기 위해서이다. 자동차를 정지시키기 위하여 브레이크를 밟았을 때 새 타이어가 낡은 타이어보다 제동거리가 짧은 이유는 새 타이어가 낡은 타이어보다 요철 정도가 크기 때문이다.

셋째, 마찰력은 물체의 질량에 따라 달라진다. 물체가 무거울수록 마찰력도 커지고, 가벼울수록 작아진다. 한 사람이 혼자서 자전거를 탈 때보다 짐받이에 물건을 싣고 탈 때가 힘이 더 드는데, 이는 짐을 실었을 때의 질량이 더 커서 마찰력이 증가하였기 때문이다. 승용차와 같은 소형차가 무게가 많이 나가는 트럭보다 연비가 높은 것도 소형차의 마찰력이 대형차보다 작기 때문이다. 그림 4-8은 질량과 접촉면적을 여러 가지로 바꾸어 가며 마찰력을 실험한 것이다. 그림에 나타난 바와 같이 표면마찰력은 접촉면의 크기에는 영향을 받지 않고, 단지 물체질량의 영향을 받는다.

넷째, 두 물체가 접촉한 상태로 움직이고 있을 때 두 물체 사이의 상호작용에 의하여 마찰력은 달라진다. 스케이트를 탈 때 스케이트 블레이드와 얼음 사이에 열이 발생하고, 발생한 마찰열은 순간적으로 얼음을 녹여 물로 변하게 한다. 이때 생긴 물은 얼음과 블레이드 사이에서 윤활유 역할을 하여 마찰력을 감소시킨다. 얼음의 온도에 따라 스케이트를 탈 때 생긴 마찰열에 의해 얼음이 녹는 정도가 달라진다. 얼음의 온도가 너무 낮으면 마찰열에 의하여 얼음이 잘 녹지 않기 때문에 스케이트의 속도를 떨어뜨린다. 그러므로 스케이트경기장의 얼음온도는 경기기록에 영향을 주므로 최적의 얼음온도를 유지해야 한다.

2) 미끄럼마찰

마루바닥 위에 있는 물체를 밀 때와 같이 어떤 물체가 다른 물체에 접촉한 상태에서 미끄러질 때 생기는 마찰을 미끄럼마찰 또는 표면마찰(surface friction)이라 하고, 이때 생긴 마찰력은 표면(미끄럼)마찰력이라 한다. 스포츠경기에서 대표적인 미끄럼마찰 형태는 스케이팅, 스키, 봅슬레이 등이 있다. 표면마찰력은 두 면에 수직으로 작용하는 힘(normal force : N, 수직항력)에 비례하므로, 표면마찰력의 크기는 다음과 같다.

$$F_s \propto N$$

$$F_s = \mu_s N$$

F_s : 표면마찰력, N : 수직항력
μ_s : 표면마찰계수

위에서 보는 바와 같이 미끄럼마찰력의 크기는 두 물체 사이의 수직항력과 마찰계수의 곱이다. 수직항력은 물체의 질량과 접촉면의 경사각에 따라 달라지는데, 수직항력은 질량이 클수록 증가하고, 접촉면의 경사도가 클수록 감소한다. 눈 덮인 평지길보다 눈 덮인 언덕길에서 걸을 때 발이 더 미끄러지는 것은 언덕길의 경사도가 높아 마찰력이 적기 때문이다.

그림 4-9는 경사각도를 점진적으로 높여갈 때 경사면 위에 있는 물체가 내려오기 시작하는 임계점을 나타낸 것이다.

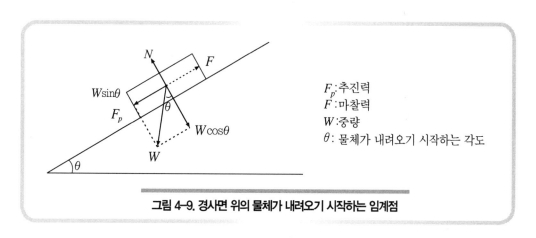

그림 4-9. 경사면 위의 물체가 내려오기 시작하는 임계점

물체를 내려오도록 하는 추진력과 내려오지 못하도록 작용하는 미끄럼 마찰력은 서로 반대방향이고 그 크기는 동일하기 때문에 그림 4-9에서 두 물체 사이에 작용하는 마찰계수(μ)는 다음과 같다.

$$F = \mu N$$
$$= \mu W \cos\theta$$

마찰력과 추진력은 동일하기 때문에

$$W\sin\theta = \mu W \cos\theta$$
$$\mu = \frac{W\sin\theta}{W\cos\theta}$$
$$= \tan\theta$$

위에서 보는 바와 같이 두 물체 사이의 마찰계수는 접촉한 물체가 움직이기 시작하는 순간 경사각도의 탄젠트(tangent)값이다.

예 제

나무책상 위에 바닥이 고무로 된 농구화와 바닥이 가죽으로 된 구두를 올려놓고 책상표면의 경사각을 점진적으로 증가했을 때 농구화는 48도에서, 구두는 26도에서 아래로 내려오기 시작하였다. 책상면과 농구화의 표면마찰계수를 μ_1, 책상면과 구두의 표면마찰계수 μ_2라고 하면 두 마찰계수는 다음과 같다.

$$\mu_1 = \tan\theta$$
$$= \tan 48°$$
$$= 1.1106$$
$$\mu_2 = \tan\theta$$
$$= \tan 26°$$
$$= 0.4877$$

스포츠활동에서 빠르게 출발하려고 할 때나 정지하려고 할 때, 또 속도나 방향을 변화시키려고 할 때는 미끄러지지 않도록 발을 지면에 강하게 밟아야 한다. 이때에는 신발과 바닥 사이의 마찰력을 크게 하여야 한다. 예제에서 보는 바와 같이 나무로 된 바닥에서는 신발바닥이 가죽으로 된 구두보다는 고무로 된 운동화를 신는 것이 마찰력이 큰 것을 알 수 있다.

3) 구름마찰

자전거나 롤러스케이트를 탈 때와 같이 한 물체가 다른 물체에 접촉한 상태에서 구를 때 생기는 마찰이나, 톱니와 같이 두 물체가 동시에 회전할 때 생기는 마찰을 구름마찰(rolling friction)이라 하고, 이때 생긴 마찰력을 구름마찰력이라 한다. 일반적으로 구름마찰력은 표면(미끄럼)마찰력보다 작기 때문에 마차나 자동차처럼 물체를 이동시키는 운송체에는 바퀴가 장착되어 있다.

구름마찰력도 미끄럼마찰력과 같이 두 면 사이에 작용하는 수직항력에 비례하므로 구름마찰계수가 μ_r일 때 구름 마찰력 F_r의 크기는 다음과 같다.

$$F_r \propto N$$

$$F_r = \mu_r N$$

구름마찰이 일어나고 있는 동안 물체에 변형이 일어나면 구름마찰력이 커지게 되므로 두 물체의 소재가 단단하여 변형이 일어나지 않아야 구름마찰력이 작아진다.

그림 4-10의 (a)는 구름마찰이 일어나고 있는 동안 두 물체 모두 변형이 일어나지 않은 상태이며, (b)는 접촉한 바닥면만 변형이 일어난 경우이고, (c)는 바퀴에 변형이 많이 생긴 경우이다. 구름마찰력은 바퀴에 변형이 많이 생긴 (c)의 경우가 가장 크고, 두 물체 모두 변형이 일어나지 않은 (a)의 경우가 가장 적으며, 바닥면에만 변형이 일어난 (b)의 경우는 중간이다.

볼링에서 레인에 칠한 기름의 정도나 기름의 종류에 의하여 구름마찰력의 크기는 변화한다. 축구나 골프경기처럼 구름마찰이 일어나는 운동에서 공의 속도와 방향, 공이 굴러가는 거리는 잔디의 크기, 잔디의 종류와 미끄러움 정도, 잔디결, 단단한 정도, 잔디의 물기 등 여러 가지 조건에 의하여 달라진다. 축구의 수중경기나 골프의 런(run)에서 공의 속도와 방향이 갑자기 달라지는 까닭은 바로 구름마찰력 때문이다.

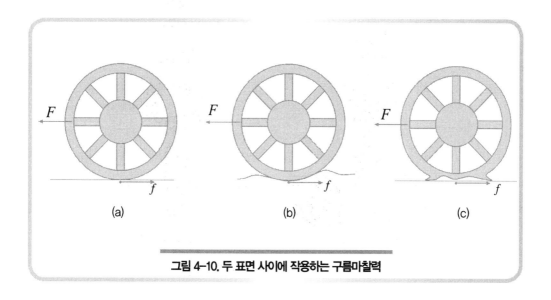

그림 4-10. 두 표면 사이에 작용하는 구름마찰력

6. 압 력

압력(pressure)이란 물체가 누르는 힘이다. 모래바닥이나 진흙 위에 두 발로 서면 바닥에 발자국이 생기는 것을 볼 수 있는데, 이와 같은 발자국은 물체가 지면에 작용한 압력 때문에 생기는 것이다. 압력(P)은 단위면적(S)당 누르는 힘(F)으로, 다음과 같이 나타낼 수 있다.

$$P = \frac{F}{S}$$

압력의 단위로는 미터법에서는 N/m^2과 $dyne/cm^2$ 등이 있으며, 파운드법에서는 lb/in^2 등이 있다. 미터법에서 많이 쓰이는 압력단위는 파스칼(pascal)인데, 1파스칼은 1평방미터에 1뉴턴의 힘이 누를 때의 압력크기이다($1pa = 1N/m^2$).

압력은 중량에는 비례하고 접촉면적에는 반비례하기 때문에 동일한 사람이라도 지면에 접촉한 면적에 따라 달라진다. 그림 4-11과 같이 동일한 사람이라도 두 발로 섰을 때와 누워 있을 때는 접촉면적이 달라지므로 압력은 차이가 있다. 즉 두 발로 서 있을 때

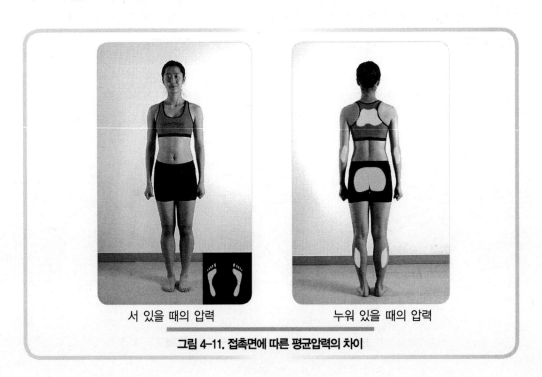

서 있을 때의 압력　　　　　　　　누워 있을 때의 압력

그림 4-11. 접촉면에 따른 평균압력의 차이

예   제

체중 60kg의 사람이 두 발로 섰을 때의 접촉면적이 0.03m²이고, 누워 있을 때는 0.4m²라면 서 있을 때의 평균압력(P_f)과 누워 있을 때의 평균압력(P_s)은 다음과 같다.

$$P=\frac{F}{S}$$
$$P_f = 60 \times 9.8N \div 0.03m^2$$
$$= 19{,}600 N/m^2 (pa)$$
$$P_s = 60 \times 9.8N \div 0.4m^2$$
$$= 1{,}470 N/m^2 (pa)$$

는 누워 있을 때보다 접촉면적이 작아서 압력이 더 커진다.

　일상생활이나 스포츠장면에서 압력은 상해와 밀접한 관계가 있다. 낙하산을 타고 지면에 내릴 때나 높은 건물에서 떨어질 때 골절이나 염좌가 발생하며, 장대높이뛰기경기에서 착지할 때도 상해를 입는 경우가 생기는데, 이러한 상해의 원인은 주로 압력으로 인한 충격 때문이다. 이 경우 상해를 예방하려면 유도의 낙법처럼 착지하는 순간의 접촉면적을 넓게 하여 압력을 감소시켜야 한다. 그밖에도 충격을 줄여 상해를 예방하는 요령으로는 착지하는 순간 무릎관절을 굴곡시키는 방법도 있으며, 신체가 지면에 착지하는 순간 전방으로 굴러 수직운동량을 수평운동량으로 전환시키는 방법도 있다.

　한편 스포츠기술을 분석하기 위해서는 필요한 순간에 압력을 측정해야 한다. 현재 피에조(piezo)와 같은 새로운 소재나 기술의 발달로 발바닥의 아주 작은 부위의 압력을 측정할 수 있는 기술이 개발되고 있다. 포스매트(force mat)와 압력측정용 신발, 페달(pedal) 등은 인체이동운동(human locomotion)과 스포츠경기의 연구에 활용되어 경기력향상과 더불어 인체이동의 효율성제고와 상해예방 등에 기여하고 있다.

7. 힘의 측정

　인체의 운동을 정량적으로 연구하려면 우선 힘을 측정해야 한다. 힘을 측정하는 방법으로는 힘계측기를 사용하여 직접 측정하는 방법과 수식을 이용하여 간접적으로 산출하는 방법이 있다. 힘을 측정할 때는 간접적인 측정방법보다 직접적인 측정방법이 더 정확하기 때문에 다양한 계측기들이 개발되고 있다. 그러나 힘을 직접 측정할 때 측정물체, 대상, 상황 등에서 많은 제한을 받기 때문에 직접 측정이 불가능한 경우가 많다. 따라서 측정의 간편성 때문에 간접 측정방법을 사용하게 되는 것이다.

힘을 간접적으로 측정할 때는 뉴턴의 가속도법칙($F=ma$)을 이용하여 물체가 순간적으로 움직인 거리와 속도 등을 기초로 하여 가속도를 알아내야 하는데, 이 과정에서 오차가 발생할 가능성이 높아 정확한 힘을 산출하기 어렵다는 단점이 있다.

1) 직접 측정

힘을 직접 측정하려면 힘계측기(측정기)를 사용하여야 한다. 힘계측기에는 기계적 속성을 이용한 기기(mechanical device)와 전기의 속성을 이용한 기기(electronic device)의 두 가지 종류가 있다.

악력을 측정하기 위하여 악력계를 사용하며, 등근력이나 배근력을 측정하기 위하여 등근력계를 사용한다. 악력계나 등근력계는 기계적 속성을 이용한 기기로서 기계적 측력계(mechanical dynamometer)라 한다. 기계적 측력계에는 그림 4-12의 (a)의 Smedley 악력계와 같이 탄성체의 탄성을 이용한 형태(spring steel type)와 그림 4-12의 (b)와 같이 기기에 줄로 연결된 손잡이를 당기는 악력계인 케이블 텐션미터(cable tensionmeter)의 두 가지 형태가 있다.

Smedley 악력계와 같이 탄성을 이용한 측력계(spring steel type)는 탄성체의 변형이 외력에 비례하는 원리를 이용하여 만들어진 계측기이다. 악력계나 등근력계와 같은 기계적 측력계는 최대등장성 근력을 손쉽게 측정할 수 있어 매우 널리 사용되고 있지만, 수축하고 있는 근육의 힘을 연속적으로 측정할 수 없고, 어떤 한순간의 정적 근력만을 측정할 수밖에 없다는 단점을 가지고 있다.

스포츠경기처럼 동작이 연속적으로 진행되고 있는 물체를 분석하려면 시간의 흐름에 따른 힘의 크기를 연속적으로 측정할 필요가 있다. 그런데 힘을 연속적으로 측정할 수 없는 기계적 측력계의 결함을 보완할 수 있는 계측기가 바로 전기측력계(electronic dynamometer)이다. 전기측력계는 전기의 속성을 이용하여 힘을 측정하는 계기로서 힘

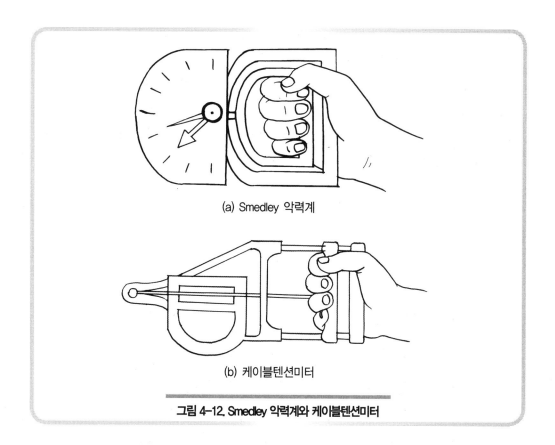

(a) Smedley 악력계

(b) 케이블텐션미터

그림 4-12. Smedley 악력계와 케이블텐션미터

변환기(force transducers)라고도 한다. 전기를 이용하여 힘을 측정하는 데 사용되는 대표적인 변환기(transducers)는 스트레인게이지(straingauge), LVDT(linear variable differential transformer), 피에조일렉트로닉 크리스털(piezoelectric crystals) 등이다.

스트레인게이지를 이용한 변환기에 힘이 작용하면 작용한 힘에 의하여 기계적 스트레인이 생기며, 그 기계적 스트레인을 전기저항으로 변환한다. 이때 변환된 전기저항은 전압을 변화시키는데, 출력된 전압을 힘으로 환산하는 원리를 이용하는 것이다.

LVDT는 자석의 변위와 위치를 연속적인 선형교류전압(linear AC voltage)으로 바꿔주는 전기장치이다. 그런데 출력된 전압은 작용한 힘에 의하여 생긴 기계적 변위에 정확하게 비례하기 때문에 변위를 힘으로 환산할 수 있게 된다. 그 원리는 그림 4-13과 같다.

피에조(piezo)란 그리스어인 piezein에서 유래된 말로, '누르다' 또는 '짜다'는 뜻을 갖고 있다. 피에조일렉트랙 크리스털은 1880년 퀴리 부인에 의하여 발견된 피에조효과의 원리를 이용한 것이다. 피에조효과란 어떤 특정한 크리스털에 기계적 부하가 걸리면 그 크리스털의 표면에 전기전하가 나타나는 것을 말한다. 이러한 효과를 이용하여 힘을 측정하는 변환기에서 가장 많이 사용되는 것이 수정(크리스털)이다. 수정은 견고하면서도 구조의 배열이 일정하여 수정에 작용된 부하와 전하의 크기가 선형의 비례관계를 갖고 있기 때문에 전하의 크기를 힘으로 환산할 때 정확도가 높다.

　일반적으로 스포츠기술을 연구할 때 많이 사용되는 전기측력계(electronic dynamometers)에는 압력판(force platform)과 같은 계측기가 있다.

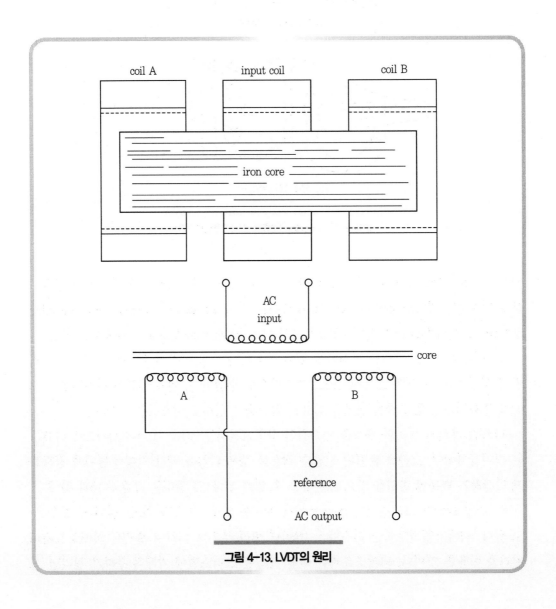

그림 4-13. LVDT의 원리

2) 간접 측정

힘을 직접 측정하면 정확도가 높지만 경기상황이나 측정대상에 따라 직접 측정이 불가능할 때가 많다. 그러므로 운동역학적(kinetic) 연구를 할 때는 불가피하게 간접적인 방법으로 힘을 측정할 수밖에 없다.

간접적인 힘의 측정은 뉴턴의 가속도법칙($F=ma$, $T=I\omega$)을 이용하는 방법이 가장 많이 사용된다. 그러므로 이 과정에서 움직이는 물체(matter)인 분절이나 전신의 질량과 질점 등과 같은 인체측정학적 자료와 가속도를 알아야 한다. 선행연구를 통하여 알게 되는 인체측정학적 자료는 오차를 포함하고 있으므로 산출된 힘에도 오차가 포함된다.

가속도는 영상분석을 통하거나 가속계를 사용하여 측정한다. 영상분석을 통하여 가속도를 구하는 과정은 물체가 움직인 시간과 거리를 구하고, 거리를 시간으로 나누어 속도를 산출한다. 그 다음 다시 원하는 구간의 속도차를 시간으로 나누어 가속도를 구한다. 이러한 과정에서 얻어진 가속도의 값은 오차가 커 정확도가 크게 떨어지는 결점이 있다.

한편 영상분석을 통하지 않고 가속계(accelerometer)로 직접 가속도를 측정할 수도 있다. 가속도를 직접 측정하려면 측정부위에 가속도계를 부착해야 하는데, 실제 경기장면에서 가속도계를 부착하는 것이 불가능하므로 주로 실험실상황에서 사용된다. 가속도계는 부피와 무게가 있어 측정부위에 부착하면 행동이 자유스럽지 못한 결점이 있다.

이상과 같이 힘을 간접적으로 측정하는 것은 직접 측정하는 것보다 쉬운 점은 있으나 오차를 수반하는 단점을 가지고 있다. 그러므로 운동역학(kinetic) 연구에서 힘을 측정하고자 할 때는 측정의 정확성과 간편성을 동시에 고려하여 적절한 방법을 택하는 것이 좋다.

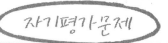

1. 힘의 중력 단위와 뉴턴 단위를 설명해보자.

2. 힘을 효과의 측면과 발원처의 측면에서 구분하고 예를 들어보자.

3. 근수축의 종류를 들고, 어떤 경우에 그와 같은 수축이 일어나는지 외력에 관련하여 알아보자.

4. 중력이란 무엇이며, 중력에 의한 속도변화의 크기를 알아보자.

5. 마찰력을 결정짓는 요인을 설명해보자.

6. 나무바닥면에 운동화와 구두를 올려 놓고 경사면을 조절했을 때 운동화는 40도에서, 구두는 20도에서 각각 내려온 경우 운동화와 구두의 마찰계수를 구해보자.

7. 마찰력이 커야 좋을 때와 적어야 좋을 때를 운동에서 예를 들어 설명해보자.

8. 압력에 의하여 발생되는 상해를 줄이기 위한 방법을 예를 들어 설명해보자.

9. 장대높이뛰기에서 체중 60kg인 사람이 3m 높이에서 두 발로 지면에 착지했을 때와 등과 어깨로 착지 했을 때의 압력이 얼마인지 알아보자(단, 두 발의 넓이 0.054m^2, 어깨와 등의 넓이 0.24m^2).

10. 전기의 속성을 이용하여 힘을 측정하는 기계는 어떤 것이 있으지 알아보고, 측정원리를 간략하게 말해보자.

11. 힘의 간접 측정과 직접 측정의 장단점을 알아보자.

12. 포환던지기에서 5kg의 포환이 릴리스되는 순간 14m/s의 속도가 되었을 때 작용한 순간 힘은 얼마인지 알아보자.

제2장 뉴턴의 운동법칙

영국의 천문학자이자 수학자이며, 유명한 물리학자인 뉴턴(Newton Isaac, 1642~1727)은 1678년 『프린키피아(Principia)』를 출판하였다. 그리스어로 출판된 이 저서에서 뉴턴은 간단한 율법에서부터 인력의 법칙과 응용, 유성의 운동에서 조석의 이론과 역학의 원리를 체계화시켰다.

뉴턴은 이 저서에서 힘과 운동에 관한 3가지의 기초적 운동법칙을 발표하였는데, 이를 뉴턴의 운동법칙이라 한다. 뉴턴의 운동법칙에는 제1운동법칙인 관성의 법칙, 제2운동법칙인 가속도의 법칙, 제3운동법칙인 작용반작용의 법칙이 있다.

1. 관성의 법칙

고대 그리스사람들은 힘이 작용하면 물체가 움직이고, 힘이 작용하지 않으면 그 물체의 운동은 끝난다고 생각하였다. 이와 같은 생각은 근대과학의 아버지로 불리는 이탈리아의 갈릴레오(1564~1642)에 의하여 부정되었으며, 그 후 뉴턴에 의하여 이른바 '관성의 법칙'으로 정립되었다.

관성의 법칙(law of inertia)은 움직이고 있는 물체가 외부로부터 힘을 받지 않는 한 동일한 방향과 속도로 운동을 계속하며, 정지한 물체가 외력을 받지 않거나 외부로부터 작용한 외력의 합이 0(net force ＝ 0)일 경우에는 정지상태를 계속 유지하는 것을 말한다.

관성(inertia)이란 물체가 운동을 하고 있는 상태에서나 정지한 상태에서 원래의 상태를 유지하려고 하는 속성으로 모든 물체는 관성을 지니고 있으며, 관성의 크기는 질량에 비례한다. 가벼운 물체를 움직이는 것보다 무거운 물체를 움직이는 것이 힘이 더 드는 이유는 관성 때문이다.

모든 스포츠활동에서 관성의 적절한 응용은 운동효과를 증진시키고 기술을 향상시키며 상해를 예방하는 데 많은 도움이 된다. 예를 들어 철봉이나 평행봉에서 흔들기를 할 때 스윙이 시작되면 관성 때문에 동일한 방향으로 흔들기를 계속하려고 하지만, 중력이나 마찰력 등과 같은 저항력 때문에 스윙속도가 점차 감소되어 마침내 순간적으로 정지한 후 중력 때문에 아래쪽으로 내려오는 진자운동을 한다.

앞뒤로 흔들기를 자연스럽고 크게 하려면 스윙의 최고정점에서 순간적으로 정지한 후 다시 내려오기 시작한 이후에 발차기(beating)를 하여야 효과적이다. 만약 신체가 완전히 올라가기 전에 발차기를 한다면 흔들기의 리듬이 깨지고 흔들기의 폭도 작아지게 된다.

골프에서 공을 칠 때 멀리 보내려면 클럽헤드와 공이 임팩트되는 순간 클럽헤드의 속도가 빨라야 하는데, 그렇게 하기 위해서는 임팩트가 이루어진 후에도 클럽헤드가 관성으로 인하여 스윙이 계속되도록 팔로스루를 해야 한다. 야구의 배팅, 테니스의 스매싱과 같이 충격을 크게 주어야 하는 운동에서 팔로스루는 운동효과를 증진시키는 데 매우 중

그림 4-14. 여러 가지 팔로스루

요하다.

100m 달리기에서도 시간을 단축시키려면 결승선상에서 정지하려고 하지 말고 결승선보다 10m 이상을 최대속도로 달려야 한다. 결승선에서 갑자기 정지하려고 하면 달려오는 반대방향으로 순간적으로 폭발적인 힘을 내야 하는데, 그렇게 하면 결승선 부근에서 속도가 느려질 뿐만 아니라 근육이나 관절에 상해를 입기 쉽다.

2. 가속도의 법칙

가속도의 법칙(law of acceleration)은 질점의 가속도는 질점에 작용한 합력에 비례하고 그 합력의 방향과 같다는 것이다. 모든 물체는 관성을 가지고 있기 때문에 물체에 힘이 작용될 때에만 그 물체의 속도가 변한다.

잔디 위에 정지한 골프공을 골프클럽으로 치면 그 공은 친 방향으로 날아가는 것을 볼 수 있으며, 날아오는 야구공에 글러브를 대면 공이 야구 글러브 속에 잡히는 것을 볼 수 있다. 정지한 물체에 그 물체가 가지고 있는 관성력보다 큰 힘이 작용하면 운동이 일어나고, 움직이는 물체에 힘이 가해지면 속도나 방향이 변하게 된다.

물체의 속도변화는 작용한 힘의 크기에 따라 달라진다. 골프공이 골프클럽에 의하여 강하게 임팩트되면 멀리 날아가지만, 약하게 임팩트되면 멀리 날아가지 못한다. 골프공은 임팩트 직후 공의 속도가 클수록 멀리 날아간다. 공의 속도를 크게 하려면 골프클럽에 큰 힘을 써서 클럽헤드의 속도를 증가시켜야 한다. 이처럼 물체의 속도변화는 작용한 힘의 크기에 비례한다.

한편 포환을 던질 때 남자용 포환을 던지는 것보다 무게가 가벼운 여자용 포환을 던지면 포환을 더 멀리 던질 수 있다. 그 이유는 동일한 힘을 물체에 가했을 때 질량이 크면 클수록 그 물체의 가속도는 작아지기 때문이다.

이처럼 가속도는 힘에는 비례하지만, 질량에는 반비례한다. 그러므로 가속도를 a, 힘을 F, 질량을 m이라 하면 가속도는 다음과 같다.

$$a \propto \frac{F}{m}$$

위의 비례식을 등식으로 만들기 위하여 비례상수를 K 라고 하면,

$$a = K \frac{F}{m}$$
$$F = \frac{1}{K} ma$$

질량 1kg의 물체에 작용하여 생긴 가속도가 1m/sec^2이었을 때 작용한 힘의 크기를 1N이라고 하면, 이때 비례상수 K의 크기는 1이 되므로 F 는 다음과 같다.

$$F = ma$$

예 제

체중 75kg인 100m 달리기선수가 출발 3초 후 12m/sec의 속도가 되었을 때, 달리는 방향으로 발휘한 힘은 다음과 같다.

$$F = m\alpha$$
$$F = m \frac{v_f - v_o}{t}$$
$$= 75\text{kg} \times \frac{12\text{m/sec} - 0\text{m/sec}}{3\text{sec}}$$
$$= 300\text{kgm/sec}^2$$
$$= 300\text{N}$$

육상의 장거리달리기나 마라톤경기에서 적절한 페이스를 유지하는 것은 경기의 승패를 결정짓는 중요한 요소이다. 페이스 유지란 달리는 속도를 일정하게 한다는 것을 의미하는데, 장거리달리기나 마라톤경기에서는 출발부터 결승점까지 등속도운동을 해야 에너지소비가 적다. 오랜 시간 운동을 하는 마라톤경기에서 가장 중요한 문제는 에너지의 고갈이다. 그러므로 마라톤과 장거리달리기에서 좋은 기록을 내려면 에너지소모를 최소화하여야 한다. 에너지를 최소화시킬 수 있는 주행방법은 달리는 동안 속도를 변화시키지 않고 동일한 속도로 일정하게 달리는 것이다.

동일한 속도로 달릴 때는 공기저항이나 마찰력을 극복할 수 있는 힘만 발휘하면 되지만, 속도의 변화가 있을 때는 그때마다 공기저항이나 마찰력 이외에도 속도를 변화시키기 위하여 부가적으로 힘을 발휘해야 한다.

자동차를 운행할 때 정지하지 않고 계속 주행할 수 있는 고속도로에서보다 신호등이 많고 속도변화가 심한 시내주행의 연비가 낮은 것도 이와 같은 이유 때문이다.

3. 작용반작용의 법칙

두 사람이 손바닥을 펴서 맞대고 서로 밀 때나 손바닥으로 벽을 밀면 손바닥에 작용하는 힘을 느끼게 되는데, 이때 강하게 밀수록 손바닥에 더 큰 힘을 느끼게 된다. 벽을 밀 때 손바닥에 느끼는 힘은 벽에서 손바닥에 작용한 힘으로, 이러한 힘을 반작용력(reaction force)이라 한다. 벽을 강하게 밀수록 벽에서부터 손바닥에 작용하는 반작용력도 강하게 된다.

작용반작용의 법칙(law of action and reaction)은 상호작용하는 물체들 사이의 작용력과 반작용력은 크기가 같고 방향은 서로 반대이며, 동일직선상에 있는 것을 의미한다. 한 물체가 다른 물체에 힘을 가할 때 힘을 받는 물체는 힘을 작용한 물체로부터

그림 4-15. 작용반작용의 예

받은 힘과 동일한 크기의 힘이 반대방향으로 작용한다. 예를 들어 총을 어깨에 밀착시키고 사격을 하면 발사 순간 어깨에 강한 충격을 느끼게 되는데, 이는 발사되는 순간 총알이 날아갈 때 생긴 힘이 탄도의 반대방향으로 작용하기 때문이다.

반작용력의 크기는 물체에 작용한 힘과 동일하지만, 모래나 진흙과 같이 물체가 힘을 받았을 때 물체에 변형이 생기면 반작용력은 감소한다. 동일한 속도로 모래 위에서 달리는 것이 육상트랙에서 달리는 것보다 힘이 더 드는 것은 작용한 힘보다 반작용력이 감소되었기 때문이다.

야구공이나 럭비공을 받을 때 공과 접촉하는 신체부위의 힘을 빼야 공을 안전하게 받

을 수 있는 이유는 공이 접촉되는 순간 손가락이나 가슴의 변형이 힘을 주고 있을 때보다 더 많이 생겨 공에 대한 반작용력을 줄이기 때문이다.

4. 뉴턴의 운동법칙과 인체이동운동

걷기, 달리기, 뛰기 등의 동작은 발로 지면을 밀어낸 힘에 의하여 지면으로부터 발에 작용하는 지면반력(reaction force)에 의하여 이루어지는 것이다.

그림 4-16과 같이 발로 지면을 밀면 지면으로부터 동일한 크기의 지면반력이 반대방향으로 작용한다. 이때 지면반력은 수평분력과 수직분력으로 분해되어 수평분력은 신체를 전방으로 이동하게 하고, 수직분력은 몸을 상방향으로 솟구치게 한다. 또, 100m 달리기선수가 스타팅블록을 사용하여 출발할 때 선수가 발로 스타팅블록을 밀어내면 스타팅블록으로부터 발에 동일한 크기의 반작용력이 생기는데, 이때 생긴 반작용력으로 선수가 출발한다.

반작용력을 얻기 위하여 물체에 힘을 발휘할 때는 운동목적에 따라 적절한 방향으로 힘을 써야 한다. 달리기의 스타팅과 같이 수평운동을 목적으로 할 때는 지면에 작용하는 각도를 적게 하는 것이 유리한 반면, 높이뛰기와 같이 수직운동을 하려고 할 때는 90도

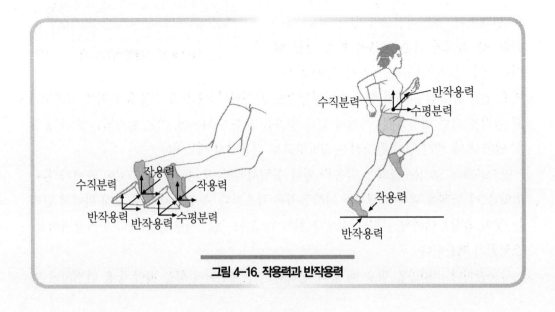

그림 4-16. 작용력과 반작용력

에 가깝도록 해야 하며, 이동 중에 정지하려고 할 때는 진행방향의 반대쪽으로 힘을 써
야 한다.

  걸을 때 한쪽 발이 지면에 착지하여 이지할 때까지 0.58sec 동안 지지되었을 때 전후,
좌우, 수직지면반력의 일반적인 모습은 그림 4-17과 같다(박성순, 1986). 수직방향 지면
반력은 M자와 같은 형태로 2개의 정점이 나타나는데, 제1정점 이후에는 수직지면반력
이 급격히 감소하고 최하점을 지난 후에는 증가하여 제2정점을 이루고 있으며, 그 이후
에는 다시 급격히 감소한다. 이와 같은 양상은 속도의 변화에 관계없이 일관성을 유지하
고 있지만, 수직방향의 지면반력은 속도가 빨라질수록 제1정점이 높아지는 반면, 제2정
점은 낮아진다.

  전후방향의 지면반력은 힐-스트라이크 직후에 후방지면반력이 최대치를 나타내다가
그 후 점차 감소하여 신체무게중심선이 압력중심을 통과하는 순간 0이 된 후, 발목관절

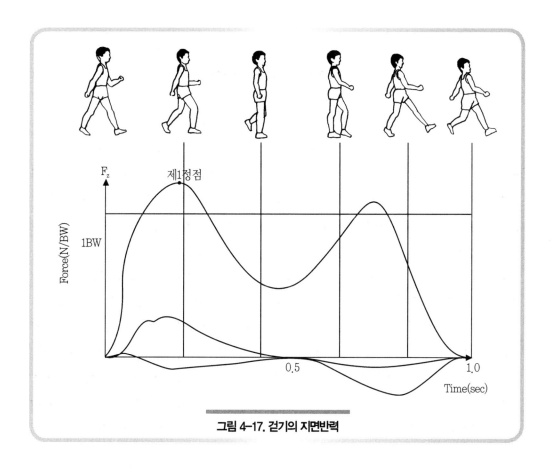

그림 4-17. 걷기의 지면반력

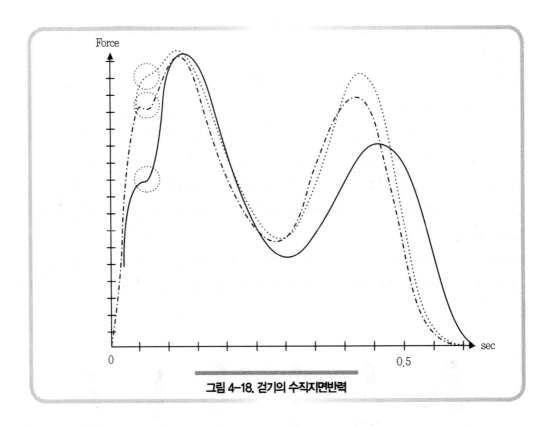

그림 4-18. 걷기의 수직지면반력

이 발바닥쪽 굽힘(planter flexion)에 따라 지면반력의 작용방향이 바뀌어 전방으로 작용한다. 수직방향의 지면반력이 제2정점을 나타내는 시점에서 최대치가 되었다가 다시 감소하여 이지하는 순간에 다시 0이 된다. 전후방향의 지면반력은 속도가 증가할수록 전후방 교차점 발생시기가 빨리 나타나는데, 이는 후방보다 전방으로 작용하는 지면반력을 증가시키는 원인이 되고 있다.

　좌우방향의 지면반력은 수직지면반력보다 매우 적고 개인에 따라 매우 다양하다. 좌우방향의 지면반력은 직진하는 신체무게중심을 좌우로 움직이게 하는 힘으로 작을수록 좋다.

　한편 수직지면반력은 그림 4-18과 같이 제1정점 직전에서 갑작스런 변화상태가 자주 나타나는데, 이는 발꿈치가 지면에 접촉하는 순간 장딴지근의 작용이 중지되어 발목관절의 발바닥쪽 굽힘이 발생하기 때문에 수직지면반력의 증가가 잠시 정체하여 생기는 현상이다(박성순, 1986). 이러한 현상은 부자연스런 보행동작의 원인이 되며, 보행주기의 계속적인 진행에 방해를 가져와 효율적인 걷기동작의 수행을 저하시키기 때문에

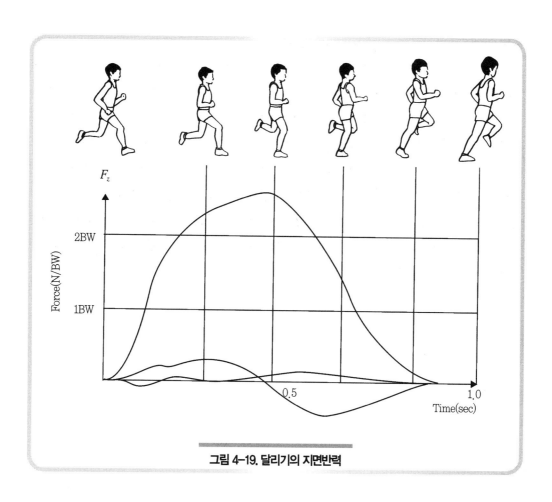

그림 4-19. 달리기의 지면반력

걷기동작의 효율성을 정성적으로 평가하는 유용한 지표로 사용될 수 있다.

　그림 4-19는 6.66m/sec로 달리기를 하였을 때 전후, 좌우 및 수직지면반력을 나타낸 것이다(박성순, 1986). 걷기에서는 수직방향의 지면반력이 두 개인 반면에 달리기에서는 단일정점만 나타난다. 달리기의 수직지면반력은 체중의 약 3배가 되어 걷기에서보다 매우 높다. 달리기에서 발이 지면에 착지하는 유형은 발앞쪽착지형, 발가운데착지형, 발꿈치착지형 등이 있는데, 장거리선수들의 80%는 발꿈치착지형이고 단거리선수는 발앞쪽 혹은 발가운데착지형이라고 한다(Cavanagh, 1980).

　Williams(1985)는 한 개의 정점만 나타내는 경우와 힐-스트라이크 직후 임팩트 정점과 액티브 정점이 나타나는 두 가지 유형이 있다고 하였으며, 발꿈치착지형 선수에서 두 개의 정점이 나타나는 특징이 있다고 하였다.

한편 전후방향의 지면반력은 발이 지면에 접촉한 직후 뒤쪽 방향의 지면반력이 나타났고, 이지될 때는 앞쪽으로 작용하는 지면반력이 나타난다. 전후방향의 지면반력의 교차점은 걷기보다 빨리 나타났으며, 달리기의 속도가 증가할수록 전후방의 지면반력의 교차점도 점점 빨리 나타났다. 이와 같은 결과는 전진방향의 충격량(impulse)을 증가시키는 요인이 되고 있어 지면마찰력과 공기저항을 극복할 때 작용하는 것으로 볼 수 있다.

단거리달리기에서 출발 후 완전질주시점까지 최대의 가속도를 얻으려면 전진방향의 충격량을 최대한 크게 해야 한다. 그렇게 하려면 윗몸을 가능한 한 전방으로 많이 기울이고 보폭을 줄이는 반면, 걸음수를 증가시켜야 한다. 이런 출발요령은 전후방향의 지면반력 교차점의 출현시기를 빠르게 하여 전방으로 작용하는 충격량을 증가시켜 보다 큰 가속도를 얻을 수 있다.

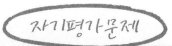

자기평가문제

1. 출발할 때와 결승점에 골인할 때 어떻게 해야 하는지를 관성의 법칙을 적용하여 설명해보자.
2. 팔로스루란 무엇이며, 그 필요성을 설명해보자.
3. 가속도의 법칙이란 어떤 의미인지 운동에서 예를 들어 설명해보자.
4. 장거리운동에서 왜 페이스가 중요한지를 알아보자.
5. 럭비공을 받을 때 받는 부위의 힘을 빼서 받는 것이 좋은 이유를 작용반작용의 법칙을 이용하여 설명해보자.

제3장 운동량과 충격량

스포츠현장에는 매우 짧은 순간에 충격을 주고받아 운동에 변화를 주는 경우가 있다. 배구경기에서는 아주 짧은 순간에 스파이크를 하며, 태권도경기에서는 팔과 다리를 빠르게 움직여 상대방을 가격한다. 운동을 잘하려면 물체에 충격을 주고받는 원리를 잘 이해하고 활용하여야 한다.

1. 운 동 량

1) 운동량의 크기와 단위

타자는 배트를 휘둘러 투수가 던진 공을 쳐내고, 권투선수는 주먹을 뻗어 상대방을 가격한다. 야구선수가 휘두른 야구배트나 권투선수가 뻗는 주먹과 같이 움직이는 물체가 가지고 있는 물리량을 운동량(momentum : M)이라 한다.

움직이는 물체는 모두 운동량을 가지고 있다. 그러나 움직이고 있는 물체가 가지고 있는 운동량은 그 크기가 모두 같은 것은 아니다. 예를 들어 느리게 휘두르는 야구배트보다 빠르게 휘두르는 배트에 맞은 공이 더 멀리 날아간다. 그 이유는 느리게 휘두르는 배트보다 빠르게 휘두르는 배트가 더 큰 운동량을 갖고 있기 때문이다.

권투선수가 상대방에게 충격을 심하게 주거나 다운을 시키려고 주먹을 뻗을(blow) 때 주먹의 속도를 증가시킨다. 왜냐하면 빠르게 뻗어진 주먹이 느리게 뻗어진 주먹보다 운동량이 커서 상대방에게 더 큰 충격을 줄 수 있기 때문이다.

한편 야구공에 맞았을 때보다 같은 속도로 날아오는 포환에 맞았을 때가 통증이 심하며, 상해도 더 크게 입는다. 이는 야구공보다 포환의 무게가 더 커서 포환의 운동량이 야구공의 운동량보다 더 크기 때문이다. 물체의 속도와 질량이 클수록 운동량도 증가한다.

이처럼 운동량이란 얼마나 큰 질량을 가지고 얼마나 빠르게 움직이고 있느냐를 나타내는 물리량으로, 움직이고 있는 물체가 가지고 있는 운동량의 크기는 물체의 속도와 질량의 곱으로 나타낸다. 질량을 m, 속도를 v라고 하면 운동량 M은 다음과 같다.

$$M = mv$$

운동량은 질량의 단위와 속도의 단위를 곱한 벡터량으로, 크기와 방향을 가지고 있다. 운동량의 단위로는 미터법의 MKS 단위로는 kgm/sec이며, CGS단위로는 gcm/sec이다. 한편 파운드법으로는 slug ft/sec이다.

어떤 물체가 가지고 있는 운동량은 충돌할 때 충돌되는 물체의 운동량에 영향을 주므로 충돌이 없을 때에는 별 의미가 없다. 그러므로 운동량은 부딪치고 때리는 스포츠활동에서 아주 다양하게 적용된다.

럭비, 미식축구, 아이스하키 등과 같이 신체적 충돌이 이루어지는 스포츠에서 상대방에게 충격을 줄 때는 충돌순간에 운동량이 커야 유리하지만, 상대방으로부터 충돌을 당할 때에는 충돌효과를 감소시켜야 유리하다. 골프의 퍼팅이나 농구의 슈팅에서 방향이 아무리 정확하더라도 홀이나 림에 미치지 못하거나 지나치면 소용이 없듯이, 운동수행 시 최대운동량보다는 정확한 운동량의 발휘가 더 중요한 경우도 많다. 그러므로 모든 스포츠활동에서 운동량을 최대화시키는 것이 꼭 바람직하다고 볼 수는 없다.

2) 운동량보존의 법칙

운동량이란 개념을 이해하는 데 도움을 주는 중요한 사실은 외력이 작용하지 않는 한 시스템(system) 내의 총운동량은 변하지 않고 보존된다는 것인데, 이를 운동량보존의 법칙(law of conservation of momentum)이라 한다.

그림 4-20에서 당구큐로 질량 m인 당구공 A를 $\sqrt{A}$ 의 속도로 쳐서 정지해 있는 다른 당구공 B를 정면으로 맞췄을 때의 상황을 나타낸 것이다. 마찰력과 공의 자체회전이 없다고 가정하면, 때린 공이 정지했을 때 정지해 있던 공 B는 때린 공의 속도 A와 같은 속도로 움직이게 된다.

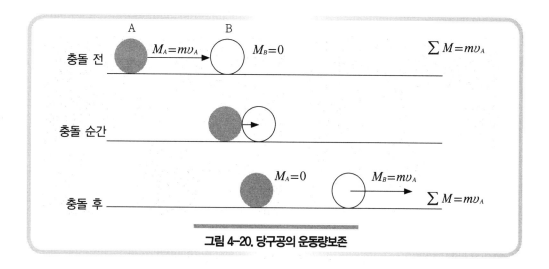

그림 4-20. 당구공의 운동량보존

충돌 직전 공 A의 운동량은 $M_A=mv_A$이며, 공 B의 운동량은 정지해 있었기 때문에 운동량은 0이다. 반면 충돌 직후 공 A는 정지하였기 때문에 A의 운동량은 0이 되었고, 공 B는 충돌 직후 v_A의 속도로 움직여서 공 B의 운동량 mv_A가 된다. 즉 움직이고 있던 공이 정지하면서 잃은 운동량으로 정지해 있던 공을 똑같은 속도로 움직이게 하였기 때문에 총운동량이 보존된 것이다.

그림 4-21과 같이 볼링에서 투구된 공이 정지한 핀을 쓰러뜨릴 때에도 핀 10개를 하나의 시스템으로 보면 운동량은 보존된다. 그림 4-21의 (a)에서 핀이 정지해 있을 때 핀 10개의 총운동량은 0이다. 볼링공의 질량을 m이라 하고 임팩트 직전의 공의 속도를 v라고 하면 볼링공의 운동량은 $M_B=mv$이다. 한편 임팩트 후에는 10개의 핀이 각 방향으로 그림 (b)과 같 v_1 v_2 v_3 ……v_{10}의 속도로 튀어나갔을 때 핀의 무게를 m_p라고 하면, 핀의 각운동량의 합 M_p는 다음과 같다.

$$M_p=mv_1+mv_2+mv_3+……mv_{10}$$
$$=m(v_1+v_2+v_3+……v_{10})$$

임팩트 후 스트라이크가 되어 핀 10개가 모두 쓰러졌을 때 모든 핀의 총운동량은 공의 외력만 작용하였기 때문에 볼링공이 임팩트 직전에 가지고 있던 운동량과 같다. 이를 정리하면 다음과 같다.

$$M_B = M_p = m(v_1 + v_2 + v_3 + \cdots\cdots v_{10})$$

그림 4-21. 볼링에서 임팩트 전과 후의 운동량보존

운동량보존의 법칙은 움직이는 두 물체가 충돌했을 때에도 적용된다. 그림 4-22에서와 같이 야구선수가 스윙을 하여 날아오는 공을 배트로 쳤을 때 야구공과 배트의 총운동량은 충돌 전과 충돌 후에도 동일하게 운동량이 보존된다.

그림 4-22에서 야구배트의 무게를 m_1, 야구공의 무게를 m_2라 하고, 임팩트 직전과 직후의 배트의 속도를 v_1과 v_2, 임팩트 직전과 직후의 공의 속도를 v_3와 v_4라고 할 때, 야구배트와 공의 총운동량은 충돌 전과 충돌 후에 동일하므로 다음과 같다.

$$m_1 v_1 + m_2 v_3 = m_1 v_2 + m_2 v_4$$

그러므로 임팩트 직전과 후의 배트의 속도, 임팩트 직전의 공의 속도를 알면 임팩트 직후의 공의 속도를 측정하지 않고도 계산해 낼 수 있다.

그러나 스포츠현장에서 충격을 가할 때 운동량을 전혀 소실하지 않고 다른 물체에 운동량을 전달하기가 쉽지 않다. 동일한 배트와 스윙속도로 이루어진 타구라도 때로는 호쾌한 홈런이 되기도 하지만 투수 앞 땅볼이 되는 경우도 있다. 후자의 경우 운동량보존

그림 4-22. 야구에서 배팅 전후의 총운동량보존

의 법칙에 위배되는 것 같지만, 실제로는 공이 배트의 스위트스팟(sweet spot)에 정확히 맞지 않아 배트의 총운동량을 모두 공에게 전달하지 못한 경우이다. 이때 공에 전달된 운동량의 일부가 배트에 흡수되어 배트를 잡고 있는 손이 아프게 울릴 정도의 진동을 느끼게 된다.

어떤 경우에든 운동량은 항상 보존되지만, 야구에서와 같이 배트와 공이 충돌이 될 때 배트의 총운동량이 모두 공의 진로방향으로 전달되지 못하는 경우도 생길 수 있다. 따라서 라켓이나 배트와 같은 운동용구에 운동량이 좀 더 쉽게 전달될 수 있도록 제작하려는 연구가 많이 이루어지고 있다. 테니스라켓에서 스위트스팟을 더 넓히기 위하여 만들어진 초보자나 여성용의 오버사이즈 라켓 등이 그 예이다.

예 제

타자가 900g의 야구배트로 145km/h(40.28m/sec)의 속도로 날아오는 145g의 야구공을 타구하였다. 타구 순간 배트의 속도가 7m/sec에서 타구 직후 6m/sec로 변했다면 타구 직후의 공의 속도는 다음과 같이 구할 수 있다.
※ 운동량이 보존되었다면 배트와 공의 총운동량은 타구 직전과 직후에 동일하다.

$$m_1v_1 + m_2v_3 = m_1v_2 + m_2v_4$$

$$0.9\text{kg} \times 7\text{m/sec} + 0.145\text{kg} \times 40.28\text{m/sec} = 0.9\text{kg} \times 6\text{m/sec} + 0.145\text{kg} \times x$$

$$6.3\text{kgm/sec} + 5.84\text{kgm/sec} = 5.4\text{kgm/sec} + 0.145\text{kg} \times x$$

$$12.14\text{kgm/sec} = 5.4\text{kgm/sec} + 0.145\text{kg} \times x$$

$$0.145\text{kg} \times x = 12.14\text{kgm/sec} - 5.4\text{kgm/sec}$$

$$x = \frac{6.74\text{kgm/sec}}{0.145\text{kg}}$$

$$\fallingdotseq 46.48\text{m/sec}$$

$$\fallingdotseq 167.33\text{km/h}$$

운동량은 벡터량으로, 방향을 가지고 있다. 그러므로 운동을 하는 두 물체가 동일선상에서 충돌하면 운동량이 적은 물체는 운동량이 큰 물체의 방향으로 움직이며, 운동량이 동일할 경우에는 두 물체가 정지한다. 그러나 동일선상이 아니라면 충돌하는 각도와 운동량의 크기에 따라 이동방향이 변한다.

예제

럭비경기에서 공을 갖고 8m/sec로 달려오는 체중 78kg인 공격수를 저지하기 위하여 반대방향에서 5.4m/sec로 달려가는 체중 70kg인 수비수가 증가시켜야 할 속도는 다음과 같이 구할 수 있다.
※공격수와 수비수의 운동량의 합이 0이면 두 사람을 정지하게 된다.

$$m_1v_1 + (-m_2v_2) = 0$$

$$m_1v_1 = m_2v_2$$

$$70\text{kg} \times (5.4\text{m/sec} + x) = 78\text{kg} \times 8\text{m/sec}$$

$$378\text{kgm/sec} + 70\text{kg} \cdot x = 624\text{kgm/sec}$$

$$378\text{kgm/sec} - 624\text{kgm/sec} = -70\text{kg} \cdot x$$

$$-246\text{kgm/sec} = -70\text{kg} \cdot x$$

$$x = \frac{-246\text{kgm/sec}}{-70\text{kg}}$$

$$= 3.51\text{m/sec}$$

한편 운동량은 충돌 전과 충돌 후에 보존되기도 하지만, 선운동량은 운동량의 손실 없이 각운동량으로 전환되기도 하며, 각운동량도 선운동량으로 전환된다.

그림 4-23은 투창선수가 도움닫기를 하여 창을 던지는 동작을 나타낸 것이다. 전체운동량은 변하지 않는 상태에서 각운동량은 선운동량으로, 또는 선운동량은 각운동량으로 전환된다. 도움닫기를 하는 동안 창은 선운동을 하며, 창의 질량과 투창선수의 도움닫기속도를 곱한 값의 선운동량을 가지고 있다.

도움닫기 동작에서 창을 던지기 위하여 첫발을 내딛을 때(그림 4-23의 ①) 선운동을 하던 창은 선수가 발을 축으로 하는 회전운동을 시작하면서 각운동량을 갖는다. 그 이후 창을 잡고 있는 팔과 윗몸을 전방으로 회전시키면서 창의 각운동량을 증가(그림 4-23의 ②~④)시킨다. 이때 창은 선운동량과 각운동량을 함께 갖게 되어 총운동량이 증가한다. 창을 던지는 순간 회전운동을 하던 창은 선운동으로 전환되며, 이때 각운동량은 선운동량으로 전환된다. 이처럼 투창은 각운동에서 선운동으로 전환되는데, 전환되는 과정에서 운동량은 변화가 없이 항상 일정하다.

창을 멀리 던지려면 릴리스되는 순간 창의 선운동량이 커야 한다. 릴리스 순간 창의 선운동량은 릴리스 직전의 각운동량과 동일하므로 릴리스 순간에 창의 각속도를 증가

그림 4-23. 창던지기의 연속동작

시켜야 한다.

한편 던지는 동작에서의 각운동량은 도움닫기에서 생긴 선운동량에서 전환된 각운동량과 던지는 동작 중에 팔과 윗몸에 의하여 생성된 각운동량을 합한 것이다. 그러므로 도움닫기를 할 때 선운동량을 증가시키려면 도움닫기속도를 빠르게 하여야 한다.

2. 충 격 량

물체를 이동시키기 위해 물체에 힘을 가하면 힘이 작을 때보다는 클 때, 그리고 힘을 작용하는 시간이 짧을 때보다는 길 때에 물체가 빠르게 이동한다. 유도경기에서 기술을 걸기 위하여 상대방을 자기의 몸쪽으로 잡아당길 때에도 큰 힘으로 오랫동안 잡아당길 때 상대방이 빠르게 끌려온다.

이처럼 물체가 움직이는 속도는 힘과 힘을 작용한 시간에 의하여 달라지는데, 물체가 받는 힘과 시간을 곱한 것을 충격량(impulse)이라 한다. 충격량은 물체가 받는 힘의 효과를 나타내는 물리량으로 역적이라고도 하며, 문자로는 I로 표시하고 크기는 다음과 같다.

$$I = Ft$$

뉴턴의 가속도법칙에 의하면 물체의 가속도는 힘에는 비례하고, 물체의 질량에는 반비례한다. 따라서 가속도의 법칙을 이용하면 충격량의 의미를 쉽게 이해할 수 있다.

$$F = ma$$

$$a = \frac{v_f - v_o}{t}$$

$$F = \frac{m(v_f - v_o)}{t}$$

$$= \frac{mv_f - mv_o}{t}$$

양변에 t를 곱하면

$$Ft = mv_f - mv_o$$

$$= \varDelta mv$$

$$= m(v_f - v_o)$$

충격량이란 위에서 보는 바와 같이 운동량의 변화를 의미하며, 질량이 동일할 때에는 속도의 변화를 의미한다. 충격량의 단위는 미터법에서는 Nsec, 파운드법에서는 lbsec이다.

물체의 충격량은 받는 힘이 클수록, 힘을 받는 시간이 길수록 커진다. 충격량은 운동량의 변화를 의미하기 때문에 운동량의 변화가 크면 충격량도 커지며, 동일한 물체에서는 속도의 변화가 커지면 충격량이 커진다. 충격량이 동일할 때에는 힘과 시간은 서로 반비례한다($F = m(v_f - v_o)/t$).

축구, 럭비, 레슬링 등에서는 사람과 사람, 테니스에서는 공과 라켓(운동용구와 다른 운동용구), 배구에서는 공과 사람(운동용구와 사람)이 충돌하는 경우가 매우 많다. 상대 방에게 충격을 줄 때는 충격력(타격을 받거나 충돌했을 때 물체 간에 생기는 접촉력)을 크게 하는 것이 유리하고, 충격을 받을 때는 적어야 유리하다. 이와 같이 운동 중에 충돌이 일어날 때 충격력(impact force)의 원리를 활용하면 많은 도움을 받을 수 있다.

럭비경기에서 공격해오는 상대편 선수를 저지하려면 수비선수는 강한 태클을 하여 공격선수를 넘어뜨려야 한다. 그렇게 하려면 수비선수는 공격선수에게 강한 충격력을 주어야 한다. 또 테니스의 서비스나 스매싱을 할 때에도 공에 큰 충격력을 주어야 공의 속도가 빨라져 성공률이 높아진다.

충격력은 $F = \Delta mv/t$ 이므로 충격력을 증가시키려면 운동량의 변화를 증가시키고, 이에 소요시간을 짧게 하여야 한다.

그림 4-24와 같이 백핸드스트로크를 할 때 공에 큰 충격량($Ft = \Delta mv$)을 주어 공의 속도변화를 크게 하려면 테니스라켓의 질량과 라켓을 휘두르는 속도를 증가시켜야 한다. 그러나 라켓의 질량은 일정하기 때문에 라켓의 스윙속도를 증가시킬 수밖에 없다.

라켓이나 배트를 가지고 하는 경기에서는 선수에게 공을 칠 때 팔을 끝까지 뻗으라고 하는데, 이러한 동작을 팔로스루라고 한다. 테니스라켓으로 공을 강하게 쳐 보내려면 보다 긴 시간과 거리에 걸쳐 공을 쳐내야 한다. 그렇게 하려면 스트로크 후에 팔로스루를 해야 한다. 배트나 라켓과 공이 충돌하는 장면을 고속으로 찍은 사진을 보면 팔을 끝까지 뻗는 팔로스루동작을 볼 수 있다.

그림 4-25와 같이 태권도에서 격파를 할 때는 충격량이 동일하면 손과 물체의 충돌시간을 짧게 하는 것이 좋다. 왜냐하면 충돌시간이 짧을수록 물체가 받는 충격력은 더 크기 때문이다. 선수가 기왓장을 내려치면 기왓장의 윗부분은 압축력을 받게 되고, 아랫부

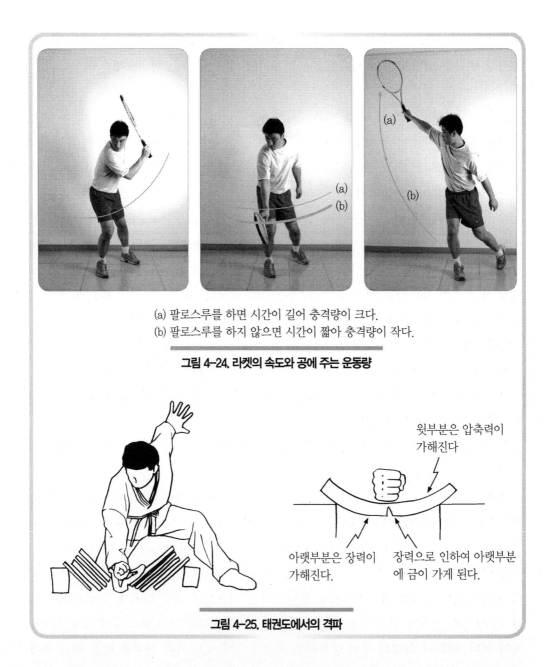

(a) 팔로스루를 하면 시간이 길어 충격량이 크다.
(b) 팔로스루를 하지 않으면 시간이 짧아 충격량이 작다.

그림 4-24. 라켓의 속도와 공에 주는 운동량

윗부분은 압축력이
가해진다

아랫부분은 장력이
가해진다.

장력으로 인하여 아랫부분
에 금이 가게 된다.

그림 4-25. 태권도에서의 격파

분은 장력을 받게 되어 아랫부분에서 균열이 일어나 기왓장이 반으로 쪼개진다. 초보자
들이 격파연습을 할 때 휘기 쉬운 나무를 사용하지 않고 오히려 딱딱한 마른 나무를 사
용하여야 충격량의 변화시간을 짧게 할 수 있어 유리하다.

한편 창던지기를 할 경우 창을 최대한 몸 뒤쪽에서 앞으로 멀리 팔을 휘돌리면서 던지

기속도를 증가시켜야 한다. 이때 긴 시간과 긴 거리에 걸쳐서 힘을 작용시켜야 하므로, 던지기 직전 최종 발딛음을 할 때는 아주 짧은 시간에 접지동작을 하여 창의 회전반지름을 증가시켜 회전하는 창의 거리와 시간을 길게 해야 한다.

　이와는 반대로 공을 받을 때는 충격량이 적어야 공을 떨어뜨리지 않고 안전하게 잡을 수 있으며, 태클을 받을 때도 충격량이 적어야 본래의 자세를 유지하는 데 유리하다. 충격량이 동일할 때는 힘과 시간은 서로 반비례한다. 그러므로 운동량이 변화하는 시간을 길게 하면 충격량을 줄일 수 있다.

　동일한 속도로 날아오는 공을 한 번은 손을 몸으로 끌어당기며 받고, 한 번은 팔을 뻗은 채로 받아 공이 손에 접촉한 시간을 각각 달리하여 받아보자. 이 두 경우 모두 공이 처음 손에 닿는 순간의 운동량이 같고, 공을 받고 난 후 공이 정지하였으므로 운동량은 0으로 결국 공의 운동량변화인 충격량은 같다.

　이때 주의할 점은 손에 작용한 힘인 충격력은 시간에 반비례하므로 손에 작용한 힘은 그림 4-26에 보는 바와 같이 운동량이 변화하는 데 걸린 시간이 적었을 때보다 길었을 때가 공이 손에 작용한 힘이 적다.

　고층건물에 화재가 나면 안전요원이 지상에 넓은 포장을 준비하고 그 위로 뛰어내리도록 유도한다. 높은 건물에서 떨어지면 중력 때문에 속도가 증가하여 지면에 접촉되는 순간 사람이 받는 충격력이 커서 상해를 입기 쉽다. 사람이 지면에 떨어질 때나 포장 위로 떨어질 때나 충격량은 동일하지만, 포장 위로 떨어지면 지면에 떨어질 때보다 운동량이 변화되는 시간이 길기 때문에 충격력이 적어 위험성이 크게 감소한다.

　이처럼 인체에 충격력이 과도하게 크면 부상을 입을 수 있으므로 충격을 받을 때는 가급적 접촉시간을 길게 하여 주어진 운

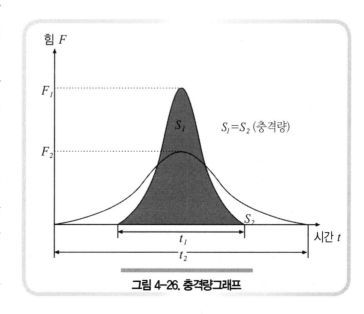

그림 4-26. 충격량그래프

동량을 최소의 충격력으로 감소시켜 몸을 보호해야 한다. 예를 들어 높은 곳에서 낮은 곳으로 뛰어 내릴 때 지면과의 접촉 순간에 무릎을 굽히거나 허리를 굽히는 동작을 하면 지면과 몸 전체가 접촉하는 시간간격을 길게 하여 충격력을 줄일 수 있다.

자동차가 충돌하여 멈출 때는 주행 중 속도가 갑자기 줄어 들어 차 안의 승객도 차가 감속되는 정도에 따라 자신의 속도와 체중을 곱한 크기의 운동량이 생긴다. 특히 운전자는 매우 짧은 순간에 운전대로부터 큰 충격량을 받아 매우 치명적일 수가 있다. 그러나 차에 설치된 공기주머니가 작동되면 공기주머니가 힘이 작용하는 시간을 길게 함으로써 운전자에게 작용하는 충격력을 줄일 수 있다.

그러나 실제 경기에서는 충격을 완화시키기 위하여 힘의 작용시간을 길게 하는 것이 어려울 때가 많다. 예컨대 야구의 1루수는 공을 좀더 빨리 잡기 위하여 팔을 뻗은 자세로 공을 잡는다. 이때 공의 충격을 완화시키기 위하여 팔을 몸쪽으로 끌어당길 수 있는 시간적인 여유가 적기 때문에 공에 의한 충격의 대부분이 미트(mitt)에 전달된다. 이때 미트의 패딩은 공과 손의 접촉시간을 연장시키며, 또 공과의 접촉하는 면적을 넓게 하여 완충재 역할을 함으로써 공과 손에 작용하는 힘을 줄인다.

전술한 바와 같이 충격량은 힘에 시간을 곱한 것이므로, 질량이 동일할 때에 충격량의 변화는 아래에서와 같이 속도의 변화를 의미한다.

$$Ft = mv_f - mv_o$$
$$= m(v_f - v_o)$$
$$= \varDelta mv$$

그림 4-27은 포환을 던지기 위하여 포환서클 내에서 도움동작을 할 때 수평방향의 충격량(horizontal impulse)을 나타낸 것으로, 동작이 진행되면서 충격량은 변한다. 충격량의 크기는 힘의 곡선을 시간으로 적분한 면적(역적)이므로 그림 4-27에서는 망으로 표시된 면적이 충격량을 나타낸다.

도움동작을 하는 동안 포환던지기를 하는 사람의 체중은 변하지 않기 때문에 수평충격량의 변화는 곧 수평속도의 변화를 의미한다. 따라서 그림 4-27에서 포환의 수평속도는 2.5초 이후부터 증가하기 시작하여 P점(4.7초)에서 최고에 달한다. 이 순간은 포환을 릴리스하기 직전으로, 체중을 앞발로 옮기며 팔을 뻗기 시작하는 시기로 포환에 최대의 힘을 가하여 포환의 수평속도를 증가시키고 있음을 알 수 있다.

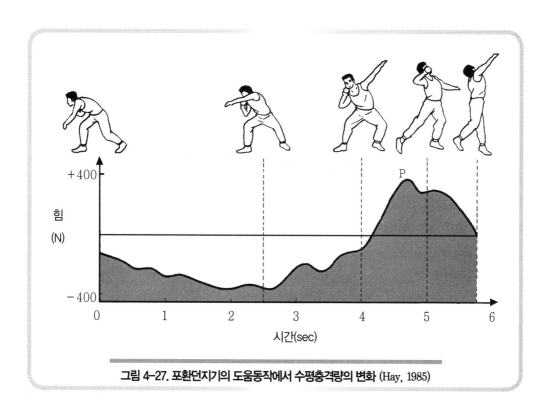

그림 4-27. 포환던지기의 도움동작에서 수평충격량의 변화 (Hay, 1985)

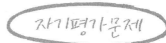

1. 운동량이란 무엇이며, 운동량보존법칙을 운동의 예를 들어 설명해보자.

2. 900g인 야구배트로 140km/h의 속도로 날아오는 146g의 야구공을 쳤다. 야구배트의 속도가 타구 순간 6.5m/sec이었으며, 타구 직후는 5.5m/sec로 변했을 때 타구된 공의 이탈속도는 얼마인지 구해보자.

3. 미식축구에서 8m/sec로 달려오는 체중 80kg인 공격수를 저지하기 위하여 체중 70kg인 수비수가 태클을 할 때 내야 하는 속도가 얼마인지 알아보자.

4. 충격량이란 무엇인지 운동에서 예를 들어 설명해보자.

5. 날아오는 공을 안전하게 잡으려면 어떻게 해야 하는지 충격량의 측면에서 설명해보자.

6. 높은 곳에서 뛰어내릴 때 충격력을 줄이기 위하여 어떻게 해야 하는지 알아보자.

제4장 에너지와 일

1. 에 너 지

에너지(energy)란 일을 할 수 있는 능력이다. 사람은 음식을 섭취하고 체내의 대사작용을 통하여 열에너지와 근수축에너지를 만든다. 사람이 움직이고 운동을 할 수 있는 것은 근수축에너지가 있기 때문이다.

우리가 매일 섭취하는 음식물은 에너지를 가지고 있다. 핵폭탄은 음식물보다 훨씬 큰 에너지를 가지고 있기 때문에 폭발할 때 엄청난 파괴력을 발휘하는 것이다. 또한 높은 위치에 있는 물의 낙차를 이용하여 전기를 만드는 것은 높은 위치에 있는 물의 에너지를 이용하는 것이다.

이처럼 음식물, 핵폭탄, 물 등은 제각기 에너지를 가지고 있는데, 물체가 에너지를 가지고 있다는 것은 다른 물체에 힘을 가하여 움직이게 한다는 것을 의미한다.

1) 에너지의 형태

날아가는 야구공이나 포환도 에너지를 가지고 있으며 초, 음식물, 소리, 빛 등도 각각 에너지를 가지고 있다. 이처럼 우주에는 다양한 형태의 에너지가 존재하고 있다. 에너지는 다음과 같은 여러 가지 형태로 존재한다.

① 역학적 에너지

② 원자에너지

③ 열에너지

④ 빛에너지

⑤ 소리에너지

⑥ 화학에너지

이렇게 다양한 형태의 에너지는 모두 일을 할 수 있는 능력을 가지고 있으며, 한 형태의 에너지는 손실이 없이 다른 형태의 에너지로 전환된다. 자동차는 내연기관에서 가연성물질을 폭발시켜 피스톤을 움직이는 힘으로 사람과 짐을 싣고 움직일 수 있으며, 사람은 근육에서 화학적 에너지인 ATP를 기계적 에너지인 근수축에너지로 전환하여 운동을 한다.

한편 초가 탈 때 열에너지와 빛에너지가 생기는 것과 같이 에너지를 가지고 있는 물질이 서서히 산소와 결합하면서 에너지를 방출하는 것을 산화작용이라 하고, 폭탄이 터질 때와 같이 가연성물질이 아주 빠르게 산소와 결합하는 것을 폭발이라 한다. 물질이 폭발을 할 때에는 한꺼번에 많은 에너지를 방출하므로 강한 파괴력을 갖는다.

인체의 운동과 가장 직접적인 관련이 있는 것은 역학적 또는 기계적 에너지이므로, 여기에서는 역학적 에너지에 관하여 기술한다.

2) 에너지와 일의 단위

에너지란 일을 할 수 있는 능력으로, 에너지의 단위는 일의 단위와 동일하다. 그런데 일의 단위는 힘의 단위에 거리의 단위를 곱한 값이다. MKS 단위로는 1N의 힘을 작용하여 1m의 거리를 움직였을 때 한 일을 1Joule이라 하며, CGS 단위로는 1dyne의 힘을 작용하여 1cm의 거리를 움직였을 때 1erg라 한다.

$$1Joule = 1N \times 1m$$
$$= 1Nm$$
$$1erg = 1dyne \times 1cm$$
$$= 1dyne\ cm$$
$$1Joule = 10^7 erg$$

3) 역학적 에너지

역학적 에너지에는 달리는 자동차처럼 움직이는 물체가 가지고 있는 운동에너지와 높은 곳에 있는 물체가 가지고 있는 위치에너지의 두 가지가 있다.

(1) 운동에너지

달리는 자동차나 날아가는 화살과 같이 운동을 하고 있는 물체가 갖고 있는 에너지를 운동에너지(kinetic energy : KE)라 하는데, 운동에너지는 물체의 질량(m)과 속도(v)에 따라 크기가 결정된다. 동일한 속도로 날아가는 야구공보다 포환은 더 큰 에너지를 갖고 있으며, 빠르게 스윙하는 배트는 느리게 스윙하는 배트보다 더 큰 에너지를 가지고 있어 공을 더 멀리 날려보낼 수 있다.

그림 4-28과 같이 활줄을 당겼다가 놓는 순간 화살은 가속도가 생겨 시위를 떠난다. 물체의 가속도는 뉴턴의 제2칙에 하여 $a=F/m$ 이다. 화살은 속도가 0인 정지한 상태에서 활시위에서 얻은 힘으로 d 의 거리를 움직여 가속도가 생긴다. 따라서 시위를 떠나는 화살의 에너지는 다음과 같이 구할 수 있다.

$$F=ma$$
$$a=\frac{F}{m}$$

등가속도운동에서 화살의 처음속도는 0 이므로

$$v_f^2-v_o^2=2ad$$
$$v_f^2=2ad$$
$$a=\frac{v_f^2}{2d} \quad \cdots\cdots\cdots\cdots \quad ①$$

①에 $a=\frac{F}{m}$ 를 대입하면

$$\frac{F}{m}=\frac{v_f^2}{2d}$$
$$2Fd=mv_f^2$$
$$Fd=\frac{1}{2}mv_f^2$$

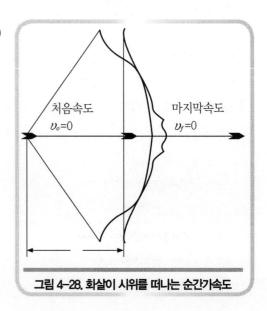

처음속도
$v_o=0$

마지막속도
$v_f=0$

그림 4-28. 화살이 시위를 떠나는 순간가속도

$Fd = E_k$ 이므로

$$E_k = \frac{1}{2}mv_f^2$$

위에서 보는 바와 같이 화살의 운동에너지($E_k = 1/2mv_f^2$)는 질량에는 비례하고, 속도의 제곱에 비례한다. 따라서 질량이 크고 속도가 빠르게 움직이는 물체일수록 더 큰 운동에너지를 갖게 된다.

$Fd = 1/2mv_f^2$ 에서 좌변의 Fd 는 활이 화살에 한 일과 같고, 우변의 $1/2mv_f^2$ 은 활을 떠날 때 화살이 갖는 운동에너지이다. 다시 말해서 화살이 활을 떠날 때 화살은 일량과 똑같은 운동에너지를 갖는 것을 뜻한다. 이와 같은 과정은 화살이 표적에 맞는 마지막 단계에서는 반대가 된다. 화살이 표적에 맞을 때는 추돌 전에 가졌던 운동에너지를 잃어버린다. 이 에너지의 일부는 화살이 표적에 맞을 때 소리에너지와 열에너지와 같은 비역학적 에너지로 변한다. 즉 화살이 가지고 있던 운동에너지와 표적에 똑같은 양의 일을 함으로써 운동에너지를 잃게 된다.

이와 같은 원리는 공을 잡을 때나 착지할 때와 같이 물체가 다른 물체에 부딪칠 때도 동일하다. 즉 물체가 다른 물체에 부딪칠 때 부딪치는 힘은 물체의 운동에너지의 영향을 받는다. 물체가 부딪칠 때 물체에 작용하는 힘은 다음과 같다.

$$Fd = \frac{1}{2}mv_f^2$$
$$F = \frac{\frac{1}{2}mv_f^2}{d}$$

위에서 보는 바와 같이 운동 중인 물체가 충돌할 때의 힘은 운동에너지에 비례하고, 힘이 작용된 거리에 반비례한다. 예를 들어 야구선수가 공을 맨손으로 받을 때 야구공의 속도가 빠를수록 야구공이 지니고 있는 운동에너지는 커져서 손에 강한 충격을 준다. 그러므로 공을 받을 때는 공을 몸쪽으로 끌어들여 운동에너지가 일을 하는 거리를 증가시켜야 충격을 줄일 수 있다.

공이 포구될 때 운동에너지는 공을 잡는 사람의 손에서 일을 하는 데 사용된다. 어느 경우나 공이 한 일은 동일하기 때문에 공을 잡는 손이 짧은 거리를 움직일 때는 공의 힘이 크며, 손이 먼 거리를 이동할 때는 힘이 적어 손에 작은 충격을 준다.

예 제

야구공을 잡을 때 공이 손에서 40J의 일을 했을 때 0.1m와 0.5m의 거리를 몸쪽으로 끌어들이며 받으면 손에 작용한 힘은 각각 다음과 같다.

$$W = Fd$$

$$F = \frac{W}{d}$$

0.1m 일 때

$$F = \frac{40J}{0.1m}$$
$$= 400N$$

0.5m 일 때

$$F = \frac{40J}{0.5m}$$
$$= 80N$$

이처럼 동일한 운동에너지를 갖고 있는 공일지라도 공이 손에 작용하는 힘은 많은 차이가 있기 때문에 숙달된 선수가 공을 잡을 때 공과 함께 손을 뒤로 움직이는 것은 바로 이런 이유 때문이다. 그렇지 않으면 공이 손에 작용하는 충격이 커서 공을 놓치거나 손에 상해를 입을 수도 있다.

운동에너지와 일량 움직이는 물체는 멈출 때까지 그 물체가 가지고 있는 운동에너지만큼의 일을 수행한다. 예를 들어 얼음면에서 원형 스톤을 투구하여 목표지점에 정확히 도달시키는 컬링경기에서 효율적인 투구는 스톤이 가능한 일정한 속도로 진행하도록 얼음면의 마찰력을 최대한 감소시키는 것이다. 스톤이 얼음면을 따라 운동을 하는 것은 에너지가 있어 일을 하게 된다.

그림 4-29와 같이 스톤을 투구하여 A지점을 통과하였을 때의 속도를 처음속도라 하고, B지점을 통과할 때의 속도를 나중속도라 하자. 스톤이 이동한 거리는 A지점에서 B지점까지이다. 스톤을 투구한 이후에는 스톤에 힘을 가하면 안되기 때문에 스톤의 속도가 감소되는 이유는 스톤과 얼음면 사이의 마찰력 때문이다.

스톤은 A지점에서 B지점을 지나면서 속도가 줄어들고, 속도의 크기만큼 운동에너지

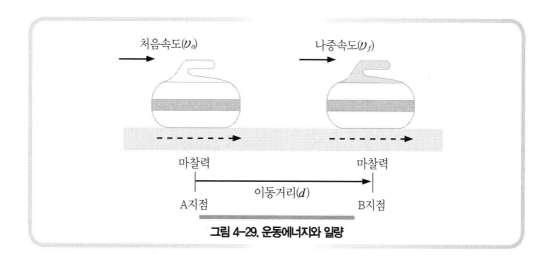

처음속도(v_o)

나중속도(v_f)

마찰력

마찰력

이동거리(d)

A지점

B지점

그림 4-29. 운동에너지와 일량

를 갖는다. 결국 스톤은 속도가 감소한 만큼의 운동에너지의 차가 생긴다. 운동에너지를 감소시키는 데 작용한 힘은 마찰력이다. 따라서 스톤이 A지점을 통과할 때의 운동에너지에서 B점은 통과할 때의 에너지를 뺀 나머지 운동에너지가 A와 B 사이에서 한 일이다. 그러므로 일과 에너지의 관계에서 볼 때 작용한 힘이 물체에 한 일은 물체의 운동에너지가 변화한 양이므로 다음과 같다.

$$Fd = \frac{1}{2}mv_f^2 - \frac{1}{2}mv_o^2$$

예   제

타자가 친 145g의 야구공이 145km/h의 속도로 날아가다가 수비를 하고 있던 유격수가 글러브로 받는 순간속도가 120km/h였을 때 야구공이 한 일은 다음과 같다.

$$Fd = \frac{1}{2}mv_f^2 - \frac{1}{2}mv_o^2$$

$$= \frac{1}{2} \times 0.145\text{kg} \times \left(\frac{145,000\text{m}}{3,600\text{sec}}\right)^2 - 0$$

$$\fallingdotseq \frac{1}{2} \times 0.145\text{kg} \times (1,622.3\text{m}^2/\text{sec}^2)$$

$$\fallingdotseq 117.62\text{kgm}^2/\text{sec}^2$$

$$\fallingdotseq 117.62\text{Nm(J)}$$

(2) 위치에너지

위치에너지는 어떤 높이에 있는 물체가 가지고 있는 에너지이다. 지구상의 모든 물체는 중력을 받기 때문에 수직으로 떨어진다.

높은 곳에 있는 물체는 낙하하여 정지할 때까지 일을 하며, 이때 높이가 높아질수록 더 많은 일을 한다. 해머로 지면에 말뚝을 박을 때 해머의 무게가 무거울수록, 해머를 높이 들어올렸다 떨어뜨릴수록 말뚝은 더 깊이 박힌다. 높이 올려진 해머는 높이만큼의 위치에너지를 갖고 있으며, 말뚝에 떨어지는 순간 해머의 위치에너지는 운동에너지로 전환된다.

이처럼 물체는 지구중력으로 인하여 높이에 따라 정해진 에너지를 갖는데, 이를 위치에너지(potential energy : PE)라 하며, 물체가 중력으로 인하여 일을 하기 때문에 중력에 의한 위치에너지라고도 한다. 위치에너지의 크기는 질량과 높이에 비례하므로 어떤 물체가 지면으로부터 h 높이에 있다면 그 물체의 위치에너지(PE)는 다음과 같다.

$$PE=mgh$$

그림 4-30과 같이 2kg의 상자가 지면에 있을 때 높이가 없기 때문에 위치에너지는 0이다. 반면 지면으로부터 50cm 높이의 위치에 있을 때는 9.8J($2kg \times 9.8m/sec^2 \times 0.5m = 9.8J$)이며, 1m 높이의 위치에서는 19.6J($2kg \times 9.8m/sec^2 \times 1m = 19.6J$)이 된다. 이처럼 어떤 물체가 지면으로부터 높은 위치에 있을수록 위치에너지는 커진다.

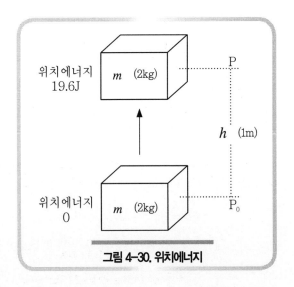

위치에너지 19.6J m (2kg)
P

h (1m)

위치에너지 0 m (2kg)
P₀

그림 4-30. 위치에너지

위치에너지와 일량 중력에 의한 위치에너지는 지면을 기준점으로 하며, 기준점의 위치에너지는 0이 된다. 기준점의 위치는 측정자가 측정의 편의상 임의로 정하여도 무방하나, 두 지점의 위치에너지의 차는 두 지점의 높이의 차에 의하여 결정되므로 기준점을 어떻게 잡아도 변하지 않는다.

그림 4-31과 같이 물체가 (a)의 위치에서 (b)의 위치로 경사면을 따라 내려올 때 중력이 물체에 대해 한 일은 mgh의 크기를 갖는다. 중력이 한 일은 위치에너지의 변화량으로 다음과 같다.

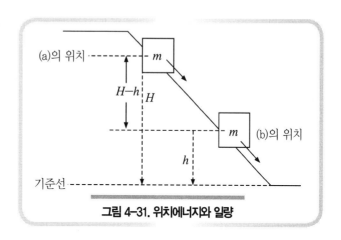

그림 4-31. 위치에너지와 일량

$$W=F \times d=mg(H-h)$$

$$=mgH-mgh$$

예 제

체중 75kg인 장대높이뛰기선수가 5.5m의 높이를 뛰어올랐다가 지면에 떨어질 때 한 일은 다음과 같다.

$$W=F \times d=mg(H-h)$$

$$=75kg \times 9.8m/sec^2(5.5m-0m)$$

$$=4,042.5m^2/sec^2$$

$$=4,042.5Nm(J)$$

4) 역학적 에너지의 보존

달리기와 같이 사람이 지상에서 운동을 할 때는 운동에너지만 갖게 되며, 스프링보드에 서 있는 다이버는 운동에너지는 없지만 위치에너지는 갖는다. 그러나 다이버가 다이빙을 할 때와 같이 공중에서 운동을 할 때는 운동에너지와 위치에너지를 함께 갖는다. 그러므로 운동하는 인체의 총에너지인 역학적 에너지는 운동에너지와 위치에너지의 합이 된다.

물체가 갖고 있는 총에너지는 변하지 않고 항상 일정한데, 이것을 에너지보존의 법칙 (law of energy conservation)이라 한다. 에너지보존의 법칙은 에너지는 새로 창조되거나 파괴되지 않는다는 것을 기본개념으로 하여 역학적 에너지는 항상 동일하고, 단지 한 형태에서 다른 형태로 바뀌기만 하는 것이다. 역학적 에너지를 K_e라고 할 때 에너지보존의 법칙을 수식으로 표현하면 다음과 같다.

$$K_e = \frac{1}{2}mv_f^2 + mgh$$

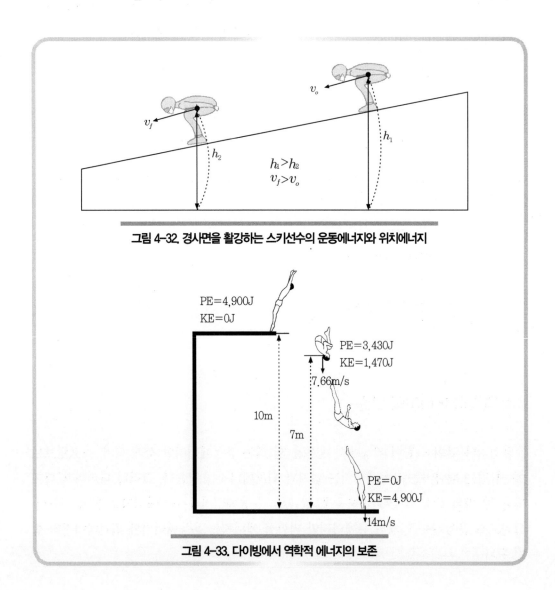

그림 4-32. 경사면을 활강하는 스키선수의 운동에너지와 위치에너지

그림 4-33. 다이빙에서 역학적 에너지의 보존

에너지보존의 법칙을 이해하려면 에너지가 어떤 형태로 나타나고 어떤 형태로 전환되는지를 이해하는 것이 중요하다.

그림 4-32는 스키선수가 슬로프에서 활강하는 모습이다. 높은 곳에서 낮은 곳으로 활강하는 선수의 위치는 높이가 낮아짐에 따라 위치에너지가 감소하는데, 위치에너지가 감소하는만큼 속도가 증가하므로 운동에너지는 증가한다.

그림 4-33에서 다이버가 10m의 다이빙보드로 올라가 서 있을 때 운동에너지는 없지만 지상으로부터 보드의 높이만큼의 위치에너지를 갖는다. 다이버의 몸무게가 50kg이라면 위치에너지는 4,900J이며($50kg \times 9.8m/sec^2 \times 10m = 4,900J$), 운동에너지는 0이다.

다이버가 보드로부터 3m를 내려와 수면으로부터 7m의 높이에 있을 때의 위치에너지는 3,430J($50kg \times 9.8m/sec^2 \times 7m = 3,430J$)이 된다. 반면 이 지점에서 다이버의 수직속도는 약 7.67m/sec가 된다. 그러므로 이때의 운동에너지는 약 1,470J($1/2 \times 50kg \times (7.67m/sec)^2 = 1,470J$)이고, 역학적 에너지는 4,900J(3,430J+1,470J)이다.

수면에 입수하기 직전의 높이는 0m이므로 위치에너지는 0이 된다. 입수 시에 다이빙 선수의 속도는 14m/sec가 되어 운동에너지는 4,900J($1/2 \times 50kg \times (14m/sec)^2 = 4,900J$)이므로 운동에너지와 위치에너지의 합인 역학적 에너지는 4,900J이다.

이처럼 다이버가 가지고 있는 총에너지는 세 가지 위치에서 모두 4,900J로 동일하게 보존되었다. 단지 수면에 입수하기 직전은 10m 높이에서의 위치에너지가 운동에너지로 전환되었을 뿐이다. 즉 높은 곳에 있던 물체는 지구의 중력에 의해 아래로 떨어지면서 위치에너지는 감소하는 반면 운동에너지는 증가하여 역학적 에너지는 항상 일정하게 된다. 이처럼 공기의 저항을 무시하고 물체에 외력이 작용하지 않는 한 역학적 에너지(mechanical energy:ME)는 서로 전환될 뿐이며, 그 전체의 양은 항상 일정하게 보존된다.

이와 같은 에너지보존의 법칙은 트램폴린에서와 같이 인체가 상하운동을 할 때에도 적용된다. 트램폴린에서 텀블링을 할 때 공중에서의 역학적 에너지는 보존되어 항상 일정하고 운동에너지와 위치에너지의 크기만 변화한다. 두 에너지의 크기가 변화하는 모습은 그림 4-34와 같으며, 이들은 서로 보합관계를 갖는다.

그림 4-34에서 텀블링을 하는 동작에서 텀블러(tumbler)의 발이 트램폴린의 바닥면(bed)에 접촉한 후 바닥면이 처음의 위치보다 더 아래로 내려가 가장 낮을 때가 있는데, 이 위치를 기준(높이가 0m)으로 했을 때 이 지점에서의 위치에너지(PE)는 0이 된다. 그러나 이때의 수직속도는 가장 크기 때문에 운동에너지(KE)는 최대가 된다.

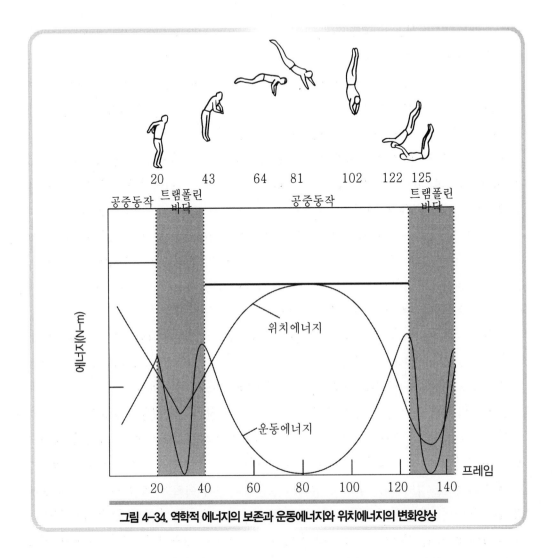

그림 4-34. 역학적 에너지의 보존과 운동에너지와 위치에너지의 변화양상

텀블러가 공중으로 뛰어 오르기 시작하면 수직속도가 점점 느려지는 반면, 높이는 점점 높아지므로 운동에너지는 감소되지만 위치에너지는 증가한다. 텀블러가 최고 높이에 다다르면(80, 190프레임) 수직속도가 0이 되는 반면, 높이는 최대가 되어 운동에너지는 0이 되지만 위치에너지는 최대가 된다.

그림 4-34에서 텀블링을 하는 사람의 체중이 71.4kg이라면 이 사람의 중량(mg)은 약 700N이다. 최고 높이에서 텀블러의 위치에너지는 2,100J(700N×3m = 2,100J)이고 운동에너지는 0이므로 역학적 에너지는 2,100J이다. 한편 최하높이인 기준점의 위치에서 텀블러의 위치에너지는 0이다. 최하점에서의 수직속도는 약 7.67m/sec가 되므로 이 위치

에서 운동에너지는 2,100J(1/2×71.4kg×(7.67m/sec)^2 = 2,100J)이다. 이때의 역학적 에너지도 2,100J이 되어 역학적 에너지가 보존되었음을 알 수 있다.

표 4-1은 트램폴린의 텀블링 동작에서 높이에 따른 위치에너지, 운동에너지, 그리고 역학적 에너지를 각각 나타낸 것이다(Hay, 1985). 표 4-1에서 보는 바와 같이 텀블링의 공중동작에서도 어떤 위치에서나 역학적 에너지가 보존되는 것을 알 수 있다.

표 4-1. 트램폴린의 텀블링 동작 중 높이에 따른 역학적 에너지

높이(m)	운동에너지(J)	위치에너지(J)	역학적에너지(J)
3.0	0	2,100	2,100
2.5	350	1,750	2,100
2.0	700	1,400	2,100
0.5	1,750	350	2,100
0	2,100	0	2,100

2. 일

1) 일 량

수레를 밀고 가거나 물건을 낮은 곳에서 높은 곳으로 들어올릴 때 일을 한다고 한다. 일상생활에서 하는 일은 작업을 한다고 표현하는 것과 같이 다양하게 설명할 수 있지만 역학적으로는 일을 하는 조건이 필요하다. 물체를 밀어서 이동시켰다면 물체에 작용한 힘의 크기는 얼마이고, 작용한 힘의 방향으로 이동한 거리는 얼마인가를 정확히 표현해야 한다.

물체에 힘을 작용하여 작용된 힘의 방향으로 물체가 이동하였을 때 작용된 힘이 물체에 일을 하였다고 하며, 물체가 일을 한 크기를 일량이라 한다. 따라서 일은 물체에 작용된 힘과 힘의 방향으로 이동한 거리의 곱이다. 그림 4-35에서 물체에 작용한 힘을 F, 물체가 움직인 거리를 d라고 할 때 물체가 한 일 W는 다음과 같다.

$$W = Fd$$

전술한 바와 같이 일의 단위는 힘의 단위(N)와 거리의 단위(m)를 곱한 Nm이며, 1Nm를 1Joule이라 한다. 토크에서도 그 크기를 힘과 힘팔의 곱으로 Nm의 단위를 사용하고 있어서 토크도 일의 개념으로 사용된다.

그림 4-35에서 사람이 20N의 힘을 물체에 작용하여 3m의 거리를 이동시켰을 때 물체가 수평방향으로 한 일은 작용된 힘 20N과 이동한 거리 3m를 곱한 값으로 60Nm(J)가 된다. 그러나 이때 작용한 힘이 물체와 지면 사이의 표면마찰력보다 작아서 물체를 이동시키지 못하였다면 비록 힘은 발휘하였지만 물체가 이동한 거리가 0이므로 일의 크기는 0이다.

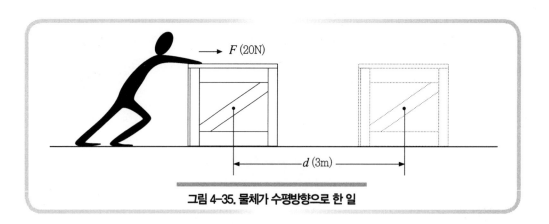

그림 4-35. 물체가 수평방향으로 한 일

그림 4-36과 같이 벤치프레스를 할 때 30kg의 바벨을 (a)동작에서 (b)동작을 거쳐 (c)동작과 같이 위로 45cm 밀어올린 경우 이 사람이 수직방향으로 한 일은 132.3J(30kg×9.8m/sec^2×0.45m = 132.3J)이다.

그림 4-37은 경사각도가 θ인 경사면에서 물체를 비스듬한 방향으로 끌고 있는 그림이다. 이때 물체는 그림 4-35와 그림 4-36과는 달리 수평방향과 수직방향으로 동시에 이동하였는데, 이 경우는 수평방향과 수직방향의 일을 함께한 것이다. 따라서 총일량 W, 수평방향의 일량 W_x, 수직방향의 일량 W_y에는 다음과 같은 관계가 있다.

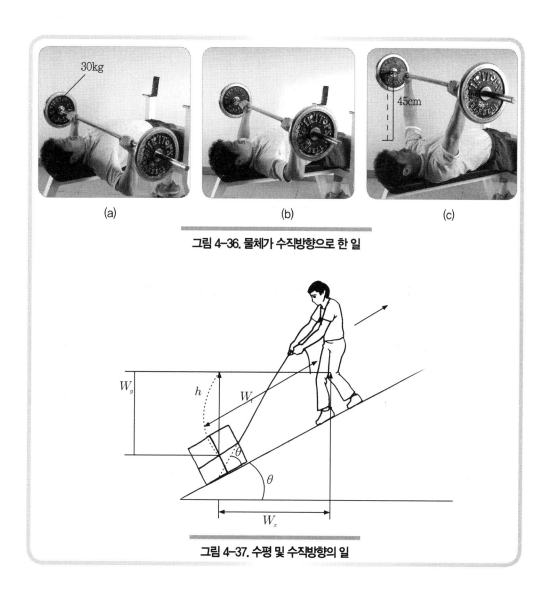

그림 4-36. 물체가 수직방향으로 한 일

그림 4-37. 수평 및 수직방향의 일

$$W = Fd$$

$$W_z = W_t\cos\theta$$

$$W_y = W_t\sin\theta$$

$$W_t = W_x + W_y$$

$$= \sqrt{W_x^2 + W_y^2}$$

$$= \sqrt{(W_t\cos\theta)^2 + (W_t\sin\theta)^2}$$

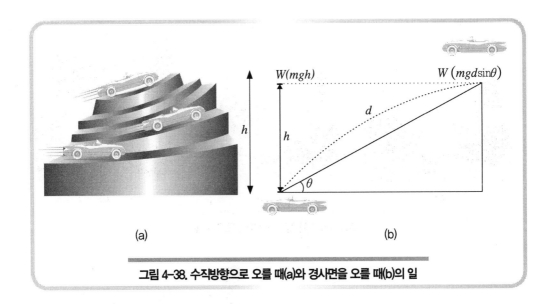

그림 4-38. 수직방향으로 오를 때(a)와 경사면을 오를 때(b)의 일

그림 4-38의 (a)와 같이 자동차가 높은 언덕을 올라갈 때는 나선모양의 경사면을 따라 올라간다. 지면으로부터 높이가 같은 위치를 올라갈 경우 수직방향으로 직접 올라갈 때 한 일이나 빙글빙글 돌아 올라갈 때 한 일은 그 크기는 모두 동일하다. 그림 4-38에서 수직방향으로 직접 올라갈 때와 경사면을 따라 올라갈 때 한 일은 다음과 같다.

　수직방향으로 직접 올라갈 때

$$W = mgh$$

　경사면을 따라 올라갈 때

$$W = mgd\sin\theta$$
$$ = mgh$$

　수직방향으로 직접 올라갈 때는 이동거리가 짧은 반면 작용한 힘이 크고, 경사면을 따라 올라갈 때는 이동거리가 긴 반면 작용한 힘이 작으므로 두 경우의 일량은 동일하다. 자동차나 사람이 내는 힘은 한계가 있기 때문에 높은 곳을 올라갈 때는 힘을 작게 하는 반면, 이에 비례하여 이동하는 거리를 증가시키게 된다.

예 제

그림 4-39에서 20kg의 물체를 45도의 경사면에서 5m의 거리를 움직였을 때 수평방향의 일량, 수직방향의 일량, 그리고 총일량은 다음과 같다.

수직방향의 일량

$$W_y = W_t \sin\theta$$

$$= 20\text{kg} \times 9.8\text{m/sec}^2 \times 5\text{m} \times \sin 45$$

$$\fallingdotseq 196\text{kgm/sec}^2 \times 3.535\text{m}$$

$$\fallingdotseq 692.86\text{Nm(J)}$$

수평방향의 일량

$$W_z = W_t \cos\theta$$

$$= 20\text{kg} \times 9.8\text{m/sec}^2 \times 5\text{m} \times \cos 45$$

$$\fallingdotseq 196\text{kgm/sec}^2 \times 3.535\text{m}$$

$$\fallingdotseq 692.86\text{Nm(J)}$$

총일량

$$W_t = \sqrt{(W_t \cos\theta)^2 + (W_t \sin\theta)^2}$$

$$= \sqrt{(692.86\text{kgm/sec}^2)^2 + (692.86\text{kgm/sec}^2)^2}$$

$$\fallingdotseq 979.85\text{Nm(J)}$$

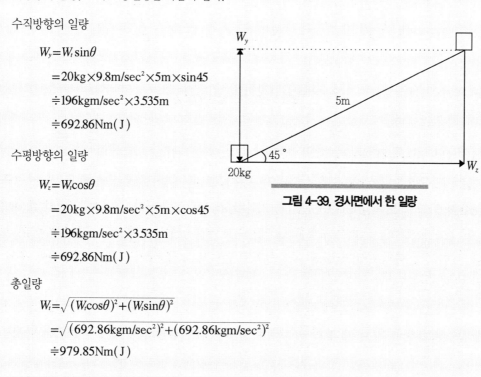

그림 4-39. 경사면에서 한 일량

한편 물체에 작용된 추진력의 방향으로 물체가 움직일 경우도 있고, 중력과 저항력이 추진력보다 커서 추진력의 반대방향으로 움직일 때도 있다. 전자의 경우는 양(+ : positive work)의 일을 하였다고 하며, 후자의 경우는 음(- : negative work)의 일을 하였다고 한다.

그림 4-40은 바닥에 있는 물체를 어깨높이만큼 들어올린 다음, 그 높이를 유지하면서 수평으로 물체를 이동시킨 후 다시 물체를 바닥에 내려놓는 모습이다. (a)의 그림은 바닥에 있는 물체가 위로 이동되었으므로 물체는 양의 일을 하였다. 이와 반대로 (c)의 그림에서는 물체를 위로 당기면서 내려놓기 때문에 힘은 위쪽으로 작용하지만 물체는 아래로 내려와서 음의 일을 한 것이다. 한편 (b)의 경우는 물체를 받쳐드는 힘의 방향과 물

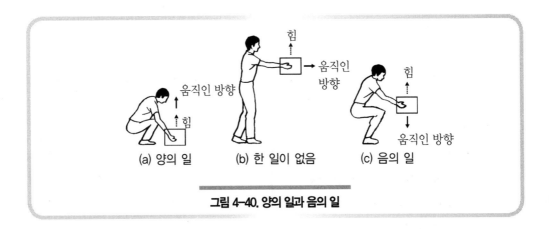

그림 4-40. 양의 일과 음의 일

체가 움직인 방향이 서로 수직이므로 물체에 한 일은 없다.

근육도 수축의 종류에 따라 신전하거나 수축할 때 일을 한다. 근육이 한 일은 근력과 근육의 수축에 의하여 분절이 이동된 거리의 곱으로 표현된다. 근육의 길이가 짧아지는 단축성 수축에서는 근육이 수축한 방향으로 물체가 이동되는데, 이는 양의 일을 한 것이다. 그러나 물체의 무게가 팔을 굴곡시키는 근력보다 클 때에는 팔이 신전되어 음의 일을 하게 된다.

즉 그림 4-41의 (a)와 같이 위팔두갈래근의 단축성 수축방향과 같은 방향으로 덤벨이 움직이므로 양의 일을 한 것이다. 그러나 (b)와 같이 덤벨의 부하가 주동근인 위팔두갈

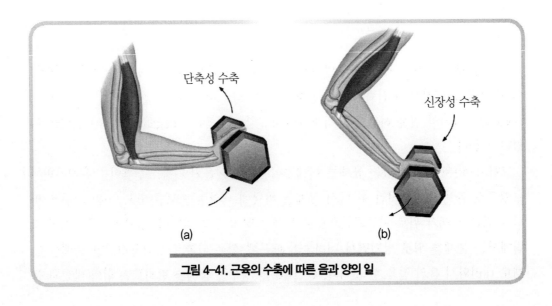

그림 4-41. 근육의 수축에 따른 음과 양의 일

래근의 수축력보다 커서 바벨이 아래로 내려오기 때문에 위팔두갈래근은 신장성 수축을 하므로 음의 일을 한 것이다. 반면 길이가 변하지 않는 등척성 수축은 일을 하지 않는 경우이다.

여기서 말하는 일이란 일상생활에서 하는 일의 개념과 다르다는 점을 이해해야 한다. 물체를 들고 다니는 것은 신체의 에너지를 이용하므로 피곤하게 하지만, 이때 일은 단지 물건에 작용한 힘에 의한 것만을 의미한다.

2) 지레와 도르래의 일

그림 4-42의 그림에서 지렛대와 도르래에서 일어나는 토크, 즉 회전효과에 대해서는

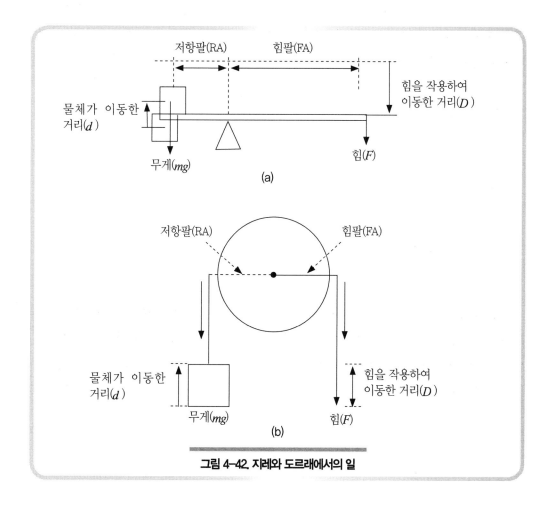

그림 4-42. 지레와 도르래에서의 일

제3장에서 설명한 바 있다. 저항에 의해 일어난 토크는 저항과 저항팔을 곱한 값이고, 힘에 의한 토크는 힘과 힘팔을 곱한 값이다. 지렛대가 평행하게 정지되어 있다면, 저항에 의한 토크와 힘에 의한 토크의 크기가 같아 평형을 이룬 것이다.

그림 4-42의 (a)에서 힘 F가 지렛대를 눌러 D의 거리만큼 이동시켰으며, 지레는 물체의 저항 R의 힘으로 d의 거리만큼 물체를 이동시켰다. 지레를 누르는 힘이 한 일은 지레가 물체에 대하여 한 일과 같다. 또한 토크를 일으키는 힘과 지렛대의 길이는 작용한 힘과 이동거리에도 비례관계를 갖고 있다.

$$R:RA=F:FA$$
$$R:d=F:D$$

힘이 한 일과 저항이 한 일은 다음과 같으며, 힘이 지레에 한 일과 지레가 물체에 한 일은 동일하다. 힘이 지레에 한 일을 WF라 하고 지레가 물체에 한 일을 WR이라고 하면 다음과 같은 관계가 있다.

힘이 지레에 한 일

$$W_F=FD$$

지레가 물체에 한 일

$$W_R=mgd$$
$$W_F=W_R$$
$$FD=mgd$$

그림 4-42의 (b)와 같이 도르래의 줄을 잡아당기면 도르래가 회전한 길이만큼 아래로 내려온다. 도르래의 토크는 도르래의 반지름과 작용하는 힘의 관계인데, 원둘레는 반지름의 크기에 비례한다. 따라서 도르래를 잡아당길 때 일은 저항에 대하여 도르래가 한 일과 같다. 줄을 잡아당기는 힘이 한 일과 저항에 대하여 도르래가 한 일은 다음과 같다.

줄을 잡아당길 때

$$W_F=FD$$

저항에 대하여 도르래가 한 일

$$W_R = mgd$$
$$W_F = W_R$$
$$FD = mgd$$

3) 트레드밀과 에르고미터의 일

지구력을 기를 때 트레드밀(treadmill)이나 에르고미터(ergometer)를 이용한다. 트레드밀은 모터로부터 생성되는 컨베이어벨트(conveyer belt)를 움직이게 하는 기계장치이다. 트레드밀의 부하는 컨베이어벨트의 속도와 트레드밀의 경사각도로 조절한다.

트레드밀에서는 수평방향의 운동은 없고 수직방향의 운동만 있다. 수직방향의 일은 트레드밀 위에서 운동을 하는 사람의 중량($W = mg$)과 수직거리를 곱한 것으로 체중을 m, 수직거리를 h라고 하면 트레드밀 위에서 한 일은 다음과 같다.

$$W = mgh$$

트레드밀에서는 운동부하를 증가시키기 위하여 벨트의 경사도를 높인다. 벨트의 경사도는 매 수평거리 100m당 수직거리로 표시하는데, 이를 퍼센트 그레이드(percent grade)라 한다. 다시 말하여 +3%는 벨트가 100m의 수평거리를 움직였을 때 수직으로

그림 4-43. 트레드밀과 에르고미터를 이용한 운동

3m의 거리를 움직인 것을 의미하는데, 이는 기울기각의 tan값에 100을 곱한 것이다.

그림 4-44에서 트레드밀 벨트의 수직속도는 벨트속도의 수직성분(v_y)으로 트레드밀 벨트 속도 v에 경사각 θ의 sin값을 곱한 것이다. 벨트의 경사각도가 θ일 때 트레드밀에서 움직인 전체수직거리는 수직속도와 시간을 곱한 것으로, 이를 정리하면 수직방향으로 한 일은 다음과 같다.

$$v_y=v\sin\theta$$
$$h=v\sin\theta$$
$$W=mgv\sin\theta$$

그림 4-44. 트레드밀 벨트의 수직속도

예 제

체중이 65kg인 사람이 벨트의 경사도가 15도이고, 벨트의 속도가 시속 10km/h로 움직이는 트레드밀에서 30분간 운동을 했을 때 수직방향의 일은 다음과 같다.
※30분은 1,800sec이며, 시속 10km는 약 2.8m/sec(10×1,000m/3,600sec)이다.

$$W=mgv\sin\theta$$
$$=(65\text{kg}\times9.8\text{m/sec}^2)\times(2.8\text{m/sec}\times\sin15\times1,800\text{sec})$$
$$=(637\text{N})\times(1,304.35\text{m})$$
$$=830,870.95\text{Nm(J)}$$

그림 4-45는 에르고미터의 구조이다. 에르고미터는 페달링을 통하여 저항조절장치의 부하를 이겨내는 기계이다. 에르고미터의 부하는 자전거바퀴의 림(rim)에 마찰을 가하여 마찰저항을 생성시키는 것으로, 필요에 따라 임의로 조절이 가능하다. 에르고미터는 부하와 시간 등의 조건을 설정하여 저항에 대한 일의 양을 측정한다. 측정하는 항목은 수행한 전체일과 일률(power) 등이다.

에르고미터에서 한 일(W)은 힘과 거리로서, 여기서 힘은 마찰저항(F)이며, 거리는 바퀴가 움직인 원호로 에르고미터에서 한 일은 다음과 같다.

$$W = FD = Fr\theta$$
$$h = Fr\theta \quad (단, \theta는 라디안)$$
$$W = F2\pi rn \, (단, n 은 회전수)$$

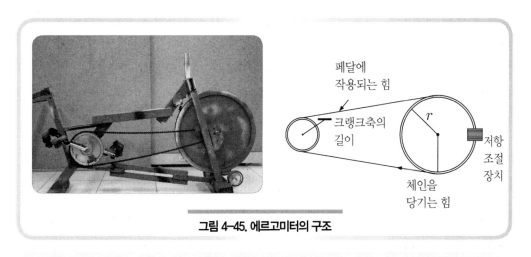

그림 4-45. 에르고미터의 구조

예 제

바퀴저항이 20N, 바퀴의 반지름이 42cm인 에르고미터를 500회 회전시켰을 때의 일량은 다음과 같다.

$$W = F2\pi rn$$
$$= 20N \times (2 \times 3.14 \times 0.42m \times 500)$$
$$= 20N \times 1318.8m$$
$$= 26,376Nm(J)$$

3. 일 률

멀리뛰기의 발구름동작, 100m의 출발동작, 그리고 던지기의 릴리스동작에서는 최대의 순발력을 발휘해야 좋은 기록을 낼 수 있다. 순발력은 운동의 기본정량인 질량·거리·시간의 3요소가 모두 포함된 것이기 때문에 인체운동의 분석에서 매우 중요한 의미를 갖는 물리량이다.

1) 일률의 크기

일률(power)은 단위시간에 수행한 일량을 의미하는 것으로, 스포츠에서는 순발력이라는 용어로 사용된다. 스포츠에서 순발력은 근육이 짧은 시간에 폭발적으로 발현하는 힘을 말한다.

두 명의 역도선수가 바벨을 머리 위까지 들어올리는 데 소요된 시간이 각각 1초와 2초가 되었을 때, 또는 두 사람이 같은 무게의 물체를 직선방향으로 10m 이동시켰는데 한 사람은 1분이 걸리고 다른 한 사람은 30초가 걸렸다면, 이 두 경우에 일을 한 일량은 같지만 일의 능률은 다르다.

일을 수행하였다는 것은 시간의 조건을 알 수 없다. 일을 하였다면 얼마의 시간 동안 일을 수행하였는가가 중요하다. 무거운 물건을 빠르게 들어올릴 때와 천천히 들어올릴 때 힘이 드는 정도는 일을 얼마나 빠르게 수행했느냐에 따라 달라진다. 따라서 일을 얼마나 빠르게 수행하였느냐는 주어진 시간 동안 수행한 일의 양이 얼마인가를 의미하는 것이다.

일률은 얼마나 빠르게 일을 수행하였는지를 의미하는 것으로, 일률은 단위시간에 수행한 일의 양이다. 스포츠에서 아주 짧은 시간에 한 일량인 무산소성 파워와 비교적 긴 시간에 한 일인 유산소성 파워로 순발력(power)을 구분한다. 단위시간 t 초 동안 한 일을 W 라고 하면, 순발력 P 는 다음과 같다.

$$F = \frac{W}{t}$$

$$P = \frac{FD}{t} = \frac{FVt}{t} = FV$$

위에서 보는 바와 같이 일률은 단위시간 동안 수행한 일의 양으로, 다른 한편으로 일률은 작용된 힘에 시간을 곱한 것이기도 하다. 일률의 단위로는 와트(watt : W)와 마력(horse power : HP)이 있는데, 스포츠에서는 주로 와트를 사용한다. 와트는 1초 동안 1줄의 일을 했을 때의 일률이며, 와트와 마력은 다음과 같은 관계가 있다.

$$1W = \frac{1J}{1sec}$$
$$HP = 745.7W$$

예 제

두 명의 역도선수가 30kg의 바벨을 1.2m 높이로 들어올리는 데 소요된 시간이 각각 1초와 2초였을 때, 또 두 사람이 10kg의 물체를 직선방향으로 10m 이동시키는 데 소요된 시간이 각각 30초와 1분일 때 순발력은 각각 다음과 같다.

일률 $P = \frac{W}{t}$ 이므로

소요시간이 1초일 때

$$P = \frac{30kg \times 9.8m/sec^2 \times 1.2m}{1sec}$$
$$= \frac{352.8J}{1sec}$$
$$= 352.8W$$

소요시간이 2초일 때

$$P = \frac{30kg \times 9.8m/sec^2 \times 1.2m}{2sec}$$
$$= \frac{352.8J}{2sec}$$
$$= 176.4W$$

소요시간이 30초일 때

$$P = \frac{10kg \times 9.8m/sec^2 \times 10m}{30sec}$$
$$= \frac{980J}{30sec}$$
$$= 32.67W$$

소요시간이 1분일 때

$$P = \frac{10kg \times 9.8m/sec^2 \times 10m}{60sec}$$
$$= \frac{980J}{60sec}$$
$$= 16.33W$$

위에서 보는 바와 같이 동일한 일을 수행하여도 순발력은 일을 수행하는 데 소요된 시간에 반비례한다. 순발력이 두 배가 된다는 것은 동일한 일을 두 배할 수 있다는 것이 아니고, 일을 두 배 빠르게 할 수 있다는 뜻이다.

순발력에는 수직순발력과 수평순발력이 있다. 그림 4-46은 릴리스 직후 포환의 이동을 나타낸 것이다. 그림 4-46의 P점에서 릴리스되어 t초 사이에 Q점으로 이동하였을 때 포환의 총순발력 P, 수직순발력 P_y, 수평순발력 P_x는 다음과 같다.

$$P = \frac{mgd}{t}$$

$$P_y = \frac{mgd\sin\theta}{t}$$

$$P_x = \frac{mgd\cos\theta}{t}$$

$$P = P_y + P_x$$

$$= \sqrt{\left(\frac{mgd\sin\theta}{t}\right)^2 + \left(\frac{mgd\cos\theta}{t}\right)^2}$$

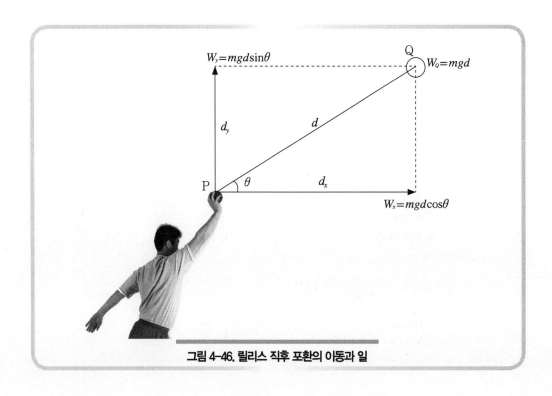

그림 4-46. 릴리스 직후 포환의 이동과 일

예 제

그림 4-46에서 7kg의 포환이 40도의 투사각도로 릴리스되어 0.05초 사이에 1m 떨어진 Q점으로 이동하였을 때 포환의 총순발력 P, 수직순발력 P_y, 수평순발력 P_x는 다음과 같다.

$$P_y = \frac{mgd\sin\theta}{t}$$
$$= \frac{7\text{kg} \times 9.8\text{m/sec}^2 \times 1\text{m} \times \sin40°}{0.05\text{sec}}$$
$$= \frac{44.1\text{J}}{0.05\text{sec}}$$
$$= 882\text{W}$$

$$P_x = \frac{mgd\cos\theta}{t}$$
$$= \frac{7\text{kg} \times 9.8\text{m/sec}^2 \times 1\text{m} \times \cos40°}{0.05\text{sec}}$$
$$= \frac{52.55\text{J}}{0.05\text{sec}}$$
$$= 1{,}051\text{W}$$

$$P = \sqrt{\left(\frac{mgd\sin\theta}{t}\right)^2 + \left(\frac{mgd\cos\theta}{t}\right)^2}$$
$$= \sqrt{(882\text{W})^2 + (1{,}051\text{W})^2}$$
$$= \sqrt{1882{,}525\text{W}^2}$$
$$= 1{,}372\text{W}$$

2) 순발력의 측정

일상생활이나 스포츠활동에서 체력은 매우 중요한 의미를 갖고 있어 건강관련 체력과 운동관련 체력을 검사하는 것을 자주 볼 수 있다. 이때 운동관련 체력검사의 일환으로 순발력을 검사한다.

순발력 검사방법으로는 팔 순발력을 측정하는 공던지기, 다리 순발력을 측정하는 멀리뛰기나 수직뛰기 등이 많이 사용된다. 이러한 순발력 검사는 인체가 이동한 수평거리나 수직거리의 기록을 지표로 한다. 그러나 멀리뛰기나 공던지기의 기록은 투사각도나

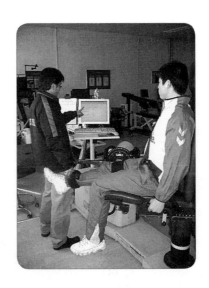

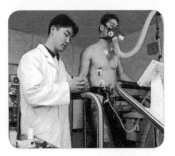

그림 4-47. 사이벡스 및 트레드밀 측정장비

높이와 같은 역학적 요인들의 영향을 많이 받기 때문에 순수한 순발력을 측정할 수 없다. 그럼에도 불구하고 학교에서 집단을 대상으로 이와 같은 검사방법을 사용하는 것은 측정이 간편하기 때문이다.

순발력 측정은 위에서 설명한 여러 가지 검사 이외에도 순발력검사기구를 사용하여 측정하기도 한다. 그와 같은 기구 중에서 가장 많이 사용되는 기구가 그림 4-47의 사이벡스와 트레드밀이다.

사이벡스는 일량과 순발력을 측정하는 장치이다. 측정방법은 관절을 축으로 분절을 회전시킬 때 근육군이 생성하는 토크를 측정하여 힘의 크기를 산출하고, 또 회전속도를 측정한 후 이 회전속도를 선속도로 전환하여 측정된 힘과 시간을 곱하여 일률(순발력)을 산출한다.

사이벡스에서는 운동범위(ROM)의 조절이 가능하여 연구목적에 맞도록 일량을 조절할 수 있으며, 속도를 임의로 적절하게 고정시킬 수 있어 팔, 다리, 몸통 등 필요한 부위의 일률을 간편하게 측정한다.

한편 수직순발력을 측정하는 장치로는 그림 4-48의 Margaria-Kalamen power test가 있다. Margaria-Kalamen power test는 1.05m 높이를 계단을 밟고 올라갔을 때 수직으로 한 일을 구하고, 수행한 일에 소요된 시간으로 나누어 수직순발력을 산출하는 간단한 장치로 수직순발력 P_y는 다음과 같이 구한다.

$$P_y = \frac{mg \times 1.05\text{m}}{t}$$

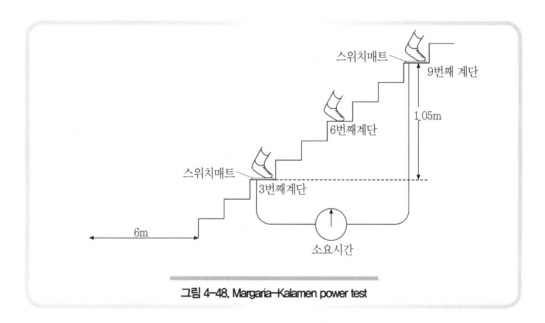

그림 4-48. Margaria-Kalamen power test

예 제

체중 70kg인 사람이 Margaria-Kalamen power test에서 계단을 밟고 1.05m의 높이를 올라가는데 걸린 시간이 1초 일 때 수직순발력은 다음과 같다.

$$P_y = \frac{FD}{t}$$

$$= \frac{70\text{kg} \times 9.8\text{m/sec}^2 \times 1.05\text{m}}{1\text{sec}}$$

$$= \frac{720.3\text{J}}{1\text{sec}}$$

$$= 720.3\text{W}$$

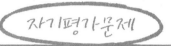

1. 에너지의 종류에는 어떤 것들이 있는지 알아보자.

2. 1Joule의 일의 크기가 어떻게 되는지 알아보자.

3. 역학적 에너지의 종류와 그 크기를 설명해보자.

4. 60kg의 체중을 갖고 있는 다이버가 10m 높이에서 1회전돌아내리기를 하여 입수할 때 입수순간의 속도가 14m/sec라면, 운동에너지는 얼마인가 구해보자.

5. 권투선수가 600N의 에너지를 가진 상대방의 숏블로를 머리에 맞고 10cm 뒤로 밀려 났을 때 힘은 얼마인지 알아보자.

6. 145g의 야구공이 배트에 맞은 후 145km/h의 속도로 날아가다 중견수의 글러브에 접촉하는 순간 100km/h가 되었을 때, 야구공이 한 일이 얼마인지 알아보자.

7. 체중 70kg인 사람이 3m 다이빙보드에서 수직으로 뛰어 내렸을 때, 이 사람이 수면에 도달할 때의 에너지는 얼마인지 구해보자.

8. 체중 75kg인 스키선수가 35도의 경사면을 1km 활강하였을 때 한 일은 얼마나 되는지 알아보자.

9. 역학적 에너지보존의 법칙이 무엇인지 운동에서 예를 들어 설명해보자.

10. 5도의 경사를 갖고 있는 트레드밀에서 벨트의 속도가 8m/sec로 움직일 때 70kg의 체중을 가진 사람이 20분간 운동을 했다면 이 사람이 한 총일은 얼마인지 알아보자.

11. 바퀴의 부하가 10N이고, 반지름이 50cm인 에르고미터에서 400회를 회전시켰을 때 일은 얼마인지 알아보자.

12. 순발력이란 무엇인지 설명하고, 그 크기를 알아보자.

13. 마가리아-칼라맨 순발력검사의 원리를 알아보자.

제5장 탄성운동

1. 탄 성

정구공을 손으로 눌렀다가 놓으면 공이 찌그러졌다가 다시 본래 모양이 되고, 고무줄을 당겼다 놓으면 고무줄의 길이가 길어졌다가 본래의 길이로 되돌아온다. 이처럼 물체에 힘이 가해졌을 때 모양이나 길이가 변하는 것을 변형(deformation)이라 하며, 본래의 모습으로 되돌아오는 것을 복원(restoration)이라 한다.

물체에 힘이 가해지면 변형이 일어나고 작용한 힘이 소멸되면 다시 본래의 상태로 돌아오는 물체의 성질을 탄성(elasticity)이라 하며, 이러한 성질을 갖고 있는 물체를 탄성체라 한다. 공과 장대높이뛰기의 장대(pole)는 탄성체이며, 포환과 스타팅블록은 비탄성체이다. 활, 공, 철봉의 봉, 엑스밴드 등은 탄성을 이용한 운동기구들이다.

탄성체를 변형시키려면 힘을 가해야 하는데, 이 힘에 대항하여 물체로부터 받는 반작용력을 탄성력이라 한다.

두 탄성체가 서로 충돌했다가 떨어질 때 탄성체의 변형이 일어나면서 위치에너지와 운동에너지의 일부가 탄성에너지로 바뀌었다가 다시 본래의 상태로 되돌아오는데, 이를 복원력(restoration force)이라 한다. 또한 탄성체가 충돌한 후 복원하는 과정에서 역학적 에너지가 손실되지 않고 그대로 복원될 때 완전탄성충돌이라 하고, 탄성체의 변형 등으로 인해 유실되어 역학적 에너지가 감소하는 경우를 불완전탄성충돌이라 한다.

한편 진흙에 탄성체를 던졌을 때처럼 심한 변형으로 인하여 물체가 충돌한 후 서로 분리되지 않고 붙어 있는 충돌을 비탄성충돌이라 한다.

탄성이 강한 골프공이 클럽에 맞으면 그림 4-49에서 보는 바와 같이 모양이 변한다. 골프공은 스프링처럼 압축되어 탄성에너지를 저장했다가 다시 본래의 형태로 복원되면서 운동에너지로 전환된다. 이때 생성된 운동에너지가 골프공을 공중으로 날아가게 한다.

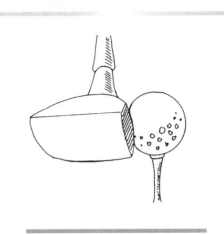

그림 4-49. 임팩트 시 골프공의 변형

장대높이뛰기에서 선수가 폴박스(pole box)에 장대를 꽂으면 선수의 운동에너지 때문에 장대가 구부러지고 장대 내부에는 탄성에너지가 저장된다. 선수가 지면에서 뛰어오르는 순간 저장된 탄성에너지는 운동에너지로 전환되면서 장대가 펴지기 시작하여 본래 모양으로 되돌아간다. 장대높이뛰기선수는 위쪽으로 작용하는 장대의 운동에너지를 이용하여 더 높이 올라가게 된다.

그림 4-50과 같이 야구경기에서 타자가 공을 타구할 때도 동일한 현상

그림 4-50. 임팩트 시 야구공의 변형

이 일어난다. 타자가 배트로 야구공을 강하게 쳤을 때 타구된 야구공은 찌그러지면서 탄성에너지가 생기고, 배트를 떠나면서 다시 본래의 모양으로 되돌아오면서 운동에너지로 전환된다. 이렇게 생성된 운동에너지는 날아가는 공에 속도를 증가시켜 더 멀리 날아가게 한다.

이처럼 탄성체가 외부에서 힘을 받아 모양이 변하면 탄성체 내부에서는 본래의 상태로 되돌아가려는 힘인 복원력이 생긴다. 즉 외력이 탄성체에 작용하면 탄성체의 모양이 변하고, 변형된 물체는 본래의 상태로 되돌아가려고 하는 복원력이 생기는 것이다. 스포츠에서 사용되는 대부분의 기구는 탄성을 지니고 있으므로 탄성체의 속성을 이해하고 이를 활용하면 많은 도움을 얻을 수 있다.

용수철을 잡아당기면 길이가 늘어나고 손을 놓으면 본래의 길이로 되돌아온다. 그림 4-51과 같이 수직방향으로 걸려 있는 용수철에 추를 매달면 용수철의 길이가 늘어난다. 이때 추의 무게가 클수록 늘어나는 길이도 증가한다.

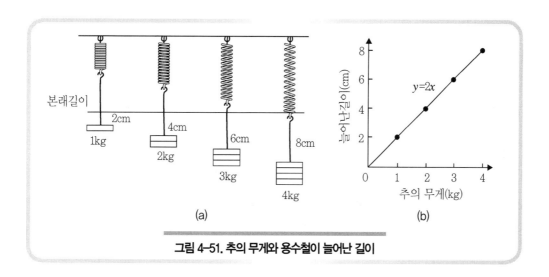

그림 4-51. 추의 무게와 용수철이 늘어난 길이

그림 4-51의 (a)에서 1kg의 추를 달았을 때 늘어난 길이는 2cm이고, 2kg일 때는 4cm, 3kg일 때는 6cm, 4kg일 때는 8cm였다. 용수철이 늘어나는 길이와 추의 무게와의 관계를 그래프로 나타내면 그림 4-51의 (b)와 같다. (b)에서 보는 바와 같이 용수철이 늘어나는 길이는 추무게의 크기에 비례하는데, 이때 비례상수 K 는 2이다. 늘어나는 길이를 y, 추의 무게를 x 라고 하면 그래프의 방정식은 다음과 같다.

$$y = Kx$$
$$y = 2x$$

이처럼 물체의 변형은 외력의 크기에 비례하는데, 이를 후크의 법칙(Hook's law)이라 한다.

한편 정구공을 1m 높이에서 마루바닥에 떨어뜨렸을 때보다 2m 높이에서 떨어뜨렸을 때 공이 더 많이 찌그러진다. 이는 변형과 외력이 비례하기 때문에 나타나는 현상이다. 반면 1m 높이에서 마루바닥에 떨어뜨렸을 때 공이 튀어오르는 높이보다 2m 높이에서 떨어뜨렸을 때 공이 더 높게 튀어오른다. 이는 변형이 커서 복원력이 크기 때문인데, 복원력도 변형에 비례한다.

이처럼 변형의 한계 내에서는 물체의 변형은 외력에 비례하고 복원력도 변형에 비례하므로 결과적으로 외력과 복원력은 비례한다.

2. 탄성계수

같은 높이에서 소프트볼공과 농구공을 지면에 떨어뜨리면 소프트볼공보다 농구공이 더 높이 튀어오른다. 이는 소프트볼공보다 농구공의 탄성이 더 크기 때문이다. 이처럼 물체의 탄성크기를 나타내는 지수가 탄성계수(coefficient of elasticity)이다. 탄성계수는 복원계수와 그 크기가 같아 동일한 의미로 사용되는데, 물체를 구성하고 있는 소재, 온도, 충격강도 등 여러 가지 조건에 따라 다르기 때문에 모든 물체의 탄성계수는 같지 않다.

Newton의 가속도법칙에 의하면 속도의 변화는 힘에 비례한다. 따라서 탄성계수(coefficient of elasticity : e)는 충돌 전과 충돌 후의 두 물체가 움직이는 상대속도에 대한 비율을 이용하여 산출한다. 즉 충돌이 있기 전의 접근속도와 충돌 직후 이탈속도의 비율로 나타낸다. 그러므로 탄성계수 e 는 다음과 같다.

$$e = \frac{v_s}{v_a}$$

v_a : 충돌 직전 접근상대속도, v_s : 충돌 직후 이탈상대속도

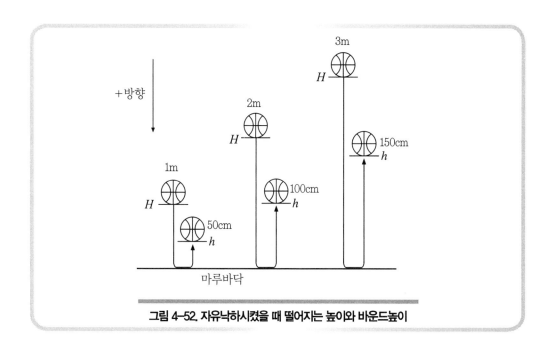

그림 4-52. 자유낙하시켰을 때 떨어지는 높이와 바운드높이

그림 4-52와 같이 농구공을 각각 다른 높이에서 떨어뜨리면 떨어지는 높이가 높을수록 튀어오르는 높이도 높아진다. 즉 후크의 법칙에 의하여 바운드된 공의 높이는 떨어지는 공의 높이에 비례한다.

탄성계수를 실제로 측정하려고 할 때 물체의 충돌 직전 접근상대속도와 충돌 직후 이탈상대속도를 직접 측정하는 것보다 두 물체가 움직인 높이를 측정하는 것이 간편하기 때문에 자유낙하운동의 원리를 이용하여 거리를 속도로 환산하여 탄성계수를 산출한다.

마루바닥으로부터 H 의 높이에서 농구공을 떨어뜨려 h 높이까지 튀어오른 경우에 마루바닥은 변형이나 운동이 일어나지 않기 때문에 공의 속도만으로 다음과 같이 탄성계수를 구한다.

자유낙하에서 속도

$$v_s = \sqrt{2gh}$$

$$v_a = \sqrt{2gH} \text{ 이므로}$$

탄성계수

$$e = \frac{v_s}{v_a}$$

$$e = \frac{\sqrt{2gh}}{\sqrt{2gH}}$$
$$= \sqrt{\frac{h}{H}}$$

v_a : 충돌 직전 접근상대속도, v_s : 충돌 직후 이탈상대속도

예 제

공을 마루바닥으로부터 1m 높이에서 자유낙하시켰을 때 바닥과 충돌 후 49cm 높이까지 튀어올랐다. 이때 공과 마루 사이의 탄성계수는 다음과 같이 산출한다.

$$e = \sqrt{\frac{h}{H}}$$
$$= \sqrt{\frac{49}{100}}$$
$$= \sqrt{0.49}$$
$$= 0.7$$

한편 야구경기에서 투구된 공을 배트로 치면 공과 배트의 속도가 모두 변하기 때문에 충돌 직전 공과 배트의 접근상대속도와 충돌 직후 공과 배트의 이탈상대속도를 계산하여 다음과 같이 탄성계수를 구하여야 한다. 충돌 직전 배트속도를 V_a, 충돌 직전 공의 속도를 v_a, 충돌 직후 배트속도를 V_s, 충돌 직후 공의 속도를 v_s라고 하면 탄성계수는 다음과 같다.

충돌 직전 공과 배트의 상대속도　　$|V_a - v_a|$

충돌 직후 공과 배트의 상대속도　　$|V_s - v_s|$

탄성계수　　　　　　　　　　　$e = \dfrac{|V_a - v_a|}{|V_s - v_s|}$

충돌 직전 공과 배트의 상대속도를 RV_a라고 하고, 충돌 직후 공과 배트의 상대속도를 RV_s라고 하면 탄성계수는 다음과 같다.

$$e = \frac{RV_s}{RV_a}$$

예제

테니스공이 30m/sec로 라켓에 접근하고, 라켓은 50m/sec의 속도로 동일선상의 반대방향에서 접근하여 충돌한 후에 라켓과 공이 라켓방향으로 각각 20m/sec와 40m/sec로 이동하였다. 이때의 탄성계수는 다음과 같이 계산한다.

$$e = \frac{|V_s - v_s|}{|V_a - v_a|}$$
$$= \frac{|-40 - (-20)|}{|30 - (-50)|}$$
$$= 0.25$$

탄성계수의 크기는 0에서부터 1 사이의 값을 가지는데, 비탄성충돌일 때가 가장 작고 완전탄성일 때 가장 크다.

스포츠상황에서 탄성계수에 가장 큰 영향을 미치는 요인으로는 표면의 재질을 들 수 있다. 예를 들어 나무배트보다 알루미늄배트로 야구공을 타격했을 때 탄성계수가 더 크며, 축구공도 잔디구장보다는 흙으로 된 구장에서 바운드될 때 탄성계수가 더 크다. 축구와 같은 구기종목에서 홈그라운드가 유리한 이유 중의 하나가 같은 경기장에서 많은 연습을 하여 공의 탄성계수에 대한 차이에 보다 익숙해 있기 때문이다.

이처럼 운동용구의 탄성계수는 경기수행에 많은 영향을 주기 때문에 구기종목의 경기규칙에는 공의 탄성계수가 명시되어 있다. 예를 들면 공의 종류에 따라 183cm의 높이에서 딱딱한 마루바닥에 떨어뜨린 경우 탄성계수가 축구공 0.76, 테니스공 0.67, 슈퍼볼공 0.89이다. 표 4-2, 표 4-3, 표 4-4는 공의 종류에 따른 탄성계수, 공의 종류별 충돌속도에 따른 탄성계수, 표면의 종류에 따른 탄성계수를 선행연구의 자료에서 발췌한 것들이다.

표 4-2. 공의 종류에 따른 탄성계수(Hay, 1995)

공의 종류	바운드높이(m)	탄성계수
슈퍼볼공	1.44	0.89
농구공	1.06	0.76
축구공	1.05	0.76
배구공	1.01	0.74
테니스공(worn)	0.91	0.67
테니스공(new)	0.81	0.67
락크로스공	0.70	0.62
필드하키공	0.46	0.50
소프트볼공	0.18	0.32
크리켓공	0.18	0.32

*1.83m 높이에서 딱딱한 마루바닥에 떨어뜨린 경우

표 4-3. 표면의 종류에 따른 배구공의 탄성계수(Hay, 1985)

표면의 종류	바운드높이(m)	탄성계수
프로터프(proturf)	1.05	0.76
나 무	1.03	0.75
유니터프(uniturf)	1.03	0.75
강철판	1.02	0.75
콘크리트	1.00	0.74
텀블링매트(두께 2.5cm)	0.83	0.67
자 갈	0.67	0.61
잔 디	0.34	0.43
체조매트(두께 20cm)	0.33	0.42

*1.83m 높이에서 떨어뜨린 경우

표 4-4. 공의 종류별 충돌속도에 따른 탄성계수(Plagenhoef, 1971)

공의 종류	탄성계수	
	15m/sec 속도로 충돌 시	55m/sec 속도로 충돌 시
슈퍼볼공	0.90	0.85
탁구공	0.80	0.70
핸드볼공	0.80	0.50
축구공	0.75	0.65
농구공	0.75	0.64
테니스공	0.70	0.50
골프공	0.60	0.58
야구공	0.57	0.55
소프트볼공	0.55	0.40
스쿼시공	0.52	0.40

3. 탄성변형

물체에 힘을 가했을 때 생기는 변형은 언제나 외력에 비례하지는 않는다. 고무줄을 너무 세게 잡아당기면 줄이 끊어지거나, 설령 끊어지지 않더라도 본래의 길이로 되돌아가지 않고 늘어난 상태로 있을 경우가 있다. 테니스공도 아주 큰 힘으로 누르면 터져서 본래의 모양으로 복원되지 않는다.

그림 4-53은 물체에 외력을 가했을 때 물체의 변형을 나타낸 것이다. 그림 4-53에서 보는 바와 같이 0A구간에서는 외력과 변형이 비례하는데, 이를 변형의 한계(limit of deformation) 또는 탄성의 한계(limit of elastic)라 한다. 후크의 법칙은 탄성의 한계에서만 적용되며, 탄성의 한계 내에서 일어난 물체의 변형은 본래의 상태로 복원된다.

한편 A지점부터 B지점까지는 외력이 증가할수록 변형도 증가하였지만, 외력에 비례하지 않고 곡선모양으로 증가하였으며, B-C구간은 오히려 외력은 커졌지만 변형은 감소되었음을 알 수 있다. 그림 4-53의 A-B 구간에서 보는 바와 같이 물체에 가해진 힘이

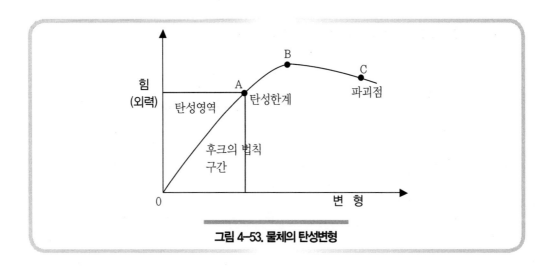

그림 4-53. 물체의 탄성변형

특정한 수준을 넘으면 물체의 구조적 변형으로 인하여 변형의 정도가 감소하며, 결국에는 구조가 부서지거나 끊어지게 된다. 물체에 작용한 힘이 B지점 이후부터는 소멸되어도 물체가 원상태로 복원될 수 없고, 영구적인 구조적 손상을 보인다.

고무줄을 강하게 잡아당겼다 놓으면 본래의 길이보다 길어진 상태로 남아 있을 때가 있는데, 이때는 외력의 크기가 그림 4-53의 B지점을 지나친 상태이다. 또한 고무줄을 그보다 더 강하게 잡아당기면 끊어지는데, 그 끊어지는 시점을 파괴점(C)이라 한다.

우리 신체도 운동 중에 체내의 여러 결합조직인 근육이나 인대 등에 과도한 힘이 작용하면 결합조직이 탄성한계점을 지나 파괴점에 접어들어 근육이나 인대 등에 큰 손상을 입게 된다. 즉 신체 각 관절은 관절이 정상적으로 움직일 수 있는 가동범위가 있는데, 무리하게 힘을 쓰거나 강한 외력이 작용하면 뼈가 관절의 가동범위를 벗어나 움직이게 된다. 이때 관절 주위에 있는 인대, 근육 등이 손상을 입고 심하면 탈구나 골절과 같은 상해를 입게 된다.

탄성영역 내에서는 가해진 힘과 변형은 서로 비례하는데, 일반적으로 힘과 변형 대신 스트레스와 스트레인이라는 물리량을 사용하여 물체의 탄성특성을 나타내기도 한다. 스트레스란 단위면적에 받는 압력의 크기를 말하며, 스트레인이란 본래의 모양에서 외력을 받아 변형된 크기를 의미하는 것으로 다음과 같다.

$$stress = \frac{N}{m^2}$$

$$strain = \frac{m_d}{m_o}$$

m_o : 물체의 본래 길이, m_d : 변한 길이

한편 스트레스와 스트레인을 사용하여 물체의 탄성특성을 나타내는 영률(Young's modulus)은 다음과 같이 나타낼 수 있다.

$$영률 = \frac{stress}{strain} = \frac{\frac{N}{m^2}}{\frac{m_d}{m_o}}$$

$$= \frac{N m_o}{m^2 m_d}$$

$$m_d = \frac{N m_o}{m^2}$$

위의 식에서 보는 바와 같이 물체의 길이의 변화는 단면적에는 반비례하고 본래 길이와 작용한 힘에는 비례한다. 그러므로 무거운 물체를 들었을 때 근육길이의 변화 정도는 물체의 무게가 무거울수록, 근육의 길이가 길수록 늘어나는 길이가 크며, 근육의 단면적이 넓을수록 적게 늘어난다. 그러므로 근육에 작용하는 외력이 크면 근육이 많이 늘어나 인대와 근육에 손상을 주게 된다.

스포츠상황에서 탄성력은 크게 추진력, 저항, 완충력의 3가지 형태로 활용된다. 탄성력이 추진력으로 사용되는 대표적인 종목으로는 그림 4-54에서와 같이 양궁(a), 장대높이뛰기(b), 스프링보드다이빙(c), 체조(d) 등을 들 수 있다.

양궁에서는 활체의 탄성을 증가시켜 화살을 가속시키고, 장대높이뛰기에서는 알루미늄장대 대신 탄성이 매우 좋은 화이버글래스(fiberglass)로 제작된 장대를 이용하여 상방향으로의 추진력을 증가시키며, 스프링보드다이빙에서도 탄성이 높은 발구름판을 이용하여 수직속도를 증가시킨다. 또한 체조의 뜀틀에서도 스프링이 장착된 발구름판을 사용하여 도약력을 높인다.

한편 장대높이뛰기에서 사용되는 매트는 지면으로 떨어지는 신체와 충격량이 변화하는 시간을 증가시켜 충격력을 감소시킨다. 스프링이 설치된 마루운동용 매트는 착지할 때 몸에 가해지는 충격력을 완화시키고, 발구름을 할 때 도약력을 증가시킨다.

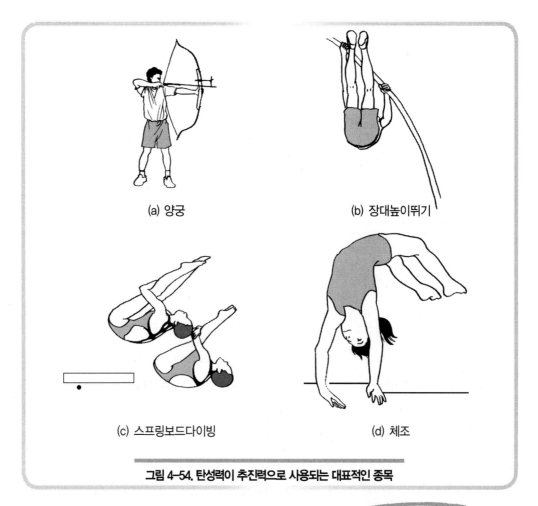

(a) 양궁

(b) 장대높이뛰기

(c) 스프링보드다이빙

(d) 체조

그림 4-54. 탄성력이 추진력으로 사용되는 대표적인 종목

 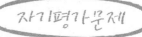

자기평가문제

1. 외력, 변형, 복원력의 관계를 운동에서 예를 들어 설명해보자.

2. 2m 높이에서 마루바닥 위에 테니스공을 떨어뜨렸을 때 1m을 튀어올라 왔다면 테니스공의 탄성계수는 얼마인지 알아보자.

3. 변형(탄성)의 한계란 무엇이며, 변형의 한계 이상 외력이 작용했을 때 물체는 어떻게 되는지 활을 예로 들어 설명해보자.

4. 탄성의 성질을 이용하는 운동용구에는 어떤 것이 있는지 알아보자.

5. 마루운동에서 스프링을 장착한 특수매트가 어떠한 역할을 하는지 설명해보자.

제6장 임팩트와 리바운드

물체가 충돌하는 순간을 임팩트(impact)라 하며, 임팩트 후에 물체가 튀어나가는 것을 리바운드(rebound)라 한다.

권투경기에서는 주먹으로 상대방을 가격하고, 골프를 칠 때에는 클럽으로 공을 치며, 농구경기에서는 공을 바닥에 쳐서 드리블한다. 이와 같이 스포츠에서는 사람과 사람, 사람과 물체, 물체와 물체가 충돌을 하는 경우가 많다. 그러므로 임팩트와 리바운드에 관계되는 원리를 이해하고, 이를 활용하면 운동의 효과를 얻는 데 많은 도움이 된다.

1. 임 팩 트

1) 임팩트의 종류와 임팩트힘

임팩트는 두 물체가 충돌하는 순간 생긴다. 충돌에는 제5장 탄성운동에서 전술한 바와 같이 비탄성충돌(inelastic collision)과 탄성충돌(elastic collision)이 있으며, 탄성충돌에는 불완전탄성충돌과 완전탄성충돌이 있다.

비탄성충돌은 화살이 과녁에 꽂히는 경우와 같이 물체가 서로 충돌한 후 분리되지 않

는 충돌이다. 불완전탄성충돌은 배구
의 스파이크, 야구의 배팅, 축구의 킥
등과 같이 두 물체가 충돌했을 때 물
체가 변형된 후 다시 충돌 전의 형태
로 복원되는 충돌을 의미한다. 한편
완전탄성충돌은 일직선상에서 정면
으로 충돌하여 충돌 후에 물체의 표
면에 직각방향으로 리바운드가 되는
충돌로서, 스포츠경기에서는 거의 발
생하지 않는다.

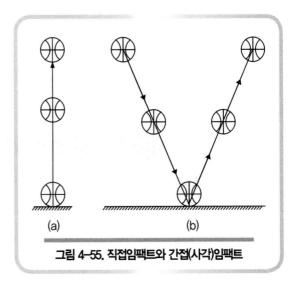

그림 4-55. 직접임팩트와 간접(사각)임팩트

그림 4-55와 같이 임팩트에는 직
접임팩트(direct impact)와 간접임팩트(indirect impact)가 있다. 농구공을 바닥에 떨어뜨
릴 때와 같이 두 물체가 정면으로 충돌할 때 생기는 임팩트를 직접임팩트라고 한다. 직
접임팩트는 직접충돌이 된 물체는 충돌 전후의 운동이 일직선상에서 일어나고, 임팩트
힘(impact force)은 물체표면에 수직방향으로 작용한다. 그리고 간접임팩트는 농구에서
공을 바닥에 비스듬히 밀어내는 바운드패스와 같이 두 물체가 사각으로 충돌할 때 생기
는 임팩트로서, 사각임팩트라고도 한다. 간접임팩트에서는 임팩트힘의 방향이 물체의 표
면에 수직방향이 아니므로 물체의 운동도 일직선상에서 일어나지 않는다.

물체가 충돌할 때 생기는 힘을 임팩트힘이라 한다. 예를 들어 그림 4-55와 같이 농구
공이 바닥에 충돌하는 순간 생긴 힘을 임팩트힘이라 한다.

2) 임팩트의 크기에 영향을 주는 요인

어떤 물체가 다른 물체에 충돌하는 순간 임팩트힘에 영향을 주는 요인은 임팩트 순간
두 물체의 총운동에너지(total kinetic energy), 힘이 가해지는 거리, 그리고 충돌면적이다.

(1) 충돌체의 역학적 에너지

임팩트힘에 영향을 가장 크게 주는 것은 물체의 운동에너지이다. 즉 충돌물체의 운동
에너지가 크면 클수록 임팩트힘이 크며, 작으면 작을수록 임팩트힘도 작아진다.

운동에너지에는 선운동을 할 때 물체가 가지고 있는 선운동에너지와 회전운동을 할 때 가지고 있는 각운동에너지의 두 가지로, 임팩트힘은 선운동에너지와 각운동에너지의 합이 된다. 그러므로 선운동에너지를 KE_l, 각운동에너지를 KE_r이라고 하면, 임팩트힘에 영향을 주는 총운동에너지는 다음과 같다.

$$KE = KE_l + KE_r$$

$$KE = \frac{1}{2}mv^2 + \frac{1}{2}I\omega^2$$

위에서 보는 바와 같이 임팩트힘은 물체의 선운동에너지와 각운동에너지가 클수록 증가한다. 그러므로 탁구의 서비스에서 임팩트힘을 증가시키려면 선운동에너지와 각운동에너지를 증가시켜야 한다.

선운동에너지를 증가시키려면 탁구공의 질량과 속도를 증가시켜야 하지만, 공의 질량은 임의로 크게 할 수 없으므로 실제로는 탁구공의 속도를 증가시켜야 한다. 한편 각운동에너지를 증가시키기 위해서는 관성모멘트와 회전속도를 증가시켜야 하는데, 탁구공의 관성모멘트는 일정하므로 공의 회전속도를 증가시켜야 한다. 탁구공의 회전속도를 증가시키려면 공에 강한 회전을 주어야 한다.

그러므로 탁구경기에서 스매싱을 성공시키려면 공을 강하게 쳐서 공의 속도를 증가시키는 동시에 공에 회전을 주는 것이 좋다. 스매싱을 할 때 회전을 준 공은 각운동에너지를 증가시킬 뿐만 아니라 리바운드되는 공의 진로가 바뀌어 상대방이 정확하게 리시브할 수 없어 성공률을 높여준다. 총알이 총열을 통과할 때 회전시키는 이유도 총알이 날아가는 선운동에너지에 각운동에너지를 부가시켜 큰 임팩트힘을 주기 위해서이다.

(2) 힘이 가해진 거리

임팩트힘에 영향을 주는 두 번째 요인은 힘이 가해진 거리이다. 임팩트 순간 힘이 작용되는 시간이 길면 임팩트힘은 작아지고 짧으면 커진다. 운동을 하고 있는 물체는 운동에너지를 가지고 있기 때문에 일을 할 수 있는 능력이 있다. 선운동에너지를 가지고 있는 물체는 선운동 일(linear work)을 하고, 각운동에너지를 가지고 있는 물체는 각운동 일(angular work)을 한다. 선운동 일은 힘에 거리를 곱한 값이며, 각운동 일은 토크에 각거리를 곱한 값으로, 선운동 일과 각운동 일에서 힘과 토크는 다음과 같다.

선운동 일에서의 힘

$$FD = \frac{1}{2}mv^2$$

$$F = \frac{1}{2}mv^2/D \quad \cdots\cdots\cdots\cdots\cdots\cdots\cdots\cdots\cdots\cdots\cdots\cdots\cdots\cdots\cdots\cdots\cdots\cdots \text{①}$$

각운동 일에서의 힘

$$T\theta = \frac{1}{2}I\omega^2$$

$$T = \frac{1}{2}I\omega^2/\theta \quad \cdots\cdots\cdots\cdots\cdots\cdots\cdots\cdots\cdots\cdots\cdots\cdots\cdots\cdots\cdots\cdots\cdots \text{②}$$

위의 ①과 ②와 같이 선운동의 임팩트힘은 물체가 움직인 선거리에 반비례하며, 회전운동에서의 임팩트토크는 물체가 움직인 각거리에 반비례한다. 이처럼 선임팩트힘과 임팩트토크는 물체가 힘을 가하는 거리에 반비례한다.

예를 들어 날아오는 야구공을 받을 때 글러브를 몸쪽으로 끌어당기며 받을 때가 글러브를 뒤로 끌어당기지 않고 받을 때보다 글러브에 힘을 가한 거리가 길어진다. 따라서 야구공이 글러브에 작용한 임팩트힘이 작아져서 공이 글러브에 닿은 후 튀어나가는 힘(리바운드힘)이 작아 공을 안전하게 받을 수 있다. 또 회전하고 있는 공을 받을 때도 공의 회전방향으로 글러브를 움직이면서 받으면 임팩트힘을 감소시켜 공을 안전하게 받을 수 있다.

(3) 힘이 가해진 면적

임팩트힘에 영향을 주는 세 번째 요인은 물체가 충돌하는 순간 힘이 가해진 면적이 달라진다. 충돌면적이 넓으면 임팩트힘이 작아지는 반면, 충돌면적이 좁으면 임팩트힘이 커진다. 이와 같이 물체가 충돌할 때 임팩트힘은 면적에 반비례하는데, 단위면적당 가해진 힘을 역학적 스트레스(mechanical stress)라 한다.

단위면적을 A, 임팩트힘을 F, 거리를 D라고 하면 역학적 스트레스는 다음과 같다.

$$\text{Stress} = \frac{F}{A}$$

$$= \frac{1}{2}mv^2/DA$$

$$= \frac{\frac{1}{2}mv^2}{DA}$$

위에서 보는 바와 같이 임팩트힘은 물체가 충돌할 때 면적에 반비례하므로 접촉면적이 넓을수록 작아진다. 예를 들어 야구의 포수는 다른 수비수들이 사용하는 글러브보다 면적이 넓고 두툼한 미트를 사용한다. 미트는 글러브에 비하여 야구공을 받는 순간접촉면적이 크고 공의 이동거리가 길기 때문에 임팩트힘을 감소시키는 효과가 있다. 미식축구에서 어깨에 대는 패드도 충돌이 일어날 때 면적이 커서 힘을 분산시켜 신체의 특정부위에 작용하는 스트레스를 감소시키는 역할을 하여 상해의 위험을 줄여준다.

스카이다이버가 지면에 낙하할 때 어깨와 등으로 굴러서 스트레스를 감소시키고, 야구의 러너가 베이스에 들어갈 때 가슴과 배를 지면에 대고 슬라이딩을 하는 것도 접촉면적을 넓게 하여 스트레스를 감소시키기 위한 것이다.

2. 리바운드

농구공을 마루바닥에 던지면 튀어 오르고, 배트로 야구공을 치면 되돌아 나간다. 이와 같이 탄성체가 충돌하면 충돌 직후 튀어나가는 것을 리바운드(rebound)라 하며, 물체가 리바운드하는 데 작용한 힘을 리바운드힘(rebound force)이라 한다.

농구, 배구, 테니스 등의 스포츠경기에서는 리바운드가 이루어지는 경우가 많으므로 리바운드에 대한 역학적 원리를 이해하고 적용하면 많은 도움을 얻을 수 있다.

1) 리바운드힘의 크기에 영향을 주는 요인

두 물체가 충돌할 때 생기는 임팩트힘은 물체가 가지고 있는 운동에너지와 같다. 충돌할 때 생긴 임팩트힘은 물체를 변형시키고 변형된 탄성체는 물체내에 저장된 복원력에 의하여 본래의 모양으로 되돌아 가면서 리바운드를 한다. 이처럼 리바운드힘은 물체가 충돌할 때 생긴 임팩트힘의 반작용력이라 할 수 있다.

농구공을 자유낙하시킬 때처럼 완전탄성충돌이 일어나면 리바운드의 운동에너지는 정확히 임팩트의 운동역학적 에너지와 동일하다. 그러나 스포츠에서는 완전탄성충돌이 일어나는 경우가 매우 적고, 대부분 부분탄성충돌(partially elastic collision)이며, 리바운드될 때 운동에너지의 일부가 열에너지로 전환되기 때문에 실제로 리바운드에너지는 임팩트에너지보다 항상 작다.

리바운드힘의 크기에 영향을 주는 요인과 임팩트힘의 크기에 영향을 주는 요인은 동일하다. 따라서 리바운드힘에 영향을 주는 요인은 물체가 충돌할 때의 총운동에너지와 힘이 가해지는 거리이다.

한편 물체가 지닌 탄성은 임팩트 시에 운동에너지에 영향을 주므로 리바운드힘도 탄성력의 영향을 받는다. 그러므로 여기에서는 주로 탄성력에 관해서만 기술하고자 한다. 농구공과 같이 탄성력이 큰 물체는 포환과 같이 탄성력이 적은 물체보다 리바운드힘이 커서 리바운드도 잘된다. 탄성체의 탄성력의 크기는 탄성계수로 나타낸다. 탄성계수는 전술한 바와 같이 충돌하는 순간 물체의 접근속도와 분리속도에 대한 비율로 나타낸다. 즉 접근속도를 H, 분리속를 h라고 하면 탄성계수 r은 다음과 같다.

$$r=\sqrt{\frac{h}{H}}$$

탄성계수에 영향을 주는 요인에는 물체를 구성하고 있는 소재와 표면의 상태, 온도, 충격강도 등이 있다.

물체를 구성하는 소재에 따라 탄성력이 각각 다르다. 테니스공의 소재는 포환을 구성하고 있는 소재보다 탄성력이 크며, 농구공의 소재는 야구공의 소재보다 탄성이 크기 때문에 테니스공과 농구공은 포환이나 야구공보다 리바운드가 잘된다. 이와 같은 이유 때문에 스포츠에서 사용되는 용구는 물체가 가지고 있는 탄성력을 고려하여 적절한 소재로 제작한다.

물체가 충돌할 때에는 마찰이 생기고 마찰력의 크기는 리바운드힘과 리바운드 방향에 영향을 준다. 마찰력은 충돌하는 물체의 표면에 영향을 주기 때문에 리바운드에도 영향을 준다. 예를 들어 농구공을 표면이 매끄러운 얼음 위에 사각으로 바운드시키면 마찰력이 적어 충돌 순간 바로 튀어오르지 않고 어느 정도 미끄러진 후 튀어오르며 방향도 마루바닥과는 다르다.

한편 물렁물렁한 공의 온도를 높이면 공 속에 들어 있는 공기가 팽창하여 공이 더 잘 튀어오르는 것을 볼 수 있는데, 이처럼 물체의 온도도 리바운드힘에 영향을 준다. 물체의 온도가 상승하면 물체분자들의 운동이 활발하게 되어 체적이 팽창하므로 탄성력이 증가하여 리바운드힘이 커진다.

골퍼가 양손으로 골프공을 비벼서 따뜻하게 하거나, 주머니에 넣어 공을 따뜻하게 하면 공의 온도가 높아져서 더 큰 비거리를 낼 수 있다.

2) 리바운드힘의 방향에 영향을 주는 요인

농구의 패스와 슈팅, 테니스의 서비스와 스매싱, 축구의 킥 등에서 리바운드의 방향은 경기수행에 많은 영향을 준다. 리바운드방향은 리바운드힘의 방향에 의하여 결정되고, 리바운드힘의 방향은 임팩트각도에 의하여 결정된다.

공을 마루바닥에 자유낙하시키면 공은 수직상방향으로 리바운드된다. 이처럼 회전이 없는 탄성체가 완전탄성충돌이 일어날 때는 그림 4-56과 같이 리바운드각도(반사각도)는 임팩트각도(입사각도)와 동일하고 임팩트에너지와 리바운드에너지도 동일하다.

그러나 스포츠장면에서 생기는 탄성체의 충돌은 대부분 사각충돌이며, 회전을 하기 때문에 입사각도와 리바운드각도가 항상 동일하지 않다. 이처럼 리바운드힘의 방향 이외에도 충돌체의 회전, 마찰력, 임팩트속도, 탄성과 같은 여러 요인들이 리바운드방향에 영향을 준다. 충돌 후 리바운드방향에 영향을 주는 요인은 위에서와 같이 여러 가지가 있으나 스포츠현장에서 리바운드의 방향을 조절하는 것은 주로 공과 같은 운동기구의 회전을 통하여 이루어진다.

농구공과 같은 탄성체가 바닥에 충돌하는 순간 생긴 표면마찰력은 공이 회전을 하고

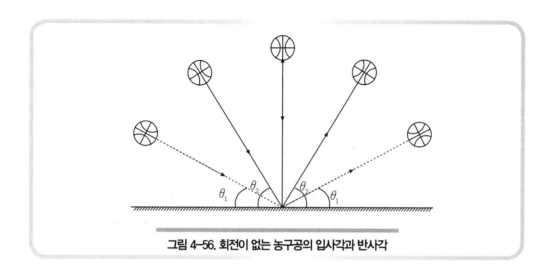

그림 4-56. 회전이 없는 농구공의 입사각과 반사각

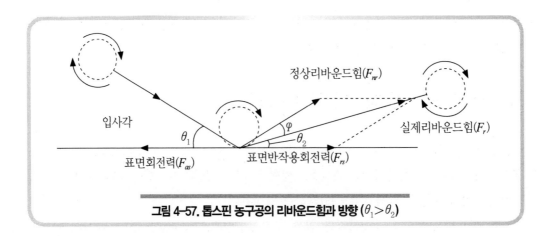

정상리바운드힘(F_{nr})

입사각

θ_1

표면회전력(F_{as})

φ

θ_2

표면반작용회전력(F_{rs})

실제리바운드힘(F_r)

그림 4-57. 톱스핀 농구공의 리바운드힘과 방향 ($\theta_1 > \theta_2$)

있을 때는 완전충돌이 일어나건 사각충돌이 일어나건 리바운드의 힘과 방향 모두에 영향을 준다.

그림 4-57과 같이 농구공이 지면에 사각충돌될 때 실제로 리바운드되는 힘과 방향은 충돌 순간 회전력과 정상리바운드힘의 합성결과로 나타난다. 그림 4-57에서 톱스핀(top spin)이 걸린 공이 지면에 충돌할 때 표면에서 생기는 공의 회전력은 후방으로 작용하고 이에 대한 반작용회전력은 전방으로 작용한다. 그러므로 실제로 공이 리바운드될 때의 힘과 방향은 정상리바운드 벡터와 반작용회전력 벡터의 합벡터에 의하여 결정된다.

공의 입사각을 θ, 정상리바운드힘(normal rebound face)을 F_{nr}, 공의 표면에 작용하는 표면회전력(spin force on face)을 F_{as}, 표면반작용회전력(spin reaction force on face)을 F_{rs} 라고 할 때 실제 공이 리바운드되는 방향인 반사각 φ는 다음과 같다.

$$F_{nr}^2 = F_r^2 + F_{rs}^2 - 2F_r F_{rs} \cos \varphi$$

$$2F_r F_{rs} \cos \varphi = \frac{F_r^2 + F_{rs}^2 - F_{nr}^2}{2F_r F_{rs}}$$

$$\varphi = \arccos \frac{F_r^2 + F_{rs}^2 - F_{nr}^2}{2F_r F_{rs}}$$

그림 4-57에서 보는 바와 같이 공이 톱스핀을 할 때 실제로 리바운드되는 힘은 회전이 없을 때의 정상리바운드힘보다 크다. 따라서 톱스핀을 하고 있는 공의 합성리바운드 속도는 회전이 없을 때보다 크기 때문에 더 빠른 속도로 리바운드 된다. 한편 실제로 공이

리바운드되는 각도의 크기는 $\arccos F_r^2 + F_{rs}^2 - F_{nr}^2 / 2F_r F_{rs}$ 이므로 공의 회전반력이 크면 클수록 작아지는데, 회전반력은 공의 회전속도에 비례한다. 따라서 공이 회전을 하면 회전을 하지 않을 때보다 리바운드의 반사각이 작아지고, 회전속도가 빠를수록 더 작아진다.

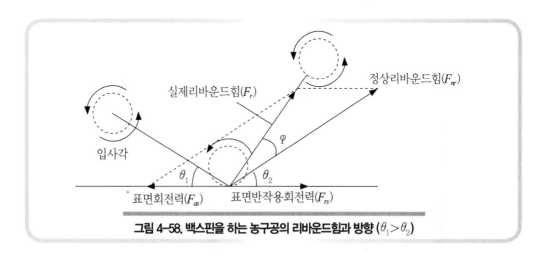

그림 4-58. 백스판을 하는 농구공의 리바운드힘과 방향 $(\theta_1 > \theta_2)$

한편 그림 4-58과 같이 역회전(back spin)이 걸린 공이 지면에 충돌할 때 표면에서 생기는 공의 회전력은 전방으로 작용하고 이에 대한 반작용회전력은 후방으로 작용한다. 그러므로 공이 실제로 리바운드하는 데 작용하는 리바운드힘은 회전이 없는 정상리바운드힘보다 작아지기 때문에 회전이 없을 때보다 역회전이 있을 때가 공이 튀어오르는 합성속도가 느려진다. 또, 회전이 없을 때보다 후방회전이 있을 때가 공의 수평속도가 느려서 리바운드의 수평거리가 짧아지는 반면 리바운드의 각도는 φ만큼 증가하여 더 높게 튀어오른다.

그림 4-58에서 공의 회전이 없을 때의 반사각보다 역회전이 있을 때 공이 더 높이 튀어오르는 각도 φ는 다음과 같다.

$$F_{rs}^2 = F_r^2 + F_{nr}^2 - 2F_r F_{rs} \cos\varphi$$

$$2F_r F_{rs} \cos\varphi = F_r^2 + F_{nr}^2 - F_{rs}^2$$

$$\cos\varphi = \frac{F_r^2 + F_{nr}^2 - F_{rs}^2}{2F_r F_{rs}}$$

$$\varphi = \arccos \frac{F_r^2 + F_{nr}^2 - F_{rs}^2}{2F_r F_{rs}}$$

회전이 없을 때보다 역회전할 때 공이 더 높게 튀어오르는데, 그 각도의 크기는 arc cos $F_r^2 + F_{nr}^2 - F_{rs}^2 / 2F_r F_{rs}$이므로 공의 회전반작용력이 클수록 리바운드각도가 커진다.

이처럼 역회전하는 공의 리바운드는 회전이 없을 때보다 더 높이 튀어오르며, 공의 회전이 빠를수록 점점 더 높게 튀어오른다.

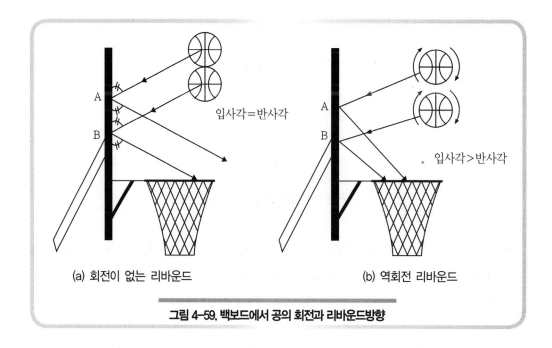

(a) 회전이 없는 리바운드   (b) 역회전 리바운드

그림 4-59. 백보드에서 공의 회전과 리바운드방향

지금까지 마루바닥과 같은 지면으로 공을 바운드시킬 때 리바운드되는 힘과 방향에 대하여 알아보았다. 이와 같은 원리는 농구경기에서 링을 보고 직접 슛을 하지 않고 수직으로 설치된 백보드에 슛을 하는 경우에도 동일하게 적용된다.

그림 4-59과 같이 백보드를 보고 슛을 하였을 때 회전의 유무에 따라 리바운드되는 공의 방향은 달라진다. 그림 4-59에서 공의 회전이 없을 때는 입사각과 반사각이 동일하지만, 역회전을 주면 입사각보다 반사각이 작아진다. 그러므로 회전이 없이 던져진 공이 링의 바로 위(B)에 바운드될 때는 골인이 되지만, 공의 위치가 링보다 어느 정도 높은 B지점에 바운드된 공은 링 안으로 들어가지 않는다. 그러나 슛을 할 때 역회전을 주면 높은 위치(A)에 바운드되어도 입사각보다 리바운드각이 작아져서 골인할 확률이 높아진다. 이와 같은 이유 때문에 프리드로를 할 때나, 특히 빠른 속도로 레이업슛을 할 때

는 공의 속도가 크기 때문에 공이 밖으로 튀어 나가지 않고 링 안으로 떨어지도록 역회전을 주어 슛을 해야 한다.

 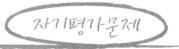

1. 임팩트란 무엇인지 예를 들어 설명하고, 임팩트힘에 영향을 주는 요인으로는 어떤 것이 있는지 알아보자.
2. 글러브를 뒤로 끌어당기면서 야구공을 받으면 좋은 이유를 임팩트힘의 측면에서 설명해보자.
3. 리바운드힘에 영향을 주는 요인을 알아보자.
4. 회전이 농구공의 리바운드 방향에 어떻게 영향을 주는지 설명해보자.
5. 농구경기에서 골밑슛을 할 때 공에 어떤 회전을 주어야 좋은지 알아보고, 그 이유를 설명해보자.

5 각운동역학
Angular Kinetics

제1장 회전효과

1. 토 크

    물체의 질점(중심점)에 힘(force on center)이 가해지면 직선운동이 일어나고, 질점을 벗어나면(force off center) 곡선운동과 회전운동이 동시에 일어난다. 물체의 질점을 벗어난 방향으로 작용하는 힘을 이심력(eccentric force)이라 하며, 이심력이 물체에 작용할 때 물체내에 고정된 점이 있으면 회전운동만 일어난다.

    시소나 자전거에서 바퀴에 이심력이 작용하면 바퀴가 회전하는 성질이 생기는데, 이러한 회전효과를 토크(torque)라 한다. 토크와 같은 의미로 사용되는 용어로는 회전능률(moment), 힘모멘트(moment of force), 염력, 회전력 등이 있으며, 수도꼭지와 같이 동시에 한 물체에 두 개의 힘이 작용하여 두 개의 토크가 생성될 때 짝힘(couple)이라 한다.

    물건을 들어 올리거나 밀 때와 같이 물체가 하는 선운동은 물체에 작용한 힘의 크기에 따라 달라진다. 그러나 시소에서와 같이 회전효과는 힘은 물론이고, 작용한 힘의 방향에 따라서도 달라진다. 그러므로 토크의 크기는 힘과 축으로부터 힘방향의 수직거리의 곱이다.

    그림 5-1에서 물체에 F_1과 F_2의 두 힘이 작용했을 때 각각의 토크는 다음과 같다.

F_1에 의한 토크 $T_1 = F_1 D_1$

F_2에 의한 토크 $T_2 = F_2 D_2$

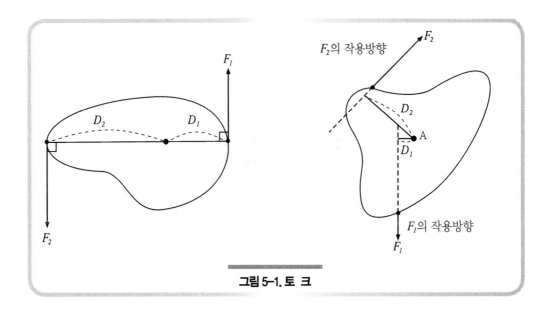

그림 5-1. 토 크

그림 5-2는 동일한 체중의 어린이가 놀이터에서 시소를 타고 있는 모습이다. 시소에서 축을 중심으로 양쪽의 토크는 체중과 축으로부터 떨어진 거리의 곱이므로 두 사람이 시소 위에 타고 있어도 한 사람이 축에서 2배 멀리 떨어져 앉아 있으면 양쪽의 토크는 같아진다. 왼쪽에 앉아 있는 어린이의 토크는 시계반대방향으로 회전을 일으키고, 오른쪽의 어린이는 시계방향으로 회전을 일으키므로 양쪽 토크의 합은 0이 되어 평형을 이루게 되므로 시소는 어느 한쪽으로 기울어지지 않고 수평을 이룬다.

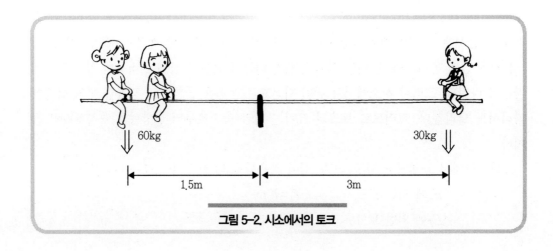

그림 5-2. 시소에서의 토크

회전효과는 일상생활에서는 물론 스포츠장면에서 많이 나타나는데, 그 원리를 알고 활용하면 큰 도움을 얻을 수 있다. 예를 들어 자동차타이어를 교체하기 위하여 바퀴를 분리시킬 때 렌치의 길이를 길게 하여 축으로부터 먼 위치에 힘을 주면 손쉽게 너트를 돌릴 수 있으며, 가위나 펜치(pincers)로 물건을 자를 때도 손잡이의 끝쪽에 힘을 주면 용이하게 물건을 자를 수 있다. 또한 럭비나 투기경기에서 상대방을 넘어뜨리려고 할 때 신체무게중심으로부터 먼 부위에 힘을 가하면 효과가 커진다.

그림 5-3은 유도에서 허리치기기술을 걸기 위하여 상대방을 잡아당길 때 토크를 나타낸 것이다. 그림 5-3에서 동일한 힘으로 상대방을 잡아당겨도 (a)의 경우가 회전축으로부터 힘팔의 거리가 (b)의 경우보다 길기 때문에 토크가 커서 상대방을 넘어뜨릴 가능성이 높지만, (b)는 힘팔이 짧기 때문에 성공할 가능성이 낮다.

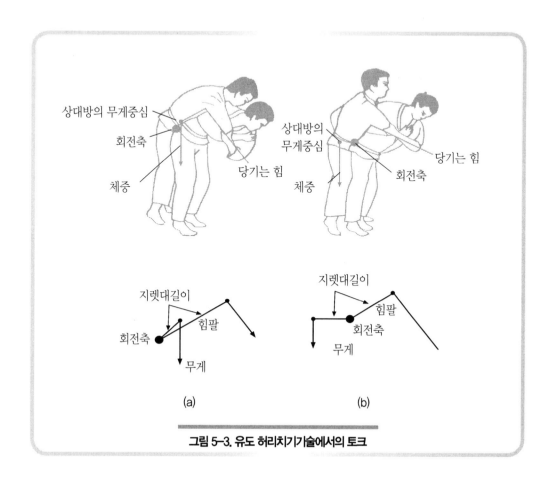

그림 5-3. 유도 허리치기기술에서의 토크

2. 토크의 측정

물체의 중심을 벗어난 방향으로 힘이 작용하면 이 힘은 그림 5-4와 같이 중심축의 방
향으로 작용하는 구심성분(radial component)의 분력과 구심성분에 수직으로 작용하는
접선성분(tangential component)의 분력으로 나누어진다. 이처럼 분해된 두 가지 성분
의 힘은 물체를 운동시킬 때 서로 다른 효과를 나타낸다.

그림 5-4에서 구심성분의 힘(F_r)은 물체의 중심방향으로 작용하기 때문에 직선운동을

일으키는 요인이며, 접선성분의
힘(F_t)만이 회전운동을 일으키는
요인이다. 힘 F와 접선력 F_t가
각각 물체를 회전하는 토크의
크기는 다음과 같다.

$$T = F\ AD$$
$$= F_t\ AP$$
$$= F\sin\theta\ AD$$

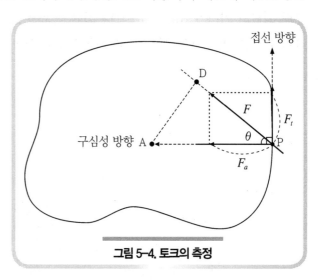

그림 5-4. 토크의 측정

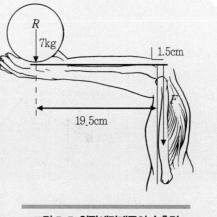

예   제

그림 5-5는 포환을 쥔 손의 아래팔을 지면과 수평
으로 들고 팔꿉관절을 90°굴곡시키고 있는 그림이
다. 아래팔의 무게를 무시하면 위팔세갈래근의 수
축력 F는 다음과 같다.

$$7\text{kg} \times 9.8\text{m/sec}^2 \times 0.195\text{m} = F \times \sin90° \times 0.015\text{m}$$
$$13.38\text{kgm}^2/\text{sec}^2 = 0.015\text{m}F$$
$$F = 892\text{kgm/sec}^2$$
$$= 892\text{N}$$

그림 5-5. 위팔세갈래근의 수축력

예   제

그림 5-6은 손에 10kg의 물체를 들고 아래 팔을 수평으로 유지한 상태의 스틱피겨이다. 아래팔의 무게를 무시했을 때 위팔두 갈래근의 수축력 F는 다음과 같다.

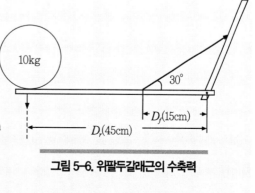

$$R \times D_r = F \times \sin\theta \times D_f$$

$$10kg \times 9.8m/sec^2 \times 0.45m = F \times \sin 30° \times 0.15m$$

$$44.1kgm^2/sec^2 = 0.075mF$$

$$F = 588kgm/sec^2$$

$$= 588N$$

그림 5-6. 위팔두갈래근의 수축력

그림 5-4에서 F_t가 물체를 회전시키는 능률은 힘 F의 접선력($F\sin\theta$)에 회전축으로부터 힘의 작용점까지의 거리를 곱한 것이다. 한편 토크의 단위는 힘의 단위 N과 거리의 단위 m를 곱한 Nm로서, 일(work)과 에너지의 단위와 동일하다.

그림 5-7의 (a)에서 힘토크(torque of force)를 T라 하면, T는 힘에 축으로부터 힘의 방향에 수직거리이므로 다음과 같다.

$$T = F\sin\theta\ AD$$

$$= F\ AD\sin\theta$$

$$= F\ AD'$$

이때 AD'를 진힘팔(true force arm : TFA)이라 한다. 인체내에서 진힘팔(TFA)은 관절 중심으로부터 근육이 수축하는 방향의 수직거리로서 분절 내부에 존재한다. 토크는 진 힘팔의 거리에 비례하여 증감하는데, 진힘팔의 거리는 관절을 구성하는 골단면의 형태 와 근육의 착점(insertion)에 의하여 결정된다.

그림 5-7의 (b)에서 저항점 R의 위치가 P_1에서 P_2점으로 변했을 때 저항토크(torque of resistance)를 각각 T_1, T_2라고 하면 각각의 저항토크는 다음과 같다.

$$T_1 = R\ AR$$

$$T_2 = R\ AR\cos\theta$$

$$= R\ AR'$$

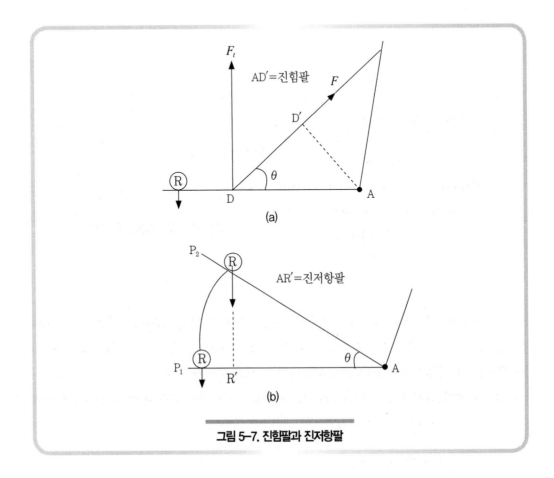

그림 5-7. 진힘팔과 진저항팔

그림 5-7의 (b)와 같이 저항이 수평을 유지한 P_1의 위치에서 저항팔은 AR이지만 저항이 위로 이동한 P_2에서는 AR′가 되며, 여기서 AR′를 진저항팔(true resistance arm : TRA)이라 한다.

진저항팔은 ARcosθ이기 때문에 저항이 수평위치에 있을 때가 가장 크며, 상하로 이동할수록 점점 감소한다. 따라서 저항토크도 수평의 위치에 있을 때보다 작아진다. R이 계속 회전하여 회전축의 수직선상에 있을 때는 0이 되기 때문에 그 위치에서는 회전운동은 일어나지 않고 아래로 떨어지는 직선운동만 일어난다.

덤벨을 손에 쥐고 팔꿉관절을 축으로 동일한 속도로 회전운동을 할 때 덤벨이 수직위치에서 수평위치에 내려올 때까지 수평면과 덤벨이 이루는 각 θ의 cos 값만큼 저항토크가 점점 증가하는 반면, 수평위치를 지나 수직하방향까지는 점점 감소된다.

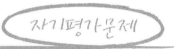

1. 유도경기에서 업어치기 기술을 걸기 위하여 상대방을 당길 때 토크를 크게 하려면 어떻게 해야 하는지 설명해보자.

2. 손에 15kg의 덤벨을 잡고 팔꿈관절을 굽혀 지면과 수평으로 들고 있다. 위팔두갈래근의 닿는곳(착점)이 팔꿈관절로부터 15cm이고 수축각도가 30도일 때 위팔두갈래근의 수축력을 구해보자. 여기서 덤벨과 팔꿈관절과의 거리는 40cm이다.

3. 역도경기에서 바벨을 들어 올릴 때 바벨에 가까이 갈수록 유리한 이유를 토크의 측면에서 설명해보자.

제2장 인체의 무게중심과 안정

1. 인체의 무게중심

모든 물체는 질량을 가지고 있는데, 그 질량이 한 곳에 집중되어 있는 가상점을 질량중심점 또는 질점(center of mass : COM)이라 한다. 인체를 포함하여 지구의 중력권 내에 있는 모든 물체는 지구 중심방향으로 중력을 받는다. 중력을 받는 물체의 힘을 중량(weight)이라 하며, 중량이 한 곳에 모여 있는 점을 무게중심점(center of gravity : COG) 또는 중심(重心)이라 한다. 따라서 중심을 지나는 축을 기준으로 양쪽의 회전력(torque ; moment)은 동일한데, 이와 같은 상태를 평형이라 한다. 그러므로 물체가 평형을 이루고 있을 때는 어느 한쪽으로 기울어지지 않고 정지된 상태를 유지한다. 이처럼 어느 한 점을 기준으로 물체가 평형을 이루어 정지한 상태를 유지하고 있을 때 그 점을 무게중심점이라 한다.

무게중심점의 위치는 물체의 형태, 밀도 등에 의하여 결정된다. 그러므로 그림 5-8과 같이 무게중심점의 위치는 물체의 형태에 따라 달라서 공, 링 등은 물체의 내부에 있지만, 골프클럽이나 부메랑 등은 물체의 밖에 있다.

운동을 할 때에는 인체의 형태가 변하기 때문에 인체무게중심의 위치는 항상 변하게 된다. 따라서 사람의 무게중심점은 인체 내부에 있기도 하고, 때로는 인체 외부에 있기도 한다. 그림 5-9는 높이뛰기의 배면도 동작을 나타낸 그림이다. 발구름을 하여 바를 넘기 전과 넘은 후에 무게중심점은 신체 내부에 있지만 바를 넘는 순간에는 신체 외부에 있다. 인체무게중심점의 위치는 운동(motion) 중이나 정지상태의 인체를 분석할 때 필수불가결한 역학적 요인이다.

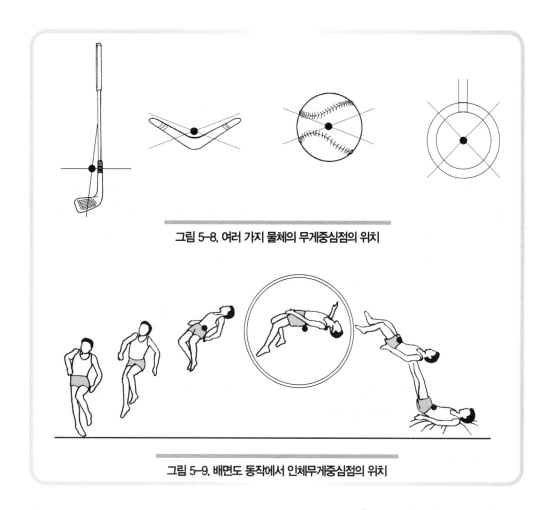

그림 5-8. 여러 가지 물체의 무게중심점의 위치

그림 5-9. 배면도 동작에서 인체무게중심점의 위치

2. 인체무게중심의 측정

물체의 어느 한 점을 지나는 축을 중심으로 물체가 한쪽으로 기울어지지 않고 정지해 있을 때 평형을 이루고 있다고 하며, 그 축상에 물체의 무게중심이 있다.

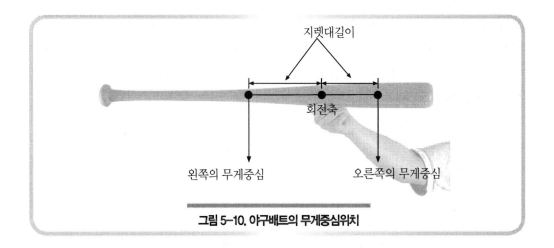

지렛대길이

회전축

왼쪽의 무게중심   오른쪽의 무게중심

그림 5-10. 야구배트의 무게중심위치

그림 5-10과 같이 손가락 위에 야구배트를 얹어 놓았을 때 어느 한쪽으로 기울지 않고 정지해 있다면 야구배트의 무게중심은 손가락 위에 있다. 이때 손가락 위에 있는 무게중심점을 중심으로 양쪽의 무게가 수직방향으로 작용하고 있으며, 무게중심점을 지나는 회전축을 기준으로 양쪽의 회전력(토크)도 동일하다. 그러므로 물체의 무게중심을 측정하려면 물체가 평형을 이루는 점의 위치를 찾아내야 한다.

인체는 여러 개의 형태와 무게가 서로 다른 분절들이 연결된 구조를 갖고 있다. 인체의 분절들은 뼈, 근육, 지방, 기타 조직들로 구성되어 있으며, 이러한 조직들의 무게는 균일하지 않다. 분절의 무게는 분절의 부피와 분절을 구성하고 있는 조직들의 밀도에 따라 결정된다.

인체의 무게중심은 각 분절의 무게중심을 찾은 다음, 인접한 분절의 무게중심들 간의 중심점을 모두 찾은 다음 마지막으로 전신의 무게중심점을 찾는다.

1) 수평판을 이용한 1차원 인체무게중심 측정

인체무게중심의 위치를 측정하기 위하여 수평판을 많이 이용한다. 수평판을 통하여 무게중심을 구하는 원리는 윗몸과 아래몸통을 구분하는 좌우축(frontal axis)을 무게중심으로하여 양쪽의 회전력이 동일한 축의 위치를 찾는 것이다. 이에 대한 이해를 돕기 위하여 수평판의 중심을 측정하는 방법을 설명하고, 인체무게중심을 측정하는 방법을 단계적으로 기술한다.

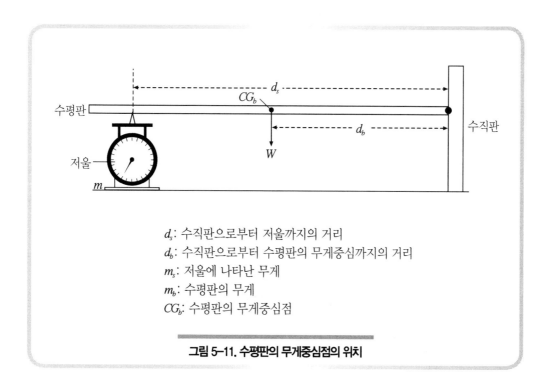

그림 5-11. 수평판의 무게중심점의 위치

그림 5-11과 같이 수직으로 세운 판에 수평판을 연결하고 연결된 부위가 회전하도록
하였다. 그리고 수평판이 지면과 평행하도록 높이를 조절하고 판 밑에 무게를 측정할 수
있는 저울을 설치하였다. 그림 5-11에서 수평판이 하방향의 회전력과 반작용력에 의하
여 상방향으로 작용하는 회전력은 수평판이 정지해 있기 때문에 동일하다. 따라서 두 회
전력은 다음과 같은 관계가 있다.

$$m_b d_b - m_s d_s = 0$$
$$m_b d_b = m_s d_s$$
$$d_b = \frac{m_s d_s}{m_b}$$

위에서 보는 바와 같이 수평판의 무게중심의 위치는 저울에 나타난 무게와 수직판으
로부터 저울까지의 거리를 곱한 값을 수평판의 무게로 나누어 구할 수 있다.

예   제

저울에 나타난 무게가 1kg이고, 수직판으로부터 저울까지의 거리가 2m이며, 판의 무게가 2kg이
라면 수직판으로부터 수평판의 무게중심은 다음과 같이 구할 수 있다.

$$d_b = \frac{m_s d_s}{m_b}$$

$$= \frac{1kg \times 2m}{2kg}$$

$$= 1m$$

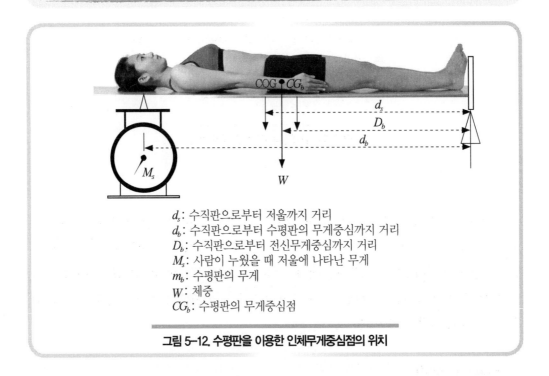

d_s: 수직판으로부터 저울까지 거리
d_b: 수직판으로부터 수평판의 무게중심까지 거리
D_b: 수직판으로부터 전신무게중심까지 거리
M_s: 사람이 누웠을 때 저울에 나타난 무게
m_b: 수평판의 무게
W: 체중
CG_b: 수평판의 무게중심점

그림 5-12. 수평판을 이용한 인체무게중심점의 위치

그림 5-12와 같이 수평판 위에 사람이 누워 있으면 수평판과 사람이 중력을 받아 하
방향으로 작용하는 회전력이 생성되며, 저울에 나타난 반작용력에 의하여 상방향으로
작용하는 회전력이 생성된다. 수평판이 정지해 있기 때문에 이 두 개의 회전력의 합은 0
이 될 것이다($\sum T = 0$). 따라서 수평판에 누워 있는 사람의 무게중심은 다음과 같이 구
할 수 있다.

그림 5-12에서 하방향으로 작용하는 회전력은 수평판의 무게 때문에 생기는 회전력과

수평판 위에 누운 사람의 체중 때문에 생기는 회전력의 두 가지이다. 한편 상방향으로 작용하는 회전력은 저울에 나타난 무게 때문에 생기는 것으로 상하방향의 회전력은 평형을 이룬다. 즉 하방향의 회전력은 수평판의 무게에 의한 회전력+체중에 의한 회전력이며, 상방향의 회전력은 저울에 나타난 수평판의 무게×수직판에서 저울까지의 거리×저울에 나타난 인체의 무게×수직판에서 저울까지의 거리이다.

따라서 수직판에 접촉하고 있는 발로부터 인체무게중심점까지의 거리는 다음과 같이 측정할 수 있다.

$$m_b d_s + W D_b = m_s d_s + (M_s - m_s) d_s = 0$$

$$m_b d_s + W D_b = M_s d_s$$

$$W D_b = M_s d_s - m_b d_s$$

$$D_b = \frac{M_s d_s - m_b d_s}{W}$$

이처럼 발에서 인체무게중심점까지의 거리는 저울에 나타난 반작용력에 의하여 생성된 상방향의 회전력에서 반작용력의 무게로 생성된 하방향의 회전력을 제거한 값을 측정자의 체중으로 나누어 구한다.

예 제

그림 5-12와 동일한 수평판에 체중 70kg, 신장 170cm인 사람이 누웠을 때 저울에 나타난 무게가 33.13kg, 수직판으로부터 저울까지의 거리가 2m였을 때, 발에서 무게중심점까지의 거리와 신장에 대한 무게중심위치의 백분율은 다음과 같다.

$$D_b = \frac{33.13\text{kg} \times 2\text{m} - 2\text{kg} \times 2\text{m}}{70\text{kg}}$$

$$= \frac{66.26\text{kgm} - 4\text{kgm}}{70\text{kg}}$$

$$= \frac{62.26\text{kgm}}{70\text{kg}}$$

$$= 0.86\text{m}$$

$$\frac{D_b}{H} \times 100 = \frac{0.89\text{m}}{1.70\text{m}} \times 100 = 52.4\%$$

앞에서 본 바와 같이 인체무게중심점의 위치는 발에서 0.86m 거리에 있고, 신장에 대한 인체무게중심의 위치는 발에서 52.4%에 위치한다. 이 위치는 사람의 허리부분에 해당된다. 여자는 임신과 출산이라는 생리적 기능 때문에 남자보다 골반이 넓은 반면, 어깨의 폭이 좁기 때문에 무게중심이 남자의 무게중심보다 낮다.

한편 서양인의 무게중심은 동양인보다 높은데, 그 이유는 서양인이 동양인에 비하여 다리길이가 상대적으로 길기 때문이다. 동양인의 경우 인체무게중심이 남자는 약 54%, 여자는 약 53%인데 비하여 한국인의 무게중심은 남자가 55%, 여자가 54%로서 다소 높은 편이다. 이에 비하여 서양인의 무게중심은 남자가 약 57%이고, 여자는 약 55% 정도이다.

2) 반작용판을 이용한 삼각형법 2차원 인체무게중심 측정

그림 5-13과 같이 사각형의 넓은 반작용판의 한 변의 중앙점을 고정시키고(C점), 마주보는 변의 양끝 모서리쪽으로 점 A와 점 B를 잡아 세 점을 잇는 정삼각형 ABC를 만든다. 그리고 A와 B점 밑에 무게를 측정하는 저울을 각각 설치하고, 반작용판이 수평을 유지하도록 한다. 반작용판을 이용한 삼각형법의 무게중심 측정은 그림 5-13의 삼각형 ABC에서 변 AB와 AC를 각각 축으로 반작용판과 체중에 의한 하방향의 회전력과 반작용력에 의한 상방향 회전력의 평형을 이용하여 2차원에서 인체무게중심을 측정하는 방법이다.

그림 5-13에서 AC축을 중심으로 하는 반작용판의 무게중심점은 반작용판에 의한 하방향의 회전력과 반작용에 의한 상방향으로 작용하는 회전력을 통하여 다음과 같이 구할 수 있다.

$$wx = Sa_1h$$

$$x = \frac{Sa_1h}{w}$$

한편 반작용판에 측정자가 올라갔을 때에 하방향으로 작용하는 회전력은 반작용판에 의한 회전력과 측정자의 체중에 의한 회전력의 두 가지이며, 상방향으로 작용하는 회전력은 측정자가 반작용판에 올라갔을 때 B저울에 나타난 무게에 의한 반작용회전력이다. 따라서 AC축으로부터 전신중심은 다음과 같이 구한다.

$$wx + WX = Sa_2 h$$

$$Sa_1 h + WX = Sa_2 h \quad (\because wx = Sa_1 h)$$

$$WX = Sa_2 h - Sa_1 h$$

$$= h(Sa_2 - Sa_1)$$

$$X = \frac{(Sa_2 - Sa_1)h}{W}$$

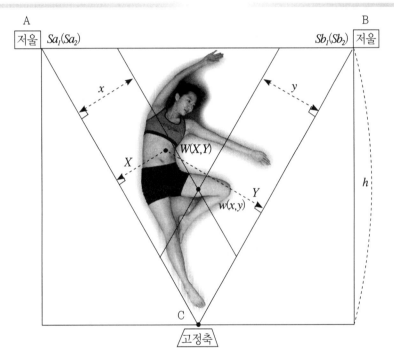

Sa_1 : A 저울에 나타난 반작용판의 무게

Sa_2 : A 저울에 나타난 반작용판과 체중의 전체무게

Sb_1 : B 저울에 나타난 반작용판의 무게

Sb_2 : B 저울에 나타난 반작용판과 체중의 전체무게

h : 정삼각형의 높이

$w(x,y)$: 반작용판의 무게(반작용판의 무게중심좌표)

x : AC로부터 반작용판 무게중심까지의 거리

y : BC로부터 반작용판 무게중심까지의 거리

$W(X,Y)$: 체중(인체무게중심좌표)

X : AC로부터 인체무게중심까지의 거리

Y : BC로부터 인체무게중심까지의 거리

그림 5-13. 삼각형법을 이용한 2차원 인체무게중심의 측정

같은 방법으로 BC축을 기준으로하는 인체무게중심의 Y좌표를 구하면 다음과 같다.

$$Y = \frac{(Sb_2 - Sb_1)h}{W}$$

따라서 인체무게중심의 2차원좌표는 $\frac{(Sa_2 - Sa_1)h}{W}$, $\frac{(Sb_2 - Sb_1)h}{W}$ 이다.

3) 직교좌표계를 이용한 2차원 인체무게중심 측정

반작용판을 이용하여 인체무게중심을 측정할 때 시스템에 작용한 회전력(torque ; moment)의 합을 0($\sum = 0$)으로 본다. 즉 무게중심점을 지나는 축을 기준으로 양쪽에 작용한 회전력은 동일하다는 원리를 이용하는 것이다. 직교좌표계를 이용하여 인체무게중심을 측정하는 원리도 반작용판을 이용한 원리와 동일하다.

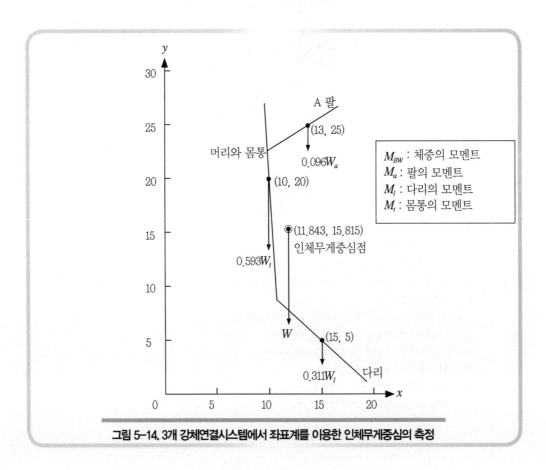

그림 5-14. 3개 강체연결시스템에서 좌표계를 이용한 인체무게중심의 측정

인체의 모든 분절무게의 합은 전신의 무게와 같다. 전신이나 분절은 지구중심방향으로 중력을 받기 때문에 전신과 모든 분절의 중력방향은 평행하다. 그러므로 한 축을 중심으로 인체무게중심에서 체중 때문에 생기는 모멘트는 각 분절의 무게중심점에서 분절의 무게에 의하여 생성되는 모멘트의 합과 같다. 즉 $M_{Bw} = \sum\limits_{n}^{1} (M_1 + M_2 + \cdots\cdots + M_i)$ 이다.

그림 5-14와 같이 인체를 팔, 다리 그리고 몸통의 3개 강체의 연결시스템으로 간주하고(Miller & Nelson, 1976), 세 분절무게중심의 무게와 인체무게중심의 x, y 좌표를 각각 알고 있다면 x 축과 y 축을 기준으로 각 분절의 모멘트의 합은 체중 때문에 생기는 모멘트와 동일하기 때문에 x 축과 y 축에서 인체무게중심의 좌표는 다음과 같이 구할 수 있다.

$M_{Bw} = \sum (M_a + M + M_t)$ 이므로 인체무게중심의 x 좌표는

$$Wx = 0.096W \times 13 + 0.311W \times 15 + 0.593W \times 10$$
$$Wx = W(0.096 \times 13 + 0.311 \times 15 + 0.593 \times 10)$$
$$x = \frac{W(0.096 \times 13 + 0.311 \times 15 + 0.593 \times 10)}{W}$$
$$= 0.096 \times 13 + 0.311 \times 15 + 0.593 \times 10$$
$$= 11.843$$

한편 인체무게중심의 y 좌표는

$$Wy = 0.096W \times 13 + 0.311W \times 5 + 0.593W \times 10$$
$$Wy = W(0.096 \times 13 + 0.311 \times 5 + 0.593 \times 10)$$
$$y = \frac{W(0.096 \times 13 + 0.311 \times 5 + 0.593 \times 10)}{W}$$
$$= 0.096 \times 13 + 0.311 \times 5 + 0.593 \times 10$$
$$= 15.815$$

따라서 그림 5-14에서의 인체무게중심의 좌표는 (11.843, 15.815)이다. 운동 중에는 여러 개의 분절들이 매우 다양한 모양을 이루게 되는데, 이러한 경우에도 직교좌표계를 이용한 방법으로 인체무게중심을 측정할 수 있다. 이처럼 직교좌표계에 의하여 무게중심을 측정하는 방법은 인체운동을 연구하는 운동역학에서는 광범위하게 활용된다. 필름

이나 테이프 분석에서 산출된 무게중심의 측정은 이와 같은 원리를 적용하여 만들어진 프로그램을 통하여 얻어진 것이다.

3. 인체의 자세와 안정

1) 인체의 자세

인체는 많은 분절로 구성되어 있기 때문에 사람마다 특별한 자기만의 자세를 가지고 있다. 자세는 용모, 피로, 상해 등과 밀접한 관계를 갖고 있다. 다시 말해 바른 자세는 용모를 돋보이게 하며, 불필요한 힘의 낭비를 막아 피로를 감소시키며 허리뼈(요추) 상해와 같은 관절상해를 줄인다. 그러므로 바른 자세를 취하는 것이 건강상 매우 중요하다.

자세에 관계되는 근육을 자세근이라 하며, 자세근육은 대부분 대뇌나 소뇌의 명령체계로 이루어지는 것보다 척추뼈에 있는 반사활(반사궁)의 신경전달로 이루어지기 때문에 자세는 반사운동으로 이루어진다. 한 번 굳어진 개인의 특정한 자세는 습관화되며, 다른 자세형으로 바꾸기 위해서는 많은 기간이 필요하다. 그러므로 어렸을 때 바른 자세를 습관화시키도록 노력해야 한다. 모든 운동은 정지자세에서 시작되기 때문에 각각의 운동목적과 특성에 따라 적절한 자세를 취하는 것은 경기력에 많은 영향을 준다.

2) 인체안정의 원리

투기경기에서 상대선수의 공격을 방어할 때나 체조경기에서 착지할 때에는 자세의 안정성(stability)을 높이는 것이 좋다. 한편 스타트를 할 때는 운동성(motivity)이 높은 반면 안정성이 낮은 것이 유리하다. 경기상황에 따라 그에 적절한 자세를 취하는 것은 경기의 승패에 많은 영향을 준다.

안정에는 정적 안정과 동적 안정이 있다. 정적 안정이란 인체에 작용하는 모든 회전력의 합계가 0인 상태로 평형(equilibrium)을 이루어 정지한 상태를 말한다.

리듬체조선수가 한 발로 선 자세, 다리를 벌리고 열중쉬어를 한 자세, 마루바닥 위에 놓여진 농구공 등은 모두 평형을 이루고 있다. 그러나 그림 5-15의 (a)와 같이 리듬체조

(a) 불안정평형   (b) 중립평형

그림 5-15. 불안정평형과 중립평형

에서 한 발로 선 자세는 조금만 움직여도 평형의 위치에서 쉽게 벗어나는데, 이러한 상태의 평형을 불안정평형이라 한다. 반대로 그림 5-15의 (b)의 농구공과 같이 어떤 위치에 놓여 있든지 작용력과 반작용력이 동일하고 방향이 반대인 평형을 중립평형(neutral equilibrium)이라 한다.

한편 리듬체조에서 한 발로 선 자세와 같이 평형을 이루고 있는 자세에 외력이 작용했을 때 평형상태가 쉽게 깨질 경우에는 안정성이 낮다고 하며, 열중쉬어 자세와 같이 평형이 쉽게 깨지지 않을 때 안정성이 높다고 한다. 즉 물체의 평형을 깨는 데 작용한 외력이 적을 때보다 클 때가 안정성이 높다고 한다. 인체의 정적 안정성은 다음과 같은 요인에 의하여 달라진다.

첫째, 무게중심점의 높이가 낮을수록 안정하고, 높을수록 불안정하다. 그림 5-16에서 (a)의 물체와 사람은 (b)의 물체와 사람보다 무게중심점이 높기 때문에 (b)쪽이 (a)쪽보다 안정성이 높다. 빠르게 이동하고 있는 보트에서는 서 있는 것보다 앉은 자세를 취하는 것이 전복사고를 예방하는 데 유리하다. 왜냐하면 앉은 자세를 취하고 있을 때가 서 있을 때보다 보트와 사람의 전체무게중심점이 낮아져서 안정성이 높아지기 때문이다. 투기경기에서 공격을 받을 때나 철봉의 내리기 동작에서 안전하게 착지하려면 무릎을 굽혀 무게중심을 낮게 하여야 한다.

둘째, 기저면의 넓이가 넓을수록 안정성이 높아지며, 좁을수록 불안정하다. 기저면이란 물체가 바닥에 접촉하고 있는 실제면적이 아니라 물체가 지지된 점들을 바깥쪽 한계로 그려진 선에 의하여 둘러싸인 면적이다. 그림 5-17에서 (a)-1과 (b)-2의 기저면은 (a)-2와 (b)-1의 기저면보다 좁기 때문에 (a)-2와 (b)-1의 안정성이 (a)-1과 (b)-2의 안정성보다 높다. 두 발을 넓게 벌리고 있는 열중쉬어 자세는 두 발을 붙이고 있는 차려 자세보다 기저면이 넓어 안정성이 높다. 한손짚고물구나무서기보다 두손짚고물구나무서기가 용이하며, 두손짚고물구나무서기보다 머리대고물구나무서기가 더 용이한데, 이는 기저면의 차이 때문이다. 럭비경기에서 태클을 받을 때 두 발을 앞뒤로 벌려 기저면을 넓게 해야 쉽게 넘어지지 않는다.

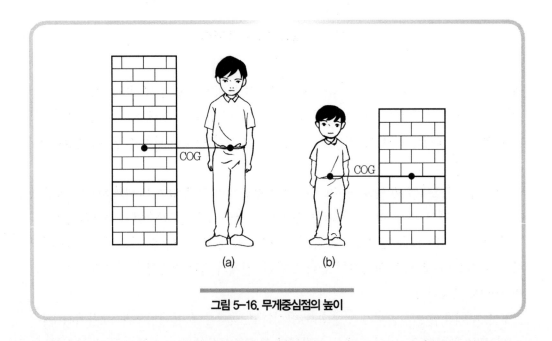

(a)   (b)

그림 5-16. 무게중심점의 높이

셋째, 무게중심선과 기저면의 관계에 따라 안정성이 달라진다. 무게중심선이라 물체의 무게중심점을 지나 지구중심으로 향하는 중력방향의 선으로, 모든 물체의 중심선은 서로 평행하다. 많은 분절들로 연결된 인체는 항상 같은 모양을 취하고 있는 것이 아니라 변하기 때문에 무게중심점의 위치도 분절의 움직임이나 외력의 작용에 따라 순간마다 변한다.

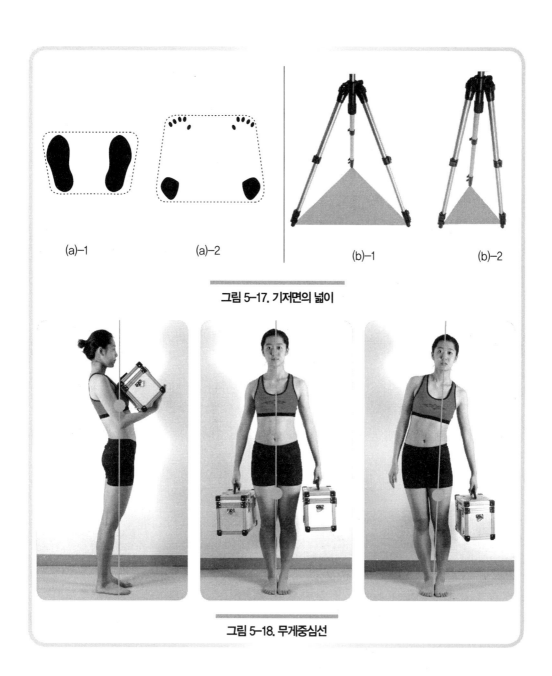

(a)–1   (a)–2   (b)–1   (b)–2

그림 5–17. 기저면의 넓이

그림 5–18. 무게중심선

팔을 들어올리면 인체의 무게중심도 높아지며, 무릎을 굽히면 낮아진다. 그림 5-18과 같이 물체를 들면 물체를 들고 있는 쪽으로 무게중심선이 이동한다.

무게중심선이 기저면의 한계점(margin of support)에서 가까우면 안정성이 낮아지고, 멀면 멀수록 안정성이 높아진다. 그림 5-19는 기저면과 무게중심선의 관계를 나타낸 그림으로, 무게중심선으로부터 기저면의 한계까지의 거리는 모두 A쪽보다는 B쪽이 길다. 따라서 B쪽으로 외력을 받을 때가 A쪽으로 받을 때보다 안정성이 높다. 그러므로 버스를 타고 있을 때 선 자세를 유지하려면 버스가 이동하는 방향에 옆으로 서서 다리를 넓게 벌려야 하며, 럭비의 스크럼이나 태클을 받을 때 안정을 유지하려면 앞뒤로 발을 벌리는 것이 옆으로 벌리는 것보다 유리하다. 한편 출발대 위에서 스타팅을 준비하고 있는 수영선수는 평형을 깨트리기 위하여 무게중심을 기저면의 진행방향 한계선에 가깝게 위치하도록 몸을 앞쪽으로 기울여야 한다.

넷째, 질량과 마찰력이 크면 안정성이 높고 작으면 안정성이 낮아진다. 체중이 가벼운 씨름선수를 넘어뜨리기가 체중이 무거운 씨름선수를 넘어뜨리기보다 쉽다. 그 이유는 질량의 차이로서 정지관성력은 체중에 비례하기 때문이다. 그러므로 줄다리기에서와 럭비의 스크럼에 참가하는 선수는 체중이 많이 나가는 쪽이 유리하다. 얼음판 위가 보도 위보다 마찰력이 적어 안정을 취하기 어렵기 때문에 얼음판 위를 걷기가 일반보도 위를 걷기보다 중심을 잡기 어렵다. 농구코트에서 구두를 신고 빠르게 드라이빙을 하면 미끄러지는 것을 경험했을 것이다. 농구화의 바닥면은 생고무의 소재로 되어 있고, 골프화는 스파이크가 부착되어 있다. 이는 마찰력을 증가시켜 안정성을 유지하기 위해서이다. 스케이트경기에서 방향을 전환하거나 속도를 증가시키려고 할 때나 스키에서 방향을 바

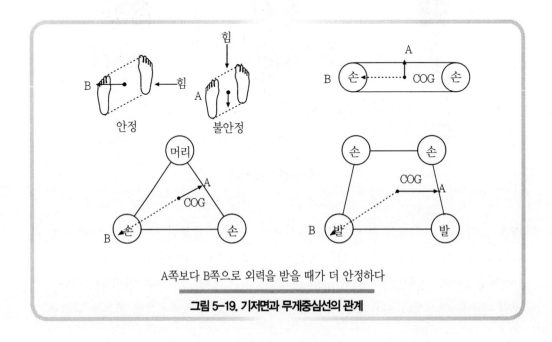

A쪽보다 B쪽으로 외력을 받을 때가 더 안정하다

그림 5-19. 기저면과 무게중심선의 관계

꾸거나 정지할 때에는 마찰력을 증가시키기 위하여 브레이드의 모서리로 얼음면이나 설 (雪)면을 밀어내지만, 활주할 때는 마찰력을 감소시키기 위하여 날 전체를 바닥면에 수직으로 접촉시킨다.

다섯째, 시각적 및 심리적 영향에 따라 인체의 안정성은 달라진다. 사람은 감각기관을 통하여 외부의 정보를 받아들인다. 외부의 형상적 정보는 주로 시각기관을 통하여 파악하게 되는데, 시각적 정보는 운동에 심리적으로 영향을 끼쳐 안정성에 영향을 준다. 높이뛰기를 할 때 동일한 높이에서 폴과 폴 사이를 넓게 벌리는 것이 좁게 벌리는 것보다 바람직하다. 왜냐하면 동일한 높이라도 바(bar)의 폭이 넓으면 좁을 때보다 착시현상 때문에 낮아 보여 불안감이 감소되기 때문이다.

지면에 있는 철로길 위를 걷기는 쉽지만 높은 물 위에 있는 외나무다리나 평균대 위를 걷기는 쉽지 않다. 왜냐하면 동일한 조건이라도 높이가 높아지면 현기증이나 두려움으로 안정성이 떨어지기 때문이다. 인간은 심리적으로 10m의 높이에서 가장 큰 공포심을 갖는다고 하는데, 이와 같은 상황에서 두려움을 극복하기 위해서는 아래를 보지 말고 눈높이보다 높은 위치에 시선을 고정시키는 것이 좋다.

안정에는 정적 안정과 동적 안정이 있다. 위에서 서술한 정적 안정은 주로 평형의 원리를 토대로 정지된 상태에서 토크에 의한 회전효과만 일어나는 경우이다. 그러나 스케이

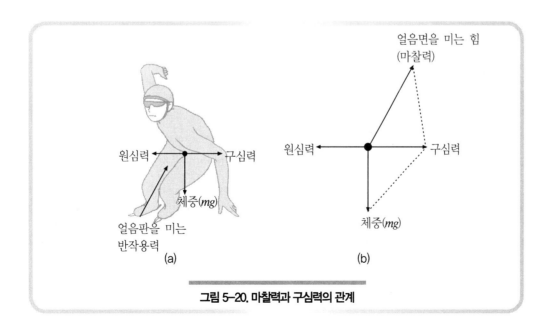

그림 5-20. 마찰력과 구심력의 관계

트선수가 거의 일정한 속도로 곡선주로를 달릴 경우의 농적 안정은 평형의 원리만으로는 충분한 설명이 되지 못하는 경우가 있다.

그림 5-20과 같이 곡선주로를 달리는 스케이트선수는 원운동에서 가속되고 있는 조건이며, 선수는 얼음면을 밀어내는 힘, 즉 마찰력에 의해 구심력을 증가시키는 경우이다. 그림 5-20의 (b)는 스케이트선수에게 작용되는 힘들의 합벡터이다. 스케이트선수는 구심력 때문에 곡선주로를 안정하게 달릴 수 있다. 이때 구심력은 수직 아래로 작용하는 체중(힘)과 블레이드가 얼음면을 밀어내는 힘의 합성으로 이루어진다. 만약 스케이트선수가 더 큰 속도로 달리려면 얼음면의 마찰력을 더 많이 증가시켜야 하며, 자세를 낮추고 구심력을 높여야 일정한 원의 궤도를 안정하게 달릴 수 있다. 이와 같은 경우는 사이클선수가 원형 벨로드롬경기장을 안정하게 달릴 수 있는 모습이나 육상선수가 곡선트랙을 달리는 모습도 같은 원리에 따른다.

움직이는 상태에서 안정된 자세를 취하는 것은 본능적인 감각으로 행동한다. 단거리달리기의 출발동작은 순간적인 추진력으로 인체무게중심이 기저면을 벗어나지만, 발을 앞으로 옮겨 짚어 새로운 기저면을 만들어 연속적으로 안정된 동작을 취한다.

 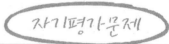

자기평가문제

1. 수평판을 이용한 1차원 인체무게중심점을 구하는 방법을 설명해보자.

2. 무게중심의 높이가 높을 때와 낮을 때가 유리한 경우를 운동에서 예를 들어 설명해보자.

3. 다음과 같은 그림에서 인체무게중심점 (x, y)을 구해보자.

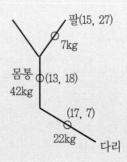

4. 인체안정의 원리를 설명해보자.

5. 물구나무서기가 머리대고물구나무서기보다 중심을 잡기가 어려운 이유를 역학적으로 설명해보자.

제3장 등속원운동

공을 줄에 매서 휘돌리거나 해머를 휘돌리면 공과 해머는 원운동을 한다. 일정한 속도로 원운동을 하는 것을 등속원운동(uniform circular motion) 또는 등속각운동(uniform angular motion)이라 한다.

1. 구 심 력

그림 5-21의 (a)와 같이 줄을 잡고 공을 휘돌리면 공은 원운동을 계속하지만, (b)와 같이 줄을 놓으면 공은 더 이상 원운동을 지속하지 않고 접선방향으로 날아가며, 날아간 공은 중력을 받아 포물선운동을 한다.

뉴턴의 제1법칙인 관성의 법칙에 의하면 움직이는 물체에 외력이 작용하지 않는 한 같은 속도로 직선운동을 한다. 줄을 잡고 있을 때 공이 직선운동을 하지 않고 원운동을 계속하는 이유는 공이 원운동을 지속하도록 힘이 작용하고 있기 때문이다. 다시 말하여 원운동을 지속하는 것은 해머나 공이 원주 밖으로 이탈하지 못하도록 원의 중심방향으로 힘이 작용했기 때문인데, 이처럼 중심방향으로 작용하는 힘(radial force)을 구심력(centripetal force)이라 한다.

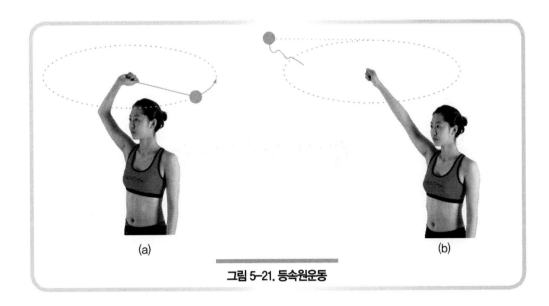

그림 5-21. 등속원운동

　물체에 힘이 작용하면 가속운동이 일어나며, 이때의 속도변화를 가속도라 한다. 등속원운동에서 물체에 작용한 힘은 구심성분의 힘과 접선성분의 힘으로 분해된다. 따라서 이때 생긴 가속도에는 회전중심방향의 구심가속도(radial acceleration)와 접선방향의 접선가속도(radial acceleration)의 두 가지가 있다.

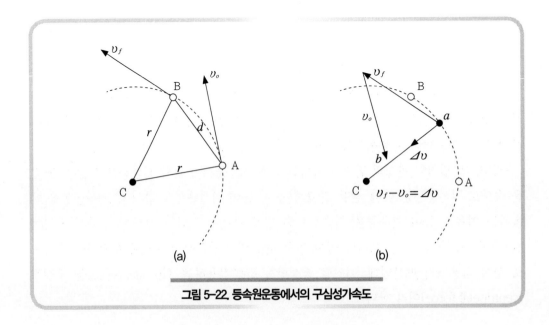

그림 5-22. 등속원운동에서의 구심성가속도

　　그림 5-22의 (a)는 반지름 r 인 물체가 등속원운동을 할 때 A의 위치에서 t 초 사이에 B의 위치로 회전하였을 때 A와 B점에서의 접선속도를 나타낸 것이다. 그림 5-22의 (b)는 (a)의 v_f 를 AB의 중앙점인 a 점으로 이동시킨 것이며, v_o 는 v_f의 화살표에서 반지름 aC로 이동시킨 것이다. 그림 (a)와 (b)에서 구심성방향의 순간가속도와 구심력은 다음과 같다. 즉 접선속도의 변화량은

$$v_f - v_o = \varDelta v$$

$$\varDelta \text{ABC} \varpropto \varDelta \text{abc}$$

$$\frac{\varDelta v}{v_f} = \frac{d}{r}$$

　　등속원운동에서 A점과 B점에서의 접선속도 크기는 변화가 없기 때문에 동일하며, 두 점의 접선속도를 v 로 하면

$$v_f = v_o = v$$

$$\frac{\varDelta v}{v} = \frac{d}{r}$$

$d = vt$ 이므로

$$\frac{\varDelta v}{v} = \frac{vt}{r}$$

$$\varDelta vr = v^2 t$$

양변을 t 로 나누면,

$$\frac{\varDelta vr}{t} = \frac{v^2 t}{t}$$

$$\frac{\varDelta vr}{t} = v^2$$

$$\frac{\varDelta v}{t} = \frac{v^2}{r}$$

v/t 는 구심성가속도 a_r 이므로

$$a_r = \frac{v^2}{r}$$

$v = rw$ 이므로

$$a_r = \frac{(rw)^2}{r}$$

$$a_r = \frac{r^2 w^2}{r}$$

$$= rw^2$$

한편 $F = ma$ 이므로 구심력은

$$F_r = \frac{mv^2}{r}$$

또는

$$F_r = \frac{m(rw)^2}{r}$$

$$= \frac{mr^2 w^2}{r}$$

$$= mrw^2$$

이처럼 구심력 F_r은 mv^2/r 또는 mrw^2이므로 질량에 비례하고, 선속도의 제곱에 비례하는 반면 회전반지름에는 반비례한다. 구심력은 회전속도의 제곱과 질량 및 반지름의 곱이기도 하다. 한편 구심력은 원심력과 크기는 같고 방향은 반대이다.

스포츠경기에서는 직선주로를 달리는 것보다 곡선주로를 달릴 때 원심력 때문에 속도가 떨어지고, 원심력이 커질수록 속도가 감소되어 속도와 원심력 사이에는 부적관계가 있다. 반면 해머나 원반을 던지기 위하여 포환서클 내에서 터닝과 같은 예비동작을 할 때와 철봉에서 돌아내리기 기술을 하려고 크게 휘돌기(giant swing)를 할 때는 원심력이 커야 하는데, 원심력을 크게 하기 위해서는 회전속도와 회전반지름을 증가시켜야 한다.

예 제

체중 70kg인 주자가 반지름 20m의 곡선주로를 10m/sec로 달릴 때 원심력은 다음과 같다.

$$F_r = \frac{mv^2}{r}$$

$$= \frac{70\text{kg} \times (10\text{m/sec})^2}{20\text{m}}$$

$$= \frac{7000\text{kg(m/sec}^2)}{20\text{m}}$$

$$= 350\text{kgm/sec}^2$$

$$= 350\text{N}$$

2. 내측기울임각도

400m 트랙의 곡선코스에서는 트랙의 안쪽으로 몸을 기울여야 코스를 벗어나지 않는다. 곡선주로를 따라 달리면 구심력과 반대로 작용하는 반작용력인 원심력이 발생하여 주자를 곡선주로 밖으로 벗어나도록 작용한다.

그림 5-23과 같이 해머를 휘돌리면 해머가 밖으로 당겨지는 힘을 느낄 수 있다. 이처럼 물체가 회전운동을 할 때 회전축의 반대방향으로 작용하는 힘을 원심력(centrifugal force)이라 한다. 원심력은 회전운동을 하는 물체를 궤도 밖으로 벗어나게 하는 힘으로, 구심력에 대한 반작용력이므로 구심력과 원심력은 크기는 동일하고 방향은 서로 반대이다.

원심력과 구심력은 그 크기가 동일하므로 원심력의 크기는 $\frac{mv^2}{r}$이다. 따라서 원심력은 체중이 무거울수록, 속도가 빠를수록 증가하는 반면, 곡선주로의 반지름이 길수록 감소한다. 원심력이 증가하면 할수록 곡선주로 밖으로 이탈하려는 성향이 커지기 때문에 주자는 신체를 안쪽으로 더 깊게 기울여야 한다.

그림 5-24의 (a)는 곡선주로를 따라 달릴 때의 구심력을 나타낸 것이고, (b)는 곡선주로를 달리는 뒷모습에서 기울임각도, 원심력, 중력 등을 각각 나타낸 것이다. 그림 5-24의 (a)와 같이 수직방향에서 θ만큼 몸을 기울이고 달릴 때 지면으로부터 F 의 지면반력

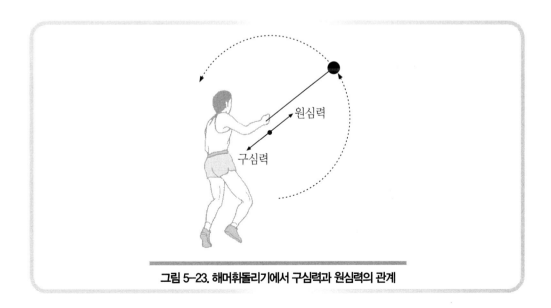

그림 5-23. 해머휘돌리기에서 구심력과 원심력의 관계

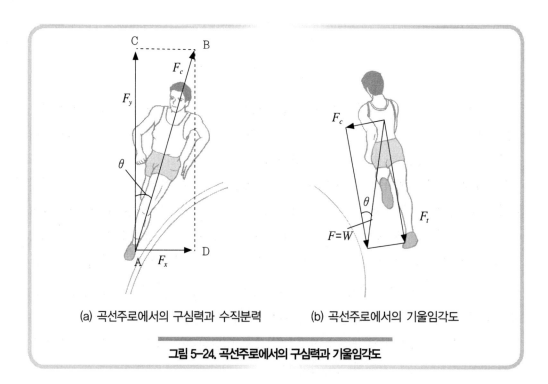

(a) 곡선주로에서의 구심력과 수직분력   (b) 곡선주로에서의 기울임각도

그림 5-24. 곡선주로에서의 구심력과 기울임각도

이 생긴다. 이때 지면반력은 수직방향의 분력 AC(F_y)와 주로의 안쪽으로 작용하는 수평방향의 분력 AD(F_x)로 분해되어 각각 두 가지 효과를 나타낸다. 이때 수평분력 AD가 원심력이다. 그림 5-24의 (a)에서 수직분력 F_y, 수평분력 F_x, 원심력 F_c 일 때 경사각도는 다음과 같다.

$$F_y = F\cos\theta$$

$$F_x = F\sin\theta$$

$$F_c = F_x$$

$$= \frac{mv^2}{r}$$

$\tan\theta$ = 수직요인/수평요인이므로

$$\tan\theta = \frac{F_x}{F_y} = \frac{mv^2/r}{mg} = \frac{v^2}{rg}$$

$$\theta = \text{arc}\tan\frac{v^2}{rg}$$

예   제

체중 79kgdls 주자가 반지름 20m의 곡선주로를 10m/sec로 달릴 때 안쪽으로 신체를 기울여야 하는 각도는 다음과 같다.

$$\theta = \text{arc} \tan \frac{v^2}{rg}$$

$$= \text{arc} \tan \frac{(10\text{m/sec})^2}{20\text{m} \times 9.8\text{m/sec}^2}$$

$$= \text{arc} \tan \frac{100\text{m}^2/\text{sec}^2}{196\text{m}^2/\text{sec}^2}$$

$$= \text{arc} \tan 0.51$$

곡선주로를 달릴 때 신체의 기울임각도 θ는 달리는 속도의 제곱(v^2)을 반지름과 중력가속도의 곱(rg)으로 나눈 값의 arctan이다. 그러므로 달리는 속도가 크면 클수록 주로의 안쪽으로 몸을 더 많이 기울여야 주로를 이탈하지 않고 달릴 수 있지만, 곡선주로의 반지름이 커서 주로의 굽혀짐 정도가 완만할수록 신체의 기울임각도를 작게 하여야 주로를 이탈하지 않고 달릴 수 있다.

자동차도로의 곡선부위는 안쪽을 낮게 하고 바깥쪽을 높게 하여 도로면에 경사를 만들어 원심력에 의하여 자동차가 주행 중 도로를 이탈하지 않도록 한다. 또 사이클경기장인 벨로드롬의 트랙도 안쪽보다 바깥쪽을 높게 만들어 사이클의 안쪽 기울임각도를 크게 하는 효과를 내서 빠른 속도로 주행하여도 원심력에 의하여 트랙을 이탈하지 않는다.

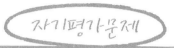

자기평가문제

1. 구심력이란 무엇이며 그 크기를 수식으로 알아보자.

2. 체중 60kg인 주자가 반지름 15m의 곡선주로를 8m/sec로 달릴 때 원심력을 구해보자.

3. 체중 70kg인 주자가 반지름 15m의 곡선주로를 달릴 때 주로를 벗어나지 않으려면 신체의 기울임각도를 얼마로 해야 되는지 알아보자.

제4장 비등속회전운동

해머던지기와 같은 투척경기에서는 해머의 던지기속도를 증가시키기 위하여 서클 내에서 터닝동작을 한다. 해머의 회전속도는 처음에는 느리지만 점점 빨라져 릴리스되는 순간 최대회전속도가 된다. 이와 같이 회전방향은 물론 회전속도가 변화하는 회전운동을 비등속원운동(variable angular motion) 또는 가속원운동이라 한다. 스포츠장면에서 나타나는 회전운동은 대부분 가속원운동이다.

구심가속도는 방향의 변화 때문에 생기는 것으로 등속원운동이나 가속원운동에서 모두 발생하지만, 접선가속도는 선속도의 변화로 발생하므로 등속원운동에서는 발생하지 않고 오직 가속원운동에서만 나타난다.

1. 접선가속도와 접선력

그림 5-25의 (a)는 가속원운동에서 물체가 t 초 사이에 점 A에서 B로 회전하였을 때 반지름, 구심속도, 접선속도를 각각 나타낸 것으로서, 물체가 A점에서의 선속도 v_o 와 B점에서의 선속도 v_f 를 나타낸 것이다.

그림 5-25의 (a)에서 A와 B의 중앙점인 a점으로 v_f 를 이동시킨 후 v_f 의 화살표방향으로 v_o 의 작용점을 옮기면 그림 5-25의 (b)와 같이 된다. 그림 5-25의 (b)에서 점 A와 B의

두 점 사이에 접선속도 크기의 변화는 Δv가 된다. 한편 접선속도의 변화량인 벡터 Δv는 회전중심방향의 구심성분(radial component)인 Δv_r과 구심성분의 직각방향인 접선성분

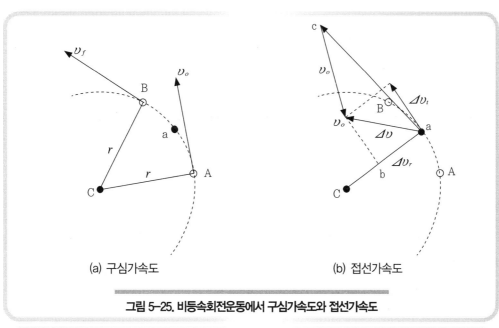

(a) 구심가속도   (b) 접선가속도

그림 5-25. 비등속회전운동에서 구심가속도와 접선가속도

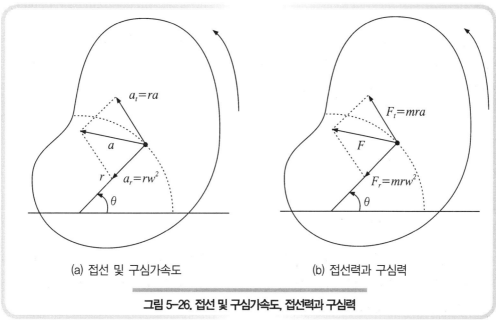

(a) 접선 및 구심가속도   (b) 접선력과 구심력

그림 5-26. 접선 및 구심가속도, 접선력과 구심력

(tangential compoent) Δv_t로 분해된다. 따라서 이때 접선가속도 a, 구심성가속도 a_r, 접선성가속도 a_t는 각각 다음과 같으며, 이를 그림으로 나타내면 그림 5-26과 같다.

$$v_f - v_o = \varDelta v$$
$$a = \frac{v_f - v_o}{t} = \frac{\varDelta v}{t}$$
$$a_r = \frac{\varDelta v_r}{t}$$
$$a_t = \frac{\varDelta v_t}{t}$$

한편 접선가속도의 구심성분가속도와 접선성분가속도는 서로 직각이므로 다음과 같다.

$$a^2 = v_r^2 + v_t^2$$
$$a = \sqrt{v_r^2 + v_t^2}$$

또, 선속도와 각속도, 선가속도와 각가속도의 관계에서 접선속도와 접선각가속도는 다음과 같다.

$$v_t = rw$$
$$a_t = ra$$

한편 접선방향의 힘인 접선력과 구심방향의 힘인 구심력은 뉴턴의 제2법칙인 $F=ma$를 이용하여 구할 수 있는데, 구심방향의 힘은 바로 구심력이다. 즉 접선력 F_t, 구심방향의 힘인 구심력 F_r, 전체힘 F는 다음과 같다.

$$F_t = mra$$
$$F_r = mrw^2 = \frac{mv^2}{r}$$
$$F = \sqrt{F_t^2 + F_r^2}$$
$$= \sqrt{(mra)^2 + \left(\frac{mv^2}{r}\right)^2}$$

곡선주로 달리기, 야구의 배팅, 원반이나 해머던지기 등과 같이 스포츠장면에서 가속원운동의 경우는 매우 많다. 이와 같은 가속원운동에서 발휘되는 힘을 측정할 때 구심력과 접선력의 측정은 매우 유용하게 활용된다.

예 제

타자가 스윙을 할 때 A지점에서 배트의 각속도가 10rad/sec였던 것이 1sec 후 B 지점에서 15 rad/sec가 되었다. 배트의 회전반지름이 1m이고 배트의 무게가 0.9kg였을 때 타자가 A 지점에서 발휘한 전체힘(F)은 다음과 같다(단, 팔의 무게를 무시함).

접선력　$F_t = mra$

$$= 0.9\text{kg} \times 1\text{m} \frac{15\text{rad/sec} - 10\text{rad/sec}}{1\text{sec}}$$

$$= 0.9\text{kgm} \times \frac{5\text{rad/sec}}{1\text{sec}}$$

$$= 4.5\text{kgm/sec}^2$$

$$= 4.5\text{N}$$

구심력　$F_r = mrw^2$

$$= 0.9\text{kgm} \times 1\text{m} \times (15\text{rad/sec})^2$$

$$= 0.9\text{kgm} \times 225\text{rad/sec}^2$$

$$= 202.5\text{kgm/sec}^2$$

$$= 202.5\text{N}$$

전체힘　$F = \sqrt{F_t^2 + F_r^2}$

$$= \sqrt{(4.5\text{N})^2 + (202.5\text{N})^2}$$

$$= \sqrt{41,026.5\text{N}^2}$$

$$= 202.55\text{N}$$

2. 회전관성모멘트

　운동을 시키려고 물체에 힘을 가했을 때 물체가 운동을 하지 않으려는 저항을 저항관성이라 한다. 선운동에서 저항관성은 그 물체의 질량에 비례하므로 무게가 무거울수록 저항관성이 커서 물체를 움직이기 어렵다.

　피겨스케이팅에서 한 발끝을 축으로 도는 회전(spin)동작에서 처음 돌기를 시작하면 힘을 주지 않아도 계속 회전하게 된다. 이처럼 회전하는 물체는 외력을 받지 않으면 계속 회전하려는 성질이 있는데, 이것을 회전관성(inertia of circular motion)이라 한다.

회전운동에서의 저항은 질량의 크기에 따라 달라진다. 따라서 질량이 작은 물체보다 큰 물체를 회전시키는 것이 어렵다. 또한 회전운동에서의 저항은 질량의 크기뿐만 아니라 회전축과 물체의 질량중심점 사이의 거리에 따라 달라진다. 예를 들면 같은 무게의 배트라도 길이가 긴 배트보다 길이가 짧은 배트로 스윙하는 것이 쉽다. 이처럼 회전운동에서는 물체의 질량이 클수록 또, 축에서 질점까지의 거리가 길수록 관성저항이 크다.

뉴턴의 가속도의 법칙에 의하면 가속도는 힘에 비례하고 질량에는 반비례하여 $F=ma$ 이므로, 가속원운동에서 접선력은 다음과 같다.

$$F_t=ma$$

양변에 r을 곱하면

$$F_t r=mar$$

$F_t r$은 토크이므로 $F_t r=T=mar$이며, $a=r\alpha$이므로 토크는 다음과 같다.

$$F_t r=T=mar$$
$$=mr\alpha r$$
$$T=mr^2\alpha$$

주어진 신체운동에서 질량과 반지름은 항상 일정하므로 $mr^2=I$로 하면, 토크는 다음과 같다.

$$T=I\alpha$$

각운동에서의 $T=I\alpha$는 선운동에서 $F=ma$와 같은 개념이다. $I(mr^2)$를 관성모멘트라 하고, 관성모멘트는 선운동에서 질량과 같은 개념이다. 회전운동에서 토크는 관성모멘트와 각가속도에 비례하므로 관성모멘트와 각가속도가 클수록 토크도 커진다. 한편 비평형토크(unbalanced torque)에 의하여 생성된 각가속도는 작용한 토크에는 비례하며, 관성모멘트에는 반비례하므로 다음과 같다.

$$T=mr^2\alpha$$

$$\alpha = \frac{T}{mr^2}$$
$$= \frac{T}{I}$$

관성모멘트의 크기는 mr^2으로서 질량과 질량중심점이 회전축에서 떨어진 거리인 반지름을 제곱한 것이므로, 회전운동을 할 때 전신의 관성모멘트는 신체분절의 굴곡과 신전 상태에 따라 달라진다.

그림 5-27. 축과 자세에 따른 관성모멘트

그림 5-27은 자세에 따른 관성모멘트의 크기를 비율로 나타낸 것이나. 그림 5-27의 (a), (b), (c), (d)는 각각 다른 동작을 취하고 있는데, 각각의 동작에서 회전할 때 체중은 동일하지만 회전축으로부터 분절들이 떨어져 있어 회전반지름이 다르기 때문에 관성모멘트의 크기도 달라진다. 그림 5-27의 (a)와 같이 양팔을 몸에 붙이고 바로 선 자세에서 신체무게중심을 지나는 수직축을 중심으로 회전할 때의 관성모멘트의 크기를 기준($1I$)으로 하면, 그림 (b)와 같이 두 팔을 어깨높이로 들었을 때의 관성모멘트는 3배($3I$)가 되며,

(a)

1CG=3.5kgm^2($1I$)

(b)

1CG=6.5kgm^2(1.85I)

(c)

1CG=15.0kgm^2(4.28I)

(d)

1CG : 신체무게중심을 축으
　　 로 한 관성모멘트
1HBAR : 바(bar)를 축으로
　　 한 관성모멘트

1HBAR=83.0kgm^2(23.7I)

그림 5-28. 좌우축에서의 자세별 관성모멘트

그림 (c)와 같은 자세는 6배(6I), 그리고 그림 (d)와 같은 자세는 무려 14배(14I)나 된다 (Dyson, 1971). 그러므로 회전운동에서 이러한 원리를 이해하고 활용하면 회전운동을 할 때 많은 도움이 될 것이다.

한편 그림 5-28은 기계체조에서 많이 나타나는 동작들로, 동일한 사람이라도 자세에 따라 관성모멘트에는 현저한 차이가 있다(Hay, 1985).

그림 5-28의 (a)와 같이 몸을 완전히 굽힌 자세에서 무게중심을 지나는 좌우축에서의 관성모멘트는 3.5kgm²으로 가장 작고, (b)와 같이 다리를 펴고 엉덩관절만 굽힌 자세에서의 관성모멘트는 6.5kgm²으로 (a)자세의 1.85배이다. (c)와 같이 몸을 완전히 편 자세에서 무게중심을 지나는 좌우축에서의 관성모멘트는 15.0kgm²으로 (a)자세의 4.28배이며, (d)와 같이 (c)와 동일한 자세에서 손을 지나는 좌우축에서의 관성모멘트는 무려 83.0kgm²으로 (a)자세의 23.7배나 된다.

이처럼 체중과 각 분절의 질량이 동일한데도 불구하고 관성모멘트가 자세에 따라 차이가 나는 이유는 전술한 바와 같이 관성모멘트의 크기가 $I = mr^2$으로, 각각의 분절들이 회전축으로부터 떨어진 거리의 제곱에 비례하기 때문이다.

1) 평행축의 원리

여러 개의 강체로 연결된 물체의 관성모멘트는 각 강체의 관성모멘트를 합한 값과 같다. 그림 5-29와 같이 야구배트가 3개의 강체로 되어 있을 때 Y축에서의 배트 전체의 관성모멘트는 다음과 같이 구할 수 있다.

배트의 회전축을 Y, A부분의 질량을 m_1, Y축으로부터의 거리를 r_1이라고 하면, Y축에 대한 A부분의 관성모멘트 I_1은

$$I_1 = m_1 r_1^2$$

B 부분의 관성모멘트 I_2는

$$I_2 = m_2 r_2^2$$

C 부분의 관성모멘트 I_3는

$$I_3 = m_3 r_3^2$$

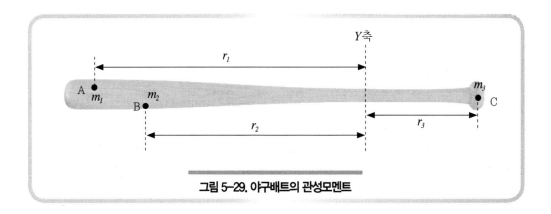

그림 5-29. 야구배트의 관성모멘트

그러므로 Y축에 대한 배트의 전체 관성모멘트 I_t 는 모든 강체의 관성모멘트의 합이므로 다음과 같다.

$$I_t = I_1 + I_2 + I_3$$
$$= m_1 r_1^2 + m_2 r_2^2 + m_3 r_3^2$$

이처럼 여러 개의 강체분절로 연결된 물체의 전체 관성모멘트는 각 강체분절의 관성모멘트를 합한 것이므로, 전체 관성모멘트 I_t 는 다음과 같이 일반화시킬 수 있다.

$$I_t = I_1 + I_2 + I_3 + \cdots\cdots + I_n$$
$$= m_1 r_1^2 + m_2 r_2^2 + m_3 r_3^2 + \cdots\cdots + m_n r_n^2$$
$$= \sum_{1}^{n} m_n r_n^2$$

강체의 무게중심을 통과하는 관성모멘트를 알고 있다면 축이 어떠한 위치에 있어도 그 축에 대한 전체 관성모멘트를 계산할 수 있는데, 이를 평행축의 원리(parallel axis theorem)라 한다.

평행축의 원리에 의하면 어떤 분절의 축 A를 기준으로 하는 관성모멘트는 분절중심을 지나는 관성모멘트(I_{CG})에 물체의 질량에 회전축에서 분절무게중심까지 거리의 제곱을 곱한 값(mr^2)을 더한 것으로 다음과 같다.

$$I_A = I_{CG} + mr^2$$

I_A : A점을 통과하는 축에 대한 관성모멘트
I_{CG} : 무게중심을 통과하는 관성모멘트
m : 물체의 질량
r : 회전축으로부터 분절무게중심까지의 거리

운동역학에서 인체운동을 분석할 때는 인체를 여러 개의 강체가 연결된 기계체계로 간주한다. 모든 운동장면에서 분절의 위치는 항상 다양하게 변화하므로 목적에 따라 여러 축에서 관성모멘트를 계산할 필요가 있다. 이 경우 평행축의 원리를 이용하여 여러 개의 분절이 연결된 시스템에서 전체 관성모멘트를 정해진 축에서 구할 수 있다.

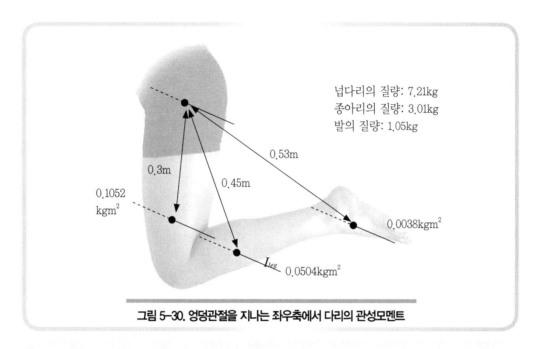

그림 5-30. 엉덩관절을 지나는 좌우축에서 다리의 관성모멘트

예 제

그림 5-30에서 단거리 달리기선수의 넙다리, 종아리, 발 및 다리의 관성모멘트는 좌우축을 기준으로 평행축의 원리를 이용하여 다음과 같이 구할 수 있다.

엉덩관절을 지나는 좌우축에서 넙다리의 관성모멘트

$$I_{hip} = I_{CG} + mr^2$$
$$= 0.1052 + \{7.21 \times (0.3)^2\}$$
$$= 0.754 \text{kgm}^2$$

엉덩관절을 지나는 좌우축에서 종아리의 관성모멘트

$$I_{hip} = I_{CG} + mr^2$$
$$= 0.0504 + \{3.01 \times (0.45)^2\}$$

$$=0.660\text{kgm}^2$$

엉덩관절을 지나는 좌우축에서 발의 관성모멘트

$$I_{hip}=I_{CG}+mr^2$$

$$=0.0038+\{1.05\times(0.53)^2\}$$

$$=0.299\text{kgm}^2$$

엉덩관절을 지나는 좌우축에서 다리 전체의 관성모멘트는 세 분절의 관성모멘트를 합한 값이므로

$$I_{hip}=(0.754+0.660+0.229)\text{kgm}^2$$

$$=1.713\text{kgm}^2$$

3. 회전각운동량

선운동을 하고 있는 물체가 가지고 있는 물리량을 운동량이라 하며, 그 크기는 물체의 질량과 속도를 곱한 값이다. 회전운동에서도 회전물체가 가지고 있는 물리량을 각운동량(angular momentum)이라 하는데, 각운동량은 관성모멘트에 각속도를 곱한 값이다. 각운동량을 L이라고 하면 다음과 같다.

$$L=Iw=mr^2w$$

따라서 각운동량은 관성모멘트가 클수록, 각속도가 클수록 커진다. 한편 관성모멘트와 회전속도는 반비례($w=L/I$)하므로 각운동량이 동일하면 관성모멘트가 작아질수록 회전속도는 빨라진다.

1) 각운동량보존

뉴턴의 관성의 법칙에 의하면 회전운동을 하고 있는 물체에 외력이 작용하지 않는 한 각운동량의 크기와 방향은 변하지 않는데, 이를 각운동량보존의 법칙(law of

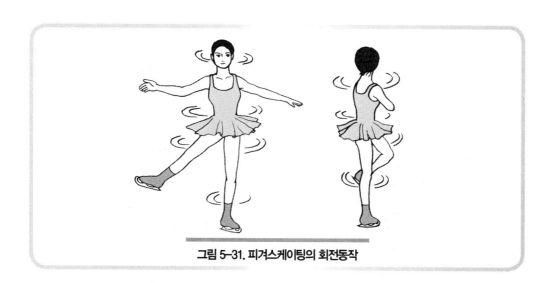

그림 5-31. 피겨스케이팅의 회전동작

conservation of angular momentum)이라 한다.

철봉에서 3바퀴돌아내리기를 할 때 봉에서 손이 떨어지는 순간의 각운동량은 체공 중에 보존된다. 그러므로 회전속도를 증가시키려면 릴리스 순간 각운동량을 크게 하여야 하며, 체공 중에는 관성모멘트를 감소시켜야 한다.

릴리스 직전 각운동량($L=Iw$)을 증가시키기 위해서는 분절들을 신전시켜 관성모멘트를 증가시키고 회전속도를 높여야 한다. 체조선수들이 내리기동작을 하는 마지막 스윙(dismount swing)에서 무릎과 발목을 곧게 펴서 다리를 강하게 차는 비팅(beating)을 하는데, 이는 회전속도를 증가시키려는 동작이다. 도약경기, 다이빙, 체조경기에서 발휘하는 기술의 성공도를 높이려면 릴리스 후 공중에서 관성모멘트를 줄여야 하는데, 릴리스 순간에 생성된 각운동량과 방향은 공중에서는 변하지 않고 항상 일정하게 보존되므로 발구름을 할 때 각운동량을 증가시키도록 해야 한다.

그림 5-31과 같이 피겨스케이팅의 회전(spin)동작에서 양손을 가슴에 붙이고 비지지다리(flee leg)의 무릎을 굽히는 동작은 수직회전축으로부터 분절의 회전반지름을 짧게 하여 관성모멘트를 줄여 회전속도를 증가시키기 위한 것이다. 회전운동에서 뉴턴의 관성과 가속도의 법칙은 외력이 작용하지 않는 한 회전하는 물체는 같은 속도, 같은 방향으로 운동을 계속하며, 정지한 물체는 토크가 작용하지 않는 한 회전운동을 하지 않는다.

뉴턴의 작용반작용의 법칙에 의하면 각운동량을 일으키는 토크가 물체에 작용하면 크기는 같고, 방향은 반대인 토크가 발생한다. 예컨대 그림 5-32와 같이 자유롭게 돌아가

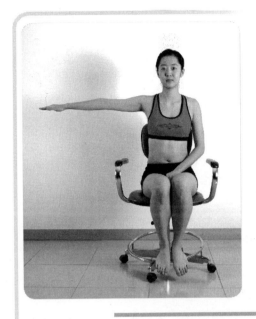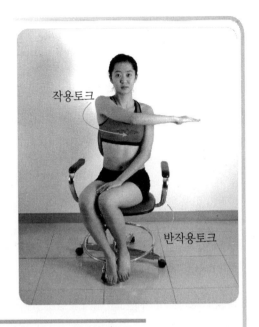

그림 5-32. 회전의자에서의 작용반작용토크와 각운동량의 보존

는 회전의자에 앉아서 오른팔을 어깨높이로 들고 있을 때 의자와 전신의 각운동량은 0
이 될 것이다. 어깨높이로 들고 있는 오른팔을 시계반대방향으로 돌리면 다리가 시계방
향으로 회전하게 되는데, 다리가 시계방향으로 회전하게 되는 것은 팔에 의한 토크로 발
생되는 반작용토크(reaction torque) 때문이다.

이처럼 팔에 의하여 만들어진 시계반대방향의 각운동량과 아래몸통(하체)의 회전에 의
하여 만들어진 시계방향의 각운동량은 서로 소멸되어 전체 각운동량(total net angular
momentum)은 최초상태인 0으로 보존된다. 그림 5-32는 이러한 현상을 회전의자를 통해
알아본 것이다. 작용반작용토크는 스포츠장면에서 많이 나타나므로 그 원리를 알고 이
를 활용하면 많은 도움을 얻을 수 있다.

그림 5-33은 스포츠장면에서 작용반작용토크가 나타나는 예이다. 그림 5-33의 (a)는
야구경기에서 타자가 배팅을 하기 위하여 윗몸과 배트를 시계반대방향으로 회전하면 타
자의 다리는 크기가 같고 방향이 반대인 반작용토크에 의하여 시계방향으로 회전하는
것을 보여준다. 야구의 배팅에서 임팩트 순간 두 발이 지면에 밀착되어야 강한 타격이
이루어지는데, 이는 발이 지면에서 떨어지면 작용한 토크와 동일한 반작용토크를 얻을

(a) 야구에서 작용반작용토크   (b) 멀리뛰기에서 작용반작용토크

그림 5-33. 야구와 멀리뛰기에서의 작용반작용토크

수 없기 때문이다.

　모래 위를 달릴 때 모래바닥에 작용한 힘에 의하여 모래바닥에 변형이 생기면 작용력과 동일한 크기의 반작용력을 얻지 못한다. 이와 같이 발이 지면에 견고하게 밀착되지 못할 때에는 작용토크와 동일한 반작용토크를 얻을 수 없다. 이 원리는 테니스의 스트로크나 골프의 스윙과 같이 물체에 충격을 주는 운동에서는 모두 동일하다.

　그림 5-33의 (b)와 같이 멀리뛰기의 공중동작에서 착지할 때 다리를 시계반대방향으로 회전시키면 크기가 같고 방향이 반대인 반작용토크로 인하여 윗몸이 시계반대방향으로 회전하므로 착지 순간에 뒤로 엉덩방아를 찧지 않고 앞으로 돌면서 착지할 수 있다. 멀리뛰기의 기록을 향상시키려면 공중에 신체가 떠 있는 시간을 길게 하여 발이 지면에 늦게 닿아야 유리하다. 그러나 지면에 발이 너무 늦게 닿으면 신체무게중심의 높이가 낮아져서 착지 순간 뒤로 엉덩방아를 찧기 쉽다. 착지하는 순간에 뒤로 엉덩방아를 찧지 않기 위해서는 전방으로 회전하려는 반작용각운동량이 커야 한다.

　매트운동에서 돌기(somersault)를 할 때와 다이빙에서 돌기를 할 때 발이 이지되는 순간 생기는 각운동량은 공중에서는 보존되기 때문에 공중에서 순간순간의 목적에 따라 신체분절들을 적절히 굽혔다폄으로써 회전속도를 빠르게 또는 느리게 조절할 수 있다.

그림 5-34. 다이빙의 공중연속동작

그림 5-34는 스프링보드 다이빙에서 한바퀴앞돌아입수하는 공중연속동작을 나타낸 것이다. 여기에서 구름판에서 발이 릴리스되는 순간(①) 전방으로 작용하는 각운동량이 생성된다. ②에서 ③까지는 앞공중돌기를 빠르게 하려고 관성모멘트를 줄이기 위해 분절을 굴곡시키기 시작하여 ④의 순간에 몸이 최대로 굽혀진 자세(tuck position)가 되는 데, 이때 ④의 회전속도가 최대가 된다. 그 이후 회전속도를 줄이기 위하여 몸을 펴기 시작하며 입수 직전(⑦)에 완전히 몸을 펴서 회전속도를 최소화시킨 후 입수한다.

공중에서 회전체는 공기저항과 중력을 받지만, 공기저항은 매우 미세하여 무시해도 좋을 정도이다. 중력은 물체의 질량중심점에 작용하며, 모든 분절에 작용하는 중력은 같기 때문에 토크를 일으킬 수 없다. 따라서 각운동량은 보존되어 항상 일정하다. 공중에서 회전체의 각운동량이 일정하면 공중에서 회전하는 물체의 회전속도와 관성모멘트는 서로 반비례($w=L/I$)한다. 그러므로 공중에서 회전속도를 증가시키려면 몸을 굽혀 관성모멘트를 감소시켜야 하고, 반대로 회전속도를 감소시키려면 몸을 곧게 펴서 관성모멘트를 증가시켜야 한다.

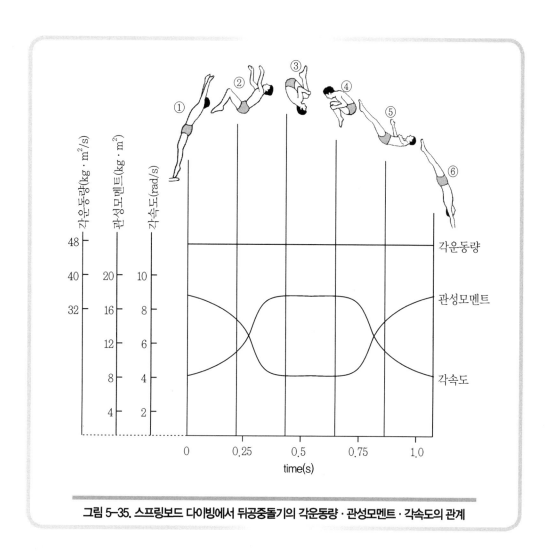

그림 5-35. 스프링보드 다이빙에서 뒤공중돌기의 각운동량 · 관성모멘트 · 각속도의 관계

그림 3-35는 스프링보드에서 뒤공중돌기기술을 수행하는 동작에서 각운동량, 관성모멘트, 각속도의 변화를 나타낸 것이다(Hay, 1985). 그림 3-35에서 보는 바와 같이 보드에서 발이 떨어져 입수하기까지 공중에서 각운동량은 약 48kgm²/sec로 각운동량이 보존되고 있는 것을 알 수 있다.

한편 관성모멘트와 각속도는 체공 중에 서로 반대로 변화하고 있다. 그림 5-34의 ③과 ④동작 사이에 몸을 최대로 구부렸을 때 관성모멘트는 최저가 된 반면, 회전속도는 최대가 되어 공중에서 가장 빠르게 돌았던 것을 알 수 있다. 입수하는 ⑥의 동작에서는 몸을 완전히 펴서 관성모멘트가 최대가 되었고, 각속도가 가장 작았다.

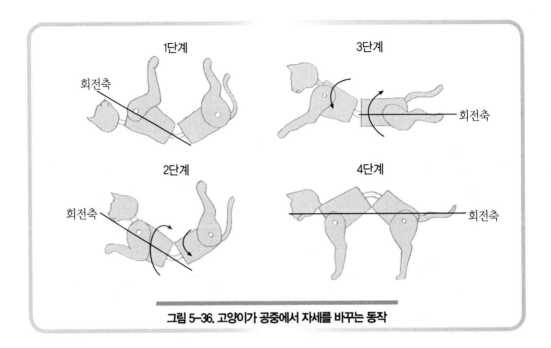

그림 5-36. 고양이가 공중에서 자세를 바꾸는 동작

그림 3-36은 고양이가 공중에서 등으로 떨어지기 시작하여도 몸을 회전시켜 네 발로 자연스럽게 착지하는 모습이다. 그림은 공중에서 고양이가 분절의 회전관성을 변화시켜 전체 각운동량의 변화 없이 자세를 변화시키는 과정을 나타낸 것인데, 고양이가 떨어지는 모습을 단계적으로 살펴보면 다음과 같다.

1단계는 고양이가 공중에서 떨어지기 시작하는 순간으로 떨어지는 순간 고양이는 어느 방향으로도 전혀 회전하지 않으므로, 이때 각운동량은 0이다.

2단계는 고양이가 공중에서 떨어지면서 앞발을 몸 안쪽으로 끌어당겨 윗몸의 회전관성을 아주 작게 하여 윗몸의 회전속도를 빠르게 한다. 반면에 뒷다리를 회전축에서 멀어지도록 쭉 뻗어 회전관성을 아주 크게 하여 뒷다리 부분의 회전이 잘 안되도록 한다. 이때 앞다리는 회전관성이 작아지면서 회전속도가 빨라지고 뒷다리는 회전관성이 최대가 되며 회전속도가 느려진다. 앞다리와 뒷다리 부분의 회전운동량은 크기가 거의 같고 서로 반대방향으로 회전되므로, 회전 중인 고양이의 전체회전운동량은 0이 된다.

3단계는 2단계의 과정과 반대로 한다.

4단계는 지면에 착지하기 직전의 과정으로, 앞발과 뒷발을 지면으로 쭉 뻗어 회전이 일어나지 않도록 회전관성을 최대로 증가시킨다. 이때 고양이는 뒤쪽의 회전관성이 앞쪽보다 약간 작아 꼬리가 뒤틀어지는 현상이 나타나지만 긴 꼬리를 이용하여 몸의 균형을 안정시킨다. 만약 고양이에게 꼬리가 없다면 이러한 회전기술은 보기 어려울 것이다.

고양이가 회전하는 모습에서 몇 가지 중요한 사실을 정리할 수 있다. 1단계에서 4단계에 이르기까지 윗몸의 운동량과 다리의 운동량은 방향이 서로 반대이고 크기가 같은 반작용토크를 일으켰다. 윗몸과 다리의 각운동량의 합은 항상 0이므로, 전체각운동량은 보존되었다.

회전축으로부터 분절의 질량중심의 위치를 변화시켜 회전관성모멘트를 증감시켜 회전속도를 변화시키는 것을 볼 수 있으며, 또한 고양이가 지면으로 낙하하면서 등을 굽게 하여 회전축을 서로 다르게 함으로써 윗몸과 다리의 회전이 최대한 서로 영향을 주지 않도록 한다(이순호, 2004).

2) 각운동량의 전이

인체는 공중에서 분절의 위치를 변화시킴으로써 분절이 가지고 있는 각운동량을 변화시킨다. 그러나 전체 각운동량은 보존되며, 한 분절에서 각운동량이 증가되면 다른 분절에서는 동일한 양이 감소되어야 한다. 또한 반대로 한 분절에서 각운동량이 감소되면 다른 분절의 각운동량이 증가되어야 한다. 이처럼 동일한 시스템 내에서 한 분절의 각운동량은 다른 분절로 전달된다.

인체기계시스템 내에서 어떤 분절의 각운동량은 다른 분절로 옮겨가는데, 이를 각운동량의 전이(transfer of angular momentum)라고 한다. 이처럼 각운동량은 한 부위에서 다른 부위로 전이되기도 하며, 전체운동량이 보존된 상태에서 각운동량이 선운동량으로, 또는 선운동량이 각운동량으로 변하기도 한다.

제자리멀리뛰기를 할 때 팔을 앞뒤로 흔들다가 뛰면 더 멀리 뛸 수 있다. 이는 팔을 흔들 때 생긴 각운동량이 선운동량으로 전환되고 팔의 선운동량이 전신운동량으로 전이되기 때문이다. 따라서 제자리멀리뛰기에서는 발구름 직전에 팔의 각운동량을 크게 하는 것이 유리하므로 팔을 구부리지 말고 완전히 편 상태로 리듬에 맞춰 앞뒤로 흔드는 것이 좋다.

각운동량의 크기는 관성모멘트에 회전속도를 곱한 값($L=I$)이므로, 팔을 구부리면 회전반지름이 짧아져서 관성모멘트가 감소하며, 팔을 흔드는 속도가 감소하면 각운동량도 감소한다. 한편 손에 아령을 들고 흔들면 맨손으로 흔들 때보다 관성모멘트($I=mr^2$)가 증가하여 팔을 흔드는 회전속도가 동일하여도 각운동량이 더 커지게 된다.

그림 5-37은 야구의 배팅에서 몸통, 팔, 손의 회전순서를 나타낸 것이다. 야구공을 멀리 쳐 보내려면 배트와 공이 임팩트될 때 배트의 선운동량이 커야 한다. 배트의 선운동량은 배트의 각운동량으로부터 전환된 것으로 배트의 각운동량은 몸통, 팔(위팔과 아래팔, 손)에서 생성된 각운동량이 전이된 것이다.

세 번째 분절의 회전(셋째)

두 번째 분절의 회전(둘째)

첫 번째 분절의 회전(첫째)

그림 5-37. 야구의 배팅에서 분절의 회전동작순서

타자의 배팅동작을 보면 투구된 공을 주시하면서 제일 먼저 몸통을 회전시킨 후 위팔, 아래팔, 손목의 순서로 회전시킨다. 이처럼 질량이 큰 분절에서 시작하여 질량이 작은 분절의 순서로 움직이는데, 이때 각각의 분절에서 생성된 각운동량들이 최종적으로 배트에 전달되면 배트의 각운동량은 매우 커지게 된다.

배트와 공이 임팩트되는 순간 배트의 총각운동량은 각 분절들이 생성한 각운동량의 크기와 전이시점에 따라 달라진다. 각 분절들이 생성한 각운동량이 클수록 배트의 각운동량이 커진다. 또한 한 분절에서 생성된 각운동량이 최대일 때 다음 분절로 전이되어야 많은 운동량을 전달할 수 있다.

한 분절의 각운동량은 그 분절의 관성모멘트와 각속도에 비례($L=Iw$)한다. 야구의 배팅에서 각 분절은 비등속회전운동을 하기 때문에 분절의 각운동량도 일정하지 않다. 즉 분절이 회전동작을 시작할 때는 매우 적지만 회전속도가 빨라질수록 점차 증가하여 최대치가 되고, 그 이후부터는 감소하여 분절회전동작이 멈춰지면 각운동량은 0이 된다.

그림 5-38은 야구의 배팅에서 각 분절의 각운동량과 각운동량의 전이를 나타낸 것이다. 그림 5-38의 (a)에서 보는 바와 같이 각 분절이 가지고 있는 각운동량은 회전이 시작되는 순간부터 점점 증가하다가 정점에 이른 후 다시 감소하여 회전이 종료되면 각운

동량은 0이 된다.

　한편 몸통의 각운동량은 다른 분절의 각운동량보다 월등하게 크다. 몸통의 각운동량이 큰 이유는 몸통의 회전속도는 다른 분절보다 느리지만 상대적 관성모멘트는 다른 분절에 비하여 매우 크기 때문이다(관성모멘트 - 몸통 ; 1.2606, 위팔 ; 0.0213, 아래팔 ; 0.0076, 손 ; 0.0005).

　그림 5-38의 (b)는 제일 처음에 회전을 시작한 몸통에서부터 위팔, 아래팔의 각운동량이 최대치일 때와 최대치가 아닐 때에 손으로 전이된 각운동량을 나타낸 것이다. 그림 (b)의 위쪽은 한 분절에서 생성된 각운동량이 최대가 되는 시점에서 다음 분절이 운동

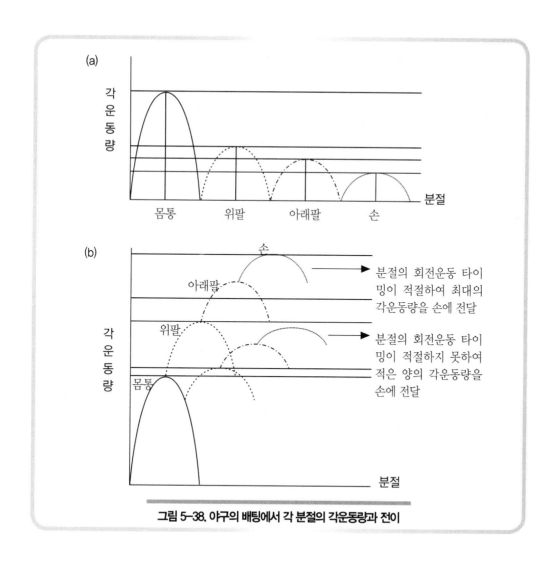

그림 5-38. 야구의 배팅에서 각 분절의 각운동량과 전이

을 시작하여 손에 최대의 각운동량을 전달시키고 있는 그림이다. 이 경우 분절의 회전운동 타이밍은 매우 적절한 상태이므로, 배트에 전달된 각운동량이 커서 공을 멀리 쳐 보낼 수 있다. 그러나 그림 5-38의 (b)의 아래쪽은 각 분절의 각운동량이 최대일 때를 지나거나 또는 최대가 되기 전에 미리 다음 분절을 회전시킴으로써 적은 양의 각운동량을 배트에 전달하므로 강한 배팅을 할 수 없는 것을 보여주고 있다. 이처럼 각 분절에서 생성된 각운동량이 동일하다고 해도 회전하는 분절의 움직임시기가 적절하지 못하면 최대 운동효과를 기대할 수 없다.

　일반적으로 운동의 효율성을 높이려면 무게가 무거운 몸통부위의 분절부터 무게가 가벼운 먼 부위의 분절 순으로 움직여야 한다. 또한 한 분절에서 생성되는 각운동량이 최대치에 이르기 전에 다음 분절을 너무 빨리 회전시키거나 최대치가 지난 후에 회전하면 한 분절에서 생성된 최대의 각운동량을 다음 분절로 전이시킬 수 없다. 스포츠경기에서 어떤 분절에서 생성되는 각운동량이 최대치에 이르는 시간은 매우 짧기 때문에 적절한 타이밍을 잡기 어려우므로 감각적인 훈련을 많이 쌓아야 한다.

　그림 5-39는 뜀틀에서 넥스프링(neck spring)을 하는 동작인데, 넥스프링 동작은 선운동-각운동-선운동으로 전환되는 것을 볼 수 있다. 즉 그림 5-39를 보면 도움닫기할 때의 병진운동이 발로 구름판을 밟는 ①에서 각운동으로 전환된 후 그림 ②~④까지는 회전운동이 전환하여 ④에서 발로 차면서 손으로 뜀틀을 밀어내어 몸이 뜀틀에서 이지된 직후부터 선운동으로 전환되는 모습을 볼 수 있다.

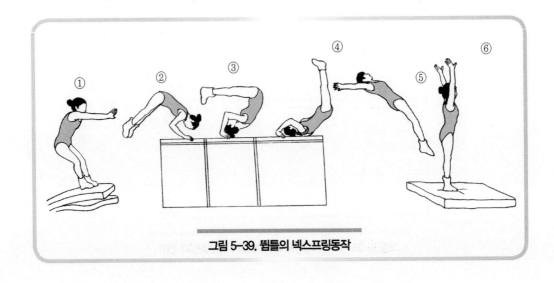

그림 5-39. 뜀틀의 넥스프링동작

따라서 도움닫기에서의 선운동량이 각운동량으로 전환되었고, 뜀틀 위에서 회전운동을 통하여 생긴 각운동량이 선운동량으로 전환되었다. ④의 발차기동작에서 생긴 각운동량은 공중에서는 외력이 작용하지 않았으므로 운동량이 보존되어 ④에서의 각운동량과 ⑤에서의 선운동량은 동일하다.

3) 회전충격량

선운동에서 충격량(impulse)은 물체가 받는 힘과 시간의 곱($I = F_t$)으로 운동량의 변화를 의미하며, 질량이 동일할 때 속도의 차이를 나타내는 물리량이다.

회전운동에서 회전체에 토크가 t초 동안 작용하였을 때 토크와 토크를 받는 시간의 곱을 회전충격량(angular impulse) 또는 회전역적이라 한다. 회전충격량은 회전체가 받는 토크의 효과로 각운동량의 차이를 의미하며, 다음과 같이 나타낼 수 있다.

$$T_t = L_f - L_o$$
$$= I w_f - I w_o$$
$$= I(w_f - w_o)$$

위에서 보는 바와 같이 회전충격량은 각운동량의 변화이며, 관성모멘트가 동일하면 각속도의 변화량을 의미한다. 회전충격량의 크기는 작용한 토크의 크기와 토크가 작용한 시간에 비례한다. 토크가 클수록, 또는 토크를 받는 시간이 길수록 각운동량의 변화율과 각속도의 변화율이 커진다.

다이빙선수가 공중돌기기술을 수행하려면 스프링보드에서 발구름을 할 때 공중에서 전체각운동량은 보존되어 변하지 않으므로 이지하는 순간 각운동량을 크게 하여야 한다.

각운동량의 변화를 의미하는 회전충격량의 크기는 발구름 직전의 각운동량이 0이므로 이지 순간에 생긴 각운동량($T_t = L_f - L_o$)과 같아지므로 이지 시에 각운동량을 증가시키는 것은 회전충격량을 증가시키는 것과 같은 의미이다. 따라서 다이빙선수가 공중돌기를 하려면 스프링보드에서 발구름을 하는 순간의 회전충격량을 크게 해야 한다.

회전충격량은 토크에 시간을 곱한 것으로, 회전충격량을 증가시키려면 회전토크와 토크를 발휘하는 시간을 길게 하여야 한다. 예를 들어 어린이들의 놀이기구인 둥근 회전판을 돌릴 때 강한 힘으로 밀어야 회전판이 빠르게 돈다. 강한 힘으로 회전판을 돌리더라도 힘을 아주 짧은 시간에 순간적으로 사용하는 것보다 돌고 있는 회전판을 따라가면서 오랫동안 힘을 줄 때 회전판이 더 잘 돈다.

한편 토크는 작용한 힘과 회전축으로부터 힘의 방향에 수직거리를 곱한 값($T=FD$)이므로 힘과 거리를 증가시켜야 토크를 크게 할 수 있다. 이처럼 회전충격량을 결정짓는 요인은 힘, 축으로부터 힘의 방향에 수직거리, 그리고 힘을 작용하는 시간의 세 가지이다.

그림 5-40과 같이 스프링보드 다이빙을 할 때 다이버는 스프링보드에 힘을 가한 반작용력을 이용하여 선운동과 공중에서 회전운동을 한다. 공중에서 앞돌기와 같은 회전운동을 하려면 전술한 바와 같이 회전충격량을 크게 하기 위해서는 힘과 거리를 증가시키고, 힘을 작용하는 시간을 길게 하여야 한다.

토크를 발생시키는 힘(이심력)은 다이빙선수가 스프링보드에 작용한 힘의 반작용력이기 때문에 다이빙선수는 스프링보드에 강한 힘을 써야 한다. 스프링보드가 탄성체로 된 것은 스프링보드의 탄성에너지를 다이빙선수에게 주기 위한 것이다. 한편 회전축과 힘

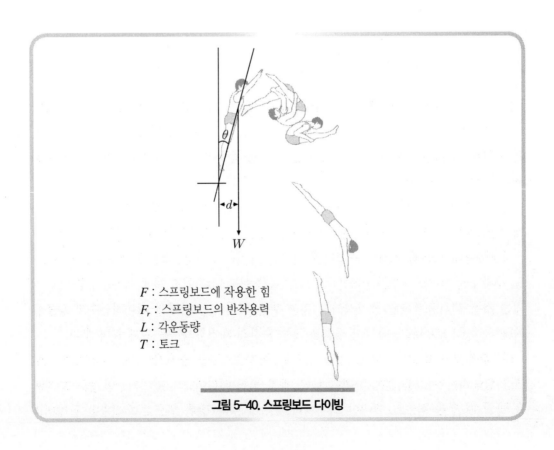

F : 스프링보드에 작용한 힘
F_r : 스프링보드의 반작용력
L : 각운동량
T : 토크

그림 5-40. 스프링보드 다이빙

의 방향의 수직거리(d)는 신장(h)과 힘을 작용하는 방향($d=h\cos\theta$)에 따라 결정된다. 수직거리를 증가시키려면 신장의 길이는 변화시킬 수 없으므로 각 θ를 작게 하여야 한다. 또 회전충격량을 증가시키려면 스프링보드에 힘을 주는 시간을 길게 하여 스프링보드의 변형리듬에 맞추어 발을 오랫동안 밀착시키고 있어야 한다.

따라서 멀리뛰기에서 발구름할 때, 뜀틀운동에서 발구름할 때, 볼링의 딜리버리 동작에서 공을 릴리스하는 순간 공을 회전시킬 때 등의 경우에 이러한 방법을 활용하면 회전충격량을 증가시켜 바람직한 효과를 얻을 수 있다.

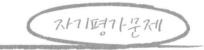

자기평가문제

1. 골프에서 스윙을 할 때 A지점에서 클럽의 각속도가 12rad/sec였던 것이 1초 후 B지점에서 16rad/sec가 되었다. 클럽의 회전반지름이 2m이고 무게가 0.3kg이었을 때 골퍼가 A지점에서 발휘한 전체힘(F)은 얼마인지 구해보자(단, 팔의 무게가 무시하고, 클럽의 무게는 헤드에 있다고 가정한 것임).
2. 공중돌기를 할 때 빨리 돌기 위하여 몸을 둥글게 굽히는 이유를 관성모멘트와 관련하여 설명해보자.
3. 평행축의 원리를 설명해보자.
4. 각운동량이 보존되는 경우를 운동에서 예를 들고 설명해보자.
5. 도움닫기에서 핸드스프링까지 각운동량이 전이되는 과정을 설명해보자.
6. 공기저항과 마찰력을 무시하고 단진자운동으로 간주할 때, 신장 160cm의 선수가 철봉에서 신체무게중심까지의 거리가 120cm였을 때 철봉에서 휘돌기를 지속하려면 수직 상·하의 위치에서 임계속도(critical velocity)가 각각 얼마인지 알아보자.

제5장 진자운동

철봉이나 이단평행봉에서의 흔들기는 대표적인 진자운동이다. 가늘고 긴 줄끝에 물체가 수직으로 매달려 흔들기를 지속하고 있는 진자운동을 단진자운동(simple pendulum)이라 하는데, 이 경우 줄의 질량은 아주 적어서 전체질량은 매달린 물체에 있다고 볼 수 있다.

철봉에서 흔들기를 할 때 흔들기의 반지름을 이루는 팔과 몸통 등은 큰 질량을 가지고 있는데, 이와 같은 진자운동을 복합진자운동(compound pendulum)이라 한다. 이단평행봉이나 철봉에서 인체의 진자운동은 모두 복합진자운동에 속한다.

1. 진자운동에서 토크와 가속도

수직으로 매달려 있는 물체를 한쪽으로 잡아당겼다 놓으면 그 물체는 수직면상에서 앞뒤로 진자운동을 한다. 진자운동을 시작하면 물체중량(mg)의 접선성분인 접선력과 구심성분인 줄의 장력(구심력)이 발생한다.

그림 5-1은 반지름 r, 질량 m인 물체가 진자운동을 하고 있을 때 접선성분과 구심성분을 나타낸 것이다. 그림 5-41과 같이 물체가 진자운동에서 아래로 내려올 때 원심력

F_r, 접선력 F_t , 토크 T 는 각각 다음과 같다.

$$F_r = mg\cos\theta$$
$$F_t = mg\sin\theta$$
$$T = (mg\sin\theta)r$$

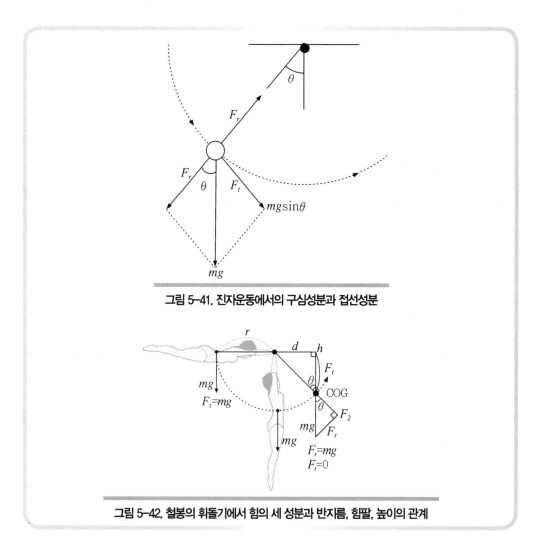

그림 5-41. 진자운동에서의 구심성분과 접선성분

그림 5-42. 철봉의 휘돌기에서 힘의 세 성분과 반지름, 힘팔, 높이의 관계

그림 5-41과 같이 수직하방향으로 내려올수록 θ의 각도가 작아지며 접선력($mg\sin\theta$)은 감소하는 반면 원심력($mg\cos\theta$)은 증가한다. 그림 5-42처럼 체조선수가 철봉에서 휘돌기(giant swing)를 할 때에는 신체가 수평위치에 있을 때 접선력이 가장 크다. 체조선

수가 수평위치에서 아래로 내려올수록 접선력은 감소하며, 그만큼 원심력이 증가한다.

수평위치에 있을 때 지레팔이 가장 길기 때문에 토크가 가장 크며, 아래로 내려올수록 지레팔이 짧아지므로 토크도 점점 줄어들어 수직하방향위치에 있을 때 0이 된다. 흔들 기를 계속하여 수직하방향을 지나 COG의 위치가 그림 5-42와 같이 있을 때 반지름, 힘 팔, 높이가 이루는 삼각형과 중량, 접선력, 원심력이 이루는 삼각형은 세 각이 모두 동일 하므로 닮은 삼각형이다. 따라서 다음과 같은 관계가 있다.

$$\frac{F_t}{d} = \frac{mg}{r}$$

$F_t r = mgd$ 이며, $F_t r = T$이므로

$$T = mgd$$

$$F_t = \frac{mgd}{r}$$

한편 접선력은 가속도를 일으키는 요인이므로 이때 생긴 가속도의 크기는

$$a = \frac{F}{m}$$
$$= \frac{mgd/r}{m}$$
$$= \frac{gd}{r}$$

이상에서 보는 바와 같이 진자운동에서 접선력은 질량과 축에서 중심까지의 거리가 클수록 증가하며 회전반지름에는 반비례한다. 한편 가속도는 반지름에 반비례하며, 회 전축(철봉)으로부터 인체중심이 떨어져 있는 수평거리에는 비례한다.

예　제

그림 5-43과 같이 체중 60kg인 선수가 봉에서 중심까지 1.1m 반지름으로 휘돌기를 할 때 최대토크 가 발생하는 위치와 토크의 크기, 수직하방향에서 30도를 통과했을 때의 가속도는 다음과 같다.
① 토크가 가장 큰 위치와 크기는 앞·뒤 수평위치에 있을 때
② 최대토크의 크기

$$T = mgd$$
$$= 60kg \times 9.8m/sec^2 \times 1.1m = 646.8Nm$$

③ 가속도 a =gd/r 이고, $d=r\cos\theta$ 이므로

$$d=1.1\text{m}\times\cos30°$$
$$=1.1\text{m}\times0.87=0.957\text{m}$$
$$a=\frac{9.8\text{m/sec}^2\times0.957\text{m}}{1.1\text{m}}$$
$$=8.526\text{m/sec}^2$$

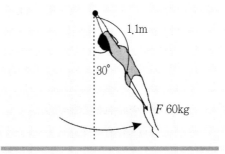

그림 5-43. 철봉의 휘돌기에서 토크와 가속도

2. 각운동에너지와 일

선운동을 하고 있는 물체가 운동에너지를 가지고 있듯이 회전하는 물체도 각운동에너지를 가지고 있다.

투수가 던진 야구공의 속도가 빠를 때가 느릴 때보다 운동에너지가 크며, 동일한 속도로 달릴 때 체중이 무거운 사람이 가벼운 사람보다 더 큰 에너지를 가지고 있다. 이처럼 선운동에너지는 물체의 질량과 움직이는 속도에 따라 달라진다. 운동에너지는 질량에 비례하며 속도의 제곱에 비례하는데, 그 크기는 $KE=1/2mv^2$이다.

동일한 골프클럽을 천천히 스윙했을 때보다 빠르게 회전시킬 때 각운동에너지(angular energy)가 더 크다. 또한 다이빙에서 동일한 속도로 공중돌기를 할 때 체중이 많이 나가는 다이버가 체중이 작은 다이버보다 관성모멘트가 커서 각운동에너지가 크다. 한편 에르고미터에서 10바퀴를 회전시키는 것보다 20바퀴를 회전시키는 것이 각운동에너지가 더 크다.

각운동에너지 KE_a(angular kinetic energy)는 다음과 같다.

$$KE_a=\frac{1}{2}mr\omega^2$$
$$=\frac{1}{2}I\omega^2$$

앞에서 보는 바와 같이 회전하고 있는 물체가 가지고 있는 각운동에너지는 관성모멘트에 비례하고 각속도의 제곱에 비례한다.

한편 각운동 일(angular work)은 회전토크와 거리를 곱한 것으로 $W_a = T\theta$이다. 각운동에너지는 각운동 일을 할 수 있는 능력으로 두 물리량은 동일한 개념이므로 그 단위도 같다. 회전하고 있는 물체가 한 일은 그 물체가 가지고 있는 각운동에너지와 동일하며, 각운동 일 FD_a는 $T\theta$로서, 그 크기는 다음과 같다.

$$W_a = \frac{1}{2} I\omega^2$$

$$T\theta = \frac{1}{2} I\omega^2$$

한편 회전하는 물체는 각운동에너지와 위치에너지를 동시에 가지고 있기 때문에 회전체가 한 총일(total work)은 각운동 일과 위치에너지가 하는 일을 합한 것이다. 그러므로 회전체가 한 총일 TW_a는 다음과 같다.

$$TW_a = \frac{1}{2} I\omega^2 + mgh$$

위에서 보는 바와 같이 어떤 물체가 한 전체 각운동 일은 토크와 물체가 움직인 각거리를 곱한 것으로 에르고미터에서 한 일은 토크가 클수록, 바퀴의 회전수가 많을수록 크다. 에르고미터에서는 회전바퀴의 부하를 조절하여 회전력을 증감시킬 수 있다.

그림 5-44와 같은 위치에서 철봉의 휘돌기를 할 때 인체가 한 총일은 각운동에너지와 위치에너지를 더한 값이다. 즉 운동에너지는 그 위치에서 순간각속도의 제곱과 관성모트를 곱한 값인 $1/2 I\omega^2$이며, 위치에너지는 인체의 중량과 인체중심의 수직높이를 곱한 값인 mgh 이다. 휘돌기를 할 때 인체가 한 총일의 양은 어느 위치에서나 항상 일정하다.

그림 5-44에서 수직하방의 위치에서는 높이가 0이므로 위치에너지도 0이 된다. 반면 이때의 회전속도가 가장 크므로 운동에너지는 최대가 된다. 휘돌기가 계속되어 수직상방향으로 올라갈 때는 중력이 회전속도의 반대방향으로 작용하여 회전속도가 점점 감소하여 수직위치에서는 순간적으로 속도가 0이 되므로 각운동에너지는 점점 감소하여 수직위치에 도달하면 0이 된다. 반면 위치에너지는 중심의 높이가 높아지므로 증가하여 수직상방향에서 최대가 된다.

이처럼 수직상의 위치에서는 위치에너지만 있으므로 총에너지량은 mgh 이고, 수직하

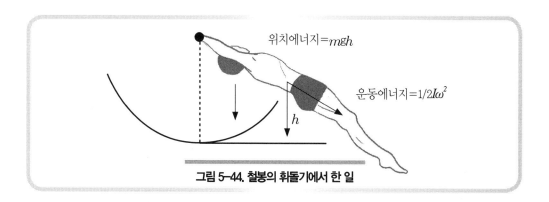

위치에너지=mgh

운동에너지=$1/2I\omega^2$

h

그림 5-44. 철봉의 휘돌기에서 한 일

방의 위치에서는 운동에너지만 있으므로 총에너지량은 $1/2I\omega^2$이다. 상하위치에서의 전체에너지는 동일하므로 $mgh=1/2I\omega^2$이다.

3. 수직면상의 회전운동에서 임계속도

철봉이나 이단평행봉에서 휘돌기를 할 때 인체에 작용하는 힘으로 중력, 원심력, 봉과 손 사이의 마찰력, 공기저항 등이 있다. 마찰력과 공기저항은 추진력의 반대방향으로 작용하여 힘의 회전속도를 떨어뜨리도록 작용하는 힘이다. 원심력은 휘돌기를 할 때 신체를 봉으로부터 이탈하게 하는 힘으로 휘돌기를 계속하려면 악력이 원심력보다 커야 한다.

한편 휘돌기를 할 때 인체가 수직상하방향의 위치에서 받는 힘은 그림 5-45와 같다. 철봉의 수직상방향의 위치에서 인체에 작용하는 힘은 중력과 원심력으로 이때 원심력은 수직상방향으로 작용하는 반면, 중력은 수직하방향으로 작용하여 두 힘의 방향은 서로 반대가 된다. 그러나 수직하방향에서는 중력과 원심력은 같은 방향이 된다. 따라서 수직상하방향의 위치에서 인체가 받는 힘을 F_u와 F_d라고 하면 각각 다음과 같다.

$$F_u=\frac{mv^2}{r}-mg$$

$$F_d=\frac{mv^2}{r}+mg$$

따라서 기구에서 휘돌기를 할 때 수직하의 위치에 있을 때가 수직상의 위치에 있을 때보다 인체가 봉에서 떨어지도록 작용하는 힘이 더 크다. 따라서 봉에서 떨어지지 않고

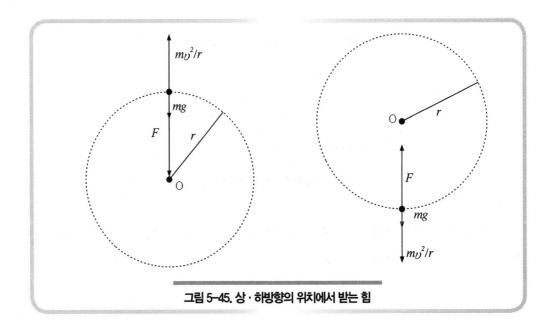

그림 5-45. 상·하방향의 위치에서 받는 힘

회전을 계속하기 위해서는 수직하의 위치에 있을 때 더 큰 악력이 요구된다. 이러한 이유로 체조경기에서 휘돌기를 할 때 잘 떨어지는 위치는 봉의 수평면 위보다 수평면 아래를 통과할 때이다.

휘돌기에서 수직상의 위치를 통과하는 순간 악력이 가장 적게 발휘되는데, 이때에도 회전운동을 지속하려면 최소한의 속도는 있어야 한다. 이처럼 회전을 지속하기 위하여 최소가 되는 한계속도를 임계속도(critical velocity)라 한다. 이때의 임계속도는 작용하는 힘 $F_u = (mv^2/r) - mg$ 에서 F를 0으로 했을 때의 속도로서, 다음과 같이 구할 수 있다.

$$F_u = \frac{mv^2}{r} - mg$$

$$0 = \frac{mv^2}{r} - mg$$

$$\frac{mv^2}{r} = mg$$

$$v^2 = \frac{mgr}{m}$$

$$v = \sqrt{gr}$$

위에서 보는 바와 같이 수직상의 위치에서 임계속도는 질량과는 무관하며 단지 중력가속도와 회전반지름의 제곱근에 비례하지만, 중력가속도는 상수이므로 회전반지름의 크기에 의하여 결정된다. 즉 회전반지름이 크면 임계속도도 커야 한다. 따라서 휘돌기에서 봉의 수직하 위치를 통과하는 순간 역시 수직상 위치까지 회전운동을 지속하려면 최소한의 속도는 있어야 한다. '각운동에너지와 일'의 항목에서 설명한 바와 같이 수직상의 위치에서 총역학적 에너지는 위치에너지($mg2h$)뿐이며, 수직하의 위치에서는 운동에너지($1/2\ mv^2$)뿐이므로 총에너지는 어느 위치에서나 동일하다.

한편 수직상 위치에서의 높이는 수직하 위치에 있을 때보다 높이가 2배($mg2h$)가 된다. 따라서 수직하 위치에서의 임계속도는 다음과 같이 구할 수 있다.

$$\frac{mv^2}{2}=mg2r$$

$$mv^2=mg4r$$

$$v^2=4gr$$

$$v=\sqrt{4gr}=2\sqrt{gr}$$

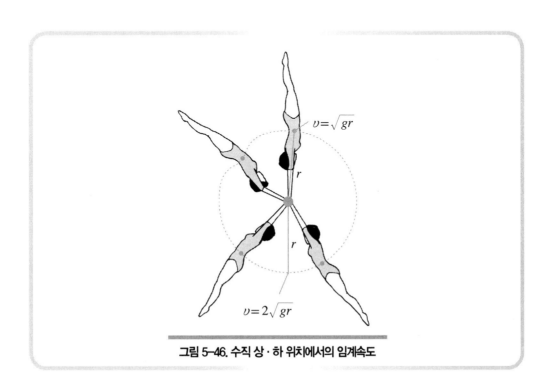

그림 5-46. 수직 상·하 위치에서의 임계속도

휘돌기를 할 때 수직상의 위치까지 돌기를 계속하려면 수직하의 위치를 통과하는 순간 중력가속도와 반지름을 곱한 값의 제곱근에 2배의 속도를 가져야 한다. 이는 수직상의 위치에서보다 수직하의 위치에서 임계속도가 2배가 더 커서 수직하의 위치에서 수직상 방향으로 회전운동을 할 때에는 중력가속도가 회전속도를 감속시키기 때문이다.

철봉이나 이단평행봉의 휘돌기에서 상·하위치의 임계속도는 각각 $\sqrt{gr}$과 $2\sqrt{gr}$이다. 이는 손과 봉에서 일어나는 마찰력과 공기저항을 무시한 값이기 때문에 실제로는 산출된 속도보다 더 커야 한다. 또한 인체의 진자운동은 본 장의 첫부분에서 기술한 바와 같이 단진자운동보다는 복합진자운동인데, 인체를 구성하는 각 분절은 질량을 갖고 있기 때문에 약간의 차이가 있음을 밝혀 둔다.

예 제

공기저항과 마찰력을 무시하고 단진자운동으로 간주할 때, 신장 168cm의 선수가 철봉에서 휘돌기를 지속하려면 수직상·하의 위치에서 임계속도가 얼마인지 알아보자(봉에서 COG까지는 120cm임).

수직상의 위치에서 임계속도

$$v = \sqrt{gr}$$
$$= \sqrt{9.8\text{m/sec}^2 \times 1.2\text{m}}$$
$$= \sqrt{11.76\text{m}^2/\text{sec}^2}$$
$$= 3.43\text{m/sec}$$

수직하의 위치에서 임계속도

$$v = \sqrt{4gr}$$
$$= 2\sqrt{gr}$$
$$= 2\sqrt{9.8\text{m/sec}^2 \times 1.2\text{m}}$$
$$= 6.86\text{m/sec}$$

제6장 인체의 분절운동

인체운동의 원인을 완전히 이해하려면 인체에 어떤 힘이 어떻게 작용하고 있는지를 알아야 하기 때문에 인체에 작용하는 외력과 내력을 측정하여야 한다. 인체의 근육이 발현하는 힘을 직접 측정하는 것이 가장 바람직하지만, 이는 많은 제약을 받고 있어 제한된 범위에서만 직접 측정이 가능하다. 그러므로 부득이 뉴턴의 운동법칙에 필요한 운동학적 자료를 측정하여 간접적으로 근육이 발현하는 힘을 계산할 수밖에 없다.

근육이 발현하는 힘은 전신을 강체분절이 연결된 하나의 기계체계로 간주하고 분절운동을 분석해야 하는데, 인체분절의 운동을 분석할 때에는 다음과 같은 단계를 거쳐야 한다. 먼저 인체모델을 결정한 후 분석시스템을 정하고, 다음은 자유물체도(free body diagram)를 만들며, 마지막으로 적절한 분석방법을 선택하여 힘을 계산해야 한다.

1. 인체모델과 분석시스템

걷고, 뛰고, 던지는 운동은 관절에서 분절의 각운동으로 이루어지므로 분절운동이 어떻게 일어나는지를 이해하는 것은 운동을 분석할 때 매우 중요하다. 분절운동을 분석할 때 인체는 여러 개의 강체분절연결시스템(rigid body link system)으로 보아야 하는데,

이것을 인체모델이라 한다. 이처럼 인체를 강체로 된 분절의 연결시스템으로 보려면 다음과 같은 가정이 필요하다.

① 모든 분절은 질량중심점에 고정된 질량을 가지고 있다 .

② 분절의 질량중심의 위치는 한 곳에 고정되어 변하지 않는다.

③ 분절을 연결하는 관절은 경첩관절(hinge joint)이며, 관절에서 뼈의 운동이 일어날 때 마찰력이 없다 .

④ 각 분절의 질량중심에 대한 관성모멘트는 운동 중에도 변하지 않고 항상 일정하다.

⑤ 각 분절의 길이는 운동 중에도 변하지 않는다.

운동을 할 때 신체는 항상 모양이 변하므로 전신을 한 개의 강체분절로 볼 수가 없고 여러 개의 분절이 연결된 기계체계로 보지만, 실제로 분절들도 운동상황에서 모양이 변하므로 엄밀히 말하여 강체라고 볼 수는 없다. 이러한 이유로 인체모델을 정할 때에는 분절의 수를 적게 할 때보다는 많게 할수록 세분화된 분절은 강체에 가까워진다.

그러나 분절의 수를 증가시키면 시스템 내에 포함되는 분절의 수가 많아져서 얻고자 하는 역학량을 계산하는 과정에서 복잡해지고 오차도 커질 가능성이 높아진다. 이와 같은 이유 때문에 인체모델을 설정할 때 분석의 간편성과 오차의 감소를 동시에 고려해야 한다. 인체모델의 설정에서 가장 많이 사용되는 방법은 전신의 구조를 8개의 강체분절 연결시스템(eight rigid body linked system)으로 보는 것이다.

8개의 강체분절연결시스템에서는 구간부를 몸통, 머리와 목을 각각 하나씩 두 개의 분절로 구분하고, 팔을 위팔, 아래팔, 손의 세 개 분절로 구분하며, 다리를 넙다리, 종아리, 발의 세 개 분절로 구분하여 전신을 모두 여덟 개의 분절로 구성되었다고 본다. 그러므로 역학적 시스템을 결정하는 과정에서 인체모델을 설정해야 하는데, 이때 인체가 몇 개의 분절로 이루어졌다고 간주할 것인지를 측정의 간편성과 정확성을 동시에 고려하여 분석목적에 적합하도록 정해야 한다.

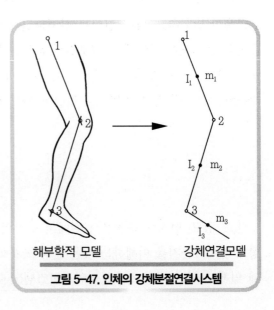

해부학적 모델   강체연결모델

그림 5-47. 인체의 강체분절연결시스템

분절이 강체라는 조건하에 설정된 전신의 분절연결시스템을 도해로 나타내면 그림 5-47과 같으며, 이를 인체모델이라고 한다. 또한 그림과 같이 인체를 강체분절의 연결시스템으로 보고 분절의 운동을 분석하려면 어디까지를 분석대상에 포함시켜야 하는지 그 범위를 결정해야 하는데, 그 범위를 분석시스템 또는 역학적 시스템이라고 한다.

역학적 시스템을 정하려고 할 때는 분석목적, 분석하고자 하는 내용 등을 기준으로 꼭 필요한 것은 반드시 포함시키고 그렇지 않은 것은 제외시켜야 한다. 예를 들어 멀리뛰기의 발구름동작을 연구하려고 할 때 여러 다른 분절들도 구름발에 영향을 주는데도 불구하고 발만을 시스템으로 정한다면 발 이외의 분절들 간의 상호연관성을 볼 수 없기 때문에 정확하고 종합적인 평가를 할 수 없다. 그러나 벤치프레스에서 팔운동을 분석하려고 할 때 팔 이외의 분절들은 팔운동에 영향을 주지 않기 때문에 팔과 바벨을 분석시스템으로 잡아야 한다.

2. 자유물체도

인체운동을 분석하려면 분석시스템 내에 포함되어 있는 관절 사이에 작용하는 여러 힘들을 자유물체도(free-body diagram)를 그려 산출해야 한다.

자유물체도란 시스템에 작용하는 모든 힘을 도식적으로 표현한 것으로, 자유물체도를 작성하는 궁극적인 목적은 시스템 내의 각 부분에 작용하는 힘과 모멘트를 추정하는데 있다. 자유물체도를 만들 때에는 분절에 작용하는 모든 힘을 쉽게 이해할 수 있도록 명료하게 표시해야 한다. 왜냐하면 분절에 작용하는 외력이나 내력의 크기와 방향 등을 명확하게 표시하지 않으면 시스템의 구조가 복잡할수록 혼돈을 야기시켜 목적달성에 어려움을 주기 때문이다.

1) 자유물체도에 작용하는 힘

자유물체도에 작용하는 힘은 외력과 내력이 있다. 외력으로는 공기저항, 중력, 근력, 지면반력 등이 있으며, 내력으로는 관절에서 뼈와 뼈 사이에 작용하는 압력인 골력(bone on bone force)과 관절반력(joint reaction force)이 있다.

그림 5-48은 달리기의 추진기에서 발끝으로 미는 동안 자유물체도에 작용하는 외력 (a)과 내력(b, c)을 나타낸 것이다. 그림과 같이 발로 지면을 밀고 있는 추진기에 작용하는 외력으로는 중력, 지면반력, 근력, 공기저항 등이 있으며, 내력으로는 관절반작용력과 골력이 있다. 그러나 공기저항은 그 크기가 적어 없는 것으로 간주하여 자유물체도에서는 표시하지 않는다.

중력 중력은 분절질량이 중력 때문에 생기는 힘으로 작용점은 분절의 무게중심점이다. 중력의 방향은 지구중심방향으로 수직하방향이고, 크기는 분절질량에 중력가도를 곱(sg)한 값이다.

근력 근력은 관절에서 분절이 회전운동을 일으키는 요인으로, 그 효과는 모멘트로 나타난다. 분절을 회전시키도록 작용하는 근력은 주동근과 여러 개의 보조동근들에 의하여 동시에 발현되지만 자유물체도에서 얻어지는 것은 단지 모멘트합(net moment)뿐이다. 특히 관절에서 분절이 운동을 할 때 발생하는 마찰력과 근육의 점성으로 생기는 마찰력은 근력에 포함되기 때문에 자유물체도를 통하여 얻어지는 근력보다 실제로 5% 정도 더 큰 힘을 근육에서 발현한다(Winter, 1979).

지면반력 지면반력은 근력이 지면에 작용한 힘의 반작용력으로 힘측정판과 같은 측력계(force transducer)에 이용하여 측정된다. 지면반력의 작용점은 압력중심점이며, 그 효과는 수평성분과 수직성분으로 구분되어 나타난다.

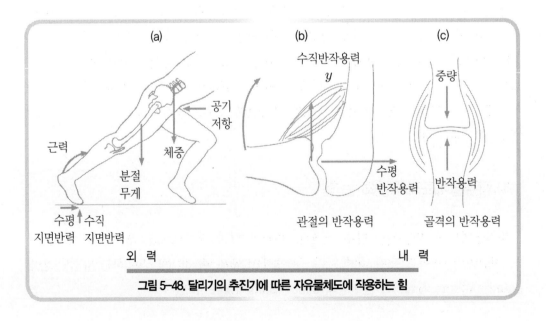

그림 5-48. 달리기의 추진기에 따른 자유물체도에 작용하는 힘

관절반작용력 분절이 관절에서 움직일 때 뼈 사이에 반작용력이 발생한다. 이러한 관절반작용력은 주로 지면반력으로부터 생성되며, 그림 5-48의 (b)와 같이 수평성분과 수직성분으로 구분된다.

골력 골력은 뼈의 관절면에 작용하는 힘으로 중력과 근력의 상호작용으로 생성되는

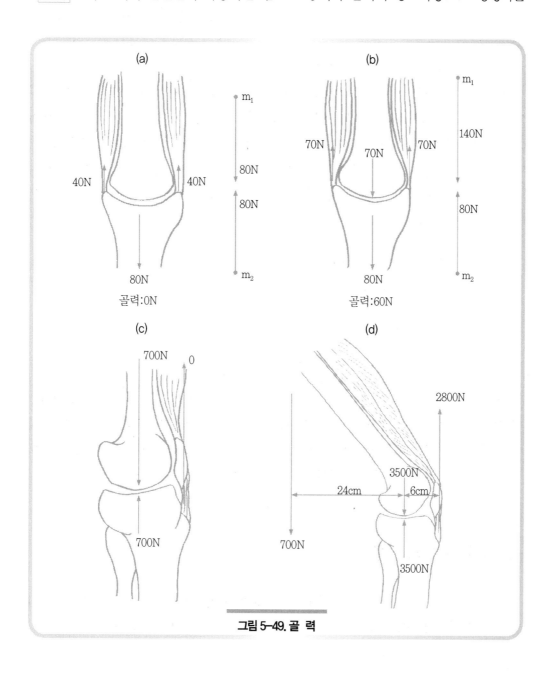

그림 5-49. 골 력

일종의 압력이다. 골력의 크기는 근수축력과 동일하며, 관절의 반력과 동일하다. 그림 5-49와 같이 골력은 분절과 분절이 연결되어 있는 각도와 근육의 수축력에 따라 달라진다. 그림 5-49의 (a)는 중량 80N의 분절이 단순히 매달려 있는 상태이다. 이때 중량 80N의 분절이 매달리도록 하려면 근육에 미치는 장력이 80N이므로 두 뼈의 관절면 사이에 골력은 0(80N-80N)이 된다. (b)의 경우에는 상방향으로 작용하는 근력의 합이 140N이고, 하방향으로는 80N의 힘이 작용하므로 관절면 사이의 골력은 60N(140N-80N)이 된다. 이처럼 골력은 근수축력에 의하여 달라진다.

한편 그림 5-49의 (c), (d)는 무릎관절 윗부분의 중량이 700N인 사람이 지면에 서 있는 상태이다. 직립자세로 서 있을 경우(c)에는 두 뼈의 관절면 사이에 골력은 700N이다. 그러나 (d)와 같이 무릎을 굽혔을 때는 달라진다. (d)에서 관절의 중심축으로부터 체중의 무게중심점까지의 거리가 24cm이고, 넙다리곧은근(대퇴직근)의 수축방향까지의 거리가 6cm일 때 이러한 자세를 유지하려면 넙다리곧은근의 수축력은 다음과 같이 2,800N이 되어야 한다.

$$700\text{N}\times0.24\text{m}=F\times0.06\text{m}$$
$$F=\frac{700\text{N}\times0.24\text{m}}{0.06\text{m}}$$
$$=2,800\text{N}$$

따라서 넙다리뼈(대퇴골)와 긴뼈(장골)의 관절면 사이에서 작용하는 골력은 3,500N(2,800N+700N)으로 직립자세로 서 있을 때보다 5배가 증가한다. 이처럼 골력은 관절의 굽힘 정도에 따라 크게 증가하는데, 증가된 골력은 상해의 요인이 된다. 특히 윗몸을 앞으로 숙였을 때도 등근육(back muscle)의 수축력의 증가 때문에 4~5번 허리뼈(요추) 사이에 골력이 크게 증가한다. 이처럼 증가된 골력은 디스크를 유발하는 원인이 되기도 한다.

2) 자유물체도의 작성

자유물체도를 만드는 목적은 관절에서 분절운동이 일어날 때 근력 등을 계산하기 위한 것으로 시스템 내에 작용하는 모든 힘들을 방향과 함께 알아보기 쉽게 나타내야 한다. 그러므로 자유물체도를 작성할 때에는 다음과 같은 요령으로 하는 것이 좋다.

① 시스템을 어떤 분절들로 구성할 것인가를 결정하고 간단한 시스템의 물체자유도를 그린다 .

② 분절의 위치, 힘과 모멘트의 방향 등은 필요한 물리량의 기준체계를 설정한다.

③ 적당한 좌표계를 설정하고 시스템에 작용하는 내력과 외력들을 표시한다.

④ 병진 및 회전운동이 평형을 이루기 위한 조건을 적용한다.

자유물체도를 통하여 필요한 역학량을 산출하려고 할 때 편의상 시스템을 구성하고 각각의 분절들을 분리시킨다. 그림 5-50은 넙다리, 종아리, 발을 시스템으로 정하여 위

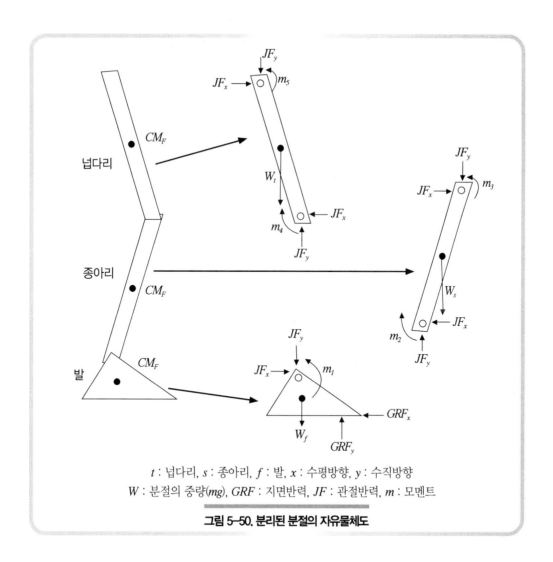

t : 넙다리, s : 종아리, f : 발, x : 수평방향, y : 수직방향
W : 분절의 중량(mg), GRF : 지면반력, JF : 관절반력, m : 모멘트

그림 5–50. 분리된 분절의 자유물체도

와 같은 요령으로 세 개의 분절을 분리하여 그려진 자유물체도의 예이다. 그림에서 보는 바와 같이 자유물체도는 각각 분절을 분리하여, 각 분절마다 질량중심점의 위치, 토크, 수평, 수직반력 등의 방향을 표시하며, 실제로 계산하는 과정에서는 크기도 표시하는 것이 좋다.

3) 자유물체도의 분석방법과 계산

자유물체에서 분절은 정지한 상태로 보기 때문에 시스템에 작용하는 모든 힘의 합을 0으로 간주한다. 따라서 평형조건을 갖추기 하여 병진운동에서는 $\Sigma = 0$으로 설정하며, 회전운동에서는 $\Sigma M = 0$으로 설정하여 필요한 운동학적 자료를 근거로 힘을 산출한다.

예 제

그림 5-51의 (a), (b)와 같은 건에서 수평성분의 힘 F_x, 수직성분의 힘 F_y, 회전축을 A로 한 모멘트 m_a는 각각 다음과 같이 구할 수 있다.

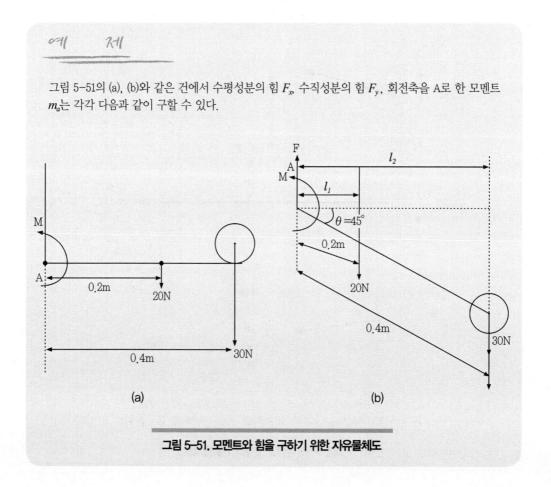

그림 5-51. 모멘트와 힘을 구하기 위한 자유물체도

그림 5-51의 (a)에서는 수평성분의 힘 (F_x)은 없으며 수직성분의 힘 (F_y)만 있으므로 수직으로 작용하는 전체힘 ΣF_y와 모멘트 M_a은 다음과 같이 산출한다.

$$\sum F_x = 0$$

$$F_y - 20\text{N} - 30\text{N} = 0$$

$$F_y = 50\text{N}$$

$$\sum M_a = 0$$

$$M_a + (-20\text{N} \times 0.2\text{m}) + (-30\text{N} \times 0.4\text{m}) = 0$$

$$M_a - 4.0\text{Nm} - 12.0\text{Nm} = 0$$

$$M_a = 16.0\text{Nm}$$

그리고 그림 5-51의 (b)에서는 수평성분의 힘(F_x)은 없으며, 수직성분의 힘(F_y)은 (a)와 동일하게 50N이다. A를 회전축으로 하는 한 모멘트 M_a는 다음과 같다.

$$\sum M_a = 0$$

$$M_a + (-20\text{N} \times l_1) + (-30\text{N} \times l_2) = 0$$

$$M_a + (-20\text{N} \times 0.2\text{m} \times \cos 45°) + (-30\text{N} \times 0.4\text{m} \times \cos 45°) = 0$$

$$M_a - 2.83\text{Nm} - 8.49\text{Nm} = 0$$

$$M_a = 11.32\text{Nm}$$

인체분절은 중력, 근모멘트, 그리고 분절의 양끝에 작용하는 반력에 의하여 각각 독립적으로 움직인다. 그림 5-53과 같은 자유물체도에서 먼쪽끝의 반력과 근모멘트를 알고 있고, 질량중심의 가속도를 알고 있다면 나머지 관성모멘트나 질량중심의 위치 등과 같은 물리량은 인체측정학적 자료를 통하여 알 수 있기 때문에 수식을 이용하여 몸쪽끝의 반력과 근모멘트를 구할 수 있다(Winter, 1979). 단지 분절의 먼쪽끝에 작용하는 반력 R_{xd}, R_{yd}는 현재 분절의 아래에 연결된 분절의 몸쪽끝(proximal end)에 작용하는 반력의 크기와 같고 방향만 반대이다.

예 제

그림 5-52에서 근력 F_m과 어깨관절에서의 골력 F_b는 다음과 같은 방법으로 구할 수 있다.

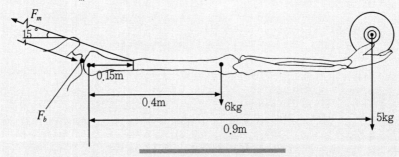

그림 5-52. 팔과 어깨관절의 구조

① 근력

$$\sum F_m=0$$

$$F_m\times0.15\text{m}=(6\text{kg}\times9.8\text{m/sec}^2\times0.4\text{m})+(5\text{kg}\times9.8\text{m/sec}^2\times0.9\text{m})$$

$$F_m\times0.15\text{m}=23.52\text{Nm}+44.1\text{Nm}$$

$$F_m=\frac{67.62\text{Nm}}{0.15\text{m}}$$

$$=450.8\text{N}$$

② 골력

$$F_b=F_m\times\cos15°$$

$$=450.8\text{N}\times0.9659$$

$$=435.43\text{N}$$

몸쪽끝에 작용하는 수평 및 수직관절반력 R_{xp} 및 R_{yp}, 여러 근육들에 의하여 생성되는 분절중심에 대한 근모멘트 $\sum M$을 구하는 방정식은 다음과 같다.

$$\sum F_x=ma_x$$

$$R_{xp}-R_{yp}=ma_x$$

$$\sum F_y=ma_y$$

$$R_{yp}-R_{yd}-mg=ma_y$$

$$\sum M=I\alpha$$

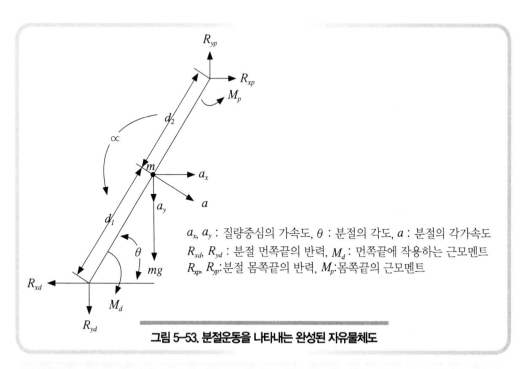

a_x, a_y : 질량중심의 가속도, θ : 분절의 각도, a : 분절의 각가속도
R_{xd}, R_{yd} : 분절 면쪽끝의 반력, M_d : 면쪽끝에 작용하는 근모멘트
R_{xp}, R_{yp}:분절 몸쪽끝의 반력, M_p:몸쪽끝의 근모멘트

그림 5-53. 분절운동을 나타내는 완성된 자유물체도

예   제

그림 5-54에서 다리분절의 무게가 3.72kg, 관성모멘트가 0.0642kgm², 무게중심의 각가속도가
36.9rad/sec²이었을 때 무릎관절에 작용하는 근모멘트와 관절반력은 다음과 같다.

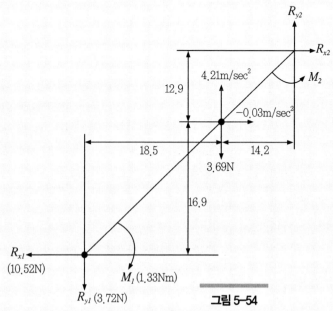

그림 5-54

① 수평관절반력

$$\sum F_x = ma_x$$

$$R_{x2} - R_{x1} - mg = ma_x$$

$$R_{x2} = 10.52 + 3.72(-0.03)$$

$$= 10.41N$$

① 수직관절반력

$$\sum F_y = ma_y$$

$$R_{y2} - R_{y1} - mg = ma_y$$

$$R_{y2} = 3.69 + 3.72 \times 9.8 + 3.72(-4.21)$$

$$= 24.48N$$

③ 종아리의 무게중심에서 근모멘트

$$\sum M = I\alpha$$

$$M_2 - M_1 - 0.169R_{x1} + 0.185R_{y1} - 0.129R_{x2} - 0.142R_{y2} = ma_y$$

$$M_2 = 1.33 + 0.169 \times 10.52 - 0.185 \times 3.69 + 0.129 \times 10.41 - 0.142 \times 24.48 + 0.0642 \times 36.9$$

$$= 2.66Nm$$

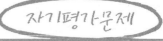
자기평가문제

1. 인체를 강체의 연결시스템으로 보려면 어떤 조건이 필요한지 알아보자.

2. 인체를 8개의 분절로 연결된 시스템(eight rigid body linked system)으로 구분해보자.

3. 자유물체도란 무엇이며, 분절운동을 분석할 때 왜 필요한지 설명해보자.

4. 자유물체도를 구성하는 요령을 알아보자.

5. 골력이란 무엇이며, 골력이 크면 인체에 어떤 영향을 주는지 알아보자.

6. 자유물체도에서 수평 및 수직관절반력과 분절중심에 대한 근모멘트를 구하는 데 기본이 되는 방정식을 알아보자.

7. 아래 그림에서 무릎관절에 작용하는 근육모멘트 M_2와 관절반력 R_{x2}, R_{y2}을 구해 보자(단, 분절의 질량 : 3.72kg, 관성모멘트 : 0.05kgm², 중심의 각가속도 : 30rad/sec², R_{x1} : 10N, R_{y1} : 3N, M_1 : 1.2Nm).

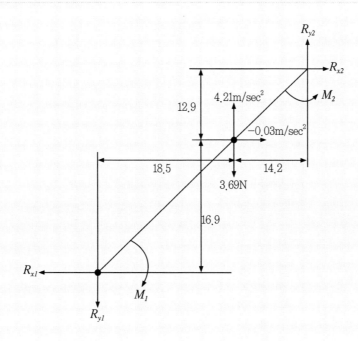

6

유체운동
Fluid Mechanics

유체마찰운동이란 공기나 물과 같은 유체 속에서 물체가 움직이는 운동을 말하며, 이 때 물체의 표면에 생긴 마찰력을 유체마찰력이라 한다. 유체마찰에서 마찰력의 방향은 물체가 움직이는 반대방향이므로, 유체마찰력은 물체의 운동에 저항력으로 작용하여 움직이는 물체를 움직이지 못하도록 한다. 유체마찰의 영향을 받는 대표적인 스포츠경기로는 수영과 육상의 원반던지기처럼 물이나 공중에서 이루어지는 종목들이다.

1. 유체마찰력

대기권 내에서 일어나는 모든 인체의 운동은 공기저항을 받으며, 수영과 같이 물에서 행해지는 운동은 물의 저항을 받는다. 유체의 저항은 공기나 물과 같은 유체와 물체의 표면에서 발생하는 마찰력 때문에 생기는 것이다.

유체 속에서 운동을 하는 물체는 유체마찰력의 크기에 의하여 운동의 속도나 방향에 많은 영향을 받는다. 유체마찰력에 영향을 주는 요인으로는 물체의 상대속도, 횡단면적, 유체의 압력, 물체표면의 상태 등이 있다.

1) 상대속도

공기의 흐름이 없는 체육관에서 천천히 걸을 때는 공기저항을 별로 느끼지 못하지만, 빠른 속도로 달리는 오픈카에서는 공기저항을 심하게 느낀다. 또, 공기흐름이 약할 때는 공기저항을 느끼지 못하지만, 태풍과 같이 공기흐름의 속도가 매우 빠를 때에는 큰 공기저항을 느끼게 된다.

물체가 정지된 상태에서 유체가 움직이거나, 반대로 유체가 정지된 상태에서 물체가 움직이는 경우는 모두 동일한 상태로 간주하게 되는데, 이를 상대속도(relative velocity)라 한다. 유체마찰력은 유체와 물체 사이의 상대속도에 의해 달라진다. 유체 속에서 움직이는 물체의 상대속도가 작을 때는 그림 6-1의 (a)와 같이 부드럽고 곡선형의 얇은 기류층인 층류(laminar flow)가 생긴다. 그러나 상대속도가 빨라지면 그림 6-1의 (b)와 같이 물체 후미에서 소용돌이가 일어나는 난류(turbulence)현상이 발생한다.

그림 6-1의 (a)에서와 같이 상대속도가 느려서 층류현상만 나타날 때 유체마찰력 F는

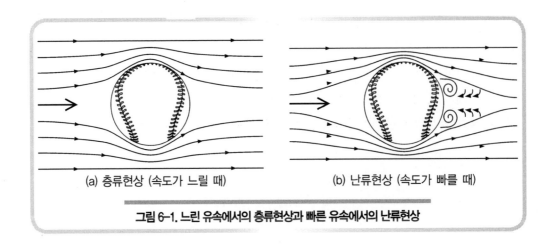

(a) 층류현상 (속도가 느릴 때)   (b) 난류현상 (속도가 빠를 때)

그림 6-1. 느린 유속에서의 층류현상과 빠른 유속에서의 난류현상

상대속도에 비례하므로 그 크기는 다음과 같다.

$$F = Kv_r$$

K : 유체마찰계수, v_r : 층류상태에서의 속도

그러나 상대속도가 증가하여 그림 6-1의 (b)와 같이 유체에 난류현상이 일어나면 유체마찰력이 급격히 증가하며, 이때 유체마찰력의 크기는 속도의 제곱에 비례하게 된다.

$$F = Kv_r^2$$

층류와 난류가 함께 발생하는 이유는 난류에 의한 마찰력이 층류에 의한 마찰력보다 상대적으로 매우 크기 때문이다. 이때의 유체마찰력은 주로 난류현상에 의하여 생긴다.

외력과 마찰력은 속도변화와 어떠한 관계가 있을까? 정지한 물체의 표면마찰력이 0인 것처럼 유체에서도 상대속도가 0이면 마찰력도 0이다. 이러한 상태에서 외력이 작용한다면 그 힘은 모두 물체의 가속도를 생성하는 효과를 나타낸다. 그러나 물체에 속도가 생기면 마찰력도 생기므로 물체에 가해진 힘에서 마찰력을 제외한 나머지 힘(net force)만이 가속도를 유발시키게 된다. 그러므로 상대속도가 느려서 층류만 생길 경우 외력과 물체의 가속도는 다음과 같다.

$$F - Kv_r = ma$$
$$F = Kv_r + ma$$

한편 상대속도가 빨라서 난류현상이 생길 때의 외력과 물체의 가속도는 다음과 같다.

$$F - Kv_r^2 = ma$$
$$F = Kv_r^2 + ma$$

유체에서 물체의 속도가 빨라지면 마찰력은 상대속도의 제곱에 비례하여 매우 커지므로 물체에 작용한 외력이 물체에 가속도를 내도록 작용하는 순힘(net force)은 물체의 상대속도가 증가할수록 어느 한계까지 감소하게 된다.

고공에서 뛰어내리는 스카이다이버는 중력을 받기 때문에 뛰어내리는 순간부터 수직속도가 증가된다. 다이버의 수직속도는 공기의 저항을 무시하면 중력가속도에 시간을 곱한 값($v_f = v_o + gt$)만큼 증가한다. 그러나 스카이다이버는 공중에서 공기저항을 받기 때문에 중력에 의한 가속도에서 공기마찰력에 의한 가속도를 제외한 나머지 속도만 증가하게 된다.

스카이다이빙의 시작 초기에는 속도가 낮아 공기저항이 작으므로 중력에 의한 가속이 크게 작용하지만, 시간이 경과할수록 낙하속도가 증가하기 때문에 공기마찰력도 낙하속도의 제곱에 비례하여 증가한다. 공기마찰력이 계속 증가하면 어느 시점에서 중력과 유체마찰력이 동일하게 되는데, 이 시점에서 스카이다이버가 받는 외력의 합이 0이므로 스카이다이버는 그 이상 속도가 증가되지 않고 등속운동을 하게 된다.

이처럼 유체에서 물체의 추진력과 저항력이 동일하여 속도변화가 없이 등속도운동을 할 때 물체의 속도를 종단속도(terminal velocity)라 한다. 스카이다이버의 종단속도는 시속 208~245km 정도로서 낙하지점의 높이를 아무리 증가하여도 그 이상의 속도는 넘지 못한다. 높은 구름에서 형성된 빗방울이 지상으로 떨어질 때 공기저항을 받지 않는다면 지표에서의 빗방울은 엄청난 파괴력을 갖게 될 것이다. 그러나 위에서 설명한 바와 같이 빗방울의 속도는 종단속도 이상 커지지 않는다.

스톡스(Stokes)의 법칙에 의하면 종단속도의 크기는 물체의 반지름에 비례한다. 이처럼 빗방울의 종단속도는 빗방울의 크기에만 비례하기 때문에 아무리 높은 지점에서 떨어지는 빗방울이라도 종단속도 이상 증가하지 않으므로 지면에서의 속도가 적어 파괴력은 그리 크지 않다.

종단속도는 수영종목에서도 나타난다. 수영선수가 출발하면 속도가 점점 증가하여 최고속도에 다다르면 그 이상 속도가 증가하지 않고 등속운동을 한다. 최고속도에 이르러 등속도운동을 하는 시점이 선수가 발휘한 추진력과 물의 마찰력이 동일한 시점으로 이 때의 속도가 그 수영선수의 종단속도가 된다.

2) 유체와 접촉하는 단면적 및 물체의 구조와 형태

유체 속에서 운동하는 물체의 유체마찰력은 유체의 흐름방향에 직각을 이루는 단면적 (cross-sectional area), 유체와 접촉하는 물체의 모양과 표면을 구성하고 있는 소재와 거칠기에 따라 달라진다.

유체마찰력은 유체와 접촉하는 단면적에 비례한다. 동일한 물체라도 유체 속에서 운 동을 할 때 단면적이 변할 수 있다. 그림 6-2는 공, 원반, 그리고 수영을 할 때 물속에서

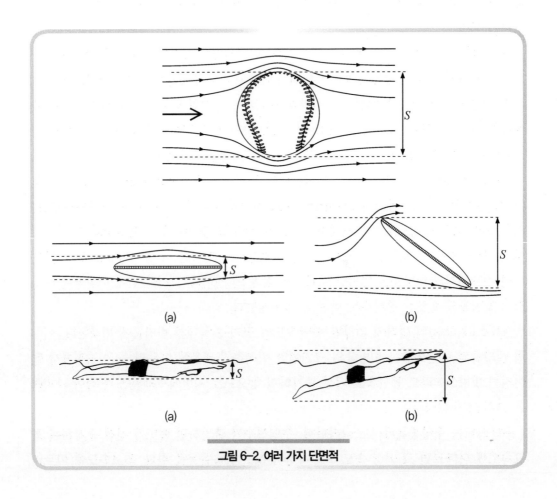

(a)   (b)

(a)   (b)

그림 6-2. 여러 가지 단면적

자세를 나타낸 것이다.

그림 6-2에서 공과 같이 중립평형을 이루는 물체가 움직일 때 유체와 접촉하는 단면적은 항상 동일하다. 그러나 원반이나 인체는 공중에서 날아가는 모양이나 자세에 따라 단면적의 크기가 달라진다. 즉 공중을 날아가는 원반이나 수영을 하는 자세에서 (a)의 경우보다는 모두 (b)의 경우가 단면적이 커서 유체의 저항은 (a)보다 (b)가 크다. 따라서 원반을 멀리 던지려면 원반의 비행각도가 작아야 하며, 수영을 할 때도 몸을 비스듬히 눕혔을 때보다 수면에 평행인 자세를 취해야 빠르게 움직일 수 있다.

평영에서 팔로 물긁기를 하기 위하여 손을 앞으로 뻗는 동작, 발차기를 하기 위하여 무릎을 굽혀 양발을 엉덩이 쪽으로 끌어붙이는 동작에서는 물의 저항을 줄여야 하는데, 이때는 손목과 발목을 곧게 펴서 단면적을 줄여야 한다. 스케이트와 스키에서 활주를 할 때에도 무릎과 허리를 굽혀서 공기와 접촉하는 면적을 줄여야 빠른 속도를 얻을 수 있다. 한편 물긁기와 발차기를 할 때는 손가락을 붙이고 손목과 발목을 굽혀 단면적을 크게 해야 마찰력이 증가하여 큰 반작용력을 얻을 수 있다.

유체마찰력은 유체 속을 통과할 때 생기는 난류현상 때문에 훨씬 더 커진다. 난류현상은 속도가 빠르게 움직일 때 발생하지만 유체와 접촉하는 물체의 겉모양에 영향을 받는다. 속도를 다루는 경주용차나 잠수함의 겉모양은 유선형으로 되어 있다.

그림 6-3과 같이 유체와 접촉하는 물체의 단면적이 같다고 해도 겉모양이 유선형으로 되어 있으면(b, c) 그렇지 못할 경우(a)보다 이동속도가 더 빨라야 난류현상이 나타나 유체의 저항을 덜 받게 되므로 마찰에 의한 감속을 줄일 수 있다. 사이클이나 스키의 활강에서 윗몸을 굽히면 공기와 접촉하는 단면적을 줄일 수 있을 뿐만 아니라 인체의 모양이 유선형에 가까워져 공기마찰력을 크게 감소시킨다.

스피드스케이트선수와 수영선수의 유니폼은 표면이 매끄럽고 몸에 밀착되도록 신축성이 있는 소재로 만들어져 있다. 이와 같은 이유는 유니폼에서 생기는 공기저항을 줄여 속도를 증가시키기 위한 것이다. 일반적으로 유체저항은 물체의 표면이 거칠수록 더 커진다. 모직은 비단옷에 비하여 유체저항이 크고, 헐렁한 옷은 밀착된 옷보다 더 큰 저항을 유발시킨다. 속도를 겨루는 경기에서 선수들이 착용하는 유니폼도 유체저항을 일으켜 이동속도를 감소시키기 때문에 유체의 마찰력을 감소시킬 수 있는 소재나 유체와 접촉하는 표면의 모양을 고려하여 유니폼을 개발하고 있다.

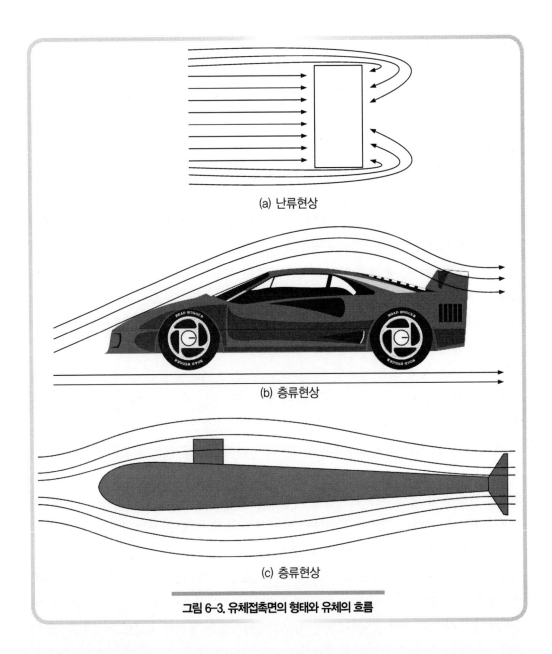

(a) 난류현상

(b) 층류현상

(c) 층류현상

그림 6-3. 유체접촉면의 형태와 유체의 흐름

3) 유체의 압력

지상에서 활을 쏠 때가 물속에서 쏠 때보다 화살이 더 많이 날아간다. 그 이유는 물의 압력이 공기의 압력보다 커서 물의 마찰력이 크기 때문이다.

유체의 압력이란 단위면적당 수직으로 작용하는 힘의 크기로 면적 1m²에 1N의 힘이 작용할 때 압력의 크기를 1P(파스칼)라 하며, 유체압력의 크기는 다음과 같다.

$$P=\frac{F}{A}$$
$$=\frac{F}{A}=\frac{W}{A}=\frac{VDH}{A}$$
$$=\frac{AHDg}{A}$$
$$=DHg$$

P : 압력
F : 수직력
A : 면적
V : 부피
D : 밀도
H : 높이

위에서 보는 바와 같이 유체의 압력은 유체의 밀도에 비례한다. 물의 밀도는 1g/cm³인 반면, 공기의 밀도는 0.00129g/cm³에 지나지 않아 물체가 물에서 받는 마찰력은 공기 중에서 받는 마찰력보다 훨씬 크다.

물의 압력은 수심에 비례하기 때문에 물속으로 깊이 들어갈수록 압력이 증가하는데, 매 10m당 약 1g (g = 중력가속도)씩 증가한다. 반면에 공기의 압력은 해발을 기준으로 할 때 1.033kg중/cm²로서 고도가 높을수록 감소한다. 그러므로 물속에서는 수심이 깊을수록 물의 저항이 커지는 반면 대기권에서는 높이 올라갈수록 공기저항이 감소한다. 따라서 해발 1,600m 정도 되는 멕시코시티에서 골프를 치거나 원반을 던지면 고도가 낮은 우리나라에서 보다 공중에서 날아가는 거리가 증가한다.

한편 유압은 유체의 온도에 따라 달라진다. 물체의 온도가 높으면 부피가 늘어난다. 온도가 높아져도 질량은 변화가 없기 때문에 밀도가 작아진다. 물이 온도가 낮아져서 빙점 이하로 내려가면 물은 얼어서 얼음이 되며 부피도 늘어나서 비중이 낮아진다. 물과 공기도 온도가 상승할수록 부피가 증가하여 비중이 작아지기 때문에 압력도 작아지며, 따라서 유체저항도 감소한다. 그러므로 기온과 수온이 높을 때가 낮을 때보다 유체의 마찰력이 작다.

위에서 설명한 바와 같이 유체마찰력은 유체의 상대속도, 유체와 접촉하는 단면적, 유체의 압력에 비례하며, 유체마찰력 F는 다음과 같다.

$$F=K\frac{v_r^2 SP}{2}$$

K : 유체마찰계수, v_r : 층류상태에서의 속도

유체의 압력은 속도에 따라 변화한다. 베르누이의 정리($P+1/2\,dv^2$ = 일정)에 의하면 압력과 속도는 서로 반비례하므로 유체의 속도가 증가하면 압력은 감소하고, 반대로 속도가 감소하면 압력이 증가한다.

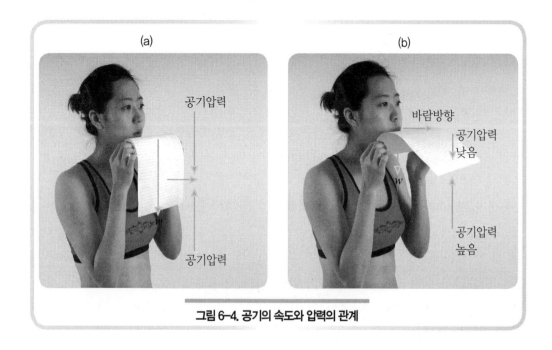

그림 6-4. 공기의 속도와 압력의 관계

그림 6-4와 같이 얇은 종이의 양끝을 잡고 있으면(a) 종이에 작용하는 중력으로 인하여 종이가 수평을 유지하지 못하고 아래로 내려가게 된다. 이때 종이 윗면에 강한 입바람을 일으키면(b) 종이는 수평으로 떠오른다.

그림 6-4의 (a)에서 종이의 상하 공기압력이 동일한 상태에서 중력 때문에 종이가 아래로 내려가게 된다. 종이 위로 입바람을 불어내면(b) 종이 아랫부분의 공기속도보다 윗부분의 속도가 빨라진다. 이처럼 종이의 상하 공기의 흐름속도가 변화하면 압력도 변한다. 즉 속도와 압력은 서로 반비례(베르누이의 정리)하므로 속도가 빠른 윗부분의 압력이 속도가 느린 아랫부분의 압력보다 상대적으로 감소하여 종이가 위로 떠오르게 된다. 이렇게 종이를 위로 뜨게 하는 힘을 양력(lift force)이라 한다.

2. 공중에서의 물체운동

1) 공기마찰력과 양력

비행기가 지면에서 떠오를 수 있고, 공중에서 떨어지지 않고 떠다닐 수 있는지 궁금할 때가 많을 것이다. 물체의 운동을 분석하려면 그 물체에 작용하는 힘은 어떤 것이 있으며, 또 물체에 작용한 힘은 각각 어떠한 효과를 내는지 따져보면 쉽게 이해할 수 있다.

비행기가 이륙을 한 후 공중에서 받는 힘은 비행기에서 발휘하는 추진력, 중력, 공기마찰력의 3가지가 있다. 추진력은 비행기의 내연기관을 통하여 발휘되는 내력으로 비행기의 진행방향과 일치한다. 중력은 비행기의 질량에 중력가속도를 곱한 크기로 수직하 방향으로 작용하여 비행기를 지면에 떨어뜨리는 힘이다. 공기마찰력은 추진력의 반대방향으로 작용하는 항력과 비행경로에 수직으로 작용하는 양력의 두 가지로 나뉘며, 비행기를 뜨게 하는 역할과 비행기의 속도를 떨어뜨리는 역할을 한다.

마찰력의 방향은 비행기의 기울기에 의하여 결정된다. 그림 6-5는 비행기가 이륙하여 동일한 속도로 상승하고 있는 장면을 나타낸 것으로, 비행기가 상승할 때는 앞부분이

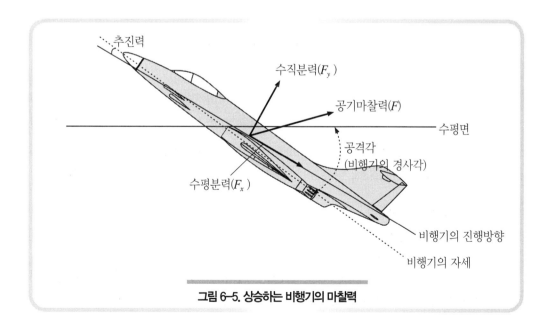

그림 6-5. 상승하는 비행기의 마찰력

뒷부분보다 높은 위치에 있다. 이때 비행기 자체의 자세선과 수평면과 이루는 각도를 공격각(angle of attack) 또는 경사각이라 한다. 비행기가 상승할 때 비행기의 진행선은 자세선과 수평면 사이에 있다.

이해를 돕기 위하여 그림 6-6과 같이 비행기의 경로를 수평방향으로 바꾸었다. 이 그림에서 마찰력은 비행기 경로방향(수평방향)의 수평분력과 수직분력으로 분해되는데, 수평분력은 비행기의 속도를 떨어뜨리는 요인으로 항력(drag force)이라 하며, 수직분력은 중력과 반대방향으로 작용하여 비행기를 뜨게 하는 요인으로 양력(lift force)이라 한다. 비행기가 지면에 떨어지지 않고 공중에서 날 수 있는 이유가 바로 공기마찰력의 수직분력인 양력 때문이다.

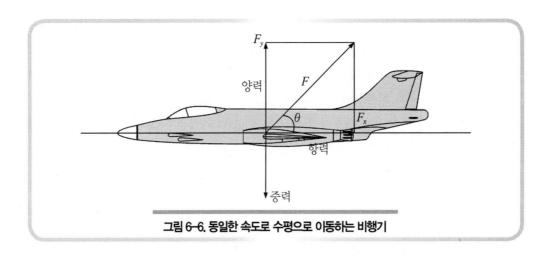

그림 6-6. 동일한 속도로 수평으로 이동하는 비행기

항력이 크면 비행기의 속도가 떨어지며, 양력이 크면 떠오르는 속도가 커지는데, 양력과 항력의 크기는 공기마찰력에 비례하며 비행기의 경사각에 의하여 달라진다. 그림 6-6에서 마찰력을 F 라고 할때 항력(F_x)과 양력(F_y)의 크기는 각각 다음과 같다.

$$F_x = F\cos\theta$$
$$F_y = F\sin\theta$$

그러므로 비행기가 고공으로 빨리 올라가려면 비행기의 기울기를 크게 하여 수평면과 이루는 각도를 증가시켜야 하는 동시에 공기마찰력도 커야 한다. 공기마찰력을 증가시

키려면 비행기의 속도를 증가시켜야 한다. 만약 비행기의 속도가 0이 된다면 양력도 0이
되며, 이때에는 중력만이 작용하므로 비행기는 땅에 떨어지게 될 것이다.

공기마찰력의 수평성분인 항력에 대한 수직성분인 양력의 비를 양력효율지수라 한다.
양력효율지수가 크다는 것은 공기저항이 비행속도를 떨어뜨리는 데 작용한 힘보다는 떠
오르게 작용한 힘이 큰 것을 의미한다.

$$양력효율지수 = \frac{양력}{항력}$$

2) 스포츠에서의 적용

물체를 공중에 던지는 스포츠경기에서 공기의 저항을 많이 받는 물체의 공기마찰력,
항력, 양력의 원리를 이해하고 적용하면 많은 도움을 얻을 수 있다. 예를 들어 던진 거리
를 겨루는 원반던지기경기의 투척거리는 투척속도, 투척각도, 투척높이와 같은 역학적
요인에 의하여 결정되지만 원반이 공중에서 날아가는 동안 공기의 저항을 많이 받으면
투척거리에 큰 영향을 준다.

공중에 던져진 원반은 공기저항을 무시하면 포물선운동을 하는데, 수평방향으로는 등
속도운동을 하기 때문에 수평거리는 속도와 체공시간의 곱이 된다. 그러므로 수평거리를
증가시키려면 수평속도와 체공시간을 증가시켜야 한다. 체공 중의 원반은 실제로 공기저
항을 많이 받기 때문에 릴리스 순간 원반의 수평속도에서 항력으로 인한 속도의 감속부
분을 제외한 속도만이 원반이 수평방향으로 날아가는 순속도(net velocity)가 된다.

수평방향으로 날아가는 원반의 각도는 공기마찰력의 분력인 항력(air drag force)과
양력(lift force)에 많은 영향을 주기 때문에 원반의 비행각도는 수평속도와 체공시간에
영향을 주는 중요한 요인이다.

그림 6-7과 같이 원반이 기류방향에 수직으로 이동할 때(a)와 수평으로 이동할 때(b)
에는 원반이 날아가는 수평거리는 많은 차이가 있다. (a)와 같이 원반이 기류방향에 수
직으로 날아갈 때는 수평으로 날아갈 때(b)보다 단면적이 커서 공기마찰력도 커진다.
그림 6-7에서 (a)와 (b)는 공기의 흐름에 원반이 수직과 수평자세를 취하고 있기 때문
에 둘 다 공기마찰력의 수직분력인 양력은 없고, 수평분력인 항력만 존재한다(그림 6-8
참고). 그러므로 (a)와 (b)같은 원반의 비행자세에서는 공기마찰력이 원반의 진행속도를

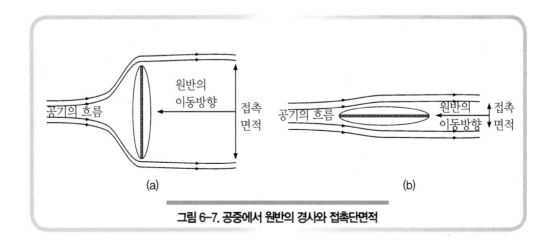

그림 6-7. 공중에서 원반의 경사와 접촉단면적

모두 감속시킨다.

　원반이 릴리스되는 순간 수평속도에서 항력으로 인한 속도의 감속부분을 제외한 속도만이 원반이 수평방향으로 날아가는 순속도가 되기 때문에 (b)의 경우가 (a)의 경우보다 원반의 실질적인 수평비행속도가 커서 더 멀리 날아간다.

　원반이 공중에서 공기의 흐름방향에 수직이나 수평으로 날아가지 않고, 기울어진 비행자세로 날아갈 때의 양력과 항력은 그림 6-8과 같다. 그림 6-8에서 공기마찰력 F의 방향은 원반 양끝을 잇는 직선에 수직방향이고, 공기마찰력은 수직분력과 수평분력으로 각각 분해된다. 수직분력은 원반을 떠오르게 하는 양력이고, 수평분력은 원반의 수평운동을 방해하는 항력이다. 그림 6-8에서 양력과 항력을 각각 F_L과 F_D라고 하면 그 크기는 다음과 같다.

$$F_L = F\cos\theta$$

$$F_D = F\sin\theta$$

　위의 식에서 보는 바와 같이 공기마찰력의 두 분력인 항력과 양력은 원반의 비행각도(경사각도)에 의하여 크기가 결정된다. 원반을 떠오르게 하는 양력의 크기는 공기마찰력과 원반경사각도의 코사인값($F_L = F\cos\theta$)의 곱이고, 항력은 공기마찰력과 원반경사각도의 사인값($F_D = F\sin\theta$)의 곱이다.

　공기마찰력은 공기의 상대속도, 단면적, 기온 등에 의하여 그 크기가 결정되지만 공기마찰력을 조절하기 위하여 상대속도나 기온의 통제는 불가능하거나 가능하다고 해도 큰 의미가 없다. 단지 공기와 접촉하는 원반의 단면적만을 원반의 경사각도를 통하여 조절할 수 있다. 원반의 경사각도는 공기저항력의 크기와 양력, 항력의 크기를 결정짓는 중요한 요인이다.

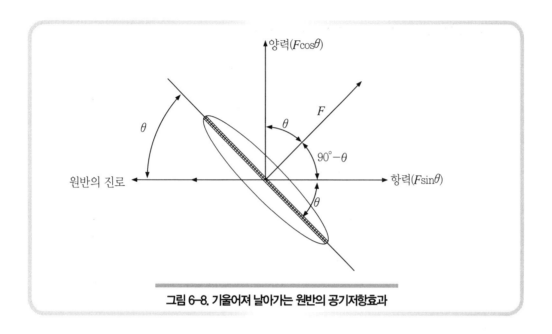

그림 6-8. 기울어져 날아가는 원반의 공기저항효과

　공기마찰력이 일정할 때 양력과 항력은 원반의 경사각에 의하여 결정되는데, 양력은 기울기의 각도가 클수록 증가하는 반면, 항력은 감소한다. 이처럼 양력과 항력은 서로 상반된 관계를 갖고 있기 때문에 원반을 멀리 던지려면 양력에 의하여 체공시간을 증가시키는 크기와 항력에 의하여 수평속도를 감소시키는 크기가 적절한 각도를 유지하도록 해야 한다. 원반던지기경기에서 공중에서 원반이 날아갈 때 양력과 항력을 고려한 최적의 비행각도는 약 19도이다.

　표 6-1은 원반의 상대속도가 초속 24m일 때 원반의 경사각도에 따른 양력, 항력, 그리고 양력지수를 나타낸 Hay(1985)의 자료이다. 표에서 보는 바와 같이 원반의 경사각이 0~28도까지 양력은 증가하지만 그 이후부터는 감소하여 90도가 되었을 때 양력은 0이 된다. 원반의 경사각이 0도와 90도일 때는 공기마찰력의 방향이 진행방향과 동일선상에서 서로 반대방향으로 작용하여 공기마찰력 모두가 항력으로만 작용하기 때문에 양력은 생기지 않는다.

양력의 크기는 $F\cos\theta$로서 경사각이 0에서부터 28도까지 양력이 증가한 이유는 $\cos\theta$ 값이 감소하는데도 불구하고 공기와 접촉하는 원반의 단면적의 증가로 인하여 공기마찰력이 더 컸기 때문이다.

표 6-1. 원반의 경사각도에 따른 양력, 항력, 양력지수

경사각	양력(N)	항력(N)	양력/항력
0	0.00	1.17	0.000
10	4.33	1.50	2.890
20	10.64	4.13	2.579
25	12.83	5.79	2.218
27	13.80	6.88	2.006
28	13.80	7.41	1.864
29	11.01	7.94	1.387
30	11.21	8.18	1.371
25	10.12	8.74	1.158
40	8.50	9.55	0.890
45	8.90	11.13	0.705
50	8.62	12.22	0.459
60	6.88	14.98	0.290
70	4.77	16.43	0.151
80	2.55	16.88	0.000
90	0.00	17.73	

한편 경사각도가 증가할수록 원반의 속도를 떨어뜨리는 요인인 항력도 계속 증가하고 있다. 항력의 크기는 $F\sin\theta$로서 경사각도가 증가하면 $\sin\theta$값이 커지며, 또 단면적이 증가하여 공기마찰력도 증가하므로 원반의 경사각이 점점 커질수록 항력이 증가하며 90도일 때 최대가 되었다.

양력지수는 공중에 떠 있는 물체가 받는 공기저항이 수평속도를 감속시키는 요인보다 공중에서 물체가 떠 있는 체공시간을 길게 하는 요인으로 작용한다. 투사체는 공중에서 수평방향으로 등속도운동을 하므로 수평거리는 수평속도와 체공시간의 곱이기 때문에 체공시간이 길면 짧을 때보다 투사체는 더 멀리 날아간다. 표 6-1에서 양력지수는 원반의 경사각도가 10도일 때 가장 커서 초속 24m의 속도로 투사된 원반의 경사각(angle of attack)은 10도가 최적각이라 할 수 있다.

공중에서의 원반이나 창과 같은 투사체의 비행각은 릴리스 순간의 투사각도에 영향을 받기 때문에 적절한 각도로 던지는 연습이 매우 중요하다.

예 제

공기마찰력이 원반의 비행각이 10도일 때 3.4N, 20도일 때 10.3N이라면, 원반의 기울기가 10도일 때와 20도일 때 항력과 양력은 다음과 같다.

$F_L = F\cos\theta$, $F_D = F\sin\theta$, 양력지수=양력/항력이므로

① 10도일 때
  양   력: $3.4 \times 0.9848 = 3.35N$
  항   력: $3.4 \times 0.1736 = 0.59N$
  양력지수: $3.35/0.59 = 5.678$

② 20도일 때
  양   력: $10.3 \times 0.9397 = 9.68N$
  항   력: $10.3 \times 0.3420 = 3.52N$
  양력지수: $9.68/3.52 = 2.750$

(1) 체공 중 회전체의 진로

야구의 투수는 마운드 위에서 공이 상하, 좌우로 휘어지는 커브볼(curve ball)을 던지고, 또한 높은 기량을 가진 축구선수가 프리킥을 할 때 공을 휘어 차서 수비벽을 피하여 의도하는 방향으로 공을 보낸다. 이와 같은 공의 커브는 어떻게 하여 생기는 것일까?

공기저항을 무시하면 공중에 투사된 물체는 포물선운동을 하지만, 공중에서 공기저항

의 영향을 많이 받는 야구공이나 축구와 배구공 같은 물체에 회전이 생기면 예상진로를 벗어나 상하, 좌우로 움직이게 된다. 공이 공중을 날아갈 때 공의 표면에는 공기의 점성에 의하여 매우 얇은 공기경계층이 형성되며, 이러한 경계층의 공기흐름은 공의 회전방향과 동일하게 된다.

그림 6-9와 같이 공중에서 날아가는 공이 역회전(back spin)을 하게 되면 공의 윗부분과 아랫부분에 속도차이가 생겨서 공의 상하부위의 압력에 차이가 생긴다. 이 때문에 공기의 흐름과 회전방향이 동일한 윗부분에서는 공의 속도가 빨라지고, 반대로 공기와 공의 방향이 반대인 아랫부분에서는 속도가 느려진다. 그러므로 베르누이의 정리(Bernoulli principle)에 의하여 압력과 속도는 서로 반비례하기 때문에 윗부분의 압력이 아랫부분의 압력보다 상대적으로 작아진다. 따라서 공의 진로는 위쪽으로 휘어지게 되는 것이다.

이와 같은 원리를 이용하여 공에 회전을 주면 공의 진로를 상하, 좌우로 바꿀 수 있다. 이처럼 회전하는 물체가 공기 중에 비행할 때 회전하는 투사체가 회전방향으로 점진적으로 진로가 변화하는 것을 마그누스효과(Magnus effect)라 한다.

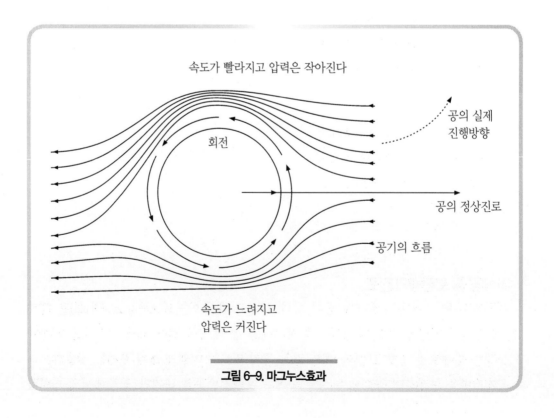

그림 6-9. 마그누스효과

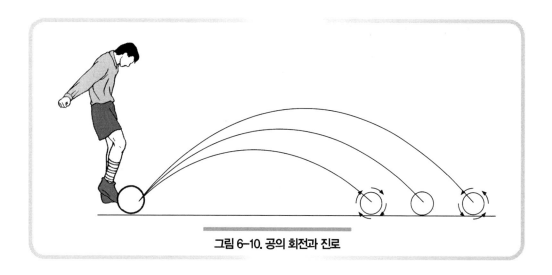

그림 6-10. 공의 회전과 진로

그림 6-10과 같이 축구공이 날아가는 진로는 역회전(back spin)을 가하면 공중으로 높게 떠가며 체공시간과 수평거리가 증가한다. 반대로 톱스핀(top spin)을 가하면 낮게 떠가며 체공시간과 수평거리도 감소한다. 따라서 공기저항을 많이 받는 물체를 멀리 보내려면 역회전을 주어야 유리하다.

회전체가 공중에서 진로가 바뀌는 방향은 회전방향과 일치한다. 회전체의 회전은 물체의 중심을 벗어난 위치에 힘(이심력)이 가해질 때 생기며, 회전방향은 중심으로부터 힘을 작용한 반대방향으로 돌기 때문에 역회전을 주려면 공의 중심보다 아랫부분을 차야 하며, 왼쪽으로 회전을 주려면 오른쪽부분을 차야 한다.

투사된 공이 공중에서 정상진로를 벗어나는 정도는 공의 회전속도, 공표면의 요철정도와 재질, 공기의 밀도, 질량 등에 따라 달라진다. 야구공의 실밥은 마그누스효과를 높이는 역할을 한다. 그러므로 야구공의 표면에 실밥이나 홈이 없이 전체적으로 매끄럽게 제작되었다면 투수는 현재와 같은 다양한 변화구를 던질 수 없을 것이다.

골프공의 표면은 수많은 홈이 패어 있는데, 이것을 딤플(dimple)이라 한다. 골프공에 있는 딤플은 수평거리에 영향을 준다. 골프는 공의 이동거리가 중요한 운동으로, 비거리(carry)를 증가시키기 위한 시도가 계속되었다. 그 결과 매끄러운 공의 표면보다 공의 표면에 철사를 둘렀을 때 공의 표면 사이에 공기가 더 밀착되어 공의 진행방향 후면에 생기는 난류영역이 작아지며, 그로 인해 양력이 증가하고 항력이 감소한다는 사실을 알아냈다. 이와 같은 원리를 응용하여 골프공의 표면에 딤플을 만들어 공 주변의 상대적

표 6-2. 딤플의 깊이와 골프공의 비거리 (Hay, 1985)

딤플의 깊이(mm)	비거리(m)	총거리(m)
0.05	107	134
0.10	171	194
0.15	194	212
0.20	204	218
0.25	218	239
0.30	206	219

공기흐름 차이를 증가시켜 항력을 줄이고 양력을 증가시킴으로써 비거리를 크게 항상시킬 수 있었다.

표 6-2는 양력발생에 최적조건이 되는 딤플의 깊이를 조사한 결과(Hay, 1985)를 나타낸 것이다. 딤플의 깊이가 깊을수록 비거리도 증가하였다. 골프공이 날아간 비거리와 굴러간 거리(run)를 합한 총거리는 딤플의 깊이가 0.25mm일 때 가장 길었다.

(2) 공기저항과 속도경기

육상경기의 달리기, 사이클, 스피드스케이팅 , 스키의 활강과 같은 종목은 달리는 속도를 겨루는 운동경기이다. 공기저항은 속도의 제곱에 비례하므로 이동속도가 빠른 속도경기에서는 공기저항이 매우 크다. 공기저항을 줄이기 위하여 속도를 줄이는 것은 속도경기에서는 무의미하므로 선수의 자세나 착용하는 유니폼과 기구에서 오는 공기저항을 줄이려는 노력을 많이 하고 있다.

그림 6-11과 같이 사이클경기에 참여하는 선수들은 주름이 없고 몸에 밀착된 유니폼을 착용하고, 손에 꼭 맞는 장갑과 끈이 없는 신발을 신고 있으며, 유선형의 헬멧 등 장비를 갖추고 있다. 이와 같은 장비는 항력을 줄이는 데 좋은 역할을 하므로 경기기록을 단축시킬 수 있다.

그 이외에도 사이클의 뒷바퀴에는 디스크덮개를 씌워 공기의 마찰력을 감소시켰으며(1984년 LA올림픽에서 처음 사용됨), 앞바퀴는 가벼운 무게의 합성물질로 만들어 질량을 줄였고, 케이블도 모두 프레임 안으로 넣어 공기저항을 감소시키도록 제작되었다. 자

그림 6-11. 사이클경기

전거를 탄 선수는 지면과 평행하게 등을 구부리고, 머리를 숙인 채로 양팔을 앞으로 뻗은 매끄러운 유선형 자세를 취함으로써 항력을 감소시킨다.

벨로드롬에서 벌어지는 사이클경기 중 일정 횟수 이상 선두에 서지 못하면 탈락시키는 경기도 있다. 이와 같은 규칙은 선두의 뒤를 바짝 뒤따르면 공기저항을 적게 받기 때문에 에너지부담의 형평성을 유지하기 위해서 만든 것이다. 이처럼 공기저항을 줄임으로써 속도를 증가시키기 위하여 스피드스케이트, 스키, 단거리달리기 선수들의 유니폼도 몸에 밀착되도록 탄력이 강하고 표면마찰력이 적은 특수한 소재의 천을 사용하여 제작되고 있다.

한편 속도를 겨루는 경기에서 거리가 짧으면 항력이 주파시간에 영향을 주며, 거리가 길면 경기자의 체력소모에 큰 영향을 미친다. Ward & Smith(1985)에 의하면 표 6-3과 같이 100m 달리기에서도 풍속은 달리기기록에 영향을 주는 것으로 나타났다.

바람의 속도가 1m/sec의 역풍일 때 0.09초의 기록을 증가시키는 반면, 동일한 풍속의 순풍일 때는 0.01초를 단축시키는 것으로 나타났다. 한편 바람의 속도가 5m/sec의 순풍

표 6-3. 100m 달리기 기록에 관계되는 바람의 영향 (Wad & Smith, 1985)

바람의 속도(m/sec)	역풍(sec)	순풍(sec)
1	+0.09	−0.10
3	+0.26	−0.34
5	+0.38	−0.62

일 때는 0.62초의 시간을 단축시키는 것으로 나타났고, 동일한 풍속의 역풍은 0.38초의 시간을 증가시키는 것으로 나타났다.

현재 100m 달리기 세계기록이 9.58초(2009년)이지만 10초 벽을 깨는 데 15년 이상이 소요된 것을 감안할 때 공기저항이 기록에 미치는 영향이 얼마나 큰지를 이해할 수 있을 것이다. 그러므로 단거리경기에서는 2m/sec 이상으로 순풍이 불 때의 기록은 인정하지 않고 단지 순위만 인정되고 있다.

3. 수중에서의 물체운동

수영, 수중발레, 수구 등의 운동은 물에서 이루어진다. 물에서 하는 운동은 공기 중에서 하는 운동보다 부력과 저항을 많이 받기 때문에 육상운동과 매우 다르다. 물속에서 운동을 할 때 인체가 받는 힘으로는 그림 6-12와 같이 추진력, 물의 마찰력, 중력, 부력의 네 가지가 있다.

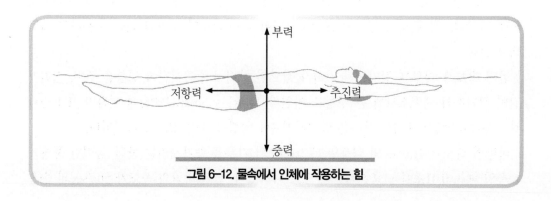

그림 6-12. 물속에서 인체에 작용하는 힘

추진력은 수중에 있는 사람이 발휘하는 내력으로 인체를 움직이는 힘이며, 물의 저항력은 움직임을 저해하는 힘으로 추진력의 반대방향이다. 중력은 인체를 물밑으로 가라앉도록 작용하는 힘으로 체중에 중력가속도를 곱한 값이고, 부력은 중력의 반대방향으로 수면 위로 인체를 밀어내는 힘이다.

1) 추진력

유속이 없는 수영장과 같은 물에서 추진력은 팔과 다리로 물을 긁거나 밀어낼 때 생기는 항력의 반작용력이 크게 작용한다. 영법에 따라 전체추진력에 팔과 다리가 기여하는 크기도 다르다. 자유형과 배영에서는 팔에서, 평영에서는 다리에서 더 큰 추진력이 나오고, 접영에서는 팔과 다리의 비율이 비슷하다.

Karpovich는 자유형에서 전체 추진력의 70%는 팔에서, 30%는 다리에서 나온다고 하였으며, Armbrster 등은 단거리 자유형에서 추진력의 85%가 팔에서 나온다고 하여 팔동작의 중요성을 강조하였다. 한편 Mosterd 외는 접영에서 팔과 다리의 추진력은 유사하며, Mage는 다리의 운동은 자유형이나 배영에서 보다 평영에서 전체 추진력에 더 크게 기여한다고 하였다(Hay, 1985).

수영에서 추진력은 손과 발로 물을 이동방향 반대로 미는 항력의 반작용력만이 활용되는 것으로 여겼다. 그러나 수영선수의 동작에서 팔과 다리의 항력이 활용되는 구간이 짧고, 손발을 좌우로 흔들기가 상당히 긴 구간에서 나타나는 것으로 보아 손이나 발등에 생기는 양력도 항력의 반작용력과 함께 추진력에 활용된다는 주장이 지지를 받고 있다.

그림 6-13과 같이 평영에서는 프로펠러(propeller)의 날개동작과 비슷하게 양손의 경사각도를 변화시키면서 양팔로 타원을 그리는 스크루(screw)동작을 한다. 이러한 스크루동작에 의하여 발생한 양력과 항력의 합력은 머리를 수면 위에 내놓고 제자리에서 계속 떠 있을 수 있도록 도와준다. 이와 같은 스크루동작은 수중발레와 수구에서 매우 유용하게 사용된다(신인식, 2004).

2) 물의 마찰력

물의 마찰력에 영향을 주는 요인으로는 유체에서 이미 설명한 바와 같이 물체와 물의

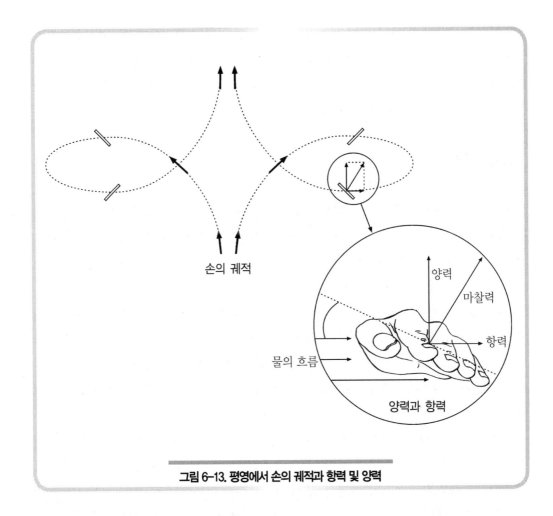

그림 6-13. 평영에서 손의 궤적과 항력 및 양력

상대속도 v_r, 횡단면적 S, 유체의 압력 P, 물체표면의 상태 등으로 마찰력의 크기는 다음과 같다.

$$F = \frac{1}{2}Kv_r^2SP$$

인체가 물에서 받는 마찰력의 크기와 방향은 주로 인체의 기울기에 의하여 달라진다. 그림 6-14는 수중에서 이동할 때 마찰력, 항력, 양력 등을 나타낸 것이다. 물의 마찰력은 그림과 같이 인체의 자세선에 수직으로 작용하며, 인체의 진행방향의 반대방향으로 작용하는 수평분력과 수평방향에 수직으로 작용하는 수직분력으로 분해되는데, 수평분력은 수영속도를 떨어뜨리는 항력(drag force)이며, 수직분력은 중력과 반대방향으로 인체

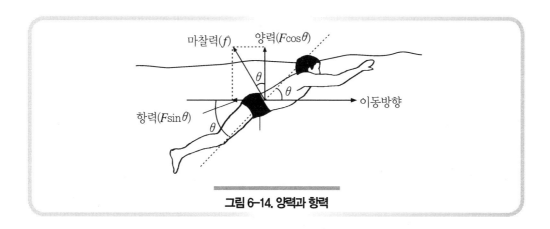

그림 6-14. 양력과 항력

를 떠오르도록 하는 양력(lift force)이다.

사람이 물에서 뜨는 이유는 부력과 팔과 다리로 물을 밀어낼 때 생기는 수직분력인 양력 때문이지만, 물의 부력만으로도 인체가 뜨기 때문에 물체에서 양력은 공기 중에서와 같이 인체를 물에서 떠오르게 하는데는 그리 중요하지 않다. 그러나 물에서 인체가 이동할 때 항력은 이동속도의 감속에 많은 영향을 준다.

항력이 크면 이동속도가 떨어지며 양력이 크면 위로 떠오르는 속도가 커지는데, 최근에는 수영을 할 때 양력은 인체를 뜨게 하는 요인뿐만 아니라 추진력으로도 활용된다(Hay, 1985)고 하여 이에 대한 중요성을 강조한다. 양력과 항력의 크기는 마찰력에 비례하며 수중에서 인체의 경사각에 의해 달라진다.

그림 6-14에서 물의 마찰력을 F 라고 할 때 항력(F_D)과 양력(F_L)의 크기는 각각 다음과 같다.

$$F_L = F\cos\theta$$

$$F_D = F\sin\theta$$

양력의 크기는 마찰력에 수면과 인체의 자세선이 이루는 경사각(앙각)의 코사인값($F\cos\theta$)을 곱한 것이므로, 마찰력이 동일한 조건에서는 경사각이 작을 때 양력이 커진다. 한편 수중에서 이동속도를 감소시키는 항력은 마찰력에 경사각의 사인값($F\sin\theta$)을 곱한 것이므로, 마찰력이 동일한 조건에서는 경사각을 작게 하여야 한다. 수영에서는 부력 때문에 양력이 별로 중요하지 않은 반면 감속의 원인인 항력을 감소시켜야 속도를 빠르게 할 수 있는데, 항력을 줄이려면 수면과 평형을 이루는 자세를 취하여 신체의 경사각을 작게 하여야 한다. 또, 마찰력을 줄이려면 유선형의 자세를 취하고, 유체저항이 적은 소재로 된 수영복을 몸에 밀착되도록 착용하며, 물에 노출되는 신체부위의 털을 짧게 깎는 것이 좋다.

수영경기의 기록을 단축시키기 위하여 선수들이 착용하는 수영복에 의하여 생기는 물의 저항을 줄이려는 시도가 활발하게 이루어지고 있다. 그림 6-15는 과거에 착용하던 수영복(a)과 최근에 착용하는 전신수영복(b)이다. 전신수영복은 스포츠웨어를 제작하는 S, T, A 등 세계적인 회사들에 의하여 개발되기 시작하였다. 특히 S사의 Aquablade이라는 제품은 1996년 애틀랜타올림픽에서 큰 인기를 끈 바 있다. Aquablade 디자인에는 매끄러운 줄무늬와 거친 줄무늬가 교대로 배열되어 있어 물의 빠른 흐름과 느린 흐름이 유발되는데, 이 흐름들이 표면항력을 줄이는 효과를 발생시켜 테스트 결과 표면항력을 10% 정도, 전체 항력을 1~2% 가량 감소시키는 것으로 보고된 바 있다(권영후, 2001).

그 후 S사는 상어 표면에 있는 V자 형태의 융기에서 착안한 Fast-skin이라는 새로운 제품을 개발했는데, 이는 상어의 몸표면에 있는 V자의 융기가 몸표면에서 생기는 저항과 물의 난류를 줄여 물이 상어의 몸주변을 매끄럽게 흘러가게 해준다는 것이다. 테스트 결과 Fast-skin이 다른 수영복보다 7.5% 가량 빠른 것으로 보고되었다(권영후, 2001). 또한 T사에서는 현재 Aquapel이라는 제품을 생산하고 있는데, 동일한 디자인의 Lycra

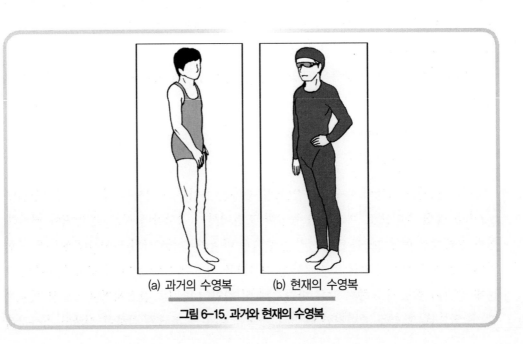

(a) 과거의 수영복   (b) 현재의 수영복

그림 6-15. 과거와 현재의 수영복

소재 수영복에 비해 저항이 6% 가량 낮은 것으로 보고되었다.

전신수영복은 공통적으로 Lycra와 폴리에스터 소재로 제작되는데, Lycra는 탄력성과 압박성이 좋아 수영복이 몸에 잘 맞게 해주고, 폴리에스터는 수영복의 표면을 편편하고 매끄럽게 해주면서 방수처리가 가능하다. 이와 같은 전신수영복은 탄력성과 압박성, 표면의 방수처리와 같은 공통적인 특징을 가지고 있다.

전신수영복의 효과는 수동항력, 능동항력, 부력, 압박성 등의 검증을 거쳐야 입증할 수 있지만 아직까지는 명백하게 입증되지 못하고 있으나 수영선수들의 전신수영복 착용은 점점 증가되는 추세이다.

3) 부 력

물속에 있는 물체를 물의 표면으로 떠오르는 힘을 부력이라 하는데, 인체가 물에서 받는 부력의 크기는 물속에 잠긴 인체의 부피에 물의 밀도를 곱한 값이다. 공기도 공기 중의 물체를 뜨게 하는 힘이 있지만, 공기의 밀도는 물에 비하여 약 1/775에 지나지 않아 그 효과가 매우 미세하므로, 공기 중에 있는 물체는 중력보다 공기의 부력이 아주 작아서 부력만으로는 뜨지 못한다.

물체가 물에 뜨는지 또는 가라앉는지는 부력과 중력에 의하여 결정된다. 중력보다 부력이 크면 물에 뜨고, 반대일 경우에는 가라앉는다. 바꾸어 말하면 물의 비중보다 물체의 비중이 크면 가라앉고, 물의 비중이 물체의 비중보다 크면 뜨게 된다.

사람은 공기를 들이마시는 정도에 따라 체적이 변화하므로, 공기의 흡입량에 따라 비중이 달라진다. 성인의 경우 일반 흡기상태에서 비중은 0.98이며, 깊게 들이 쉬면 0.96으로 감소하고, 숨을 내쉬면 1.03으로 커져서 물에 가라앉지만, 일반 호흡상태에서나 숨을 들이쉰 상태에서는 물에 뜬다. 바닷물은 염분이 많아 민물보다 비중이 높기 때문에 부력이 커서 민물에서보다 바닷물에서는 인체가 더 잘 뜨게 된다.

수중운동은 부력 때문에 육상에서의 운동에 비해서 관절에 부하가 작은 것이 특징이며, 수중에서의 움직임 또한 물의 항력이 서서히 변화하여 순간적인 힘이 작용하는 경우가 드물어서 관절상해를 재활시키는 데 도움을 준다.

무게중심점은 질량이 한 곳에 모여 있는 점이며 부력중심점은 체적의 중앙점으로, 이 두 점의 위치는 인체의 자세에 따라 항상 변한다. 물에서 무게중심점과 부력중심점의 위

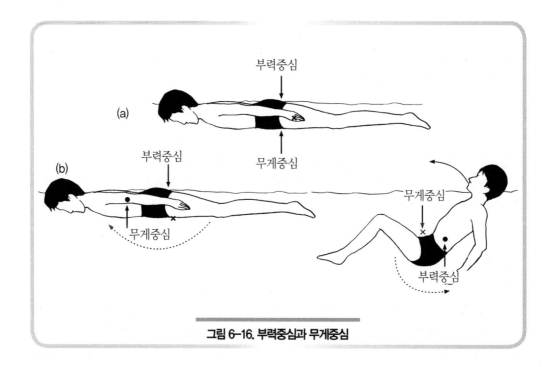

부력중심

(a)

부력중심　　　　　무게중심

(b)

무게중심

무게중심

부력중심

그림 6-16. 부력중심과 무게중심

치에 따라 평형상태가 되어 정지상태를 유지할 수도 있고, 비평형상태가 되어 회전운동
이 일어나기도 한다.

　그림 6-16의 (a)는 부력중심과 무게중심이 모두 수직선상에 있기 때문에 부력과 중력
이 동일하면 정지한 상태를 유지하고, 두 힘에 차이가 있을 때는 상하방향의 병진운동이
일어난다. (b)와 같이 무게중심과 부력중심이 수평면에서 떨어져 있으면 짝힘의 토크가
생겨 회전운동이 일어난다.

　한편 수면 아래서 활동하는 사람에게 부력은 반드시 조정해야 하는 힘이다. 잠수복을
입거나 스쿠바(SCUBA)장비를 착용하고 수중활동을 할 경우, 부력이 커져 몸 전체의 비
중이 1보다 작게 되면 몸은 계속 떠오르게 되어 수중활동을 원활히 할 수 없게 된다. 이
때 잠수부는 비중을 조절하기 위하여 납을 매단 벨트의 무게를 조절하여 몸의 비중을 1
로 하여 수중 어느 지점에 있더라도 그 위치에 머무를 수 있도록 한다(신인식, 2004).

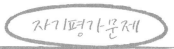

1. 공중에서 물체가 움직일 때 층류와 난류현상이 나타난다. 층류와 난류현상은 어느 때 생기며, 공기마찰력은 어느 때가 더 큰지를 설명해보자.

2. 양력과 항력을 예를 들어 설명해보자.

3. 공기마찰력에 영향을 주는 요인들을 알아보자.

4. 비행기가 뜨는 원리를 설명해보자.

5. 공중에서 물체가 회전하면 진로가 변경되는 원리를 야구공을 예로 들어 설명해보자.

6. 물속에서 사람이 뜨는 원리를 부력과 관련하여 설명해보자.

7. 수영을 할 때 물의 저항을 작게 하려면 어떻게 해야 하는지 알아보자.

부 록

국제단위계(SI)

1954년 제10회 국제도량형총회에서 모든 영역의 단위제도를 통일하는 안이 채택되었다. 또한 1960년의 제11회 국제도량형총회에서 실용단위계가 제작·채택되어 국제단위계(Système International d'Unités, SI)가 출현하였다.

국제단위계(SI)의 구조

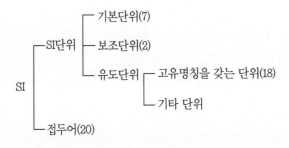

기본단위

양	기본단위		
	명칭	기호	정의
길이(length)	미터(meter)	m	미터는 빛이 진공상태에서 1/299,792,458초 동안 이동하는 거리이다.
질량(mass)	킬로그램 (kilogram)	kg	킬로그램은 (중량이나 힘의 단위가 아닌) 질량의 단위이며, 국제킬로그램원기의 질량과 같다.
시간(time)	초(second)	s	초는 세슘133 원자가 기저상태에 있을 때 2개의 초미세에너지준위 사이의 전이에서 방사되는 복사선의 9,192,631,770주기의 지속시간이다.
전류 (electric-current)	암페어 (ampere)	A	암페어는 단면적이 거의 무시될 정도로 작으며 무한히 길게 뻗어 있는 2개의 직선모양의 도체를 진공 내에서 1m 간격을 두고 평행하게 유지할 때 1m당 2×10^{-7}N(뉴턴)의 힘이 생겼을 때의 전류이다.
열역학온도 (thermodynamic temperature)	켈빈(kelvin)	K	켈빈은 물의 3무게중심점의 열역학온도의 1/273.16이다.
물질량 (amount of substance)	몰(mole)	mol	몰은 0.012킬로그램의 탄소 12에 존재하는 원자의 수와 같은 수의 요소입자 또는 요소입자의 집합체(조성이 명확하게 구성된 것에 한함)로 구성된 시스템의 물질량으로서, 요소입자 또는 요소입자의 집합체를 특정하여 사용한다.
광도 (luminous intensity)	칸델라 (candela)	cd	칸델라는 주파수 540×10^{12}Hz의 단색광을 방사하는 광원의 복사도가 소정의 방향으로 방사강도가 $1/683\text{W} \cdot \text{sr}^{-1}$일 때 이 방향에 대한 광도이다.

보조단위

양	기본단위		
	명칭	기호	정의
평면각 (plane angle)	라디안 (radian)	rad	라디안은 원둘레 위에서 그 반지름의 길이와 같은 길이의 호를 갖는 2개의 반지름 사이에 생기는 평면각이다.
입체각 (solid angle)	스테라디안 (steradian)	sr	스테라디안은 구의 중심을 정점으로 하고 그 구의 반지름을 한 변으로 하는 정사각형의 면적과 같은 면적을 그 구의 표면상에서 갖는 입체각이다.

* 유도단위를 만들 때 기본단위와 마찬가지로 사용된다.

유도단위

국제단위계에서 기본단위를 사용하여 대수적인 방법으로 나타내는 단위

양	유도단위	
	명칭	기호
면적(area)	square meter	m^2
부피(volume)	cubic meter	m^3
속력(speed)	meter per second	m/s
가속도(acceleration)	meter per second squared	m/s^2
파수(wave number)	reciprocal meter	m^{-1}
밀도(density)	kilogram per cubic meter	kg/m^3
전류밀도(current density)	ampere per square meter	A/m^2
자계의 강도(magnetic field strength)	ampere per meter	A/m
(물질량의) 농도(molar)	mole per cubic meter	mol/m^3
휘도(luminance)	candela per square meter	cd/m^2

* 'liter' 는 cubic decimeter(1 liter=1dm^3)의 특별명칭으로 사용하여도 된다. liter의 기호는 L이지만 ℓ 로 써도 된다.

SI에는 맞지 않으나 관용적으로 허용되는 단위

물리량	단위의 명칭	단위기호	단위의 정의
길이	옹스트롬(angstrom)	Å	10^{-10}m
단면적	반(barn)	b	$10^{-28}m^2$
부피	리터(liter)	ℓ , L	$10^{-3}m^3$
질량	톤(ton)	t	10^3kg
압력	바(bar)	bar	10^5Pa

고유명칭을 갖는 유도단위[*]

양	기본단위		다른 SI단위에 의해 표시하는 법	SI기본단위에 의해 표시하는 법
	명칭	기호		
주파수(frequency)	헤르츠(hertz)	Hz		s^{-1}
힘(force)	뉴튼(newton)	N	J/m	$m \cdot kg \cdot s^{-2}$
압력, 응력(pressure)	파스칼(pascal)	Pa	N/m^2	$m^{-1} \cdot kg \cdot s^{-2}$
에너지, 일, 열량(energy)	줄(joule)	J	$N \cdot m$	$m^2 \cdot kg \cdot s^{-2}$
일률, 전력, 동력(watt)	와트(watt)	W	J/s	$m^2 \cdot kg \cdot s^{-3}$
전기량, 전하 (quantity of electricity, electric charge)	쿨롱(coulomb)	C	$A \cdot s$	$s \cdot A$
전압, 전위차, 전위, 기전력 (voltage, electric potential difference, electric potential, electromotive force)	볼트(volt)	V	J/C	$m^2 \cdot kg \cdot s^{-3} \cdot A^{-1}$
전기용량 (electrostatic capacity, capacitance)	패러드(farad)	F	C/V	$m^{-2} \cdot kg^{-1} \cdot s^4 \cdot A^2$
전기저항(electric resistance)	옴(ohm)	Ω	V/A	$m^2 \cdot kg \cdot s^{-3} \cdot A^{-2}$
컨덕턴스(conductance)	지멘스(siemens)	S	A/V	$m^{-2} \cdot kg^{-1} \cdot s^3 \cdot A^2$
자속(magnetic flux)	웨버(weber)	Wb	$V \cdot s$	$m^2 \cdot kg \cdot s^{-2} \cdot A^{-1}$
자속밀도, 자기유도 (magnetic flux density, magnetic induction)	테슬라(tesla)	T	Wb/m^2	$kg \cdot s^{-2} \cdot A^{-1}$
인덕턴스(inductance)	헨리(henry)	H	Wb/A	$m^2 \cdot kg \cdot s^{-2} \cdot A^{-2}$
셀시우스온도 (degree Celsius)	셀시우스도 또는 도(degree Celsius)	℃	K	K
광속(luminous flux)	루멘(lumen)	lm	$cd \cdot sr$	
조도(illuminance)	럭스(lux)	lx	lm/m^2	
방사능(radioactivity)	베크렐(becquerel)	Bq		s^{-1}
흡수선량(absorbed dose)	그레이(gray)	Gy	J/kg	$m^2 \cdot s^{-2}$
선량당량(dose equivalent)	시버트(sievert)	Sv	J/kg	$m^2 \cdot s^{-2}$

* 유도단위는 기본단위에서 가감승제한 것.

SI단위의 10의 거듭제곱을 나타내는 접두어

단위에 곱하는 배수	명칭	기호	단위에 곱하는 배수	명칭	기호
10^{24}	요타(yotta)	Y^a	10^{-1}	데시(deci)	d
10^{21}	제타(zetta)	Z^a	10^{-2}	센티(centi)	c
10^{18}	엑사(exa)	E	10^{-3}	밀리(milli)	m
10^{15}	페타(peta)	P	10^{-6}	마이크로(micro)	μ
10^{12}	테라(tera)	T	10^{-9}	나노(nano)	n
10^{9}	기가(giga)	G	10^{-12}	피코(pico)	p
10^{6}	메가(mega)	M	10^{-15}	펨토(femto)	f
10^{3}	킬로(kilo)	k	10^{-18}	아토(atto)	a
10^{2}	헥토(hecto)	h	10^{-21}	젭토(zepto)	z^a
10	데카(deca)	da	10^{-24}	욕토(yocto)	y^a

다른 단위와의 환산

물리량	단위의 명칭	단위기호	단위의 정의
힘	킬로그램중(重)	kgf, kgw	9.80665N
압력	기압	atm	$101,325 N \cdot m^{-2}$
압력	토르	torr	$(101,325/760)N \cdot m^{-2}$
압력	밀리미터수은주	mmHg	$(13.5951 \times 980.665 \times 10^{-2}N \cdot m^{-2}$
에너지	킬로와트시(時)	kWh	$3.6 \times 10^{6}J$
에너지	열화학칼로리	cal_{th}	4.184J
에너지	전자볼트	eV	$1.6021892 \times 10^{-19}J$
방사능	퀴리	Ci	$3.7 \times 10^{10}s^{-1}$
일	에르그	erg	$10^{-7}J$
온도	셀시우스도	℃	t℃=(273.15+t)K
점도	포아즈	P	$0.1Pa \cdot s$
동점도	스토크스	St	$10^{-4}m^2 \cdot s^{-1}$
각도	도	°	$\pi/180rad$

각종 단위 환산표

(길이)

	cm	m	in	ft
cm	1	0.01	0.3937	0.03281
m	100	1	39.37	3.281
in	2.54	0.0254	1	0.08333
ft	30.48	0.3048	12	1

(면적)

	cm^2	m^2	in^2	ft^2
cm^2	1	0.001	0.155	0.001076
m^2	1×10^4	1	1550	10.76
in^2	6.452	0.000645	1	0.006944
ft^2	929.0	0.09290	144	1

(부피)

	cm^3	m^3	in^3	ft^3
cm^3	1	1×10^{-6}	0.06102	0.00003531
m^3	1×10^{06}	1	61020	35.31
in^3	16.39	0.00001639	1	0.0005787
ft^3	28320	0.02832	1728	1

(용량)

	m^3	gal(UK)	gal(US)	L
m^3	1	220	264.2	1000
gal(UK)	0.004546	1	1.201	4.546
gal(US)	0.003785	0.8327	1	3.785
L	0.001	0.22	0.2642	1

(질량)

	kg	t	lb	ton	sh tn
kg	1	0.001	2.20462	0.0009842	0.0011023
t	1000	1	2204.62	0.9842	1.1023
lb	0.45359	0.00045359	1	0.0004464	0.00055
ton	1016.05	1.01605	2240	1	1.12
sh tn	907.185	0.907185	2000	0.89286	1

t:톤, ton:영국톤(long ton), sh tn:미국톤(short ton)

(압력)

	Pa	bar	kgf/cm^2	atm	mH_2O	mHg
Pa	1	1×10^{-5}	1.0197×10^{-5}	9.869×10^{-1}	1.0197×10^{-4}	7.501×10^{-6}
bar	1×10^5	1	1.0197	9.869×10^{-1}	1.0197×10	7.501×10^{-1}
kgf/cm^2	9.80665×10^4	9.80665×10^{-1}	1	9.678×10^{-1}	1.0000×10	7.356×10^{-1}
atm	1.01325×10^5	1.01325	1.0332	1	1.033×10	7.60×10^{-1}
mH_2O	9.80665×10^3	9.806×10^{-2}	1.0000×10^{-1}	9.678×10^{-2}	1	7.355×10^{-2}
mHg	1.3332×10^5	1.3332	1.3595	1.3158	1.360×10	1

(속도)

	m/s	km/h	kn(미터법)	ft/s	mile/h
m/s	1	3.6	1.944	3.281	2.237
km/h	0.2778	1	0.54	0.9113	0.6214
kn(미터법)	0.5144	1.852	1	1.688	1.151
ft/s	0.3048	1.097	0.5925	1	0.6818
mile/h	0.447	1.609	0.869	1.467	1

(밀도)

	cm^3	kg/m^3	lb/in^3	lb/ft^3
cm^3	1	1000	0.03613	62.43
kg/m^3	0.001	1	0.00003613	0.06243
lb/in^3	27.68	27680	1	1728
lb/ft^3	0.01602	16.02	0.0005787	1

$1g/cm^3 = 1t/m^3$

(힘)

	N	dyn	kgf
N	1	1×10^5	1.01972×10^{-1}
dyn	1×10^{-5}	1	1.01972×10^{-6}
kgf	9.80665	9.80665×10^5	1

(각속도)

	rad/s	°/s	rpm
rad/s	1	57.30	9.549
°/s	0.01745	1	0.1667
rpm	0.1047	6	1

찾 아 보 기

국문편

가

사

───────── 아 ─────────

자

영문편

A

저 자 소 개

박 성 순

경기 평택 출생
서울대학교 사범대학 체육교육과 졸업
서울대학교 대학원 교육학석사
서울대학교 대학원 교육학박사
1976~2005년 국민대학교 체육대학 교수
1987~1990년 국민대학교 사범대학 학장 및 교육대학원 원장
1988~1990년 한국운동역학회 초대회장
1994~1995년 미국 콜로라도주립대학 연구교수
1997~1999년 국민대학교 스포츠산업대학원 원장

이 필 근 (이학박사, 오산대학 사회체육과 교수)
류 재 청 (이학박사, 제주대학교 체육학부 교수)
이 계 산 (이학박사, 관동대학교 체육교육과 교수)
오 문 균 (이학박사, 전 홍익대학교 산업스포츠학과 교수)
백 승 국 (이학박사, 부산외국어대학교 레저스포츠학부 교수)
장 준 원 (이학박사, 홍익대학교 외래교수)
이 경 일 (이학박사, 조선대학교 체육대학 교수)
우 철 호 (이학박사, 대한레슬링협회 사무차장)
양 창 수 (이학박사, 인천대학교 예체능대학 교수)
윤 정 환 (이학박사, 백제예술대학 교수)
송 주 호 (이학박사, 한국체육과학연구원 연구원)
이 석 구 (이학박사, 단국대학교 외래교수)
허 성 규 (이학박사, 대한승마협회 학생연맹 부회장)
김 주 형 (이학박사, 인천대학교 외래교수)
김 지 태 (이학박사, 목원대학교 외래교수)
이 지 선 (이학박사, 한국문화체육연구회 상임이사)

운 동 역 학 – 전정판 –

초판발행/2010년 3월 5일 · 초판4쇄/2022년 9월 30일 · 발행인/민유정
발행처/도서출판 대경북스 · ISBN/978-89-5676-292-0

등록번호 제 1-1003호
서울특별시 강동구 천중로 42길 45 (길동) 2F · 전화:(02)485-1988, 485-2586~87
팩스:(02)485-1488 · e-mail:dkbooks@chol.com · http://www.dkbooks.co.kr